Ute Scheub
Friedenstreiberinnen

Ute Scheub

Friedenstreiberinnen

Elf Mutmachgeschichten aus einer weltweiten Bewegung

Diese Publikation wurde mit Mitteln
der Berghof-Stiftung für Konfliktforschung gefördert

Bibliografische Information der Deutschen Bibliothek
Die Deutsche Bibliothek verzeichnet diese Publikation in der Deutschen Nationalbibliografie; detaillierte bibliografische Daten sind im Internet über <http://dnb.d-nb.de> abrufbar.

Originalausgabe

www.psychosozial-verlag.de
info@psychosozial-verlag.de

Umschlagabbildung: © Christine Bülow
Umschlaggestaltung: Christof Röhl
Fotos von Bosiljka Schedlich, Bonny Dikongue, Elizabeth Odio Benito, Christiane Schwarz, Krishna Ahooja-Patel und Susan Ahmed: Karin Albers. Fotos von Sumaya Farhat-Nasar und Gila Svirsky: Christoph Gaebler. Foto von Helen John: Ute Scheub. Foto von Hildegard Goss-Mayr: Herta Kern. Foto von Nooria Naqnegar: privat.
Korrektorat: Claudia Schmitt
Satz: Katharina Appel
Printed in Germany.
ISBN 978-3-89806-931-1

Inhaltsverzeichnis

Vorwort

Die Welt scheint nicht die Absicht zu haben, friedlicher zu werden. In den Jahren 2003 und 2004, als ich dieses Buch schrieb, tobten über 40 Kriege über den Globus. Nur einer davon, die US-Invasion im Irak, stieß auf weltweiten Widerstand. Das ist beklagenswert, denn Rüstungslieferanten und Todeshändler können nur dann ihre dreckigen Geschäfte machen, nationalistische Führer nur dann gegen ethnische Minderheiten hetzen, Warlords nur dann die Zivilbevölkerung terrorisieren, wenn sie keine internationalen Proteste hervorrufen.

Ich möchte jedoch kein neues Klagebuch vorlegen, sondern ein Buch der Hoffnung. Ich stelle hier elf »Friedenstreiberinnen« aus zehn verschiedenen Konfliktregionen der Welt vor, die auf verschiedenen Ebenen Friedensprozesse vorantreiben und trotz schwierigster Umstände ihr Engagement nicht aufgegeben haben. Die einen therapieren traumatisierte Kriegsopfer, die anderen sitzen über Kriegsverbrecher zu Gericht, die Dritten veranstalten Dialoge zwischen »Feinden«, die Vierten blockieren Atomwaffenbasen, die Fünften organisieren internationale Friedenslobbys innerhalb und außerhalb der UNO ...

Warum nur Frauen? Um der Gerechtigkeit willen. Selbstverständlich gibt es jede Menge verdienter männlicher Friedenskämpfer, aber diese können sich der öffentlichen Aufmerksamkeit doch ein wenig sicherer sein als ihre weiblichen KollegInnen. Es gibt weltweit so viele mutige, oftmals sogar unter Lebensgefahr handelnde Friedensfrauen, von deren Aktivitäten man hierzulande kaum etwas erfährt. Ich bin dem Schweizer Projekt »Tausend Frauen für den Friedensnobelpreis« (*www.1000peacewomen.org*) sehr dankbar, dass es hier Abhilfe schaffen will. Es sammelt derzeit weltweit 1.000 Namen von verdienten »Friedenstreiberinnen«, und wenn das Osloer Preiskomitee mitmacht, wird im Jahre 2005 drei Frauen stellvertretend für diese 1.000 der Friedensnobelpreis überreicht. Mit Glück ist auch eine der hier porträtierten Frauen dabei, jedenfalls hätten sie es alle verdient.

Da ich von diesen vielen engagierten Frauen nur wenige vorstellen kann, ist meine Auswahl notgedrungen willkürlich. Sie erfolgte auch unter pragmatischen Gesichtspunkten: Es war mir finanziell unmöglich, in alle Konfliktregionen zu reisen. Vielfach war ich darauf angewiesen, meine »Friedenstreiberinnen« zu treffen, wenn sie zu Veranstaltungen nach Deutschland oder Europa eingeladen waren. Ich konnte die Frauen also nicht in ihrem Alltag beobachten und auch nicht die Menschen befragen, die mit ihnen zusammenarbeiten. Das schränkte die Methoden, die einer Journalistin normalerweise bei der Beschreibung einer Person zur Verfügung stehen, doch ein wenig ein. Man erwarte hier also keine klassischen Porträts, wie sie in Journalistenschulen gelehrt werden. Da ich persönlich aber über einige »Dritte-Welt-Erfahrung« verfüge, bilde ich mir ein, die Probleme von Konfliktregionen adäquat erfassen zu können, ohne jede einzelne besucht zu haben. Ich war nicht in Indien oder dem Irak, aber in Afghanistan, in Israel und Palästina; nicht in Bosnien, aber in Kroatien; nicht in Ruanda, aber in Tansania; nicht in Kolumbien, aber in Venezuela.

Mein Dank geht an die Berghof-Stiftung, ohne deren Förderung ich dieses Buch nicht hätte schreiben können, und an diejenigen, die mir geholfen haben, an Anita Kugler und alle anderen.

»Ich kämpfe, weil ich das Leben liebe«

Die palästinensische Biologieprofessorin *Sumaya Farhat-Naser* initiierte den politischen Dialog zwischen Frauen aus Palästina und Israel

»Mädchen, steh auf!« So heißt, übersetzt, der Name der Schule, die sie besucht hat. Womöglich hat sie den Namen wörtlich genommen. Denn sie ist aufgestanden. Losgegangen. Ist im Laufe ihres langen Weges zu einer charismatischen Rednerin geworden, die weiß, wie viel Kraft in Worten wohnen kann. Als kurz vor Beginn des US-Feldzuges gegen den Irak weltweit über zehn Millionen Menschen demonstrieren, spricht sie in Berlin vor etwa 600.000 Zuhörern. »Verbunden mit Millionen Menschen auf der ganzen Welt stehen wir hier und in New York, Paris, Rom, Tel Aviv, Ramallah«, ruft sie in das Mikrofon. Und erinnert als einzige Rednerin des Tages auch an diejenigen, »die nicht demonstrieren dürfen«.

Sumaya Farhat-Naser, das Mädchen von damals, ist inzwischen 56 Jahre alt, Professorin der Biologie, Friedensaktivistin und Trägerin zahlreicher Menschenrechtspreise. Die sich zuspitzende Krise um den Irak Anfang 2003 erlebt sie während eines mehrwöchigen Aufenthaltes in Deutschland. »Gewalt kann niemals Frieden schaffen«, davon ist sie ebenso überzeugt wie vom »Selbstbestimmungsrecht des irakischen Volkes«. Aber die Doppelmoral des Westens erbittert sie: »Welches Land hat keine Massenvernichtungswaffen?«, fragt sie auf der Berliner Demonstration, »und warum versagt die UNO, wenn es um die Durchsetzung ihrer Resolutionen im Nahen Osten geht?«

Es hat sie enorme Mühe gekostet, überhaupt aus dem besetzten Westjordanland ausreisen zu können. Zusammen mit der Israelin Gila Svirsky hat sie in Bremen den Solidaritätspreis des Senates entgegengenommen. »Zwei ganz tolle Frauen«, strahlt Oberbürgermeister Henning Scherf und nimmt die beiden in den Arm. Da stehen sie nun wie drei ungleich große Kerzen vor der geschnitzten Holzwand der »Oberen Prachthalle« des Rathauses: die kleine Palästinenserin, die große Israelin und der ellenlange SPD-Politiker, der die beiden hoffnungslos überragt. Ein schönes

Bild. Ein symbolisches Bild. Drei Menschen aus drei Völkern, deren Geschichte tragisch miteinander verbunden ist. Sumaya, die Palästinenserin, die akzentfrei Deutsch spricht, fordert in ihrer Dankesrede zum »Trialog« auf: zwischen dem palästinensischen, dem israelischen und dem deutschen Volk. Und dann sagt sie diesen Satz, der ihr Lebensmotto sein könnte: »Meine Verpflichtung ist es, die Dinge beim Namen zu nennen.«

Sie verurteile jeden Terrorakt, führt sie in Bremen weiter aus. »Aber den palästinensischen Terror kann man nicht losgelöst sehen vom Terror der israelischen Regierung.« Obwohl sie kaum mehr als 15 Kilometer voneinander entfernt wohnen, Gila in Jerusalem und sie in Birseit in der besetzten Westbank, hätten sie sich seit zwei Jahren nicht mehr gesehen. Es sei unmöglich geworden. Auf diesen 15 Kilometern gebe es fünf Kontrollposten, nach Jerusalem brauche sie zwei Stunden und länger, und das auch nur, wenn gerade keine Ausgangssperre herrsche. »Die Westbank ist in 48 Einheiten aufgetrennt und durch 175 Checkpoints unterteilt worden. Alle Dörfer und Städte sind voneinander getrennt, die Straßen zerstört. Wenn wir uns fortbewegen, versinken wir im Matsch bis zu den Knien.«

Es gebe kein Radio mehr, kein Fernsehen, Zeitungen würden nicht mehr transportiert. »Ein Verwandter von mir hat versucht, Zeitungen auszutragen. Israelische Militärs haben ihn geschnappt und seine 300 Zeitungen in einer Spirale um ihn herumgelegt und dann angezündet. Zweieinhalb Stunden tanzten sie um ihn herum, bis er wieder gehen durfte.« Die Menschen seien dabei, seelisch zu zerbrechen, vor allem die Männer, die es nicht gelernt hätten, über ihre Gefühle zu sprechen. Allein in ihrem Heimatdorf gebe es 35 psychisch kranke Männer; davon seien fünf so brutalisiert, dass die Dorfgemeinschaft gesagt habe: »Eigentlich müssten wir sie töten.« In den letzten Monaten habe sie an 78 Beerdigungen teilgenommen. Acht Freunde ihres Sohnes seien getötet worden, er selbst sei durch den Schuss eines Scharfschützen für immer behindert, auch er sei verhaftet und gefoltert worden.

Sumaya redet eindringlich, aber ohne anklagenden Unterton. Ihre Stimme ist weich, ihr Gesicht ebenfalls, aber es gibt darin auch einen Zug großer Entschlossenheit. Aussprechen, was ist – das ist ihr Programm. Und zwar so präzise wie möglich: Sie macht nicht »die Israelis« und erst recht nicht »die Juden« verantwortlich, sondern »die israelische Regierung«. Friedensarbeit lebt und stirbt mit der Genauigkeit der Wortwahl.

Die Straßen seien zerstört, die Ministerien der palästinensischen Autonomiebehörde, die Universitäten und Schulen geschlossen, berichtet sie weiter. Ihr Volk lebe »im Chaos«. »Dabei wollen wir nur das, was andere

Völker längst haben: ein Leben in Freiheit und Würde.« Und dann holt sie noch mal aus, die kleine Person da vorne am Mikrofon der Bremer Prachthalle, und wächst über sich hinaus: »Nach einer politischen Lösung werden wir sehr kreativ sein und hunderte von Projekten gründen. Wir sind stark, wir sind reich an Visionen. Der Tag wird kommen, wo beide Völker gemeinsam feiern werden. Und wir die Kraft finden werden, gemeinsam zu trauern – über jeden Verlust und jeden Angriff.«

Womöglich ist es auch ihr eigener Name gewesen, der sie gelehrt hat, Wörter und Sprache so wichtig zu nehmen: Sumaya heißt übersetzt »kleiner Himmel«. 1948, im Jahr der israelischen Staatsgründung, wurde sie in Birseit nahe Jerusalem geboren, damals noch auf jordanischem Staatsgebiet. Ihre Mutter war eine Bäuerin, die nicht schreiben und lesen konnte, ihr Vater Fahrer bei der jordanischen Armee. Die neun Kinder hatten oft nicht genug zu essen, trotzdem klingt in ihrer Autobiografie »Thymian und Steine« eine glückliche Kindheit an. Auch den Besuch des protestantisch-deutschen Internats »Mädchen, steh auf« unweit von Bethlehem sah die christlich-orthodox getaufte Sumaya als Glücksfall. Der Name geht zurück auf die Geschichte eines Mädchens im Markus-Evangelium, das tot daliegt, bis ihr Jesus sagt: »Talitha kumi!« – »Mädchen, steh auf!« Sumaya lernte dort Deutsch und Englisch und erweiterte ihren Horizont zu einem immer größeren Himmel. Sie lehnte es ab, mit 14 verheiratet zu werden, wie es ihr Großvater wollte, und bestand als Erste der Familie das Abitur.

Die deutschen Diakonissinnen wollten aus ihr die neue Schulleiterin machen und schickten sie zum Studium nach Hamburg. Sie studierte Biologie, Geographie und Erziehungswissenschaften. Während das israelische Militär im »Sechstagekrieg« von 1967 das Westjordanland, den ägyptischen Gazastreifen und die syrischen Golanhöhen besetzte, geriet sie in die deutsche Studentenbewegung.

Sie lernte zum ersten Mal in ihrem Leben eine Jüdin kennen, was sie sehr bewegte. Die Besatzung verhindere, schreibt sie in »Thymian und Steine«, »dass Menschen beider Völker sich kennen lernten. Es war mir als Palästinenserin verboten, in Jerusalem oder in Israel zu übernachten oder nach Eilat an den Strand zu fahren. Wie hätte ich aber Menschen aus Israel treffen können, wenn nicht in der Freizeit, nach der Arbeit oder in den Ferien? Die Israelis hörten von uns Palästinensern durch die Militärsprecher nur Negatives. Die Medien berichteten von Schreckenstaten, die Vorurteile und Stereotype bekräftigten; selten sprachen sie von unserer Kultur, von Alltäglichem. Und wir kannten die Israelis praktisch nur als Soldaten; als normale Menschen, die einkaufen oder spazieren gehen, begegneten sie uns nicht. Nie hatte ich israelische Menschen beim Beten, Weinen oder Lachen gesehen, nie Jugendliche, wie sie tanzten und sich austobten. Wir lebten – und leben bis heute – in getrennten Welten.«

Diese erste Begegnung mit einer Jüdin brachte sie dazu, sich mit der jüdischen Geschichte zu beschäftigen. Sie fühlte sich zu den Juden »hinzogen, ja, ich identifizierte mich oft mit ihnen. In der Diskriminierung, der Verfolgung, der Suche nach Heimat und Identität, im Bedrohtsein sowie in der Liebe zum Land Palästina und der Sehnsucht nach Frieden und Sicherheit waren wir einander ähnlich.« Dass sie den Holocaust nicht für eine »zionistische Erfindung« hielt, dass sie Verständnis für die Traumata der Überlebenden hat, ist später zur unerlässlichen Voraussetzung für ihren Dialog mit Israelinnen geworden. Ohne ihren Umweg über Deutschland hätte sie damit vielleicht nie beginnen können.

Sie heiratete, bekam drei Kinder, promovierte gemeinsam mit ihrem Mann in Hamburg. Als das Paar 1982 nach Birseit zurückkehrte, wurde der Herr Doktor vom halben Dorf gefeiert, nicht aber die Frau Doktorin – die erste aus Birseit überhaupt. »Manchmal wehrte ich mich und sagte: ›Ich hab doch auch den Doktortitel!‹ – ›Macht nichts!‹, antworteten die Leute. ›Hauptsache ist, dass der Mann ihn hat. Die Frau hat ihren Platz ohnehin im Haus.‹« Sie aber blieb nicht im Haus, sondern wurde Professorin für Botanik und Ökologie an der Universität in Birseit, beteiligte sich an einem Frauen-Gesundheitsprojekt und leitete Wiederaufforstungsprogramme. So wie die Olivenbäume, so sei auch sie in diesem Land verwurzelt, schreibt sie in ihrer Autobiografie. Sie sei »mit diesen Bäumen aufgewachsen«, in dieser »wunderbaren Landschaft, die so reich an pflanzlicher Vielfalt, Geschichte und Kultur ist«. Dass die israelische Armee in den besetzten Gebieten immer wieder uralte Olivenbäume ausgerissen und damit die Lebensgrundlage der Bauern zerstört habe, das breche ihr »das Herz«.

Als 1987 die Intifada ausbrach – der erste palästinensische Aufstand – und die Bildungsstätten geschlossen wurden, wurde sie Untergrunds-Dozentin: »Obwohl es verboten war, drang ich mit zehn Studenten heimlich in die Universität ein und erteilte Laborunterricht.« Für die palästinensischen Frauen war die erste Intifada – ganz anders als die zweite, die viel stärker mit Waffen und von waffentragenden Männern ausgetragen wurde – eine Zeit des Aufbruchs und des Ausbruchs aus ihrer traditionellen Rolle. Sie organisierten fast täglich Demonstrationen, Aktionen des zivilen Ungehorsams oder Steuerstreiks, gründeten zahlreiche Kooperativen und Selbsthilfeprojekte, übernahmen die Aufgaben ihrer verhafteten Männer und entwickelten ihre eigenen Widerstandsstrategien: »In Nablus pflegten sich Frauen, sobald sie eine Konfrontation zwischen Soldaten und Jugendlichen sahen, aus dem Fenster zu lehnen und aus voller Kehle um Hilfe zu schreien. Ihre Stimmen verjagten sowohl die Soldaten wie die Jugendlichen, sie ertrugen das Schreien nicht. Frauen, die schreien und weinen, gelten leicht als hysterisch. Doch ist es die Stärke der Frauen, dass sie diese ›Schwächen‹ einsetzen, um Leben zu retten.«

Weibliche Schwäche zur Stärke machen – das wurde Sumayas bevorzugte Strategie. Bis 1992 waren jegliche politische Kontakte zwischen beiden Völkern verboten, dafür hatten die israelische Regierung und die PLO gemeinsam gesorgt. Männliche Aktivisten beider Seiten, die dem zuwiderhandelten, wurden verhaftet, manchmal sogar ermordet. Was aber, wenn sich Frauen treffen würden? Auf Sumayas Initiative kamen im Jahre 1988 zum ersten Mal sechs Palästinenserinnen und ebenso viele Israelinnen in einem Westjerusalemer Kloster zusammen. »Die Israelinnen sprachen fast zwei Stunden, und wir danach gar noch länger«, berichtet sie. »Ich werde nie vergessen, wie eine Israelin sagte: ›Sumaya, ihr seid ja ganz normal! Ihr könnt logisch denken! Ihr seid wunderbar! Seit wann gibt es euch? Gibt es noch mehr Frauen wie ihr? Nie haben wir uns vorgestellt, dass Palästinenserinnen so sind.‹«

Sie beschlossen, sich regelmäßig zu treffen. Sie einigten sich auf gemeinsame politische Prinzipien, unter anderem auf »zwei Staaten für zwei Völker«. Schon damals, lange vor Oslo, »haben wir einen Friedensvertrag zwischen Israelinnen und Palästinenserinnen unterzeichnet«, erinnert sich Gila Svirsky. Sumaya aber wurde klar: »Wir werden nicht bestraft, weil man uns nicht ernst nimmt. Es sind nur Frauen, heißt es. Diese Denkweise gab uns den Anstoß zu sagen: Frauen haben die Möglichkeit, die starren Fronten zu durchbrechen. Hier liegt unsere Stärke, und wir müssen mehr wagen!«

Das Formulieren einer gemeinsamen Sprache wurde zu ihrer stärksten Waffe. Anfang 1993 unterzeichneten Israelis und Palästinenser in Oslo einen Friedensvertrag, in der Euphorie der nachfolgenden Jahre gründeten Palästinenserinnen und Israelinnen mit EU-Geldern zwei Frauenzentren. Das »Jerusalem Center for Women« in Ostjerusalem und das »Bat Shalom«, die »Tochter des Friedens« in Westjerusalem, arbeiteten unabhängig voneinander, waren aber im »Jerusalem Link« miteinander verbunden.

1997 übernahm Sumaya die Leitung des palästinensischen und Gila die des israelischen Zentrums. Sie trafen sich weiterhin und verabschiedeten gemeinsame Deklarationen, deren Forderungen über das Osloer Friedensabkommen weit hinausgingen – dort war zum Beispiel das Problem

Jerusalem bewusst ausgeklammert worden. Mit ihrer Kampagne »Jerusalem miteinander teilen – zwei Hauptstädte für zwei Staaten« zogen sie 1997 viel Aufmerksamkeit, aber auch Hass und Aggressionen auf sich. Trotz des Friedensvertrags war die Lage keineswegs entspannt, da die wechselnden israelischen Regierungen den Rückzug der Armee aus den besetzten Gebieten immer wieder hinauszögerten. Auf beiden Seiten galten die Frauen als »Verräterinnen« und »Kollaborateurinnen«, zumal sich das englische »sharing«, »miteinander teilen«, nicht exakt übersetzen ließ: Im Hebräischen weckte es Assoziationen an »zusammen in einem Bett schlafen«, im Arabischen wurde daraus die »Sandwich-Stadt«.

Sagen, was ist – dazu gehörte für Sumaya auch, das Machtgefälle zwischen Besatzern und Besetzten immer wieder anzusprechen. Für die Israelinnen war schmerzhaft zu akzeptieren, dass Sumaya keine »normalen« Frauenfreundschaften entwickeln wollte, weil es im Alltag der Besetzten »keine Normalität gibt«. »Wir wollen fähig sein, einander gegenüberzustehen und in die Augen zu sehen und dabei zu wissen und anzuerkennen, dass wir nicht gleich sind«, formulierte Sumaya.

Die Frauen waren die gesellschaftliche Vorhut, die Pioniere des Friedensprozesses. Sie forderten die Anerkennung der PLO, eine Zwei-Staaten-Lösung und eine gemeinsame Hauptstadt in Zeiten, als all das noch tabu war. »Wir wollten den verhandelnden Männern beider Seiten durch unser Beispiel zeigen, dass es möglich war, die heiklen Themen miteinander zu besprechen«, schreibt Sumaya in ihrem zweiten Buch, »Verwurzelt im Land der Olivenbäume«. Doch 1999, als es darum ging, wie denn eine gemeinsame Hauptstadt und eine Rückkehr der palästinensischen Flüchtlinge konkret aussehen würden, stritten auch sie sich so heftig, dass sie danach monatelang nicht mehr miteinander sprachen. Die Palästinenserinnen beharrten auf der Umsetzung der UNO-Resolution 194, die allen palästinensischen Flüchtlingen die Rückkehr erlaubte. Viele Israelinnen aber hatten damit Probleme. So auch Gila Svirsky, die deshalb von ihrem Posten als Direktorin von »Bat Shalom« zurücktrat: »Meiner Meinung nach ist diese Resolution, die 1948 (...) verfasst wurde, heute überholt. Sie würde palästinensischen Flüchtlingen das Recht geben, in ihre ehemaligen Häuser zurückzukehren, dabei israelische Familien zu vertreiben und ein Unrecht durch ein anderes zu vergrößern.«

Friedensarbeit, bilanzierte Sumaya Farhat-Naser, als ihr im Jahr 2000 in Deutschland der Augsburger Friedenspreis verliehen wurde, ist »sehr, sehr schwer, viel schwerer als Krieg«. Es bedeute, »Differenzen, Streitigkeiten, Konflikte als selbstverständlich präsent zu akzeptieren und zu respektieren. Man muss sie ansprechen, klar definieren, sich damit offen und ehrlich auseinander setzen und dabei richtig streiten.« Man müsse auch lernen, »zuzuhören, Verletzungen ertragen zu können im Glauben an die innere Stärke«. Grundlage dafür sei, »sich in die Lage der anderen versetzen zu können«, »die Existenz zweier Geschichten zu akzeptieren und zu respektieren«. Wenn Konflikte diskutiert oder niedergeschrieben worden seien, dann »sind sie wie Stoffreste, aus denen der Flickenteppich Frieden hergestellt werden kann«.

Doch seit der zweiten Intifada ist der Dialog fast zum Erliegen gekommen. Diese brach im September 2000 nach dem provokativen Besuch des islamischen Heiligtums Al-Aksa-Moschee durch Ariel Sharon als Al-Aksa-Intifada los. Sharons Auftritt war jedoch nur der Anlass für die neuerliche palästinensische Erhebung; ihre eigentliche Ursache war die tiefe Frustration über die anhaltende »Bantustanisierung«, die Zerschneidung des palästinensischen Raumes in nicht lebensfähige Kleinstgebiete durch immer neue Siedlungen und Siedlerstraßen.

Blutige Selbstmordattentate erreichten jedoch genau das Gegenteil des Gewünschten, sie trieben den Großteil der Israelis ins Lager der rechten Parteien und ließen alle Hoffnungen auf eine nahe Friedenslösung platzen. Das gesellschaftliche Klima verschärfte sich erneut, wieder galt jeder »Feind«-Kontakt als Verrätertum. Die Vertreterinnen der palästinensischen Parteien im Vorstand des »Jerusalem Center for Women« drängten auf einen Abbruch aller Kontakte nach Israel – Sumaya erzählt es offen, wie sie eben alles offen ausspricht. Nach Drohungen gegen sie und ihre Familie sah sie keinen politischen Spielraum mehr und legte im Jahre 2001 ihren Posten als Direktorin nieder.

Sumaya Farhat-Naser war deprimiert, aber gleichzeitig fühlte sie sich befreit. Als sich die beiden Ex-Direktorinnen Gila und Sumaya trafen, genossen sie es, ohne Rücksichtnahme auf die Parteifrauen in den Vorständen ihrer beiden Zentren reden zu können. »Wir weigern uns, Feindinnen zu sein«, hieß es auf dem Transparent, das Gila und Sumaya gemeinsam bei einer Demonstration von tausenden von Frauen in Schwarz im Juni 2001 in Jerusalem hochhielten. »Wir weigern uns, Feindinnen zu sein«, hieß auch die Überschrift ihrer damals formulierten gemeinsamen Erklärung. »In den vergangenen 13 Jahren waren Frauen auf beiden Seiten über die Grenzen hinweg, die uns trennen, der engagierteste, tapferste und fortschrittlichste Teil der Friedensbewegung«, heißt es darin. Und weiter: »Wir sind nicht nur die Mütter, Lehrerinnen, Krankenschwestern und Sozialarbeiterinnen der Gesellschaft. Wir sind ebenso Geheimagentinnen, die Politik mit dem Abendessen auftischen und allen Kindern in unseren Klassenzimmern, allen Patienten in unserer Pflege, allen Klienten, die wir beraten, allen unseren Söhnen und Töchtern, die wir lieben, Lektionen in Gewaltlosigkeit erteilen. Wir pflanzen subversive Friedensgedanken in die Herzen unserer Jugend, bevor die Agenten des Krieges überhaupt etwas davon bemerken.«

Doch Sumaya konnte die gemeinsame Friedensarbeit nicht mehr fortsetzen: Ihr Weg nach Jerusalem wurde durch immer mehr Checkpoints abgeschnitten. Also begann sie nun, in ihrem Heimatort Birseit Kurse für hunderte von Frauen und Jugendlichen abzuhalten. »Sie lernen, Gefühle auszudrücken, mit ihrer Angst und ihrer Wut umzugehen«, berichtet sie, und ihre Augen leuchten dabei, beglückt über ihre Erfolge: »Sich nicht überwältigen lassen, zuhören, auch wenn es weh tut, sich beherrschen lernen – darum geht es. Wir sprechen miteinander, wie sehr wir unter der Gewalt leiden, zu Hause, in der Schule, auf der Straße.« Sie, die keine Psychotherapeutin ist, benutzt dennoch intuitiv gruppentherapeutische Praktiken. »Wir müssen unseren Menschen helfen, dass sie nicht zerbrechen« – das ist ihr gegenwärtiges Programm.

Wie kommt es, dass sie dabei nicht selbst zerbricht? Woher stammt ihre Kraft? Sie schließt die Augen, um in ihrem Inneren die Antwort zu suchen: »Ich muss den anderen zeigen: Wir schaffen es. Wenn ich pessimistisch bin, leide ich noch mehr. Ich kämpfe, weil ich das Leben liebe.«

Vielleicht liegt das Geheimnis einfach auch in ihrer schonungslosen Offenheit. Ärger, Wut und Verletzungen zu benennen ist der erste Schritt zur Heilung – nicht nur bei anderen, auch bei ihr selbst.

Aber das klingt einfacher, als es ist. Manchmal möchte auch sie nichts mehr hören und nichts mehr sehen. Wenn sie ausreisen kann, was immer seltener vorkommt, dann verkriecht sie sich ein paar Tage im Ausland und versucht, sich vom Krieg zu erholen. Manchmal, wenn sie sich unbeobachtet glaubt, zeigt ihr Gesicht eine traurige Müdigkeit. Die Ringe unter ihren Augen sind tief. Ihr Engagement bezahlt sie mit psychosomatischen Beschwerden, mit hartnäckigen Schmerzen, denen bisher kein Arzt richtig beigekommen ist. Und dann reißt sie sich doch wieder zusammen. Sie fühlt sich den Menschen in ihrer Heimat verpflichtet.

Und deswegen redet sie wieder Klartext. Sie spricht das Tabuthema häusliche Gewalt an, sie nennt palästinensische Patriarchen beim Namen, sie kritisiert die Korruption und die mangelnde Demokratie in der Autonomiebehörde unter Yassir Arafat. In einem Interview mit der »taz« spricht sie von den schätzungsweise 18.000 palästinensischen Kollaborateuren, die durch psychischen oder physischen Druck zur Zusammenarbeit mit dem israelischen Geheimdienst gezwungen worden sind. »Diese Leute haben es heute sehr schwer«, schrieb sie einmal. »Sie sind nicht eigentliche Verbrecher, gelten aber als Verräter. Ihr Selbsthass ist groß, weil sie sich bewusst sind, dass sie ihre eigenen Leute verraten haben und eine Abrechnung befürchten müssen (...) Ihre Rehabilitation ist dringend notwendig.«

Sie benutze einfach die »Fähigkeit einer Frau«, schreibt sie in »Thymian und Steine«, »offen die zentralen Probleme anzusprechen, auf Menschen zuzugehen und nicht zu schweigen.« Sie habe gelernt, »die so genannten weiblichen Schwächen als weibliche Stärke einzusetzen«.

Zu den weiblichen Stärken zählt sie auch die Fähigkeit, traditionelle Grenzen zu überwinden. »Zwei Staaten«, sagt sie, »das ist eine Krücke. Der Nationalismus ist ein Krankheitssymptom. Wir müssen da durch, weil unsere beiden Völker Heimat und Gefühle der Geborgenheit brauchen. Aber vielleicht wird es sogar eines Tages einen Staat geben, der binational ist, für alle, die gleichberechtigt nebeneinander leben wollen. Und ich bin sicher: Der Tag wird kommen, wo wir gemeinsam feiern werden.«

»Ich bin pro-palästinensisch, weil ich pro-israelisch bin«

Die israelische Menschenrechtsaktivistin *Gila Svirsky* ist Mitbegründerin der Frauen in Schwarz und der Frauenkoalition für einen gerechten Frieden

Auf Gila Svirskys Bluse schimmert eine kleine Taube aus Perlmutt. »Das ist die gleiche, die auch Sumaya trägt«, erklärt die groß gewachsene Israelin lächelnd, als sie die Blicke spürt, und hinter ihrer Brille funkeln blaue Augen. Nicht alle Menschen mögen Tauben, aber die Vögel sind in der Lage, Mauern zu überfliegen. Und aus der Vogelperspektive könnte sich ergeben, dass die Grenzen in Nahost ganz anders verlaufen als gemeinhin in den Medien angenommen: »Wir repräsentieren eine, nicht zwei Seiten. Beide Völker, das israelische und das palästinensische, sind zweigeteilt. Auf beiden Seiten gibt es ein Kriegs- und ein Friedenslager.«

Und dann fügt die 57-jährige Menschenrechtsaktivistin einen geradezu revolutionären Satz hinzu: »Ich bin pro-palästinensisch, weil ich pro-israelisch bin.«

Was meint sie damit? »Ich liebe Israel. Ich bin stolz auf seine Erfolge. Wir haben ein wunderschönes Land aufgebaut.« Aber dieses Land mit seiner Demokratie, seiner Zivilgesellschaft, seiner entwickelten Streitkultur, dieser Zufluchtsort für verfolgte Juden aus aller Welt ist ihrer Meinung nach zutiefst bedroht. Die seit 1967 andauernde Besatzung der palästinensischen Gebiete habe die israelische Gesellschaft militarisiert und brutalisiert. »Das Ende der Besatzung wäre eine Befreiung nicht nur für Palästina, sondern auch für Israel selbst.« Ressourcen, die bisher in die Aufrüstung flössen, könnten dann endlich in soziale Zwecke umgelenkt werden, die Zivilgesellschaft könnte aus dem Würgegriff des Militärs befreit werden.

»Ich bin pro-palästinensisch, weil ich pro-israelisch bin« – dieser Satz überwindet die sichtbare und unsichtbare Mauer, die Israel-Palästina allgegenwärtig durchzieht. Als sichtbares Bollwerk soll sie nach den Plänen der Regierung von Ministerpräsident Ariel Sharon »zum Schutz vor Terroristen« das israelische Kernland von den besetzten Gebieten unüberwindlich abtrennen; der monströse Bau, der mit seinen sieben Metern höher ragt, als die Berliner Mauer jemals war, ist in großen Teilabschnitten bereits fertig. Dort, wo der sichtbare Betonwall noch nicht steht, teilt eine unsichtbare Mauer zwei Völker, zwei Religionen, zwei Sprachen, zwei Kulturen und ihre gemeinsame Hauptstadt Jerusalem. Sie markiert die Grenze, wo für die einen Demokratie beginnt und für die anderen Staatsterrorismus. Und sie zerschneidet Wahrnehmungen, Gefühle und Empfindungen.

»Die große Mauer der Verleugnung« hat Gila Svirsky sie einmal in einer ihrer regelmäßigen Rundmails an ihre politischen Freundinnen genannt. Wiewohl so nahe beieinander, leben die beiden Völker doch in zwei getrennten Welten, mehrheitlich blind für den Schmerz, den sie sich in Gestalt von Besatzungsterror und Selbstmordattentaten gegenseitig zufügen. »Die israelischen Medien berichten nicht über das menschliche Leiden, das die Politik der eisernen Faust anrichtet«, kritisierte Gila in einem ihrer Berichte. »Wenn 25 Häuser im Gazastreifen zerstört und damit 200 Palästinenser obdachlos gemacht werden, dann gibt es keinen einzigen Fernseh- oder Radiobeitrag, der darüber auch nur mit einem Hauch von Mitgefühl berichtet.« Und im Gespräch ergänzt sie: »Es findet keine wahrheitsgetreue, anschauliche Beschreibung in unseren Medien statt, wie sich das Leben in den besetzten Gebieten abspielt. Weil sie kein Bild davon haben, können Israelis auch nicht fühlen, welche Grausamkeit und Brutalität damit verbunden ist.«

Friedenstreiberin in Israel zu sein bedeutet, die Mauer zu überwinden, die Grenzen ganz anders zu setzen. »Wir sind zwei Völker, aber wir haben ein Schicksal«, sagt Gila immer wieder.

Das sehe man auch daran, ergänzt sie, dass sich in beiden Gesellschaften zwei parallele Trends entwickelten: »Beide sind in zwei Lager gespalten. Das eine will um jeden Preis Frieden, und das andere um jeden Preis Krieg.« In Israel führe das zu einer paradoxen Überlagerung von zwei vollkommen gegensätzlichen Strömungen: Einerseits würden immer mehr rechte Parteien gewählt; das Klima der Angst, das im Zuge der Selbstmordattentate entstanden sei, treibe die Leute in die Arme des »starken Mannes«, Ministerpräsident Ariel Sharon. Andererseits gebe es durch alle Meinungsumfragen hindurch eine stabile Zwei-Drittel-Mehrheit für eine Beendigung der Besatzung und die Ausrufung eines palästinensischen Staates.

»Das«, findet Gila Svirsky, »ist doch ein erstaunlicher Erfolg für das Friedenslager.« Und deshalb sei sie »grundsätzlich optimistisch«. »Ich weiß, das klingt verrückt«, fügt sie hinzu, »wenn man an die schreckliche

Gewalt denkt, die täglich geschieht und schlimmer ist als je zuvor. Aber wenn man sich die Haltung der Israelis genauer anschaut, dann sieht man, dass sie sich zum Besseren verändert hat. Vor 15 Jahren haben die Leute nicht anerkannt, dass die Palästinenser *ein* Volk sind, sie haben nicht anerkannt, dass sie das Recht haben, einen eigenen Staat zu haben.« Und deshalb ist sie sich sicher: Wenn in beiden Völkern Politiker an die Macht kämen, die für Frieden werben würden, dann würde die Spirale der Gewalt schnell gestoppt: »Dann würde ein neues Zeitalter der Annäherung, der Versöhnung und des gegenseitigen Vergebens anbrechen. Dann wäre diese Gruppe auf beiden Seiten in der Lage, auch die Extremisten zu kontrollieren.«

Gila Svirsky spricht ruhig und souverän, in fließendem Englisch mit amerikanischem Akzent. »Geboren wurde ich 1947 auf einer Hühnerfarm in den USA«, lacht sie verschmitzt. Ihre Eltern stammten aus Weißrussland; die Familie mütterlicherseits ist von deutschen Nazis umgebracht worden, nur ihre Mutter konnte 1935 mit dem Schiff nach Palästina flüchten. 1937 lernte sie dort Gilas Vater kennen, der mit seinen Geschwistern von Weißrussland in die USA geflohen war und gerade seine ebenfalls nach Palästina geflüchteten Eltern besuchte. Sie heirateten und beschlossen, in den USA zu leben. »Sie waren sehr streng«, berichtet Gila, »und sie erzogen mich traditionell jüdisch.« Ihre Mutter habe in den dreißiger Jahren bei jüdischen Siedlern in Palästina gelebt und sei eine glühende Zionistin gewesen. »Sie war sehr religiös, und ich wurde immer auf traditionsbetonte jüdische Schulen geschickt.«

Was Mauern und Grenzen bedeuten, das erfuhr Gila früh. Die Eltern erlaubten ihr und den beiden Söhnen nur Freundschaften mit anderen jüdischen Kindern. Als sie mit 14 Jahren einen Liebesbrief von einem nichtjüdischen Jungen in ihrer Klasse erhielt, fing der Vater ihn ab. »Du kannst zwischen 9 und 17 Uhr abends mit Nicht-Juden zusammensein«, erteilte ihr der Vater eine »Lebenslektion«, »aber nach 17 Uhr musst du in der jüdischen Gemeinschaft zurück sein.«

1967, mit 19 Jahren, war sie das erste Mal in Israel und erlebte den Sechstagekrieg, bei dem die israelische Armee das zu Jordanien gehörende Westjordanland, den ägyptischen Gazastreifen und die syrischen Golanhöhen besetzte. Sie sei damals noch eine überzeugte Zionistin gewesen, und »Israel war der Ort, wo ich sein wollte. In dieser Zeit herrschte noch eine großartige Stimmung in Israel. Wir hatten als Land vor der Vernichtung gestanden, hatten uns aber gegen all diese starken arabischen Armeen verteidigen können. Wir gingen gestärkt und vereint daraus hervor, wir empfanden eine starke Zuneigung zu unseren jüdischen Landsleuten.«

Sie blieb in Israel, heiratete einen Israeli und gebar zwei Mädchen. Doch in den siebziger Jahren erlebte sie, wie die Bewegung der Siedler die unsichtbare Mauer im Land immer höher baute. »Zu der Zeit war ich zwar immer noch religiös, aber ich fühlte mich immer unwohler. Die Siedlerbewegung passte nicht zu meiner Lebenshaltung, die sehr friedfertig ist. Die Siedler wollten über andere dominieren und triumphieren. Das gefiel mir überhaupt nicht.«

Gila Svirsky entfernte sich langsam aber stetig von den Ideen des Zionismus. Sie sah sich nach politischen Gruppen um, die die Siedler nicht unterstützten, und kam mit der israelischen Friedensbewegung, mit Peace Now, in Kontakt. 1985 wurde sie Direktorin des New Israel Fund, einer Stiftung, die demokratische Initiativen förderte und sich für Frauenrechte, Bürgerrechte und die jüdisch-arabische Koexistenz einsetzte. »Das war meine erste grundlegende Bekanntschaft mit den Problemen, die es in der israelischen Gesellschaft gibt«, sagt sie im Rückblick auf ihre sechsjährige Arbeit in der Stiftung. Später kamen weitere politische Aktivitäten hinzu; unter anderem arbeitete sie im Vorstand des israelischen Menschenrechtszentrums B'Tselem.

Und dann überschlugen sich die Ereignisse. Im Dezember 1987 überfuhr ein israelischer Militärjeep vier Palästinenser im Gazastreifen. Ein weiterer junger Mann wurde erschossen, als sich der Begräbniszug zu einer vieltausendköpfigen wütenden Demonstration erwuchs. Für das palästinensische Volk war das das Fanal zur Intifada gegen die israelische Besatzung. Das arabische Wort »Intifada« bedeutet »Aufstand« und »etwas abschütteln, was man loswerden will«. Frauen demonstrierten, Männer errichteten Straßenbarrikaden, Kinder warfen Steine. Steuern wurden verweigert, israelische Produkte boykottiert, Militärverordnungen missachtet, Geschäfte und Universitäten geschlossen. In der Folge wurden tausende verhaftet, viele gefoltert. Verteidigungsminister Yitzhak Rabin von der Arbeiterpartei – derselbe Rabin, der sich später für einen Friedensvertrag mit Palästina engagierte und dann von einem fanatischen israelischen Siedler ermordet wurde – dieser Rabin befahl der Armee damals, den Palästinensern die »Knochen zu brechen«.

Die israelische Gesellschaft, die die Zustände in den besetzten Gebieten jahrelang ignoriert hatte, reagierte entsetzt. »Wie schaffen wir es, die israelische Armee zum Rückzug zu bewegen?«, fragten sich viele. Friedensgruppen schossen wie Pilze aus dem Boden; in kürzester Zeit gab es über 70 Neugründungen in Israel. Eine davon nannte sich »Dai LaKibush«, übersetzt »Beendet die Besatzung«. »In dieser frühen Periode wurde Dai LaKibush als radikal angesehen«, schreibt Gila Svirsky in einem Artikel, »weil sie sich für Verhandlungen mit der PLO und die Gründung eines palästinensischen Staates einsetzte.« Die Gruppe hielt kleine wöchentliche Demonstrationen für ein Ende der Besatzung ab. Um einen größeren Effekt zu erzielen, sollten die Männer in weißer Kleidung und die Frauen in Schwarz demonstrieren: So lautete Ende 1987 der Vorschlag eines Mannes, der bei einem israelischen Theater arbeitete. Alle willigten ein, doch nur die Frauen erschienen tatsächlich in Schwarz. »Sie wirkten dramatisch, wie ein klassischer griechischer Chor«, so Gila.

Am 2. Januar 1988 demonstrierten erneut acht Frauen von Dai LaKibush an der Cinematheque von Jerusalem – die »Women in Black« waren geboren. Und wurden nicht sehr freundlich aufgenommen: Hagar Roublev, die zu den »Gründungsmüttern« gehörte, kam nach dieser Mahnwache »über und über bespuckt nach Hause«.

Auch Gila stieß zur Gruppe, und mit ihr ihre damals 15-jährige Tochter. Sie hielten Hände aus schwarzer Pappe hoch, auf denen in weißen Lettern das »Ende der Besatzung« gefordert wurde – bald das Erkennungszeichen der Frauen in Schwarz. Die Farbe der Trauer sollte nicht nur dramatisch wirken, sondern auch an alle Getöteten und Verletzten erinnern.

Damals ahnte noch niemand, dass daraus eine Weltbewegung werden würde. Schwarz gekleidete Frauen demonstrierten bald darauf auch in Italien, Spanien, Deutschland, England, Indien, Aserbaidschan, Kolumbien, den USA, Kanada, Australien und Serbien. Ihr stummer Protest richtete sich gegen den Krieg, gegen Vergewaltigung als Kriegswaffe, gegen »ethnische Säuberungen« und Menschenrechtsverletzungen aller Art. Die Gruppe in Belgrad wurde zu einem Katalysator für die Friedensbewegung in Ex-Jugoslawien; im Jahre 2001 wurde sie zusammen mit der Gruppe in Jerusalem für den Friedensnobelpreis nominiert.

In den uralten Gemäuern Jerusalems, in dieser nur äußerlich noch nicht geteilten Stadt, halten Israelinnen und Palästinenserinnen nunmehr seit über 16 Jahren ihre gemeinsame Mahnwache ab – jeden Freitag, Woche für Woche. Manchmal erhalten sie Zuspruch, bisweilen bekommen sie Rosen geschenkt, aber die meisten Passanten ignorieren sie; viele bespucken und beschimpfen sie. Diese Konfrontation durchzuhalten, dazu gehört eine Menge Hartnäckigkeit und Mut.

Ausdauer und Zivilcourage, das sind auch zwei der herausragendsten Eigenschaften von Gila Svirsky. Sie weiß selbst nicht mehr genau, wie viele Male sie nach Aktionen des zivilen Ungehorsams festgenommen wurde. »Arm in Arm mit Sumaya Farhat-Naser hat sie immer wieder Blockaden der Siedler und der Armee durchbrochen«, berichtet der

Jerusalem-Korrespondent der »Frankfurter Allgemeinen Zeitung« in seiner Laudatio auf die beiden Preisträgerinnen in Bremen.

Für Gila selbst wurden die Frauen in Schwarz bald »meine Bezugsgruppe, ja sogar gewissermaßen meine Familie. Uns geht es nicht nur um den Frieden, nicht nur um die gleichen Rechte für Frauen, sondern auch um eine Gesellschaft, die weniger machtorientiert ist als die heutige. Auf diesem Weg legte ich meine religiösen Überzeugungen ab – und auch meinen Ehemann«, sagt sie und lacht. »Und ich fand meine Lebensgefährtin.«

Durch die Reaktionen der männlichen Passanten sei sie erst so richtig zur Feministin geworden, bekennt sie. »Am Anfang unserer Mahnwachen nannten sie uns ›Huren‹ oder ›Arafats Huren‹. Wir bekamen Sprüche zu hören wie: ›Alles, was ihr braucht, ist ein guter Fick, und dann würdet ihr nicht hier herumstehen.‹« Das aber habe sich während der Jahre vollständig verändert: »Jetzt nennen sie uns ›Verräterinnen‹. Und das macht mich zufrieden, weil es bedeutet, dass sie uns nun als Frauen anerkennen, die einen politischen Standpunkt vertreten. Nun beschimpfen sie unseren Standpunkt und nicht mehr unsere weiblichen Körper. Ich glaube, das ist ein großer Erfolg.«

Man muss schon einen unverwüstlichen Optimismus besitzen, so wie Gila, um das als Fortschritt zu sehen. Warum nur hat es die Frauenfriedensbewegung in Israel-Palästina so schwer, ihren Standpunkt zu vermitteln? »Wenn sich eine Gesellschaft bedroht fühlt, werden alle, die sagen ›Lasst uns Frieden schließen mit dem Feind‹, wie Verräter behandelt. Und die Tatsache, dass wir Frauen sind, marginalisiert uns noch mehr.«

Die haushohe Mauer zwischen Israel und Palästina: In gewisser Weise ist sie auch ein Spiegel. Die beiden Gesellschaften sind sich in manchem verblüffend ähnlich: Beide bestehen aus Semiten; beide fühlen sich in hohem Maße angegriffen und bedroht; in beiden steht der harte männliche Macho, der sein Vaterland gegen die feindlichen Angreifer verteidigt, im Zentrum der Heldenverehrung. In Israel kann nur derjenige eine politische Karriere starten, der jahrelang in der Armee gedient und militärisches Denken damit zwangsläufig übernommen hat. In Palästina gilt dasselbe in Olivgrün, nur dass die fast ausschließlich männlichen Führer nicht aus der Armee stammen, sondern aus dem Widerstand.

Die Verlierer sind auf beiden Seiten die Frauen, die nicht nur politisch marginalisiert werden. In beiden Gesellschaften geben die Männer erlebte und erlittene Gewalt weiter an Frauen und Kinder, die Rate der häuslichen Misshandlungen ist extrem hoch. Allein schon deshalb sind die Mitarbeiterinnen zahlreicher Frauenprojekte bei den Friedensaktionen aktiv. »Fast alle, die sich für Frauenhäuser, Zentren für Vergewaltigungsopfer oder Rechtsberatungsstellen engagieren, sind im linken Flügel des Friedenslagers wiederzufinden«, sagt Gila Svirsky. Dasselbe treffe auf die Lesben zu: »Das ist etwas, worüber man nicht spricht, besonders in Israel nicht. Deshalb halte ich es für wichtig, es hier zu erwähnen.«

Wie kam sie überhaupt zur Friedensbewegung? »Es gibt vielleicht zwei Wahrheiten«, sagt Gila und lacht. »Eine ist, dass meine Mutter, solange sie noch lebte, sehr stark gegen den Frieden war. Sie hätte am liebsten sogar beide Seiten des Jordan besetzt. Sie war ihr Leben lang eine standfeste Anhängerin des rechten Flügels. Deshalb denke ich manchmal, es war Rebellion gegen meine Mutter, dass ich mich dem linken Flügel anschloss.« Die zweite Wahrheit sei ihr erst nach dem Tod ihrer Mutter bewusst geworden, als sie nicht mehr gegen sie rebellieren musste: »Meine Großeltern wurden während des Holocaust ermordet, meine Tanten, Onkel und so viele Cousins und Cousinen. Ich kann es nicht ertragen, dass Menschen, die so viel Verfolgung erleben mussten, die für Humanismus, Freiheit und Liberalität gekämpft haben, dass also dieselben Leute jetzt ein anderes Volk so brutal unterdrücken. Das zerreißt mich förmlich.«

Und bei ihr kommt noch etwas hinzu: der mütterliche Impuls. »Ich möchte nicht, dass meine Kinder und Kindeskinder oder andere Menschen, die ich liebe, getötet werden. Eine Frau, die bei den Women in Black aktiv war, wurde von der Bombe eines Attentäters zerrissen. Einer meiner engsten Freunde wurde im Jom-Kippur-Krieg getötet. Ich habe eine Menge Gründe, keinen Krieg zu wollen. Ich will die Gewalt beenden, also muss ich die Besatzung beenden.«

Ist die Friedensarbeit in Israel also vor allem Frauensache? Bei Meinungsumfragen, sagt Gila, seien nur wenige Unterschiede in der politischen Anschauung von Frauen und Männern festzustellen. Doch bei Demonstrationen und Friedenskundgebungen seien Frauen deutlich stärker vertreten als Männer. Am meisten aber falle ihr auf, dass die Frauen kreativer in ihren Aktionsformen seien und sich auf diese Weise eine führende Rolle in der israelischen Friedensbewegung erstritten hätten: »Wir haben alles schon gemacht, von Transporten humanitärer Hilfe in Flüchtlingslager bis hin zu Blockaden. Kürzlich haben wir uns auf die Straße gelegt, um den Eingang des Verteidigungsministeriums zu blockieren.«

Besonders ausgeprägt aber scheint ihre Fähigkeit zum Dialog zu sein. Gila hebt hervor, dass Israelinnen und Palästinenserinnen bereits seit 1988 politische Gespräche miteinander führten. 1989, also »lange vor Oslo«, unterzeichneten sie eine Art »Friedensvertrag« mit folgenden Grundprinzipien: gegenseitige Anerkennung nationaler und politischer Rechte, Anerkennung der PLO, Ablehnung von Gewalt.

Und dennoch, und trotzdem: Die Geheimverhandlungen, die im Januar 1993 in Oslo zum Abschluss eines Friedensvertrages führten und die Intifada beendeten, fanden ohne eine einzige Frau statt. Ist das vielleicht auch ein Grund, warum der Osloer Friedensprozess in den folgenden Jahren scheiterte? »Oslo war keine Verhandlung zwischen Gleichberechtigten, sondern ein Diktat. Und es waren keine Frauen dabei, die als Korrektur hätten dienen können«, kommentiert Sumaya Farhat-Naser. Gila sieht es ähnlich: »Stattdessen waren die Verhandlungspartner Männer, die brutale Verbrechen aneinander begangen hatten – Militärs, die der Krieg gelehrt hat, Erfolg an der Überwältigung ihres Gegners zu messen.«

Fast zeitgleich wurden die beiden Freundinnen im Jahre 1997 Direktorinnen der beiden Frauenzentren des Jerusalem Link. Die Kampagne »Sharing Jerusalem – zwei Hauptstädte für zwei Staaten« führten sie gemeinsam, den israelisch-palästinensischen Dialog leiteten sie gemeinsam. Alte Grenzen überwindend, gerieten sie dabei an neue. In Gilas pointierter Zusammenfassung: »Die israelischen Frauen suchen den Dialog mit Palästinenserinnen, damit sie nachts besser schlafen können. Die Palästinenserinnen kommen in unsere Dialoggruppen, um die Israelinnen daran zu hindern, nachts ruhig einzuschlafen.«

Und weiter: »Sie fordern, dass über die politischen Fragen diskutiert wird, während die Israelinnen Freundschaften schließen möchten. Sie möchten gemeinsam Kaffee trinken, über die Kinder sprechen, über gute Bücher, die sie gelesen haben, oder über Frauenthemen und besonders über Gewalt gegen Frauen.« Häusliche Gewalt, erwiderte Sumaya damals und wiederholt es in einem ihrer Bücher, sei jedoch »für uns Palästinenserinnen ein Thema, über das zuerst im privaten Kreis gesprochen wird, und wir sahen nicht ein, weshalb wir dieses Tabuthema ausgerechnet mit Israelinnen besprechen sollten. Für uns kamen andere Themen, zum Beispiel die Besatzung, zuerst.«

Das war nicht der einzige politische Konflikt zwischen Gila und Sumaya. Frauen, die Grenzen überwinden, sind durch Heckenschützen aus dem eigenen Lager gefährdet. Um sich davor zu schützen, müssen sie andere Arten von politischen Grenzen ziehen, müssen definieren, unter welchen Voraussetzungen sie sich treffen. Im Jerusalem Link waren »rote Linien« definiert, die sich aus den Grundprinzipien von Demokratie und Menschenrechten ableiteten: gegen Gewalt, gegen Kollektivstrafen und gegen die Siedlerbewegung in den besetzten Gebieten. Im Jahre 1999 gestand Gila jedoch gegenüber Sumaya, an ihrem gemeinsamen Kurs »Women Making Peace« würden auch zwei Siedlerinnen aus Hebron teilnehmen. Sie bat um Verständnis: Das seien Frauen, die sich sehr um Frieden bemühten. Aber Sumaya war, wie sie später schrieb, »entsetzt und verzweifelt«, sie sah sich und ihre Familie durch diese Überschreitung der gemeinsam vereinbarten Grenze unmittelbar gefährdet. »Denn es handelte sich ja nicht um eine Grenzlinie, die ich persönlich vorgeschrieben hatte, sondern um die politische Linie, die unsere Arbeit überhaupt leitete. Schließlich war unsere Beziehung immer noch die zwischen Besatzern und Besetzten.« Der Vorstand des palästinensischen Jerusalem Center for Women forderte den ultimativen Ausschluss der Siedlerinnen, worauf die israelische Gruppe aus Hebron den Kurs abbrach und die Medien über die »Diskriminierung« der Siedlerinnen informierte. Die Wut auf beiden Seiten war groß. Es brauchte Monate, um den Dialog wieder in Gang zu bringen.

Ein weiterer Konflikt entzündete sich an der Frage des Rückkehrrechts der palästinensischen Vertriebenen nach Israel. »Ich will nicht«, so formulierte es Gila in dem Buch »Dialogue in the War Zone«, »dass die israelische Frauenfriedensbewegung mit nicht nachvollziehbaren, 52 Jahre alten Positionen an die israelischen Politiker herantritt.« »Warum sollten wir Zugeständnisse machen«, hielt ihr Sumaya die palästinensische Position entgegen, »bevor wir zu verhandeln beginnen?« Im Juni 2000 trafen sich die beiden bei einer Konferenz in Ruanda. Sumaya war, wie sie schreibt, »immer noch wütend auf Gila«. »Gleichzeitig anerkannte ich ihre Stärke, mit der sie treu an ihren Prinzipien festhielt, und ich bewunderte sie dafür (...) Wir stritten uns heftig, aber respektvoll.«

Doch plötzlich änderte sich die politische Situation erneut über Nacht. Aus Frustration über ausbleibende Fortschritte im Osloer Friedensprozess brach im September 2000 die Al-Aksa-Intifada aus. Im Gegensatz zur ersten Intifada war es diesmal von Beginn an ein bewaffneter Aufstand: Palästinensische Polizisten schossen, palästinensische Selbstmordattentäter rissen israelische Zivilisten mit in den Tod. Erneut galten alle, die Kontakt mit dem »Feindeslager« hatten, als »Verräter«. Erneut wurden Frauen auf beiden Seiten der Grenze mundtot gemacht. Besonders bitter war das für die unbewaffneten Palästinenserinnen, die in der ersten Intifada mit Aktionen des zivilen Ungehorsams noch eine zentrale Rolle gespielt hatten, jetzt aber nichts mehr zu sagen hatten und sogar von islamischen Fundamentalisten bedroht wurden. Viele, sehr viele verstummten.

Als im Juni 2001 tausende von schwarz gekleideten israelischen Frauen durch Jerusalem marschierten und ein Bekenntnis zum Frieden ablegten, waren nur wenige Palästinenserinnen dabei. Gila und Sumaya trugen zusammen das Transparent »Wir weigern uns, Feindinnen zu sein«. »Wir sind die Stadtmauern hoch gegangen und haben ein Banner an diese altehrwürdigen Mauern gehängt mit der Forderung ›Beendet die Besatzung‹. Einen kurzen Moment lang hatten wir das Gefühl, die alte Stadt erobert zu haben. Doch das Transparent hing nicht länger als vielleicht zwei Minuten. Dann kamen die Soldaten angerannt, stießen die Frauen weg und rissen es herunter.«

Zur selben Zeit veröffentlichten Gila und Sumaya ihre gemeinsame Erklärung: »Auch wenn es Meinungsverschiedenheiten und Debatten gab und oft schmerzliche Umstände, in denen unsere Gespräche stattfanden, haben wir immer an der gemeinsamen Vision vom Frieden festgehalten. Hinge es von uns ab, hätten wir schon lange eine Friedensvereinbarung, die die schwierigen Probleme zwischen unseren beiden Staaten regelte«, heißt es darin klar und deutlich.

Sie umrissen diese Vereinbarung folgendermaßen: »Wir sehen Israel und Palästina als zwei unabhängige Staaten, Seite an Seite, mit Jerusalem als Hauptstadt, die beide miteinander teilen. Wir wollen eine gerechte Lösung, die die Not der Flüchtlinge beendet. Wir glauben, dass jede Nation das gleiche Recht auf Souveränität, Unabhängigkeit, Freiheit, Sicherheit, Entwicklung und auf ein Leben in Würde hat. Ein entscheidender Punkt dieser Vereinbarung: Wir verurteilen jegliche Form von Brutalität, Gewalt und Terrorismus – ob von Seiten einzelner politischer Gruppierungen, von Regierungen oder der Armee.«

Und weiter: »Wir haben genug vom Töten auf beiden Seiten. Zu viele palästinensische Kinder sind gestorben, verwaist oder für ihr ganzes Leben verkrüppelt. Zu viele unserer Söhne, Väter und Brüder haben getötet. Denn der Krieg macht nicht nur Unschuldige zu Opfern, er lässt auch die Kriegführenden verrohen.«

Initiatorin der Demonstration durch Jerusalem war die Frauenkoalition für einen gerechten Frieden, die Gila mitgegründet hat. Unter dieser Dachorganisation sind neun Frauenorganisationen zusammengeschlossen, unter anderem die Frauen in Schwarz, Bat Shalom und Machsom. Machsom hat es sich zur Aufgabe gemacht, an den Checkpoints in den besetzten Gebieten präsent zu sein, um Schikanen durch israelische Soldaten zu verhindern. Gila hat viele Male an solchen Grenzstationen gestanden, ist mutig dazwischengegangen, wenn einer Mutter mit einem kranken Baby stundenlang der Durchlass verweigert wurde, oder hat palästinensischen Bauern bei der Olivenernte geholfen, wenn diese von Siedlern mit dem Gewehr im Anschlag bedroht wurden.

»Chaos«, sagt sie, »ist die treffende Beschreibung dafür, was sich in den besetzten Gebieten abspielt. Chaos. Im Winter versinkt man an den Grenzposten knietief im Dreck. Ich habe das Bild eines kleinen Mädchens im Kopf, das einen Checkpoint überquerte. Sie kam völlig verdreckt auf der anderen Seite an und weinte bitterlich um ihre schönen neuen Jeans. Das ist nur eine kleine, vergleichsweise harmlose Geschichte am Rande des großen Chaos, doch sie hat mich sehr berührt.« Noch viel schlimmer sei es, erzählt sie, wenn Schwangere gezwungen würden, an den Grenzstationen ihre Babys zu gebären, weil Soldaten sie nicht zu den Kliniken durchließen. »Wenn ich mich recht erinnere, gab es schon mehr als 30 solcher Fälle. In einigen Fällen ist das Kind sogar gestorben, weil es auf dem Rücksitz eines Autos nicht die sofortige medizinische Hilfe bekam, die es gebraucht hätte.«

Während die Palästinenser ständig höchst reale Grenzen zu spüren bekommen, wird der Alltag auf israelischer Seite von Angst und Bedrohungsgefühlen bestimmt. »Wer mit dem Bus fährt, hat Angst, wer in einem voll besetzten Restaurant sitzt, hat Angst, wer sich an Orten bewegt, wo viele Menschen sind, hat Angst«, beschreibt Gila die Situation. Sie selbst habe ihren Kindern geschworen, keinen Bus mehr zu benutzen. Und: »Ich gehe nur noch in Cafés und Restaurants, wo wenige Leute sitzen.« Sie lacht, und ihr schwarzer Humor blitzt auf: »Schlechte Lokale haben dadurch eine echte Chance bekommen.«

Die Selbstmordattentäter hätten gewisse Züge der israelischen Mentalität leider noch einmal verstärkt, befindet sie. Nach dem Erlebnis von jahrhundertelangen antisemitischen Pogromen habe sich eine tiefe Furcht eingegraben, dass man niemandem vertrauen könne. »Für uns in der Friedensbewegung ist es das härteste Stück Arbeit, über diesen festen Glauben hinwegzukommen, dass die Welt gegen uns ist.« Viele Israelis betrachten sich selbst als Opfer der Besatzung: »Es ist erstaunlich, wie sich das in der israelischen Sicht umdreht. Doch wir Juden waren schon so oft die Opfer, dass wir diesen Umstand als Teil unserer Persönlichkeit integriert haben.«

Welche Vision hat sie für die Zukunft? »Ich liebe Israel und bin sehr stolz darauf. Wir haben ein wunderschönes Land aufgebaut. Für die unmittelbare Zukunft wünsche ich mir für Israel und Palästina zwei Staaten, zwei Nationen, aber Seite an Seite und mit Jerusalem als Hauptstadt dieser beiden Staaten. Viele Männer in der israelischen Friedensbewegung wollen zwar auch zwei Staaten, sie wollen aber am liebsten einen großen Zaun zwischen uns errichten und den Schlüssel wegwerfen. Wir Frauen wollen etwas anderes. Unsere Vision umfasst zwei Staaten, die kooperieren und eng miteinander verbunden sind. Zwei Staaten, ein Schicksal.« Sie wünsche sich, dass die Grenze durchlässig bleibe und die ethnische Separierung ein Übergangsstadium sei: »Ich bin pro-palästinensisch, weil ich pro-israelisch bin.«

Literatur und Websites:

Gila Svirsky, Letters to my friends, Rundbriefe über das Internet, zu finden unter anderem unter *www.coalitionofwomen4peace.org*. Zum Beispiel: yThe Great Wall of Denial« vom 28.2.2003

Gila Svirsky, Women in Black, Who we are; What's the Coalition; Jerusalem Flyer; persönliche Mail an die Autorin

Über die Frauen in Schwarz: *www.womeninblack.net*

Sumaya Farhat-Naser: Rundbriefe über das Internet, zu finden unter anderem unter *www.swr.de/swr2/palaestina/tagebuch/farhatnaser/teil1.html*

Sumaya Farhat-Naser: Women working on peace, The Jerusalem Link, zu finden unter: *www.lolapress.org/elec3/artenglish/nase_e.htm*

Sumaya Farhat-Naser: Thymian und Steine, Eine palästinensische Lebensgeschichte, Basel 2002

Sumaya Farhat-Naser: Verwurzelt im Land der Olivenbäume, Eine Palästinenserin im Streit für den Frieden, Basel 2002

Sumaya Farhat-Naser: Mannigfaltigkeit an Ethnien, Religionen und Kulturen – Dankesrede zur Verleihung des Augsburger Friedenspreises 2000, zu finden unter *www.augsburg.de*

Sumaya Farhat-Naser: Die weiße Fahne ist zerrissen, »Neue Zürcher Zeitung« vom 17.4.2002

Sumaya Farhat-Naser: Wir wollen keine Wohltätigkeit, Rede auf dem Friedensratschlag am 1.12.2001 in Kassel, zu finden unter *www.uni-kassel.de*

Sumaya Farhat-Naser: Aus den gequälten Seelen entsteht Hass, Rede auf der Friedensdemonstration in Berlin am 15.2.2003, zu finden unter *www.uni-kassel.de*

Website von Bat Shalom: *www.batshalom.org*, Website des Jerusalem Center for Women: *www.jcw.org*, über den Jerusalem Link sind Materialien auf beiden Websites zu finden

Über den Auftritt von Frauen des Jerusalem Link im UN-Sicherheitsrat, ihre Zusammenarbeit und ihre Forderungen ans Nahost-Quartett: *www.lolapress.org/index/news.htm*

Über die Zusammenarbeit der israelischen und palästinensischen Frauen: Silja J.A. Talvi, Women of the Promised Land, »LiP Magazin« vom 14.11.2002, zu finden unter: *www.alternet.org*

Über Gewalt gegen Frauen in Israel und Palästina: Ute Scheub, Unsichtbare hinter der Mauer, »taz« vom 13.7.1991

Nachtrag

Seit der Preisverleihung in Bremen an Sumaya Farhat-Naser und Gila Svirsky hat sich die Lage im Nahen Osten zugespitzt. Zwar gab es im Dezember 2003 ein Hoffnungszeichen, die »Genfer Friedensinitiative«, die unter anderem der palästinensische Ex-Unterhändler Jassir Abed Rabbo und der israelische Ex-Justizminister Jossi Beilin ausgehandelt hatten. Hauptpunkte: Rückzug der Israelis aus den besetzten Gebieten, Jerusalem als gemeinsame Hauptstadt, Verzicht der Palästinenser auf das Rückkehrrecht für 3,8 Millionen Flüchtlinge. Doch Ministerpräsident Sharon lehnte die Initiative als »Katastrophe für Israels Sicherheit« ab. Im März und April 2004 ließ er Scheich Ahmed Jassin, den Gründer und Führer der islamistischen Hamas, und seinen Nachfolger Abdel-Asis el Rantisi bei einem Luftangriff gezielt liquidieren, hunderttausende von Hamas-Anhängern schworen daraufhin Rache. Als »letzten Todesstoß für den Friedensprozess« wertete die palästinensische Führung im April 2004, dass US-Präsident Bush indirekt jüdische Siedlungen im Westjordanland gutgeheißen hatte. Im Mai 2004 bat Gila Svirsky via Internet ihre internationalen Freundinnen, gegen die breitflächige Zerstörungen palästinensischer Häuser im Gazastreifen durch die israelische Armee zu protestieren. 40 Frauen seien zum Gazastreifen gefahren, sie selbst auch. Sie seien am Kontrollpunkt Sufa nicht hereingelassen worden. Daraufhin hätten sie dort ein Zeltlager errichtet und erklärt, sie würden so lange nicht weichen, bis die Armee die Zerstörungen eingestellt habe.

»Trauma ist eine Krankheit wie Aids«

Die Dolmetscherin *Bosiljka Schedlich* hat in Berlin und Bosnien Projekte für traumatisierte Kriegsopfer aufgebaut

Kassandra spricht nicht mehr. Niemand hatte je wissen wollen, was sie sagt, niemand hat sich je für sie interessiert, oder für das Unglück, das sie sah. Nun schweigt Kassandra. Hält ihre Hände schützend vor das Gesicht, damit niemand sie erkennen kann. Schämt sich. Versteckt sich hinter ihren Händen. Nur ihre wilden schwarzen Haare schauen hervor.

Weshalb schämt sie sich? Für die Armut ihrer Familie? Für den Schimmel an den Wänden? Für die Dreckpfützen vor der Tür?

Kassandra ist ein kleines Roma-Mädchen aus dem bosnischen Ort Bijeljina. Wahrscheinlich wüssten ihre Eltern gar nicht, was für einen schwerwiegenden Namen sie ihrer Tochter gegeben hätten, vermutet Bosiljka Schedlich. Sie steht vor einer kleinen Fotogalerie im Berliner Südost Europa Kulturzentrum und deutet auf die Bilder von Kassandra und anderen Kindern. Dieser Junge heiße Sulejman, sagt Bosiljka mit ihrer sanften Stimme, »und er bekommt beim Betteln immer so kalte Hände«.

Bosiljka ist eine Meisterin der Intuition. Sie nimmt mit feinsten Antennen wahr, wie ein Mensch sich bewegt, was ihn bewegt, und sie kann mit einem einzigen kleinen Satz sein ganzes Problem erfassen. Sulejman schämt sich zu betteln, er bekommt kalte Hände von dem kalten Geld, aber was sollte er sonst tun?

Sulejman und Kassandra leben im Nordosten Bosniens, in der Republika Srpska. Der Krieg, der Bosnien-Herzegowina zwischen 1992 und 1995 heimsuchte, hat die Lebensgrundlagen zerstört, die Mehrheit der Bevölkerung in Armut und Erwerbslosigkeit gestürzt. Die Roma leben in einer schlammigen Siedlung, ihre Baracken sind zu Beginn des Krieges von serbischen Extremisten zerstört und nun notdürftig wiederaufgebaut und abgedichtet worden. Sie sammeln Altmetall oder schicken ihre Kinder zum Betteln. »Das Schicksal der Roma«, sagt Bosiljka, »das wäre mein Anliegen geworden, wenn ich nicht dieses Zentrum hier aufgebaut hätte. Vor allem die Mädchen werden furchtbar unterdrückt. Sie sind das letzte Glied in der menschlichen Kette.«

Bosiljka Schedlich hat im Jahre 1991 den Verein Südost Europa Kulturzentrum e. V. ins Leben gerufen und ist seitdem dessen Geschäftsführerin. Für ihre Friedensarbeit wurde die 55-Jährige mit Menschenrechtspreisen überhäuft: 1996 erhielt sie den Moses-Mendelssohn-Preis, 2000 die Louise-Schröder-Medaille und 2001 das Bundesverdienstkreuz am Bande. Seit Gründung des Zentrums sind wohl an die 30.000 Flüchtlinge aus Ex-Jugoslawien hier durchgegangen, sind hier versorgt, beraten oder therapiert worden. In den schön gestalteten Räumen der 320 Quadratmeter großen Altbau-Etage in Berlin-Kreuzberg haben sie gewartet und gesessen, sie haben im Flur gestanden und sich die vielen Kinderbilder an den Wänden angesehen.

Es sind keine netten bunten Bilder mit lachenden Menschen. Es sind wüste, verstörende Zeichnungen, voller Chaos, Feuer und Rauch, mit Menschen, die im Granatenhagel verbluten. Das Gesicht der Sonne auf einem der Bilder verzieht keine Miene, nur ihre großen dunklen Augen haben alle Traurigkeit der Welt gesehen.

Nicht nur der Flur, auch die einzelnen Räume hängen voller Kunstwerke. In wechselnden Ausstellungen werden Werke von Fotografen und Malerinnen gezeigt. »Vater Krieg bringt die Mütter zum Weinen«, heißt es auf einem riesigen Ölbild, das der kroatische Künstler und Filmemacher Nenad Dapic dem Zentrum geschenkt hat. Die Mütter der Ermordeten aus Südosteuropa, die sich im Zentrum treffen, haben ihrerseits eine »Rolle des Gedenkens« aufgehängt. Die Namen ihrer Söhne oder Ehemänner, Brüder oder Väter, die im Krieg von 1991 bis 1995 getötet wurden, haben sie in Taschentücher gestickt, mit Blumen oder Ranken und Jahreszahlen versehen und zu einer großen Stoffbahn vernäht. Man liest: »1960-1995, Srebrenica«. »1962-1992, Srebrenica«. »1959-1995, Srebrenica«.

Kultur als Trauerarbeit, Kultur als Widerstand. »Als wir mit sieben Freundinnen und Freunden aller Nationalitäten das Zentrum gründeten«, berichtet Bosiljka, »wollten wir mit Kulturarbeit Brücken bauen. Mit Reden, Bildern, Musik, Theater. Wir haben Veranstaltungen organisiert, die an nichtnationalistische Dichter erinnern sollten, wir haben Begegnungen mit Künstlern ermöglicht, die sich als Flüchtlinge hier aufhielten. Sie waren froh, etwas aufführen zu können. Und nach allen Veranstaltungen gab es ein gemeinsames Essen. Das Zentrum war jedes Mal so voll, dass man kaum hereintreten konnte.«

Mitte der neunziger Jahre war die Zahl der Kriegsflüchtlinge aus Ex-Jugoslawien in Berlin auf etwa 45.000 gestiegen; täglich suchten

Dutzende, manchmal sogar hunderte von Menschen im Zentrum seelische erste Hilfe. »Viele haben mir im Nachhinein gesagt, dass sie hier ihre Würde wiedergefunden haben. Weil sie hier nicht nur eine Zahl waren. Weil die Beratung nichts kostete. Und weil sie die Kultur brauchten wie Essen und Trinken. Die Gewissheit, es gibt neben der Unkultur, die sie vertrieben hatte, noch das Humane. Es gibt noch das, was Menschen zu Humanisten, zu Vertrauenspersonen, zu Liebenden macht. Letztlich bedeutet Würde: sich sicher fühlen bei anderen Menschen.«

»Kulturrr«, sagt Bosiljka und rollt das »R«, als lasse ein Gebirgsbach das Geröll durch sein Flussbett purzeln. Die einzige Erinnerung an ihre kroatische Muttersprache. Bosiljka spricht ein Deutsch, wie es die meisten Inhaber eines deutschen Passes nicht vermögen. Geschliffen und präzise. Sie sagt nicht »ich bin gegangen«, bei ihr heißt es: »Ich ging«. Die Geschichten, die sie erzählt, sind druckreif formuliert.

Bosiljka, diese kleine Frau mit den großen dunklen Augen, ist die charismatische Mutter des Zentrums, sein Mittelpunkt, seine Seele. Aber was macht diese Ausstrahlungskraft aus? In ihrem Falle eine erstaunliche Mischung aus mütterlicher Sanftmut und Strenge der Präzision.

Sie wirkt wie die Ruhe selbst, sie kann stundenlang geduldig zuhören. Das ist ihre große Stärke, aber vielleicht auch ihre Schwäche. »Ich lasse vieles zu, manchmal zu vieles. Ich mag Menschen nicht verändern«, sagt sie. »Ich mag Menschen, die direkt aussprechen, was sie denken. Aber ich habe Angst, andere zu verletzen, als traute ich ihnen nicht zu, auch etwas aushalten zu können.«

Bosiljkas Hang zur unendlichen Geduld steht indes ihr Hang zur Präzision gegenüber. Ihre Sprache ist gestochen scharf, ihre Intuition ist punktgenau, und ebenso präzise arbeitet ihr Gedächtnis. Sie kennt sich in der langen komplizierten Geschichte Jugoslawiens besser aus als in der Tasche des schwarzen Jacketts, das sie am liebsten trägt.

Vielleicht liegt das auch daran, dass Gedächtnis und Erinnerung bei Bosiljkas Arbeit, bei der Heilung traumatisierter Kriegsopfer, eine so große Rolle spielen. »Die Verschwörung des Schweigens durchbrechen, eine Kultur des Sprechens entwickeln«, nennt sie das. Und erzählt ein Beispiel aus der Therapiegruppe für Männer, die sie eine Zeit lang geleitet hat: »Wenn die Traumatisierten zu reden beginnen, ihre Erinnerungen zulassen, empfinden sie Hass. Und Rache. Ich habe sie ermuntert, ihre Rachephantasien auszusprechen, sie haben ein Recht dazu. Ein Albaner unter ihnen ist Offizier erst in der jugoslawischen, dann in der kroatischen Armee gewesen, er ist von Kroaten in ein Lager gesteckt und schrecklich misshandelt worden. Auch er redete damals nur noch von grausamer Rache.

Und dann hielt er plötzlich inne und sagte diesen einen entscheidenden Satz: ›Wenn man es ausgesprochen hat, muss man es nicht mehr tun.‹

So etwas macht mich sehr glücklich. Genau das ist der Friedensprozess!«

Ihre 13-jährige Arbeit mit Flüchtlingen und Traumatisierten hat sie gelehrt, die Welt mit anderen Augen zu sehen. »Die Geschichte der Menschheit ist eine Geschichte der Kriege und der Traumatisierungen«, formulierte sie einmal in einem Vortrag. Bosiljka weiß, wie sich diese Traumata fortsetzen, wenn sie nicht aufgearbeitet werden, wie Eltern ihre Leiden an Kinder weitergeben. Weiter und immer weiter. »In der Bibel steht: ›bis ins siebte Glied‹«, sagt sie. »Eine jüdische Forscherin kam in einem Buch zum Ergebnis, es seien sogar acht Generationen. Also ungefähr 200 Jahre. Zwischendurch kommen neue Kriege hinzu, und die alten unbearbeiteten Traumata werden dadurch wieder verstärkt. Natürlich geht es um Interessen, Gebiete, Erdöl, und wir Menschen stellen uns auch immer Götter vor, in deren Namen etwas geschieht.« Das aber sei nur der ideologische Überbau.

In Wirklichkeit hätten sich die Traumata in unseren Gehirnen eingeschrieben. »Moderne Hirnforscher haben herausgefunden, dass lebensbedrohende Situationen das menschliche Gehirn in seiner Substanz verändern. Nach einem traumatischen Erlebnis leben die Menschen in ständiger Anspannung. Sie können nicht mehr durchschlafen. Weil der Teil des Gehirns, der dann normalerweise abgeschaltet wird, sich bei ihnen nicht mehr abschaltet, träumen sie immer wieder dieselben furchtbaren Situationen, sie wachen schweißgebadet auf.«

Bosiljka verweist auf die Erkenntnisse von Sibylle und Hartmut Jatzko, die jahrelang Opfer der Flugtag-Katastrophe in Ramstein therapierten. Das traumatische Erlebnis könne nicht verarbeitet werden, schreibt Sibylle Jatzko, weil die erlebte Reizüberflutung zu einer Blockierung der Gefühle und des Bewusstseins führe. Die Erregungen blieben in tieferen Hirnkernen stecken und könnten nicht in die für Gefühle, Sprache und Bewusstsein zuständigen Hirnregionen weitergeleitet werden. Die Menschen blieben buchstäblich sprachlos und seien gleichzeitig immer wieder mit »Flashbacks« konfrontiert, mit einer Wiederkehr der Schreckensbilder im Schlaf oder im Wachzustand. Viele würden davon körperlich krank oder reagierten mit Kontaktunfähigkeit, Misstrauen, Depression, Zorn und Wut, Angst und Panikzuständen. Sie suchten alles zu vermeiden, ob Gerüche, Geräusche oder Orte, das sie nur im Entferntesten an ihr Trauma erinnern könnte.

Andere Hirnforscher bestätigen die Erkenntnisse des Ehepaars Jatzko. Elektronische Messungen ergaben, dass bei solchen Menschen das für die Gefühlsverarbeitung zuständige Limbische System im Gehirn blockiert ist. Die Folge ist »Gefühlsblindheit« – ein typisches Symptom bei Holocaust-Überlebenden und Kriegsveteranen, die statt Gefühlen nur noch körperliche Reaktionen empfinden.

Einige der Flüchtlinge, die im Kulturzentrum therapiert werden, hatten den Mut, ihre Erlebnisse aufzuschreiben und in einer kleinen Broschüre zu veröffentlichen. Die 54-jährige Remzija zum Beispiel, die das Massaker von Srebrenica überlebte und Augenzeugin eines Granatenangriffs wurde, der 72 Schulkinder tötete. Sie kann »nachts nie länger als zwei Stunden« schlafen und fühlt sich bei Regen an die Granaten erinnert und bei jedem Flugzeuggeräusch an die Bomben. Die 49-jährige Fazila verlor ihren Sohn und ihren Mann – Nachbarn hatten ihn getötet, um das Haus der Familie in ihren Besitz zu bringen. Heute ist sie herzkrank und hat »keine Nerven mehr«. Die 29-jährige Miljana vegetierte anderthalb Jahre in einem Kellerversteck im umkämpften Mostar. Sie gerät heute noch beim Anblick von Uniformierten in Panik und erlebt keinen Tag ohne Kopfschmerzen. Der 68-jährige Barisa wurde in einem serbischen Lager misshandelt und musste dort die Ermordung seines Sohnes mitansehen. Er kann nicht schlafen, er kann nicht darüber reden, er schweigt fast immer.

Menschen mit einem »Posttraumatischen Belastungssyndrom«, wie der medizinische Fachausdruck dafür lautet, hätten das »Weltvertrauen« verloren, formulierte Bosiljka einmal in einem Vortrag: »Sie ertragen keine Dunkelheit. Dunkelheit erlaubt keine Kontrolle über die Umgebung. Über die Leiden, die ihnen zugefügt wurden, hatten sie auch keine Kontrolle, sie waren wehrlos ausgeliefert. Sie schlafen bei Licht. So können sie die quälende Orientierungslosigkeit nach dem Aufschrecken aus schweren Träumen leichter überwinden. Sie ertragen keinen Lärm. Lärm erinnert an Bomben und Schreie. Sie ertragen keine Stille, in der ihre Ängste und Erinnerungen übermächtig werden. Sie erschrecken vor Gegenständen aus Metall, weil sie an Schlüssel im Lager oder Gefängnis erinnern oder an Gegenstände, mit denen sie geschlagen wurden. Viele Dinge aus dem Alltag können mit den Erlebnissen assoziiert werden, die ihre Traumatisierung verursacht haben. Sie bleiben dauerhaft im Ausnahmezustand.«

Manche lernten mit der Zeit, sagt Bosiljka, das Beunruhigende in ihrem Inneren abzukapseln. Aber in krisenhaften Situationen bräche es dann doch wieder auf, und sie seien nicht mehr Herr ihres Handelns.

Auch in Berlin sei das so. »Unter den Parkanlagen und Asphaltflächen von Berlin, und nicht nur dieser Stadt in Deutschland, liegen Trümmer des

Zweiten Weltkrieges«, schrieb sie im Vorwort einer Broschüre über das Kulturzentrum. »Unter der Decke der Kollektivverantwortung sind in den Seelen vieler Menschen schmerzhafte Wunden eingekapselt. Durch die Bilder vom Krieg in Südosteuropa wurden Angst und Erinnerungen an schlimmste Erfahrungen ausgelöst. Das Sprechen über die Wunden, die der Krieg in Südosteuropa verursacht hat, kann eine Chance sein, auch über die Wunden der Überlebenden und der Generation des Zweiten Weltkrieges zu sprechen, um sie nicht an ihre Kinder und Kindeskinder weiterzugeben. Schweigt man darüber, können die unausgesprochenen Erlebnisse wie ein leibliches Unbehagen in den Kindern weiterleben. Solange die Seelen sich von dieser Last der vorangegangenen Generationen nicht befreit haben, können Häuser immer wieder von Neuem zerstört werden.«

In Bosiljkas kleinem Arbeitszimmer ist ein Tischchen gedeckt mit Kaffee und Kuchen, schwer und süß, von den bosnischen Frauen des Zentrums gebacken. An den Wänden überall Bilder von Türen und Fenstern, die sich öffnen. Über ihrem Schreibtisch die Fotos ihres Sohnes und ihrer Tochter mit Enkelin Klara, daneben die junge Philosophin Hannah Arendt, und, winzig klein, Jugoslawiens früherer Staatschef Tito. Bosiljka bittet zu Tisch. Die knarzigen alten Bauernstühle, die sie aus ihrem kroatischen Bergdorf mitgebracht hat, sind so niedrig, dass die Sitzfläche fast den Boden berührt. Die Bauersleute aus Dalmatien pflegten beinahe auf der Erde zu sitzen.

Bosiljka ist dort 1948 geboren worden, doch die »dummen Nationalismen« lehnt sie strikt ab. Wenn man sie in Rage bringen will, dann muss man sie danach fragen, was »die Kroaten« über diese oder jene Frage dächten. Niemals spricht sie von »den« Serben, »den« Albanern, »den« bosnischen Muslimen oder »uns Kroaten«. »Menschen« ist ihr meistbenutztes Wort: Sie sagt »wir Menschen« oder »die Menschen«. Schuldzuweisungen vermeidet sie, und wenn sie Verantwortung meint, dann spricht sie von »wir«. Wir Menschen in Europa, wir Menschen auf der ganzen Welt.

Alle Gruppen im Zentrum, auch die Therapiegruppen, berichtet Bosiljka, seien immer gemischt gewesen. Die meisten seien Muslime, aber es gebe auch Kroaten und einige serbische Frauen und Männer. »Sie trauten sich am Anfang gar nicht, das zu sagen. Sie waren die Opfer von allen geworden, auch von anderen Serben, weil sie in deren Augen Verräter geworden waren.« Tätlichkeiten, nein, das habe es nie gegeben. »Aber natürlich Streits und Konflikte, die schwer auszuhalten waren.« Bosiljka redet ruhig, von sparsamen Gesten unterstrichen. Oft legt sie ihre Handflächen einfach nur auf den Tisch und lässt sie dort ausruhen. Manchmal hebt sie auch einen Zeigefinger – aber so richtig hoch, bis zur Vollendung der belehrenden Geste, will er nicht gehen, er bleibt irgendwo in der Luft stecken.

Mitte der neunziger Jahre, als die Flüchtlinge das Zentrum geradezu überschwemmten, leitete Bosiljka eine Männertherapiegruppe. »178 Männer aller Nationalitäten gehörten dazu, bis zu 80 waren bei der Sitzung anwesend. Gott, war das manchmal laut. Sie haben sich angeschrien. Ich fragte sie: ›Wollt ihr, dass ich diese Gruppe leite?‹ So habe ich sie langsam zur Ruhe gekriegt. Und als es wieder zu laut wurde, brauchte ich nur noch auf dem Stuhl zu wippen«, Bosiljka lacht und hüpft mit dem Po auf ihrem kroatischen Bauernstuhl auf und nieder, »und sie wussten Bescheid.«

Als Frau eine so große Männertherapiegruppe zu leiten, ohne Ausbildung als Therapeutin – dazu gehört viel Mut und Intuition. Zur Nachahmung nur denjenigen zu empfehlen, die sich unbedingt überfordern wollen. »Dass ich das durchhielt«, sagt sie, »lag daran, dass mir das Thema so vertraut war. Durch meinen Vater. Dabei wusste ich das damals noch gar nicht.«

Viele Männer im Zentrum hätten sie gefragt: »Was soll ich tun? Ich habe Angst, meine Frau und meine Kinder umzubringen. Ich kann es nicht aushalten, wenn sie laut sind, oder wenn mir irgendetwas nicht passt.« Das habe sie an ihren eigenen Vater erinnert. »An seine Aggressionen und Prügel, an seine Strenge, aber auch sein Leiden. Er verzichtete auf alles, was ihm hätte gut tun können. Auf jede Freude. Er opferte sich für die Familie. Wenn er lachte, ging ein Schatten über sein Gesicht. Er konnte nicht lachen. Und viele Flüchtlinge auch nicht. Als ob eine innere Stimme mahnen würde: Du darfst dich nie mehr freuen!«

In der Männergruppe habe einmal ein Überlebender des Massakers von Srebrenica zum ersten Mal seine Geschichte erzählt. »Die Regeln waren: Jeder durfte berichten, wann und was er wollte. Jeder darf nur über sich selbst reden, nie über die anderen; er darf auch keine Kommentare zu den anderen abgeben. Das ist sehr schwer, denn jedem ist das eigene Schicksal am schlimmsten. Und dieser Mann erzählte von seiner Flucht. Wie er einen seiner Söhne an sich genommen und den zweiten seinem Bruder anvertraut hat. Wie sie in mehrere Fallen gerieten, wo Menschen erschossen wurden. Plötzlich lag er unter vielen Leichen. Es dämmerte, und die serbischen Soldaten schauten nicht mehr nach, ob noch jemand lebt. Er stand auf und drehte alle Leichen um, um seine Söhne und seinen Bruder zu finden. Er fand niemanden. Er wusste, er muss ungefähr 40 Kilometer laufen, um aus der Todesgegend wegzukommen. Er orientierte sich am Moos und lief Richtung Nordwesten nach Tuzla. Irgendwann geriet er auf eine Lichtung. Und fand nach ein paar Metern keinen Boden mehr unter den Füßen. Es war alles voller Leichen. Er lief über Leichenberge.«

»Als ich das hörte, hatte ich das Gefühl, keinen Magen mehr zu haben. Es war alles verkrampft in mir, die Luft und das Blut waren wie abgeschnürt; ich dachte, etwas platzt in mir, und ich kippe um. Ich wunderte mich darüber, dass ich weiter da saß. Und plötzlich sah ich meinen Vater vor mir. Vielleicht sahen die anderen Männer in der Gruppe auch ihre Angehörigen vor sich, ich sah jedenfalls meinen Vater.«

»Ich sah eine Lichtung mit genau 195 Toten. Das waren jene Toten, über die mein Vater nie sprechen wollte. Er hatte als Partisan gegen die Nazis gekämpft. Wenn Partisanenlieder gespielt wurden, stand er stramm wie ein Soldat. Wir lachten ihn aus, aber er antwortete nur barsch: ›Was wisst ihr denn. Wir waren 200, und nur fünf blieben übrig.‹ Ich dachte: Mein Vater – was für ein Held! Er läuft weiter und singt und kämpft für die Freiheit und gegen die Faschisten! Ich war so stolz auf ihn. In diesem Moment aber sah ich zum ersten Mal, worüber er nie reden konnte: seine 195 toten Kameraden. Ich sah sie wirklich. Ich könnte das immer noch nachzeichnen, so deutlich war es. Trauma-Übertragung eben.«

»In der Nacht darauf träumte ich, dass ich meinen Vater beerdigen muss. Ich ganz allein sollte meinen toten Vater aus einem mit einer Metallplatte bedeckten Schacht an der Ecke unseres Hauses herausholen und in einen Sarg aus glänzend lackiertem Holz legen. Ich dachte, ich schaffe das nicht. Aber ich musste es schaffen, die Leiche musste raus, und ich musste ihn bestatten. Ich klappte die Metallklappe hoch – solche Deckel gibt es in Dalmatien an den Zisternen im Karst. Und ich erschrak: Die Leiche war nicht da! Anstelle der Leiche kam ein Strahl wunderbares, duftendes, sprühendes, kristallenes Wasser, es rauschte und floss, es war gewaltig.«

»Ich wachte auf, schweißgebadet, und zitterte. Ich wusste, mein Vater ist sehr krank. Unter anderem hatte er Asthma – auch eine typische Erkrankung von Traumatisierten, er röchelte richtig. Auch, weil alle seine Kriegserinnerungen hochgekommen waren. Er erzählte meinen Geschwistern davon. Er hatte sich im Krieg wie ein Serbe benommen, obwohl er ein Kroate war. Er sagte: ›Die Serben sind das bedrohte Volk.‹ Er konnte mir nicht glauben, dass es diesmal vor allem Serben waren, die Lager errichteten und Menschen töteten. Seine Erinnerungen aus dem Zweiten Weltkrieg haben das überlagert. Er hatte als Partisan gesehen, wie die kroatische Ustascha Serben vernichtet hatte. Das hatte sein Gehirn blockiert, es gingen keine weiteren Bilder hinein. Wir haben viel politisch diskutiert und viel gestritten. Aber an diesem Morgen rief ich meinen

Vater an, und wir führten ein völlig entspanntes Gespräch, wie wir es früher nie hätten führen können.«

»Ich hatte früher immer das Gefühl, es sei etwas in mir, das mich von der Welt fern hält. Ich fühlte mich einsam, abgeschirmt durch dieses unbegreifliche Etwas. Es gab dafür keine Worte. Es waren nicht die Prügel, die ich von meinem Vater erhalten hatte – darüber konnte ich mit zeitlichem Abstand reden. Es war etwas anderes. Aber nach diesem Gespräch mit ihm war alles verschwunden.«

Bosiljka weiß seit jenen Tagen, dass sie diese Trauma-Arbeit nicht nur für andere, sondern auch für sich macht: »Ich bin diesem Mann aus Srebrenica sehr dankbar, ich habe Vertrauen und Unterstützung für mich selbst bekommen. Wie diese Menschen, so bin auch ich auf der Suche nach den Worten, in denen das Unfassbare ausgedrückt werden kann. Damit es in einer Archivschublade im Gehirn abgelegt werden kann und kein Vakuum um mich herum mehr schafft.«

»Mein Vater wollte nach diesem Gespräch kein Wasser mehr zu sich nehmen. Er wollte sterben. Und er ist eine Woche später gestorben. Sein wirklicher Sarg sah so aus wie der in meinem Traum. Der Pfarrer besprühte den Sarg mit Wasser, und es perlten die Wassertropfen – wie in meinem Traum. Ich überlegte: ›Was sage ich ihm zum Abschied?‹ Ich schickte ihm den Gedanken: ›Vater, ich liebe dich.‹ Ich weinte um ihn wie um mein Kind. Er hatte ein furchtbar schweres Leben gehabt. Es tat mir leid um seine vielen Potenziale, die er nicht hatte entwickeln können. Das war die Aussöhnung mit ihm.«

Das habe ihr außerdem gezeigt, dass Geschichte nie vergeht. »Auch die, die wir verdrängen, vergeht nicht. Und wir finden keine Worte dafür. Ich bin froh, dass nun wissenschaftlich nachgewiesen wurde, dass das auf materiellen Prozessen im Gehirn beruht. Ich hoffe, es wird möglich sein, eine Kampagne zu initiieren, die deutlich macht, dass Trauma eine Krankheit ist wie Aids. Erst dadurch kann man aus dem Teufelskreis der Kriege herauskommen und präventive Politik betreiben. Eine Politik, die ohne eine einzige Waffe auskommt.«

Wie bei ihrem Vater, so sei auch in vielen Serben das Trauma des Zweiten Weltkrieges wiedererweckt worden, als der kroatische Staatschef Tudjman die alte Symbolik der Ustascha-Faschisten, die auf Seiten der deutschen Nazis gekämpft hatten, wieder einführte. »Eine Aussöhnung der Völker«, findet Bosiljka, »ist erst dann möglich, wenn man ihre Verbrechen nicht gegeneinander aufrechnet, sondern nebeneinander stehen lässt. Sie verjähren nie.«

Bosiljka wurde 1948 geboren, nicht in ihrem Bergdörfchen, sondern in der Hafenstadt Split. Ihre Mutter hatte vorher ein Kind verloren und lief kurz vor ihrer Geburt aus dem Dorf los, um sicherheitshalber in einem Krankenhaus in Split zu gebären. »Dann wurde das kleine, schwache Kind geboren. Sie dachten, es würde sterben. Meine Mutter sagte: ›Schnell, schnell, tauft sie!‹ Sie dachte, ich sei nicht für diese Welt gemacht, aber ich blieb am Leben. Und bescherte meiner Mutter, als ich acht Monate alt war, den einzigen Urlaub ihres Lebens. Ich bekam eine Lungenentzündung, und sie lief mit mir wieder aus dem Bergdorf ins Krankenhaus. Voller Angst, weil ihr erstes Kind mit acht Monaten in ihren Armen an Keuchhusten gestorben war. Zwei ältere Geschwister von mir waren am Leben, zwei Geschwister waren gestorben, später wurden noch zwei Geschwister geboren. Meine Mutter brachte mich also in Krankenhaus, und ich bekam Penicillin. Nach mir kamen andere Mütter mit kleinen Kindern. Und für sie gab es kein Penicillin mehr – ›nicht einmal für die Jungen‹, so hat es meine Mutter erzählt. Da sie mich stillte, konnte sie im Krankenhaus bleiben und war von der schweren Feld- und Hausarbeit verschont. Und bekam das gute Essen. Sie bekam auch ein bisschen Stoff und nähte und stopfte und strickte für das Krankenhauspersonal.«

Das seien große Kostbarkeiten für ihre Eltern gewesen. »In ihrer Selbstversorger-Welt gab es keine Abfälle. Aus den Lebensmitteln wurde Dung, die Kleider aus Wolle trug man, so lange es ging, Garn, Öl, Zucker und Salz tauschte man gegen Wolle, Eier oder Käse. Dafür musste man acht Stunden in die Stadt laufen und acht Stunden zurück.«

Aber das kleine Mädchen fand das Leben auf dem Lande schrecklich: »Es gab so viel Gewalt. Frauen gegenüber, Tieren gegenüber. Die Hühner, Katzen, Schafe, Pferde, Ochsen, Schweine, sie waren Freunde für mich. Aber man hat sie geschlagen und geschlachtet. Und man hat mich geschlagen, weil ich kein Fleisch essen konnte. Ich erbrach und bekam Ausschlag. Ich fand es furchtbar, in das Fleisch hineinzubeißen. Ich habe mich immer versteckt, wenn sie ein Tier geschlachtet haben. Die Schweine schreien so entsetzlich. Dann hing ein Schwein an der Tür, und ich sollte der Mutter helfen, die Gedärme herauszuholen. Ich rannte in die Berge und war zu nichts zu gebrauchen. Und kriegte immer Prügel dafür. Meine Eltern wollten an diesem Punkt nicht nachgeben, weil das zum Bauernleben dazugehört. Irgendwann haben sie aber doch nachgegeben. Mein Vater baute einen Aluminiumteller für mich, und wenn sie Fleisch aßen, musste ich nicht mehr aus der großen Holzschüssel mitessen. Ich bekam ein gekochtes Ei oder ein Stück Käse und war glücklich.«

Nein, natürlich sei nicht alles schrecklich gewesen. »Diese unendliche schöne Landschaft, ich habe sie in mir behalten. Die Berge, die Bäume, jeder für sich ganz rund, die Grillen und Zirpen, der Wind, der Fuchs, das

Rascheln der Pflanzen. Aber darüber erstreckte sich die ständige Angst vor den Erwachsenen und im Sommer vor den Schlangen. Man konnte nur vorsichtig auftreten, was die Sinne gestärkt hat. Auch die Sprache der Menschen war wunderschön. Und ihr Gesang. Wenn sie durch die Gegend liefen, sangen sie ganz laut, damit man sie hörte und keine Angst vor ihnen hatte. Wenn man auf dem Weg jemanden traf – das nächste Geschäft war drei Kilometer entfernt –, erzählte man sich viel, ging aber nie auf Konfrontation. Man diskutierte nicht. Aus den Unterhaltungen flocht man quasi einen Zopf: Man fügte etwas Neues hinzu und widersprach nicht. Diese vorsichtige Annäherung der Menschen aneinander ist ein Merkmal unserer Kultur.«

Drei Stunden Fußmarsch vom Dorf entfernt habe es damals eine Eisenbahnstation gegeben, auf der Strecke zwischen Split und Zagreb. »Und ich wollte immer dorthin. Die Erwachsenen fragten: ›Willst du Split sehen?‹ – ›Jaaa!‹ Und dann hoben sie mich an den Ohren hoch. Das tat sehr weh, die Ohren brannten. Das war eine dieser sadistischen Umgangsformen mit Kindern. Sie lachten uns auch aus. Ich konnte das ›R‹ nicht sprechen und wurde ausgelacht. Also – ich wollte immer in die Stadt.«

Split wurde ein Sehnsuchtsort für das kleine Mädchen Bosiljka, nicht nur weil ihr Vater dort schon lebte. »Mein Vater war 1943 mit 20 Jahren Partisan geworden und bis zu seiner Verwundung 1944 im Krieg. Als er nach dem Krieg wieder zur Armee musste, sollte er Offizier werden. Was er ablehnte. Weil das für einen Dorfmenschen nicht anstand, das heilige Land zu verlassen, von dem Generationen gelebt hatten. Deswegen kehrte er zu seiner Frau und seinen Kindern zurück; seine Mutter lebte noch, sein Vater war im Krieg verstorben. Er hatte 45 Tage Bedenkzeit dafür, nach 49 Tagen wusste er, dass er einen Fehler gemacht hatte. Dass es für die Kinder im Dorf keine Perspektive gab. 1947 kam ein Lastwagen über den Schotterweg ins Dorf, die Fahrer wollten junge Männer für die neu gebauten Fabriken anwerben. So ging er als Erster aus dem Dorf weg und zog in ein Wohnheim in einen Vorort von Split. Auch meine 1940 geborene Schwester ging in die Stadt, nach Sibenik, zu einem angeheirateten Onkel, um für das Stadtleben ausgebildet zu werden. Sie sollte Lehrerin werden und uns allen den Weg in die Stadt zeigen.«

Im Jahre 1957, als Bosiljka neun Jahre alt war, trennte sich die Familie – der Vater lebte mit drei Kindern in einem Vorort von Split, die anderen blieben auf dem Lande zurück. »Mein Vater war aus dem Wohnheim ausgezogen und hatte gegen zwei Ochsen ein altes Haus für uns gekauft. Ich wurde in Split in die dritte Klasse geschickt. Mein älterer Bruder und meine ältere Schwester aus Sibenik waren mittlerweile auch dort. Meine Mutter blieb mit den kleineren Geschwistern und der Großmutter im Dorf zurück. In den Ferien gingen wir immer dorthin zurück und halfen beim Tierefüttern und der Feldarbeit. Der Vater ging natürlich auch immer wieder hin und half. Meine Mutter kam nur manchmal zu uns.«

Am Anfang habe sie nicht gewusst, wie man sich in der Stadt verhält. »Ich sah eine Glühbirne von der Decke hängen und versuchte sie auszupusten. Im Dorf gab es doch nur Petroleumfunzeln. Meine Geschwister lachten mich aus. Ich fand die weiße Wand des Hauses so schön und hinterließ dort schwarze Spuren mit meinen Schuhsohlen aus Autoreifen. Ich bekam Prügel dafür. Im Dorf gab es nur Steinmauern mit ein bisschen Putz und vielen Löchern, wo die Spinnen lebten.«

Zweieinhalb Monate nach ihrer Ankunft in Split ereignete sich die große Familientragödie: Bosiljkas ältere Schwester starb, als sie ein ungesichertes Stromkabel im Haus anfasste. Ihr Vater hatte kein Gefühl für diese Gefahr gehabt. »Und von da an war es aus mit der Kindheit. Das Trauma meines Vaters brach auf. Bis zu diesem Zeitpunkt habe ich ihn häufig singen hören, er hatte eine wunderbare starke Stimme, nun nicht mehr. Er war ein kaputter Mensch. Meine Mutter hat ihm sicherlich auch vorgeworfen: ›Warum hast du die Kinder in die Stadt mitgenommen? Wären sie doch im Dorf geblieben!‹ Er hatte uns auf einen besseren Weg bringen, in bessere Schulen schicken wollen. Aber von da an galt ihm das nichts mehr. Wir sollten zusehen, dass wir ein bisschen Geld verdienen, heiraten und Kinder kriegen. Die hohe Ausbildung meiner Schwester zur Lehrerin hatte ihr doch auch nichts gebracht. Sie war tot, und damit auch seine frühere Überzeugung.«

Als Sprengmeister in einem Bergwerk habe er sehr hart gearbeitet, häufig mehrere Schichten hintereinander. »Das war so gefährlich, dass er nicht mehr nachzudenken brauchte. Aber wenn er von der Arbeit heimkam, schrie er oft ganz laut, sodass die Nachbarn herbeirannten. Und ich wurde immer stiller.«

Mit neun Jahren sei sie »eine Erwachsene« gewesen. »Ich wollte der Ersatz sein für diese Schwester. Und als dann auch noch die restlichen Geschwister aus dem Dorf zu uns kamen, wurde ich für sie die Mutter. Ich ging anstelle meiner Mutter zum Elternabend meiner Geschwister. Unsere Lehrer lernten unsere Eltern nie kennen.« Seit sie neun war, hat sie immer Verantwortung übernommen, immer für andere mitgedacht und mitgesorgt – bis heute.

Wie sie damals wohl war? Ein ernstes Mädchen, mit großen traurigen Augen und gewissenhaft geflochtenen schwarzen Zöpfen, fürsorglich-streng mit ihren Geschwistern? Bosiljka gießt Kaffee nach. Hier im

Zentrum gebe es etliche Kinder, sagt sie, in denen sie sich wiedererkenne. Sie sprächen viel besser Deutsch als ihre Eltern, also müssten sie mit ihnen zum Frauenarzt oder zum Sozialamt oder zur Ausländerbehörde gehen, um dort zu übersetzen. »Die Kinder werden zu den Eltern ihrer Eltern. Das ist für sie eine große Überforderung. Sie schämen sich auch für ihre Eltern. Und sie bleiben emotional hungrig, denn ihnen wird vorenthalten, was jedes Kind dringend braucht: Vorbilder und eine fürsorgliche Begleitung bis zum Erwachsenwerden.«

Dabei war Bosiljkas Mutter durchaus ein Vorbild für die Tochter. »Sie war eine sehr selbstbewusste Frau, von Natur aus kämpferisch. Und sie hatte ein großes Wissen über Tiere und Pflanzen. Nie ist bei uns ein Tier an einer Krankheit gestorben, sie konnte alle heilen. Und ihr Wein war immer der beste, auch der Weizen, der Mais, die Kartoffeln, der Tabak. Alles, was sie pflanzte, wuchs wie von goldener Hand gesät. Sie konnte gut regieren, sie war wie eine Königin. Sie trug Schmuck und sah bei all der Arbeit immer schön aus. Und sie sprach ihrerseits sehr liebevoll von ihrer Mutter, die schon mit 45 Jahren gestorben war. Nicht nur Traumata, auch positive Energien werden von Generation zu Generation übertragen.«

Und dann sei ihre Mutter in die Stadt gekommen – »und war nur eine kleine analphabetische Bäuerin. Verachtet von anderen Frauen. Neun Jahre älter als mein Vater. Die dicken Stadtfrauen tratschten über sie.«

Einmal hätten sie ein langes Gespräch über die Konflikte zwischen den Geschlechtern gehabt, »und sie sprach sehr emanzipiert. Sie sagte: ›Ich hätte deinen Vater eigentlich schon vor Jahren verlassen müssen, aber das kann ich nicht. Ich habe kein Geld, und die Gesellschaft würde auf euch herabsehen.‹ Sie versuchte, ihre Selbstständigkeit zu sichern, indem sie ihr Gemüse auf dem Markt verkaufte. Ich dachte, wie dumm ist es, über Bäuerinnen herzuziehen. Sie hat alles durchschaut. Auch die ökonomischen Zwänge.«

Bosiljka empfindet ihr Herkunft wie »eine Zeitreise durch die Jahrhunderte«. Auch heute noch könne sie an ihren Landsleuten erkennen, wer vom Land komme und wer von der Stadt. Dass Ende 2003 wieder die konservative Partei HDZ die Wahlen in Kroatien gewonnen habe, zeige deutlich, dass »viele, die in der Stadt leben, nie dort angekommen sind. Sie wählen die Konservativen, weil die ihnen die Bodenständigkeit versprechen, nach der sie sich sehnen. Sie wollen zu einem Volk, einer Nation gehören. Bürger zu sein, bedeutet aber, Individuum zu sein, selbstständig zu denken und zu handeln.«

Eine schnelle Industrialisierung, die die Gegensätze zwischen Stadt und Land noch vertiefe, sei ein Hauptfaktor für die Entstehung von

Nationalismus, meint Bosiljka. Die alten Kulturen zerfielen, die gemeinsamen Werte aus der patriarchalischen Dorfgesellschaft gälten nicht mehr, aber neue könnten sich so schnell nicht entwickeln. Wer heute die Kriegsregionen der neunziger Jahre bereist, glaubt zu spüren, wie Recht sie hat: ein Land, dem scheinbar jede Identität fehlt. Viele Dörfer sind verlassen, die schönsten alten Häuser zerstört und verfallen, überall liegt Müll und Schutt herum. Als ob die bäuerliche Vergangenheit den Menschen als Müll gälte, als ob sie sich ihrer schämten. Aber auch in den meisten Städten ist es nicht behaglich.

Bosiljka kam 1968 in eine noch größere Stadt als Split: nach Berlin. Sie war gegen den Willen ihres Vaters ins Gymnasium und nicht in die Handelsschule gegangen, sie hatte Abitur gemacht und wollte studieren. Aber ihr Vater sagte ihr, er habe kein Geld dafür. Für ihre Eltern sei es hart gewesen, sagt Bosiljka, dass sie Split »ganz eigensinnig« verlassen habe. Als die Tochter wegging, zog ersatzweise die Mutter aus dem Dorf in die Stadt.

Im Oktober 1968 landete Bosiljka also zusammen mit weiteren 80 »Gastarbeiterinnen« auf dem Ostberliner Flughafen Schönefeld. Sie war 19, sie wollte studieren, aber dafür wollte sie erst einmal ein Jahr lang in Westberlin bei der Elektrogerätefirma Telefunken Geld verdienen. »Wir wurden in einen DDR-Bus geladen und über die Grenze gebracht, in ein stacheldrahtbewehrtes Backsteingebäude im Bezirk Reinickendorf. Über den Hof ging es ins Tiefparterre in einen langen Gang des Hauses bis zum dritten Aufgang, wo unsere Zimmer waren. Im Dunkeln sah man kleine Menschen mit weißen Haaren, die wie Mäuse nach links und rechts in die Zimmer rannten und die Türen hinter sich schlossen. Ein Altersheim! Ich habe dort drei Monate in einem engen Zimmer mit sieben Betten gelebt. Auf der Etage wohnten 80 Frauen, für die es nur vier Kochplatten und vier Duschen gab.«

Vom ersten Tag an habe sie bei Telefunken gedolmetscht, weil der dafür vorgesehene Dolmetscher ausgefallen sei. »Deutsch sprach ich nicht, aber Englisch hatte ich in der Schule gelernt. Ich übersetzte für die jungen Frauen, für die ich mich im Bus geschämt hatte, weil sie so fröhlich und ausgelassen waren, und ich war so traurig und verzweifelt, dass wir jetzt hierher kamen. Später schämte ich mich ihrer noch mehr, weil sie keine würdigen Sozialistinnen waren, sondern sich herumtrieben mit jungen deutschen Männern in Cabriolets.« Bosiljka lacht. »Sie kamen mit Knutschflecken wieder, und keine ging zur Schule. Sie liefen ständig in Discos. Das fand ich alles schrecklich.«

»Ich habe mich auch geschämt, dass ich nur Arbeiterin geworden bin, wo ich doch angesteckt war von dem Glauben, dass der Fortschritt im

Lernen liegt. Und ich wollte lernen. Ich wollte Philosophie und Literatur studieren. Als die Herren bei Telefunken hörten, dass ich Abitur hatte, kam ich nicht ans Fließband, sondern wurde zur Prüferin von Saphiren für Plattenspieler ausgebildet. Ich arbeitete an verschiedenen Geräten und Mikroskopen und sollte neu angeworbene Frauen anlernen, dasselbe zu tun. Nebenher lernte ich auf einer Privatschule Deutsch, was ungefähr 250 Mark im Monat kostete. Und ich verdiente etwa 500 Mark, wovon man mir schon 70 Mark für das Bett abzog.«

Bosiljka lernte rasant Deutsch. Nach ein paar Monaten schon bewarb sie sich als Deutsch-Dolmetscherin in einem Arbeiterinnen-Wohnheim der Firma Siemens. Danach arbeitete sie zweieinhalb Jahre lang als Heimleiterin in einem vierstöckigen Wohnheim, in dem 50 jugoslawische Frauen aus einem anderen Telefunken-Werk untergebracht waren.

»In dieser Zeit begann ich zu studieren, Germanistik. Ich habe die Universität wie ein Schwamm aufgesogen. Und bin auch in die Studentenbewegung hineingeraten. Ich habe gestreikt und in Gorleben demonstriert, in Gatow die Bäume geschützt und Polizeihiebe in die Knie bekommen.« Bosiljka lacht. Sie hat ein überraschend hohes, zaghaftes Lachen, so als ob sie es erst spät gelernt hätte. Ja, sagt sie, heute fühle sie sich jünger als damals. Seinerzeit sei sie sehr alt und sehr ernst gewesen.

Und weil ihr Wohnheim so vorbildlich funktionierte, »bot mir Telefunken an, ein größeres Heim mit 250 Frauen und Männern zu leiten, bei doppeltem Gehalt. Die meisten Frauen, die damals bei mir gewohnt haben, trauen sich bis heute nicht, mir das Du anzubieten. ›Sie waren uns so eine große Autorität‹, sagen sie. Muss ja schrecklich gewesen sein! Ich war eine richtige Obergouvernante!« Sie lacht wieder. »Ich achtete darauf, dass keine Männer reinkamen, dass alles ordentlich war. Ich verlangte ihnen ab, dass sie ein Bewusstsein entwickeln, dass sie lesen, zur Schule gehen, sich weiterentwickeln. Die meisten waren älter als ich. Es gab häufig Situationen, wo ich mit ihnen, wenn sie sich stritten, die ganze Nacht zusammensaß und redete.«

Irgendwann lernte Bosiljka einen deutschen Mann kennen, sie heirateten, zogen in eine kleine Wohnung und bekamen zwei Kinder – sie sind inzwischen erwachsen, und von ihrem Mann ist sie geschieden. Ab 1973 arbeitete sie als Gerichtsdolmetscherin und lernte die Probleme der jugoslawischen Gastarbeiter noch einmal von einer anderen Seite kennen. »Sie kamen in unsere Wohnung, damit ich ihnen Dokumente übersetze oder sie berate. Viele waren Analphabeten, die sich nicht zurechtfanden. Ich bat die Leute in mein Wohnzimmer und bot ihnen Essen und Trinken an. Das ist in meinem Bergdorf so üblich. Aber meine Berliner Familie kam mit diesen Verhaltensweisen nicht so gut zurecht. Sie lästerte: ›Wir malen dir ein Rotes Kreuz an die Tür.‹« Bosiljka lacht.

Sie engagierte sich eine Weile lang beim Berliner Vorläufer der Grünen, der Alternativen Liste, aber die Diskussionen waren ihr zu theorielastig. »Ich wollte lieber etwas Praktisches machen und gründete eine Beratungsstelle für jugoslawische Frauen im Bezirk Wedding. Mir war es ein Anliegen, einen Ort zu schaffen, wo die Frauen sich aussprechen konnten. Ich erlebte ja vor Gericht, wie sie immer mehr kaputtgingen. Sie waren verbraucht von ihrer harten Arbeit, von ihren Versuchen, immer die Besten zu sein. Sie sahen auf die türkischen Frauen herab, weil die Türken in unserer Region 500 Jahre lang Verbrechen begangen hatten. Es kostete mich Mühe, sogar muslimische jugoslawische Frauen davon zu überzeugen, dass auch Türkinnen nette Menschen sind. Dass man gemeinsam verreisen und Feste feiern kann.«

Die erste Beratungsstelle habe für den Bedarf nicht ausgereicht, also habe sie bald noch eine zweite im Bezirk Neukölln gegründet. Und 1987, anlässlich der 750-Jahr-Feier von Berlin, habe sie unter dem Titel »Der Weg – Jugoslawische Frauen in Berlin« eine Ausstellung organisiert, die das Schicksal von fünf Frauen aus verschiedenen Regionen Jugoslawiens zeigte.

Bei ihren Recherchen habe sie endlich mehr erfahren über das Altersheim, wo sie zuerst untergekommen waren. »Die alten Leute dort waren Vertriebene aus dem Osten. Wir Frauen sprachen eine slawische Sprache, und sie hatten deswegen eine furchtbare Angst vor uns. Sie glaubten, wir seien Russen. Sie waren alle traumatisiert. Wir spürten ihre Angst und empfanden deshalb selbst Angst vor ihnen. Unsere Betten waren ein Lazarett gewesen, und wir hatten in der Bettwäsche aus dem Krieg geschlafen – ich war ganz entsetzt darüber. Davor hatten die Arguswerke dort produziert, Panzer- und Stukka-Teile. Die SS hatte acht Mark pro Zwangsarbeiter kassiert, aber viele Zwangsarbeiter hatten Fehler eingebaut und Sabotage betrieben. Plötzlich war mir die Geschichte des Zweiten Weltkrieges ganz nah.«

Dabei habe sie eigentlich nur Material sammeln wollen für die Ausstellung. »Ich wollte auch einen Film daraus machen und schrieb ein Exposee, aber die Leute, die das Geld verteilten, sagten: ›Frauen? Die können das nicht.‹ Ich stritt mich mit ihnen. Sie gaben uns 40.000 Mark, und wir organisierten die Ausstellung, die im Künstlerhaus Bethanien gezeigt wurde und danach durch die ganze Bundesrepublik wanderte.«

1988 war sie sogar in Jugoslawien zu sehen: zunächst im Alten Rathaus in Zagreb, danach im Museum der Revolution in Split, unter der

Schirmherrschaft der staatlichen Frauenorganisation Bund der kroatischen Frauen. »Und mein kleiner Partisanenvater guckte mir zu, was ich da für blöde Tafeln zusammenschraubte. Ich stellte Puppen aus, Möbel, alte Geräte, glänzende Töpfe aus Berlin. Er verstand den Sinn nicht, aber er blieb da.«

In ihrer Rede zur Ausstellungseröffnung erzählte sie vom Leben der Gastarbeiterinnen, nicht nur Positives, sondern auch Tragisches. »Eine Fernsehreporterin fragte mich, was ich den Leuten empfehlen würde. Ich sagte: ›Ich würde ihnen empfehlen, hier zu bleiben und die Situation zu verbessern. Sie finden an keinem anderen Ort etwas Besseres. Jugoslawien ist so ein reiches Land, Split ist so eine altehrwürdige Stadt, das alles muss man schützen.‹ Die Scheinwerfer gingen aus, der Kameramann sprang wütend auf mich zu, sodass sich mein Vater in Soldatenstellung neben mir aufstellte, bereit, mich zu verteidigen. Der Mann schrie: ›Was erzählen Sie denn da? Wir würden alle lieber vorgestern als heute das Land verlassen!‹ Das war 1988! Es gab immer weniger Gehalt, und viele Jugoslawen hatten das Gefühl, das wirkliche Leben spielt sich anderswo ab.«

Dann wurde die Ausstellung feierlich eröffnet. »Ein Schülerchor sang. Nonnen weinten. Sie weinten, weil die Kirche positiv dargestellt werden konnte und niemand deswegen die Ausstellung schloss. Meine kleine Bäuerinnenmutter hatte Kuchen mit Walnüssen und Trockenobst gebacken, ›Nonnenfürzchen‹, heißen die so? Sie zupfte die Ausstellungsbesucher am Ärmel und bot ihnen die Küchlein in ihrem Korb an. Es war die Verbindung von verschiedenen Welten. In der Bundesrepublik hatte jemand ein ausgestelltes altes Butterfass geklaut, in Jugoslawien wurde der glänzende Kochtopf gestohlen. Die einen wollten das Bäuerliche, Alte, die anderen das Industrielle, Moderne.«

Bosiljka auf ihrem Bauernstuhl mitten in der Großstadt hebt die Hände. Die jugoslawischen Frauen und Männer in der Bundesrepublik, sagt sie, hätten sich schnell assimiliert und Deutsch gelernt. »Wir wollten beweisen, dass wir besser sind als die Nachkommen der Nazis, wir, die stolzen Nachkommen der Partisanen. Und wir haben das bewiesen, mit unserer Arbeit. Viele Jugoslawen wurden Vorarbeiter. Sie schluckten unzählige Pillen, um die Überlastung auszuhalten. Sie waren auch stets die Streik- und die Akkordbrecher. Die Kinder mussten die Besten in der Klasse sein. Wir waren richtige Streber.«

Sie lacht ihr hohes Lachen. »Wir Jugoslawen waren doch immer die Besten. Wusstest du das nicht? Wir alleine, dieses kleine Volk, haben die eigenen und die fremden Faschisten verjagt. Das Böse war weg, nur das Gute war bei uns geblieben. Wir haben unser Land besser als alle anderen sozialistischen Länder aufgebaut. Wir hatten manchmal Wachstumsraten von 15 Prozent. Es gab fast keine verbotene Literatur. Die Grenzen waren offen. Die Menschen konnten sich als Gastarbeiter in der Fremde verdingen. Sie schleppten das Geld nach Hause – deswegen wurden sie ja auch rausgelassen – und bauten viele Häuser. Sie brachten siebeneinhalb Milliarden Dollar Erspartes auf jugoslawische Banken.«

Sie sei unter tausenden eine der wenigen gewesen, die damals in der Alternativen Liste mitmischten. »Ich ging natürlich auch zur Demonstration am 1. Mai. Ich traf dort nur zwei Jugoslawen, zwei Angestellte der Gewerkschaften, die an einem Stand stehen mussten. Alle anderen feierten am Nachmittag mit einem Partisanentanz, wie mein Vater im Zweiten Weltkrieg. Überall spielten Akkordeons. Es war fantastisch, aber vollkommen rückwärtsgewandt. Es war eine Ideologie, die niemand als solche kritisierte. Die Arbeiterselbstverwaltung war so etwas wie eine gelebte Utopie. Deswegen gab es auch kaum Opposition. Und deshalb waren alle ratlos, als Tito im Jahre 1980 starb. Das Land schlidderte in eine große wirtschaftliche und politische Krise. Und die Kommunistische Partei, von der alle glaubten, dass sie ewig währt, wusste keine Lösung.«

Preise schnellten in die Höhe, die Inflation stieg im Jahre 1989 auf 1.500 Prozent; die Gehälter reichten nicht mehr aus, um die Lebenshaltungskosten zu bezahlen, und vielerorts war die Hälfte der Jugendlichen erwerbslos. Jugoslawien musste sich einem rigiden Programm des Internationalen Währungsfonds unterwerfen, was wiederum dazu führte, dass sich die Unterschiede und Spannungen zwischen den Teilrepubliken verschärften.

Warum nur verfielen ausgerechnet die Menschen im vergleichsweise idyllischen Jugoslawien mit ihrem vergleichsweise guten Leben in kriegerischen Nationalismus? Eine komplexe Erklärung dafür würde viele Seiten umfassen und müsste historische, politische, wirtschaftliche und sozialpsychologische Momente umschließen. Die ethnischen Spannungen sind dafür nur die oberflächlichste Beschreibung – zumal es in Wirklichkeit ja überhaupt keine abgrenzbaren Ethnien gibt. Man hatte eine gemeinsame Sprache, mit regionalen Unterschieden wie zwischen Bayern und Niedersachsen; man hatte eine gemeinsame Kultur, mit historischen Differenzen wie zwischen Schwaben und Vorpommern; man hatte verschiedene Religionszugehörigkeiten, die in der säkular orientierten Bevölkerung jedoch lange Zeit kaum eine Rolle spielten. »Die Serben«, »die Kroaten«, »die bosnischen Muslime« – das sind alles sprachliche Konstruktionen, triefend vor nationalistischer Ideologie, in denen weder die Frauen vorkommen, noch die Religionslosen oder Atheisten, noch die gemischten Familien, die in Bosnien immerhin ein ganzes Drittel der Bevölkerung ausmachten. Bis heute gibt es nicht einmal angemessene Begriffe, um diesen Konflikt richtig zu beschreiben. Auf Straßen ohne Straßenverkehrsordnung kommt es schnell zu Unfällen, und in Kategorien der Sprachenverkehrsordnung verunfallt das Denken.

In Bosiljkas Augen gibt es zwei wesentliche Erklärungen für den Krieg, die eine betrifft die Zukunft, die andere die Vergangenheit. Die eine habe in der von vielen Jugoslawen getragenen Illusion gelegen, dass der Sozialismus ein Endpunkt der Geschichte sei. »Und in dem Moment, wo diese Ideologie in Frage gestellt wurde, entstand ein riesiges Vakuum, das sich die Extremisten zunutze machten.« Die zweite sei die unaufgearbeitete Geschichte des Zweiten Weltkrieges. Dass sich damals keineswegs die ganze Bevölkerung am Widerstand gegen die Faschisten beteiligt hatte, dass auch die strahlenden Partisanen Blut an ihren Händen kleben hatten, das war das große jugoslawische Tabu, über das auf keinen Fall gesprochen werden durfte. »Ich hörte, wie Zeugen vor dem Kriegsverbrecher-Tribunal in Den Haag sagten: ›Unsere serbischen Nachbarn gebärdeten sich wie verrückt, so als ob wir wieder im Zweiten Weltkrieg wären.‹ Nein, sie sind nicht verrückt, aber der Zweite Weltkrieg lebt in ihnen weiter und überträgt sich auf ihre Kinder.«

Sie habe das Gefühl gehabt, »als ob der Sozialismus ein Tuch über alles gelegt hätte«, sagt Bosiljka. »Mit der Wirtschaftskrise verschwand das Tuch, und plötzlich wurde alles sichtbar. Nicht nur die wirtschaftlichen Probleme, auch alle alten Wunden und Traumata.«

Als Jugoslawien in die Krise geriet, war es zuerst die Provinz Kosovo, die darunter besonders zu leiden hatte. Ihre Bewohner verdienten nur etwa ein Viertel von dem, was in Slowenien bezahlt wurde. Doch als sie 1981 in Pristina für bessere Gehälter demonstrierten, wurden 13 Menschen ohne jede Vorwarnung erschossen. Seitdem herrschte im Kosovo Ausnahmezustand. »Die Unterdrückung der Kosovo-Albaner wurde von vielen Jugoslawen geistig mitgetragen«, sagt Bosiljka. »Albaner waren für sie nicht so viel wert, und Roma erst recht nicht.«

Die Wirtschaftskrise war natürlich auch durch Repression nicht zu lösen, und nach dem Fall der Berliner Mauer dämmerte vielen, dass das alte System nicht mehr zu retten war. Aus purer Ratlosigkeit ließen die jugoslawischen Kommunisten freie Wahlen zu, und in ihrer Angst vor der unbekannten Zukunft wählte die Mehrheit die vermeintlich kuschelige Vergangenheit des Völkischen. Franjo Tudjman, der den einstigen Ustascha-Staat von Hitlers Gnaden als »Ausdruck des berechtigten Wunsches nach einem kroatischen Staat« bezeichnete, gewann im Juni 1990 die

Wahlen in der Teilrepublik Kroatien; im November 1989 bzw. Dezember 1990 wurde Slobodan Milosevic als Präsident der Teilrepublik Serbien bestätigt.

Im Herbst jenes Jahres saß Bosiljka in einem Straßencafé auf dem Marktplatz von Split. Auf dem Platz sei ein alter Professor hin- und hergelaufen, erzählt sie, der am Zusammenstoß zwischen den alten und neuen Zeiten irre geworden sei. Unablässig habe er Liebesgedichte rezitiert, auf Griechisch, Lateinisch, Deutsch, als sei er die Verkörperung der alten untergehenden Multikultur Europas. Eine Gruppe junger Nationalisten habe ihn lautstark mit Ustascha-Liedern übertönt. »Rufen Sie die Polizei!«, habe der kurz geschorene Anführer die Kellnerin angeherrscht. »Hier muss Ordnung herrschen!« Als nach einiger Zeit zwei vollkommen verunsicherte Polizisten erschienen seien, habe der Anführer sich stolz herumgedreht: »Seht ihr, die Polizei kommt, wenn wir sie rufen. Niemand hat sie wegen unserer Lieder gerufen!«

Im Juni 1991, als sich Kroatien und Slowenien für unabhängig erklärten, begann der Krieg. Die jugoslawische Armee marschierte in Slowenien ein, besetzte kroatisches Gebiet und bombardierte kroatische Städte, unterstützt von serbischen Freischärlern. »Der Krieg repräsentiert den Kampf des Landes gegen die Stadt«, kommentierte der frühere Bürgermeister Belgrads, Bogdan Bogdanovic, das Dauerbombardement auf die Städte Dubrovnik und Vukovar mit ihrer vergleichsweise reichen und gebildeten Bevölkerung. »Wir werden die Städte vernichten und die Bastarde töten«, hatte der Führer der bosnischen Serben, Radovan Karadzic, schon in den siebziger Jahren voller Rachsucht gedichtet, nachdem er in den Literatencafés Sarajevos Anschluss gesucht hatte und ähnlich gescheitert war wie seinerzeit der Kunstmaler Adolf Hitler in Wien.

Auch im fernen Berlin wurden die Spannungen unter den rund 32.000 Jugoslawen unerträglich. »Wir haben damals das Zentrum aus Angst gegründet«, sagt Bosiljka. »Aus Angst davor, dass diese Menschen überschnappen. Aus der homogenen Gruppe der stolzen Jugoslawen wurden plötzlich stolze Serben, stolze Kroaten, Bosniaken, Mazedonier, Slowenen, Albaner. Sie verboten sich gegenseitig, zu ihren Vereinen zu kommen. Alle sagten, sie seien Opfer, sie seien bedroht durch die anderen, also müssten sie zusammenhalten und sich wehren, gemeinsam Geld für die eigenen Leute sammeln, auch für Waffen.«

Einer der ersten Initiativen des Zentrums war die Organisation einer großen Konferenz im September 1991 im Berliner Reichstag unter dem Titel »Das europäische Jugoslawien«. »Unser Wunschtraum war«, sagt Bosiljka, »dass die Politiker und die Friedensbewegung diesen Verrückten in Jugoslawien Einhalt gebieten. Die Jugoslawen schauten ja ständig in den Westen, sie fühlten sich ihm zugehörig. Die Konferenz aber blieb ohne großes Medienecho. Die Presse interessierte sich nicht für Menschen, die sich für eine friedliche Lösung einsetzten. ARD und ZDF sagten mir: ›Es gibt Aktuelleres zu berichten, zum Beispiel über die ersten Toten dort. Gespräche interessieren uns nicht.‹«

Der Krieg wäre damals wohl noch zu verhindern gewesen. Die große Mehrheit in Jugoslawien wollte weder Krieg noch Staatszerfall. Der Jugoslawischen Volksarmee liefen rund 150.000 Wehrpflichtige davon, sie versteckten sich oder emigrierten – diese Deserteure werden nie erwähnt, wenn es um »die Serben« geht.

Im Sommer 1991 zog die jugoslawische Bundesarmee aus Slowenien ab, danach führte sie den Krieg gegen Kroatien. Anfang 1992 wurde ein Waffenstillstand zwischen ihr und der kroatischen Armee beschlossen. Slowenien und Kroatien waren schon vorher als Staaten international anerkannt worden; ein Teil Kroatiens, die Krajina, wurde zu einer von der UNO kontrollierten Zone erklärt. Für einen kurzen Moment sah es so aus, als könnte wieder Frieden einkehren. Doch die Nationalistenführer wussten genau, dass sie sich nur so lange an der Macht halten konnten, wie sie »die anderen« als Feind und sich selbst als Retter und starken Mann stilisierten.

Ihr nächstes Opfer wurde das multikulturelle Bosnien. Im März 1992 begannen serbische Milizen, die nichtserbische Bevölkerung zu vertreiben. Im April 1992 schloss sich ihr Belagerungsring um die Hauptstadt Sarajevo; die Belagerung sollte bis November 1995 dauern und tausende von Opfer fordern. Die Fronten verkomplizierten sich noch mehr, als bosnische Kroaten ihren eigenen Staat »Herceg-Bosna« ausriefen und ihrerseits die nichtkroatische Bevölkerung vertrieben. Im gesamten Krieg in Bosnien starben rund 200.000 Menschen; zwischen 20.000 und 50.000 Frauen und eine unbekannte Anzahl Männer wurden vergewaltigt; rund zweieinhalb Millionen Menschen wurden vertrieben, nur noch ein Drittel lebte nach Kriegsende noch am selben Ort wie vorher.

Die ethnischen Spannungen wurden erst in dem Moment unlösbar, als Milosevic und Tudjman sie militarisierten und paramilitarisierten. Sie ließen mehrere tausend Strafgefangene frei, die sich den zahlreichen paramilitärischen Gruppen oder regulären Polizeieinheiten anschlossen und zahllose Verbrechen verübten.

Kriege entwickeln auch deshalb ihre Eigendynamik, weil sich so gut an ihnen verdienen lässt. Es waren weder »die Serben« noch »die Kroaten« noch später »die Kosovaren«, die ihn führten, sondern eine kleine, zu allem entschlossene Elite der Finsternis: ein militärisch-mafiotischer Komplex aus Milizenführern, Söldnern, Geheimdienstlern und Kriminellen, die den Krieg als private Bereicherungsquelle nutzten und keinerlei Interesse an Friedensverhandlungen hatten. Durch Mord und Vertreibung der Zivilbevölkerung gelangten sie an ungeheure Besitztümer. Sie beschlagnahmten Häuser, Autos, Geld und Schmuck, sie karrten Waschmaschinen und Kühlschränke davon. Zusätzlichen Profit brachte der von ihnen kontrollierte Schwarzmarkt in den von ihnen belagerten Städten wie Sarajevo, Tuzla oder Srebrenica, wobei sie keinerlei moralische Skrupel hatten, mit ihren jeweiligen Kriegsgegnern zusammenzuarbeiten.

Ein jeder von ihnen war sein eigener Kriegsunternehmer, und die Gewinne waren horrend. »Diejenigen, die die andere Seite nicht genügend ausgeraubt hatten, wurden von ihren eigenen Kameraden ausgelacht: ›Ja, warum bist du denn in den Krieg gezogen?‹«, berichtet Bosiljka.

Es war also kein Bürgerkrieg, sondern ein Krieg bewaffneter Männerbanden gegen die Zivilbevölkerung – die ihrerseits in Teilen und besonders in den eingekesselten Städten zu den Waffen griff, um sich zu verteidigen.

Die Anthropologin Svetlana Slapsak vertritt die These, dass es auch ein Krieg der patriarchalen Väter gegen die pazifistischen Mütter gewesen sei. Die Mehrheit der Frauen sei während des Krieges bereit gewesen, mit ihren »Feindinnen« zusammenzuarbeiten; sie hätten die neu gezogenen Grenzen bekämpft und die Kommunikation untereinander aufrecht erhalten. Sie hätten sich weiter als »Jugoslawinnen« begriffen, während viele Männer, auch ihre eigenen Ehegatten, sich plötzlich nationalistisch gebärdeten. Deshalb seien die Frauen von den Extremisten auch so massiv als »innere Feinde« bekämpft worden. »NATO-Generäle sind wie Mutter Teresa im Vergleich zu serbischen Feministinnen«, schrieb beispielsweise der serbische Journalist Bogdan Tiranic.

Immer wieder waren es Frauen, die den Widerstand anführten. Im Juli 1991 stürmten aufgebrachte Mütter das serbische Parlament in Belgrad und forderten: »Entlasst unsere Söhne aus der Armee!« Eine ähnliche Szene spielte sich später in Sarajevo ab. »Ich bin Muslimin, mein Mann ist Serbe, und ich werde meinem Sohn nicht erlauben, dass er irgendjemanden in diesem verrückten Bruderkrieg umbringt«, rief eine Mutter aus. In den Jahren 1993 und 1994 waren es wiederum vor allem serbische Frauen, die auf den Straßen gegen Milosevic und den Krieg demonstrierten. Die Frauen in Schwarz standen sich in allen Kriegsjahren gegenseitig bei: In Belgrad oder Zagreb hielten ihre Mitglieder Mahnwachen ab, im Kosovo schmuggelten sie Lebensmittel und verfolgte Menschen über die Grenzen. Aber natürlich gab es auch Mütter, die sich von den Extremisten einspannen ließen und öffentlich schworen, sie würden ihre Söhne liebend gerne für das Vaterland opfern.

Im März 1992 öffnete das Südost Europa Zentrum seine Tore. Mitte der neunziger Jahre waren rund 45.000 Kriegsopfer nach Berlin geflüchtet, täglich strömten bis zu 150 Menschen ins Zentrum – ein Ansturm, der kaum mehr zu bewältigen war. Und jeder Einzelne dieser Menschen hatte seine eigene furchtbare Geschichte. Viele hatten in Lagern gesessen, waren gefoltert, misshandelt und vergewaltigt worden.

Damals fühlte Bosiljka sich erinnert »an das, was ich über die Deutschen gelesen hatte, die in der Nazi-Zeit nach Zürich, Shanghai oder Paris geflohen waren. Genauso wie die Deutschen damals, so lebten auch die Menschen aus dem ehemaligen Jugoslawien fast unbemerkt von der Berliner Bevölkerung. Sie waren in einem Zug, der unsichtbar durch die Stadt fuhr. Es gab keine Kreuzungen mit anderen Zügen, keine gemeinsamen Stationen. Ich gehörte zu dieser Gruppe von Verschworenen und erlebte die Verzweiflung, ihre Geschichten anderen nicht mitteilen zu können. Es gab keine Worte für die Verbrechen, es gab etwas, was nicht über die Lippen hinaus wollte. Ich litt unter dem Mangel an Ausdrucksformen. Ich wollte die Brücke zwischen diesen beiden Welten sein, ich kam mir aber vor wie eine schlechte Brücke. Ich hatte so viel Wissen und konnte es den anderen nicht vermitteln. Ich suchte nach Worten, aber sie wurden nicht verstanden. Ich konnte fast nur diejenigen erreichen, die noch aus dem Zweiten Weltkrieg wussten, was Krieg bedeutete, und ihr eigenes Leiden nicht verdrängt hatten.«

Viele dieser Deutschen zeigten große Hilfsbereitschaft gegenüber den Flüchtlingen. Sie brachten Geld, Kleidung und Spielzeuge ins Zentrum, wollten Kinder adoptieren, nahmen ganze Familien in ihren Wohnungen auf. Im scharfen Kontrast dazu stand die Haltung von Politikern und Behörden. Die Kriegsopfer »sollten lieber zu Hause die Hand anlegen als hier die Hand aufzuhalten«, befand der damalige Berliner CDU-Innensenator Jörg Schönbohm, und viele Mitarbeiter der ihm unterstehenden Ausländerbehörde taten alles, um den verängstigten Menschen die Aufenthaltserlaubnis oder die Sozialhilfe zu verweigern.

Diese Mitleidlosigkeit sei womöglich auch eine Kriegsfolge, vermutet Bosiljka. Nicht wenige Politiker hätten als Kind den Zweiten Weltkrieg miterlebt, seien vertrieben worden oder hätten gehungert. Sie hätten ihren Schmerz nie äußern dürfen, sondern »mussten die Zähne zusammenbeißen, die Ärmel aufkrempeln und aufbauen«.

13 Millionen Deutsche sind in den Jahrgängen zwischen 1933 und 1945 geboren worden, war Anfang 2004 in der SWF-Fernsehsendung »Erinnerungen von Kriegskindern« zu erfahren. Vor allem die Männer dieser

Generation haben immer noch Schlüsselstellungen in der Politik und Wirtschaft inne; kaum eine Gruppe dürfte das gesellschaftliche Klima nachhaltiger beeinflusst haben als sie. An das »Zupacken und Aufbauen« glauben sie weiterhin, sie wollen immer nur »vorwärts« und niemals zurückschauen, das »Jammern« von Menschen in elenden Lebensbedingungen hassen sie wie die Pest, und ihr Sicherheitsbedürfnis ist ebenso ungeheuer wie ihre Verdrängungsleistung. Einer von ihnen, ein erfolgreicher Wirtschaftsmanager, berichtete in der Sendung mit nicht abzustellendem Lächeln von seiner Flucht nach Süddeutschland, seiner Beinah-Verschüttung und Beinah-Erschießung, als er kaum älter als sechs Jahre gewesen war. Nein, er habe keinerlei Probleme, das zu erzählen, das mache ihm gar nichts, überhaupt nichts. Seine Mutter sei Ende 1989 gestorben, »das war ein fantastisches Erlebnis«. Wie bitte? Weil sie gesagt habe, wenn die Mauer gefallen sei, dann könne sie ja gehen. Die mörderische Wut auf seine Mutter, die bei Kriegsende »wegen einem Job« in Berlin blieb und ihren kleinen Jungen offenbar im Stich ließ, war dem erwachsenen Sohn in keiner Weise bewusst.

Gerade mal zwei Tage nach dem Friedensvertrag von Dayton im Dezember 1995 beschlossen die deutschen Innenminister, die Flüchtlinge nun wieder zurückzuschicken – in ein kriegszerstörtes, ethnisch geteiltes Land ohne jede Perspektive. Die Menschen aus Ex-Jugoslawien sollten jetzt dasselbe erleiden, was die Deutschen erlitten hatten, vermutet Bosiljka als treibendes Motiv hinter diesem hirn- und herzlosen Beschluss.

Für viele traumatisierte Flüchtlinge bedeutete das eine Retraumatisierung. Eine ganze Anzahl von Frauen hätte Unterleibsblutungen bekommen, erinnert sich Bosiljka. Andere seien in einem Zustand im Zentrum angekommen, »als ob sie jeden Moment explodieren würden. Sie hatten ganz hohe Stimmen vor Entsetzen. Ich versuchte, sie zu einer psychologischen Beratung zu schicken. Aber sie wollten nicht dorthin, weil sie nicht für verrückt erklärt werden wollten. Sie wollten einzeln mit mir reden. Sie hatten die Symptome des Irreseins, und ich musste ihnen erklären, dass sie nicht verrückt waren, sondern diese Symptome zeigten, weil ihnen Unrecht geschehen ist.«

Ende 1995 war sie selbst dem Zusammenbruch nahe, und ihre Mitarbeiter wurden immer saurer auf sie. »Meine Kollegen erwarteten, dass ich wie eine Geschäftsführerin funktionieren sollte. Für mich gab es aber nur noch ein Einziges: die Probleme dieser Menschen.« Also versuchte sie, aus der Not eine Tugend zu machen, und gründete die erste therapeutische Selbsthilfegruppe.

»Sie kamen in die Gruppe, acht, 16, 40, 60, 100 Männer und Frauen. Es gab keinen Platz mehr zum Sitzen, unser großer Raum war überfüllt. Manche konnten nicht mehr aufhören zu reden, andere wurden nervös. Es war schwierig.« Also beschloss sie, Frauen und Männer in verschiedene Gruppen zu schicken. Über einen Aufruf in einer Kirchenzeitung fand sich eine Psychologin und Therapeutin, Christiane Angermann-Küster. Sie betreute von nun an ehrenamtlich die Frauengruppe, an ihrer Seite Bosiljka als Übersetzerin.

»Die Frauengruppe hatte 228 Mitglieder, meistens waren 60 bis 80 Frauen anwesend. Es waren so viele Tote zu beklagen und zu betrauern, dass manchmal Frauen umkippten. Ihr Gehirn schaltete sich einfach ab, weil es nicht mehr auszuhalten war. Jedes Mal, wenn eine Frau erzählte, lief bei allen anderen der Film ihrer Erinnerung ab. Nach der ersten Sitzung mit der Therapeutin kamen mehrere Frauen und sagten: ›Wir können nicht mehr teilnehmen. Alles kommt wieder hoch. Wir schlafen nicht mehr. Wir schwitzen nachts. Es geht uns viel schlechter.‹ Die Therapeutin erklärte ihnen – und ich lernte von ihr und erklärte es parallel dazu in der Männergruppe: ›Was nachts als Geist spukt und den Menschen keine Ruhe lässt, muss herauskommen, damit man es besiegen kann. Man kann sich damit konfrontieren, und man überlebt es. So, wie man es schon einmal überlebt hat. Menschen sind nicht aus Stahl. Wir bestehen zu 70 Prozent aus Flüssigkeit, wir sind zerbrechlich, wir bekommen schnell Angst. Die lebensbedrohenden Erlebnisse wirken wie brennendes Gift. Aber wir können uns gegenseitig das Wasser sein, das das Gift verdünnt. Alle in der Gruppe können sich das frische Wasser teilen, indem sie erzählen.‹«

Diese großen, überfüllten Gruppen seien eine Notlösung gewesen, sagt Bosiljka. »Natürlich war dort nicht so eine tiefgehende Therapie möglich wie in einer Kleingruppe oder Einzeltherapie. Aber immer noch besser, als sie ihrer Verzweiflung zu überlassen. Sie lernten, dass sie normal sind, weil es so viele andere gab, denen es genauso ging wie ihnen. Sie lernten, dass sie nicht alleine sind, und dass es einen Ort gibt, wo sie zu Hause sein können.«

Wenn Streitereien aufkamen, habe sie nicht Partei ergriffen, sondern nur gefragt: »Was passiert hier?« »›Wir machen den Krieg hier weiter‹, sagte ein Mann. Dann gab es Ruhe. Manchmal war die Pause kaum auszuhalten, aber in der Therapie muss man das aushalten. Die Männer berichteten, und andere hörten zu. Ich versuchte, sie in ihrem Recht auf ihre Gefühle zu bestätigen. Damit sie sich vom Gift befreien.«

Das habe sie von Christiane Angermann-Küster gelernt, mit der sie in der Frauengruppe Schulter an Schulter saß. »Wir haben wie ein Körper funktioniert und wie mit einer Zunge geredet. Sie sprach, ich übersetzte simultan, und die Frauen schauten sie an, nicht mich. Dabei kam mir meine langjährige Dolmetschertätigkeit zugute. Beim Dolmetschen habe ich außerdem gelernt, aggressive Stimmungen durch meine Stimme und durch Handbewegungen zu beruhigen.«

Inzwischen, sagt sie, würden die Traumatisierten in kleinen Gruppen »hochprofessionell betreut«. Christiane Angermann-Küster habe viele ihrer Freundinnen und Freunde überzeugt, ehrenamtlich eine Gruppe zu übernehmen. »Viele Therapeuten wussten von Kriegstraumata zunächst überhaupt nichts und waren überfordert. Aber bald verstanden sie, genauso wie ich, das Trauma der eigenen Familie. Sie bildeten sich weiter und wurden Expertinnen. So wie jeder Traumatisierte auch ein Experte für das eigene Trauma ist.«

Bosiljka sagt, sie habe bei dieser Arbeit viel Positives gelernt, vor allem: ihre eigene Sterblichkeit zu akzeptieren. »Ich kann mich jetzt viel bewusster über das Leben freuen. Über den Himmel. Die Wolken. Die Kerze, die auf diesem Tischchen brennt. Alles, was man tut, bekommt einen großen Sinn.«

Bosiljka redet ruhig und bedächtig, immer wieder legt sie die Handflächen vor sich auf den Tisch. Wenn man einmal mit diesem Thema in Berührung gekommen sei, sagt sie, »dann überschreitet man eine Schwelle und kommt in einen Raum der Erkenntnis. Erkenntnis über das, was wir verdrängen, was aber stets da ist. Man steigt von der Erde in die Finsternis herab, dorthin, wo gefoltert wird, geschlagen wird, wo man jede Würde als Mensch verliert, wo man zuschauen muss, wie andere massakriert werden. Und die Heilung ist der schmerzliche Schritt zurück auf die Erdoberfläche, ans Licht. Man muss sich nicht mehr verstecken, man kann langsam den Kopf hochheben.«

Und »Kopf hoch« heiße auch: »Zähne zeigen. Böse sein. Das heißt auch: Durchatmen. Die Lunge füllen. Unter den Menschen sein. Wieder Vertrauen schöpfen. Und wieder lachen können. Wenn ich lache, kann ich mich über mich selbst und über andere freuen.«

Wenn man sich einmal getraut habe, diese Hölle anzuschauen, sagt sie, dann verliere man viele Ängste. »Was können uns Könige und Herrscher, was kann uns die Polizei schon anhaben? Sie sind alle eines Tages auch tot. Wir sind Erde, und sie sind Erde.« Sie sei mutiger geworden durch diese Arbeit, sie schäme sich nicht mehr so viel und zweifle nicht mehr so oft an den eigenen Fähigkeiten. »Als ich mit neun Jahren nach Split kam, spürte ich überall, dass ich nicht dazugehörte, und schämte mich. Ich war ein entwurzeltes Kind.« Aber in der Arbeit mit Traumatisierten habe sie sich wieder verwurzeln können, habe gelernt, das Leid ihrer eigenen Familie und ihrer Vorfahren zu akzeptieren »und nicht davor zu fliehen, in vermeintlich bessere Welten, zu vermeintlich klügeren Menschen«.

Das klingt fast schon zu gut. Hat sie nie alles hinschmeißen wollen, fliehen wollen vor jenen, die sie mit immer neuen Horrorgeschichten überhäuften?

»Doch«, gibt sie zu. In der verschworenen Gemeinschaft im Zentrum habe sie sich zwar wohl gefühlt. »Aber zu Hause in meinem Bett hatte ich manchmal schlimme Alpträume, und häufig konnte ich nicht schlafen. Ich fühlte mich einsam und allein. Manchmal fehlte mir morgens die Kraft, aufzustehen.« Dann habe sie sich vorgestellt, dass sie in einem Sarg liege, und dieser Sarg läge in einem Grab. »Ich habe mich tot gestellt. Um mich der ganzen Verantwortung zu entledigen.«

Und dann sei immer irgendwann die Erinnerung an das Panorama gekommen, das sie von dem kleinen Friedhof in ihrem Bergdorf aus gesehen habe. »Unten im Karsttal sah ich einen blau leuchtenden Tümpel und kleine Brunnen, drumherum die grünen oder goldfarbenen Felder, alles umgeben von den welligen, sich überschlagenden Bergen. Und dann dachte ich: Es lohnt sich doch, aufzustehen und ins Leben zurückzugehen!«

Die Historie vergehe nie, solange auch die Täter nicht gesprochen hätten, davon ist Bosiljka überzeugt. »Weder die Geschichte des Zweiten Weltkrieges noch die Geschichte der Kriege in Jugoslawien. Die Reue der Täter und ihre Bitte um Verzeihung: Das ist der einzige Weg für die Opfer, Genugtuung zu bekommen. Die Betroffenen können aber nicht frei reden, weil sie merken, wie entsetzt die Menschen darauf reagieren. Wer will sich das anhören? Diese Geschichten aus der Hölle, wer soll die aushalten? Deswegen verstummen sie. Man will den Opfern auch nicht glauben. Und sie schämen sich, im Gegensatz zu den Toten am Leben geblieben zu sein. Wenn jetzt die Täter sprächen wie vor der Wahrheitskommission in Südafrika, dann könnten die Opfer sich entspannen. Ein Kroate, der für die Serben gekämpft hat, gab seine Verbrechen vor dem Kriegsverbrecher-Tribunal in Den Haag zu, und für viele Menschen war diese Aussage sehr, sehr heilsam.«

Vielen Opfern, sagt sie, gehe es dabei nicht um eine große Strafe für die Täter. »Es gibt keine angemessene Strafe. Wie soll man jemanden bestrafen, der zugibt, 75 Menschen getötet zu haben? Ihn auf ein Rad zu binden wie im Mittelalter würde nur alle traumatisieren, die zusehen. Zum Glück gibt es jetzt das Tribunal in Den Haag und den Internationalen Strafgerichtshof. Ich wünsche mir ein Tribunal, bei dem alles ausgesprochen werden kann. Wo über die Hölle gesprochen werden kann. Wo neben dem Paradies auch die Hölle akzeptiert wird. Als Teil von uns, wie eine Krankheit.«

Die Menschen, sagt sie, wollten immer nur das Paradies erringen und den Teufel zum Teufel jagen. »Aber der Teufel ist in uns. Er ist die Aggressivität.« Und die gehöre genauso zum Leben, sie sei sogar die Voraussetzung dafür. »Jeder Grashalm drängt ans Licht. Die Zweige strengen sich an, um die Sonne aufzufangen.« Das Aggressive sei auch das Lebendige – und die Sexualität. Eigentlich, sagt sie und lacht laut und herzlich, eigentlich sei doch alles ganz einfach: »Das Glück besteht darin, Engel zu sein und den Teufel zu genießen.«

Bosiljka hat immer wieder Zeiten, in denen sie sich »klein, ängstlich und schwach« fühlt. In den glücklichsten Momenten aber spüre sie, dass sie mit allem und allen in der Welt verbunden sei. »Dann könnte ich sterben. Weil es dann nicht mehr wichtig ist, weiterzuleben. Alles ist absolut ausgeglichen. Ich schwebe, ich spüre kein Gewicht mehr. Und alle Ängste sind verschwunden.« Natürlich verfalle sie danach wieder in den Alltag, werde von schlechten Träumen und den eigenen Unzulänglichkeiten geplagt. Aber sie wisse jetzt, dass auch das wieder vorübergehe. »Wenn wir aufhörten, zu verdrängen, dass wir sterblich sind, dass letztlich alles Machtstreben vergeblich ist«, findet sie, »dann wären wir ein großes Stück weiter.«

Diese Verleugnung der eigenen Sterblichkeit ist womöglich auch der letzte Grund dafür, warum Diktatoren wie Hitler, Stalin, Milosevic oder Saddam Hussein nicht aufhören konnten, das Blut anderer zu vergießen. Ihnen ist gemeinsam, als Heranwachsende selbst so misshandelt worden zu sein, dass sie psychisch oder physisch nur knapp überlebten. Um die erfahrene Gewalt nicht selbst spüren zu müssen, gaben sie sie als Erwachsene tausendfach potenziert weiter.

Elias Canetti schreibt in seinem Buch »Masse und Macht« über diesen Typus von Gewaltherrscher: »Jede Hinrichtung, für die er verantwortlich ist, verleiht ihm etwas an Kraft. Es ist die Kraft des Überlebens, die er sich so verschafft.« Von der gleichen Sucht nach Überleben würden auch seine Soldaten und Anhänger getrieben: »Dieses Gefühl der Erhabenheit über die Toten kennt jeder, der in Kriegen war. Es mag durch Trauer um Kameraden verdeckt sein; aber dieser sind wenige, der Toten immer viele. Das Kraftgefühl, gegen diese lebend zu stehen, ist im Grunde stärker als jede Trauer, es ist ein Gefühl der Auserwähltheit unter vielen, deren Schicksa ein manifest gleiches ist. Auf irgendeine Weise fühlt man sich, bloß weil man noch da ist, als der Bessere.« Die Genugtuung des Überlebens, die eine Art von Lust sei, könne zu einer gefährlichen und unersättlichen

Leidenschaft werden: »Je größer der Haufen der Toten ist, unter denen man lebend steht, je öfter man solche Haufen erlebt, um so stärker und unabweislicher wird das Bedürfnis nach ihm. Die Karrieren von Helden und Söldnern sprechen dafür, dass eine Art von Süchtigkeit entsteht, der nicht mehr abzuhelfen ist.«

Nach Schätzungen laufen in Ex-Jugoslawien immer noch 15.000 bis 25.000 Kriegsverbrecher frei herum. Was macht man mit solchen Menschen? »Die Täter ändern – das können nur sie selbst«, glaubt Bosiljka. »Nur wenn sie selber wollen. Wenn ihr eigenes Leiden so stark wird, dass sie es wollen. Wenn sie selbst zur Erkenntnis kommen, dass sie missbraucht wurden. Es ist wichtig, mit ihnen zu arbeiten, weil sie die Ersten sind, die wieder neue Gewalttaten begehen würden. Weil sie so kaputt sind.«

Es sei sehr schwer, die eigene Schuld zuzugeben, doch es gebe immer wieder welche, die die nötigen Konsequenzen zögen. »Man kann damit leben, indem man das Gegenteil dessen tut, was man früher getan hat. Da ist der Vietnamveteran, der davon erzählt, dass er ein Massenmörder war. Da ist der frühere SS-Mann Otto Duscheleit, der als 17-Jähriger in die SS gezwungen wurde. Mit 60 Jahren hatte er einen Traum, in dem ihn viele Leute beschimpften, ein SS-Schwein zu sein. Er wurde Buddhist und Mitbegründer des Vereins One By One, in dem sich Juden und Deutsche, Opferkinder und Täterkinder gegenseitig ihre Biografien berichten. Wenn er seine eigene Geschichte erzählt, habe ich das Gefühl, dass er sie jedes Mal von neuem erleidet.«

Bosiljka hält einen Moment inne. »Wir sind die Materie, die sich selbst begreifen kann. Das ist doch wunderbar.« Noch eine kleine Pause. »Manchmal muss ich auf diese andere Ebene wechseln, damit ich den Alltag aushalte und genauso funktioniere wie andere Menschen. Aber wenn ich dann die Ewigkeit anzuschauen versuche – von dem Urknall bis heute –, so bin ich voller Begeisterung für die Entwicklung des Menschen. Für sein Ringen um Gerechtigkeit, um Humanismus. Und auch für die vielen Götter, die er sich ausgedacht hat.«

Einmal habe sie auf einem erloschenen Vulkan auf der kanarischen Insel La Palma gestanden. »Als ich auf dieser heißen Stelle stand, meinte ich, das Magma der Erde zu spüren, die Kruste war so dünn. Ich war voller Ehrfurcht vor der Erde. Als ich wieder in Europa war, dachte ich: Wann waren hier zuletzt Erdbeben oder Vulkanausbrüche? Wir haben den Eindruck, dass wir in besonderer Weise gefestigt sind. Das gibt uns das Gefühl von Ewigkeit und Macht. Aber auch bei uns ist die Decke des Humanen, Weichen, Kulturellen, Zivilen ganz dünn. Deswegen muss man die Ängste der Menschen ernst nehmen, auch die eingebildeten. Eingebildete Ängste können genauso stark wirken wie echte Gefahren. Da sind wir nicht viel anders als andere Wesen, die nur von Instinkten bewegt werden. Wenn die Ängste zu stark werden, funktionieren die sozialen Abwehrmechanismen nicht mehr, und die Gesellschaft kippt um.«

Bosiljka steht auf, streckt sich ein bisschen. »Was haben wir lange geredet!« Ob sie auch die übrigen Räume des Zentrums noch zeigen solle? Sie öffnet hier und da eine Tür. 18 Personen, davon fünf Flüchtlinge, haben hier mittlerweile eine bezahlte Stelle inne, noch viel mehr leisten unbezahlte ehrenamtliche Arbeit. Das Zentrum finanziert sich aus Zuschüssen des Berliner Senats, EU-Geldern, Mitteln des Arbeitsamtes, der Evangelischen Kirche und verschiedener Stiftungen. Viel mehr als Mangelverwaltung ist das nicht, zudem werden ständig Gelder gekürzt. Aber Jammern liegt Bosiljka nicht.

Die Sprechstunden der Sozialberatung sind auch heute noch sehr gefragt. Seit 1992 wurden hier mehr als 20.000 Flüchtlinge in Fragen der Heimunterbringung, der Sozialhilfe, des Asyl- und Aufenthaltsrechts beraten. Es gibt eine psychologische Beratung und eine Qualifizierungsberatung für Jugendliche, die in Berufsausbildungen und Gymnasien weitervermittelt werden. In den insgesamt 25 Therapiegruppen fanden über 1.500 Traumatisierte Hilfe; heute sind es immer noch 450. Vier sozialpädagogisch ausgebildete bosnische Fachkräfte unterstützen Roma-Familien bei ihren Behördengängen, ein junger Rom gibt den Kindern Klavier- und Akkordeon-Unterricht. Eine Therapeutin hat eine Zeichen- und Malschule für Kinder eingerichtet; eine bosnische Juristin betreut Frauen in Haftanstalten; Deutsch- und Englischlehrer halten Sprachkurse ab. Und neben alldem gibt es ein breites Kulturprogramm mit Ausstellungen, Lesungen, Konzerten, Theateraufführungen und Diskussionen.

Das Berliner Zentrum ist nicht groß und schon gar nicht reich, seine dünnen Ärmchen reichen dennoch bis weit ins Ausland. Mit Patenschaften und Partnerschaften werden Menschen in den ehemaligen Kriegsgebieten unterstützt. Zum Beispiel kriegsverletzte Kinder: 20 Jugendliche in Sarajevo haben eine neue teure Beinprothese erhalten. Besonders originell ist die »Ziegen-Patenschaft«: Mit 100 Euro kann man den Kauf einer Ziege finanzieren, die bosnische Kinder mit Milch versorgt. Mehr als 70 Familien haben auf diese Weise meckernden Zuwachs erhalten; im Gegenzug mussten sie sich verpflichten, nach spätestens drei Jahren ein weibliches Zicklein an eine andere Familie weiterzugeben und so die Milchversorgung zu steigern. Und das Netteste: Die Ziege erhält den Namen des Spenders.

In Kooperation mit der Kirche hat das Zentrum zudem mehr als 100 deutsche Paten für Flüchtlinge vermittelt, die nach Bosnien zurückkehrten. Mit dieser »Hilfe von Mensch zu Mensch«, mit Geld-, Sach- und emotionalen Zuwendungen wird der schwierige Neuanfang der Rückkehrer unterstützt. »Für die in Bosnien gebliebenen Menschen waren die Zurückkehrenden Feiglinge und Verräter«, sagt Bosiljka. »Sie glaubten, diese bringen ganz viel Geld mit, denn das liegt hier ja nur auf der Straße herum. Niemand dort hatte eine Vorstellung davon, wie viele Ängste die Menschen hier die ganze Zeit durchgemacht haben und was Duldung bedeutet.«

Duldung, das war der aufenthaltsrechtliche Status, den die meisten Kriegsflüchtlinge auf ihre Papiere gestempelt bekamen. Während Flüchtlinge in manchen anderen Ländern schon bald mit allen Bürgerrechten ausgestattet wurden, bedeutete »Duldung« hier lediglich die Aussetzung der Abschiebung und musste alle paar Monate bei der Ausländerbehörde verlängert werden. Ein demütigendes, allein der Abschreckung dienendes Verfahren, das die Flüchtlinge dauerhaft im psychischen Ausnahmezustand hielt. Selbst traumatisierte Gewaltopfer, die hier in Behandlung waren, sollten zurückkehren. Bis heute verzweifelt Bosiljka an der Aufgabe, immer und immer wieder solche Menschen vor einer Abschiebung zu schützen, weil die Ausländerbehörde die ärztlichen Gutachten zur Traumatisierung nicht anerkennt oder böswillig interpretiert. Das Unwort »Duldung« herrscht weiterhin.

Partnerschaften sind eine weitere Spezialität des Zentrums: zwischen deutschen und bosnischen Schulen, zwischen Nichtregierungsorganisationen und psychotherapeutischen Projekten, oder auch zwischen der kroatischen Insel Sipan und der deutschen Insel Vilm bei Rügen in Sachen Naturschutz. Das größte und professionellste Partnerschaftsprojekt aber sind die Büros zur Förderung von Demokratie und Menschenrechten, die Anfang 2001 in vier bosnischen Gemeinden mit EU-Geldern gegründet wurden. In Berlin sind dafür zwei, in Bosnien elf bezahlte Mitarbeiter zuständig. Im Friedenszentrum von Bijeljina und an anderen Orten der Republika Srpska bieten sie Kurse zu Trauma-Arbeit, gewaltfreier Kommunikation und der (Wieder)Entdeckung der eigenen Ressourcen an. Eines der zahlreichen Unterprojekte ist die Sommerschule für die Roma-Kinder in Bijeljina, ein anderes die »Erzählcafés« – Bosiljkas Lieblingskind.

In einer angenehmen Caféhaus-Atmosphäre, so lautet die Grundidee dieses Versöhnungsprojektes, erzählen ältere Menschen aus der Gemeinde und Gäste aus dem Ausland ihre Lebensgeschichte. Die Veranstaltungen wurden ein voller Erfolg. »Alte Leute konnten ihre schlimmsten Erlebnisse aus dem Zweiten Weltkrieg berichten, Ältere und Jüngere aus dem Ort hörten ihnen zu. Ich brachte Gäste mit, die ebenfalls berichteten. Zum Beispiel einen Pantomimen, der aus dem Algerienkrieg geflüchtet war. Oder den SPD-Politiker Hans Koschnick. Oder ein deutsches Arzteehepaar, das Juden versteckt hatte. Oder den ehemaligen SS-Mann Otto Duscheleit. Viele der Flüchtlinge in unserem Berliner Zentrum wurden aus diesen Orten vertrieben, in denen wir nun die Erzählcafés abhalten. Ich gehe stellvertretend für sie hin; wenn ich zurückkomme, dann gebe ich die Berichte hier wieder.«

In Bijeljina habe eine muslimische Frau den Mut gehabt, über ihre Begegnung mit dem berüchtigten serbischen Milizenführer Arkan zu sprechen. »Man muss wissen, Bijeljina ist immer noch eine Hochburg der serbischen Extremisten. Sie berichtete, Arkan habe sie ins Krankenhaus gebracht. Also etwas Positives. Sie erzählte aber auch, um das Krankenhaus herum hätten lauter Leichen gelegen, die Arkans Leute erschossen hätten. In diesem Moment wurde es totenstill. Ein alter Lehrer, dessen Sohn die extremistische serbische Partei gegründet hatte, für den Arkan also ein Held war, gab mir ständig Zeichen, ich solle die Frau unterbrechen. Meine Kollegen verließen den Raum, sie dachten, jetzt fliegen gleich die Bomben, wir können unsere Büros zumachen, es gibt einen Riesenskandal.«

Als sie zu Ende gesprochen hatte, ließ Bosiljka den Lehrer reden. »Der ratterte stehend, mit lauter Stimme, zack, zack, zack, die ganze serbische Propaganda vom Amselfeld bis heute herunter. Als er fertig war, bedankte ich mich für seinen Beitrag. Aber er solle bitte nicht böse sein, dass wir darauf jetzt nicht eingehen würden. Uns interessiere nur, was jeder Einzelne erlebt habe. Das war für ihn die schlimmste Bombe. Es wirkte Wunder.« Sie lacht ihr mädchenhaftes Lachen. »Danach war alles entspannt, und wir sangen zusammen.«

Das sei der Friedensprozess, sagt sie. »Es geht nicht um Ideologie, sondern um jeden Einzelnen. Im Nationalismus verlieren die Menschen ihre Individualität und werden eine Masse. Man muss sie herausholen, damit sie in sich den Frieden finden. Das ist der einzige Weg.«

Und Kassandra? Was ist mit dem Roma-Mädchen mit den schwarzen Strubbelhaaren? Dank der Unterstützung der Freudenberg-Stiftung und der Günter-Grass-Stiftung besuchen nun 75 Roma-Kinder nach einer Sommerschule auch die Regelschule in Bijeljina. Ein vom Kulturzentrum organisierter kleiner Prämienfonds sorgt für sanften Druck: Eltern, die darauf achten, dass ihre Kinder auch weiterhin in den Unterricht gehen, bekommen Kleidung, Schulmaterial oder Hygieneartikel geschenkt. Und so wird wohl, wenn dieses Buch erscheint, auch Kassandra die Schulbank drücken.

Literatur und Websites:

südost Europa Kultur in Berlin, Bericht über die Tätigkeiten des Vereins, Redaktion Harro Schweizer, Berlin 2002, erhältlich über südost Europa Kultur e. V., Großbeerenstraße 88, 10963 Berlin, *info@suedost-ev.de*. Dort sind auch Falt- und Infoblätter über die einzelnen Projekte des Vereins erhältlich. Das Zentrum hat auch eine Website: *www.suedost-ev.de*

Bosiljka Schedlich, »Traumatisierung – ein Ausnahmezustand?« Vortrag, zu finden unter: *www.ups-schulen.de/forum/00-4/s_04-18.pdf*

Bosiljka Schedlich, Dankesrede anlässlich der Verleihung der Louise-Schröder-Medaille am 6. April 2000, *http://people.freenet.de/suedost/LouiseSchroederMedaille.htm*

Erich Rathfelder, Sarajevo und danach, München 1998.

»taz«-Reporter Erich Rathfelder hat außerdem ausführlich über die Kriege in Ex-Jugoslawien berichtet, zu finden im »taz«-Archiv auf der vom »taz«-Verlag herausgegebenen CD-Rom und unter *www.taz.de*

Exzellente Arbeit gegen Kriegsgewalt an Frauen und Vergewaltigung als Waffe leistet die von der Frauenärztin Monika Hauser gegründete Organisation medica mondiale mit ihren Projekten in Bosnien, Kosovo und Afghanistan. Hintergrundberichte unter *www.medicamondiale.org*

Zur Trauma-Bearbeitung gibt es zahlreiche Websites und Bücher, unter anderem die des Ehepaars Jatzko (*www.jatzko.de*), das Opfer des Unglücks von Ramstein betreute. Empfehlenswert auch: Horst Kraemer, Das Trauma der Gewalt, München 2003

»Mein Traum ist, alle Menschen lächeln zu sehen«

Die Kamerunerin *Bonny Dikongue*, Trainerin für gewaltfreie Konfliktbearbeitung, kümmert sich um die Stabilisierung der traumatisierten Überlebenden des Völkermords in Ruanda

Martine Bonny Dikongue aus Kamerun ist eine sanfte Wucht. Ein schwarzer Riese, der mit seinen über 1,90 Metern alle kleinen Weißen neben sich überragt. Eine Sprach-Riesin, die zwölf Sprachen spricht, mehrere kamerunische, Französisch, Englisch, Kinyarwanda und ein bisschen Deutsch. Eine emotionale und intellektuelle Riesin, die beim ersten Deutschlandbesuch ihres Lebens – der Weltfriedensdienst hat sie im Mai 2003 nach Berlin eingeladen – Hannah Arendts Buch »Eichmann in Jerusalem« verschlingt. In diesem Buch werde kein speziell deutsches, sondern ein universelles Problem behandelt, befindet Bonny, wie alle sie nennen, in ihrem bedächtigen Französisch. »Menschen gehorchen überall Befehlen, ohne nachzudenken.« Die 44-Jährige muss es wissen, sie arbeitet mit den Überlebenden des schlimmsten Völkermords in der jüngeren Geschichte: Im ostafrikanischen Ruanda wurden 1994 über 800.000 Menschen ermordet.

Wer mit Bonny zusammen ist, lernt, unsichtbare Fäden zu sehen. Die Fäden der Geschichte, der Kommunikation, der sozialen Beziehungen. Wir sitzen in einem Café am Landwehrkanal in Berlin-Mitte; in Bonnys Rücken steht der altersschwarz gewordene Reichstag, das generalüberholte neue deutsche Parlament. Als im Jahre 1884 in Anwesenheit des deutschen Kaisers der Grundstein zu diesem Gebäude gelegt wurde, proklamierte das Deutsche Reich gerade seine »Schutzherrschaft« über die westafrikanische Kolonie Kamerun. Als im Jahre 1894 der neu gebaute Reichstag eingeweiht wurde, warf Oberleutnant von Stetten gerade eine aufständische Ethnie Kameruns blutig nieder, um Kakaopflanzungen anlegen zu lassen. Als der Sozialdemokrat Phillipp Scheidemann im Jahre 1918 von einem Fenster des Reichstags die Weimarer Republik ausrief, musste der Kriegsverlierer Deutschland alle Kolonien abgeben; Kamerun ging größtenteils an Frankreich und wurde erst 1960 unabhängig. Das war das Jahr, in dem Bonny Dikongue in der 1,3-Millionen-Stadt Douala geboren wurde.

»Ich habe fünf Brüder und eine Schwester, ich bin die Jüngste. Wir sind alle zur Schule gegangen – na ja, einer meiner Brüder blieb dort nicht lange.« Sie lacht. »Mein Vater war Tischler, meine Mutter war Hausfrau.« Bonnys Kindheit war geprägt von Erfahrungen früher Diskriminierung. Der Vater kam aus einer anderen Ethnie als die Mutter, er sprach eine andere Sprache als sie – er entstammte einer Familie von reichen »Chiefs«, sie kam aus armen Verhältnissen. Die Schwestern ihres Vaters lehnten jeden Kontakt mit der Familie ab. Das Mädchen Bonny wollte nicht so werden wie ihr Erzeuger, wie die »Reichen«, aber sie wollte auch nicht dasselbe Schicksal erleiden wie ihre Mutter, die keine Chance hatte, ihren Intellekt zu entwickeln. Bonny beschloss, zu lernen und zu studieren.

Was ihr die Mutter ermöglichte. »Sie nähte und verkaufte alle möglichen Dinge, Wasser zum Beispiel, oder Fisch. Dadurch konnten wir alle zur Schule gehen«, sagt Bonny. Sie redet langsam und betont, manche Sätze wiederholt sie zweimal, unterstrichen von expressiven Gesten. Sie führt die Fingerspitzen beider Hände zusammen oder tippt mit zwei Fingern auf den Zeigefinger der anderen Hand. Bei alledem strahlt sie eine große Ruhe aus. Eine Frau wie sie, so massig und so ruhig, dürfte in vielen Menschen das Bedürfnis erwecken, sich wie ein Kind an sie anzulehnen.

»Unsere Mütter sind an die Badeplätze und in den Wald gegangen und haben Waldfrüchte verkauft, um uns zu ernähren, oder Fisch, Getreide, Gemüse«, berichtet Bonny weiter. »Der größte Wirtschaftssektor in Kamerun ist der informelle Sektor mit seinen vielen Kleinunternehmen und Verkäufern, er macht zwischen 70 und 80 Prozent der gesamten Ökonomie aus, und dort arbeiten viel mehr Frauen als Männer. Anfang der 70er Jahre war er in Kamerun vielleicht stärker entwickelt als anderswo. Er hat uns den Schulbesuch ermöglicht.«

Vielleicht aus einem frühen Bewusstsein dieser Zusammenhänge heraus begann die junge Bonny Ökonomie und Management zu studieren. 1988 beendete sie die Universität. »Danach habe ich von 1989 bis 1994 bei einer französischen Unternehmensberatung gearbeitet, AFCA – Association de Formation pour les Cadres en Afrique, Vereinigung zur Bildung von Führungskräften in Afrika. Seit 1995 bin ich selbstständig und arbeite für alle möglichen Auftraggeber – Ministerien und Hilfsorganisationen.« Das von ihr in Douala gegründete kleine Dienstleistungsunternehmen INSER hat sich das »Empowerment« von Benachteiligten zum Ziel gesetzt, die Stärkung ihres Selbstbewusstseins und ihrer Eigeninitiative. INSER beschäftigt mittlerweile acht Angestellte. »Der Name bedeutet nichts«, erklärt sie, »er ist einfach aus zwei Begriffen zusammengesetzt.« Im Jahr 2000 zog INSER in die Hauptstadt Yaounde um, um seinen Hauptauftraggebern, den Ministerien und internationalen Organisationen, näher zu sein.

Bonnys Wirkungsfeld ist unglaublich vielseitig: Sie berät Kleinunternehmer, untersucht die Wirkung von Mikrokrediten, evaluiert Alphabetisierungsprojekte, veranstaltet Trainings mit Frauen, Straßenkindern, Jugendlichen, Unternehmern, religiösen Gruppen, Kunsthandwerkern. Sie hält Workshops in Gabun ab, in Mali, im Kongo, im Tschad, in Ruanda und in allen Teilen ihres Heimatlandes, das knapp doppelt so groß ist wie die Bundesrepublik.

Wenn sie unterwegs ist – und das ist meistens der Fall –, leben ihre 20-jährige Tochter und ihr fünf Jahre alter Sohn bei der Oma. »Manchmal«, sagt sie, »verbringe ich keine Woche in meinem Haus. Ich habe immer so gelebt. Aber die Zeit ist nicht der entscheidende Faktor in der Beziehung zu Kindern, sondern die Liebe. Meine Kinder und ich, wir haben eine sehr enge Beziehung.«

Heiraten wollte sie nicht, obwohl es in Kamerun »ein soziales Muss ist, verheiratet zu sein«. Die meisten Männer, so deutet sie an, billigten einer Frau nur die Zweitrolle zu. »Der Mann wird als Chef der Familie und Familienernährer gesehen. Wenn ein Vater das Geld für den Schulbesuch nicht bezahlen kann oder die Kinder barfuß zur Schule laufen, fällt das auf ihn zurück. In Wirklichkeit ist es oft die Mutter, die Schuhe kauft oder Kleidung für die Kinder, indem sie im informellen Sektor Geld verdient. Aber sie würde es niemals zugeben.«

Durch die Beschäftigung mit der Ökonomie wurde Bonny zur Feministin, und durch die Beschäftigung mit den sozialen Rollen der Geschlechter wurde sie zur Trainerin für gewaltfreie Konfliktbearbeitung. »Bei uns hat die ökonomische Unabhängigkeit der Frauen keine Tradition«, berichtet sie. »Das ist in allen sozialen Schichten so, auch in den gebildeten. Wenn eine Frau Geld verdient und ein Auto oder ein Haus kaufen will, dann sagt sie dem Autohändler, das sei nicht für sie, sondern für ihren Mann oder ihren Freund. Wir leben stark auf die Gemeinschaft bezogen, und wenn Frauen ein Auto für sich kaufen, haben sie das Gefühl, sie verstießen gegen die sozialen Normen, sie seien außerhalb der Gemeinschaft.«

Bonny nippt an ihrem Glas Wasser und schaut auf die zähgrau durch Berlin fließende Spree. »Also haben wir Unternehmer trainiert, Frauen und Männer. Viele Afrikaner, nicht nur die Frauen, stürzt das Unternehmersein in einen persönlichen Konflikt. Die Rationalität eines Unternehmers hat mit Rentabilität zu tun; sie gerät in Konflikt mit dem kommunitären Afrika, wo alles, was man besitzt, der Großfamilie, der Gemeinschaft gehört. Man hat die Pflicht, für diese zu sorgen. Es ist durchaus üblich, dass zum Beispiel ein Onkel oder Cousin für den Schulbesuch eines Kindes zahlt. Gerade wenn man ein Unternehmen hat, muss man für andere sorgen.«

Gestenreich unterstreicht Bonny ihre Erzählung – dunkle Handrücken und helle Handflächen in ständiger Bewegung. »Und für Unternehmerinnen stellt sich dieses Problem nochmal speziell. Mutterschaft ist die Raison d'être in Afrika. Die Frau hat ihre Aufgaben in der Familie zu erfüllen. Wir versuchen den Frauen deshalb zu zeigen, dass sie ihre Stärken und Schwächen analysieren müssen, damit sie die richtigen Lösungen finden, um Zusammenstöße mit ihrer Umgebung zu vermeiden. Wir bringen ihnen also auch Konfliktmanagement bei. Wenn sie sich ihrer Stärken und Schwächen bewusst sind, wissen sie auch, welche Art von Geschäft sie betreiben können – meistens Dienstleistungen oder Kleinindustrie. Wir versuchen also, Frauen zu befähigen und zu stärken, damit sie ihr eigenes Geld verdienen können.«

Ihr Lieblingsprojekt, erzählt sie, hat sie mit den Marktfrauen der Hauptstadt Yaounde aufgebaut. »Eine Gruppe von Frauen beklagte sich, sie hätte Probleme, ihr Geschäft zu finanzieren. Sie verkauften Tomaten oder Bananen. Im ersten Schritt haben wir ›Recherche-action‹ gemacht und ihre Probleme aufgelistet. Zum Beispiel, dass sie die Qualität ihrer Produkte nicht kennen, oder in dem Rollenkonflikt stehen, gleichzeitig Mutter und Geschäftsfrau zu sein.«

Auf der Spree ziehen Dampfer vorüber, Touristen winken und zücken Fotoapparate. »Pro Woche hatten sie eine Stunde Training, danach wandten sie das Gelernte an, dann sprachen wir wieder darüber. Sie brauchten Geld, und wir fanden eine gute Lösung dafür: Jede Woche legte eine Frau 500 kamerunische Francs, das sind weniger als ein Euro, in einen gemeinsamen Topf. Von dieser Summe konnte sich jede etwas leihen, 5.000 oder 10.000 Francs, das sind weniger als 10 bis knapp 20 Euro. Aber es gab auch Frauen, die mehr brauchten. 30 Frauen legten 10.000 Francs in den Topf. 10.000 mal 30 macht 300.000, also etwa 500 Euro. Jede Woche konnte eine diese Summe leihen und nach zwei Wochen oder einem Monat mit einem kleinen Zinssatz zurückgeben. Die Frauen haben also ihre eigene Bank gegründet.«

»Zuerst trafen wir uns wöchentlich mit diesen Gruppen, und als sie selbst entschieden, sie seien jetzt bereit, auf eigenen Füßen zu stehen, gab es nur noch ein Treffen pro Monat, danach nur noch alle drei Monate, dann jedes halbe Jahr. Jetzt sind es etwa 260 Frauen, und am Ende jedes

Jahres teilen sie sich die Zinserträge, machen eine große Veranstaltung und laden uns dazu ein. Diese ›Bank‹ gibt es nun schon vier Jahre.« Bonny strahlt.

Frauen, berichtet sie weiter, seien traditionell die Verkäuferinnen auf dem Markt, Läden aber würden von Männern betrieben. »Doch es gibt auch Läden, die Frauen gehören. In Kamerun existieren viele verschiedene Ethnien und damit auch verschiedene Rollen. In meiner Ethnie durften Frauen Land besitzen, das sie geerbt haben. Den Musliminnen im nördlichen Teil Kameruns ist das nicht erlaubt.«

Die ungeheure Vielfalt der Ethnien und Kulturen sieht Bonny als großen Reichtum Kameruns. 13 Millionen Einwohner sprechen ungefähr 240 Sprachen und gehören rund 200 ethnischen Gruppen an. Es gibt keine dominierende Ethnie; keine umfasst mehr als ein Fünftel der Bevölkerung, die meisten machen weniger als ein Prozent der Einwohner aus. »Wir leben höchst unterschiedlich, als Bauern, Fischer oder Hirten. Die einen ernähren sich hauptsächlich von Wurzeln, die anderen von Kartoffeln, die Dritten von Mais. Natürlich gibt es immer wieder auch ethnische Spannungen, aber keine Massaker.«

Wie anders war das in Ruanda.

Oder? »Obwohl Ruanda definitiv kein Land des Friedens und der Harmonie war, bevor die Europäer ankamen«, schreibt der Historiker Gérard Prunier, »gibt es in seiner präkolonialen Geschichte keine Spur systematischer Gewalt zwischen Tutsi und Hutu.« Früher ein feudales Reich, von einem Tutsi-König regiert, wurde »das Land der tausend Hügel« von 1899 bis 1919 ebenfalls zur deutschen Kolonie. Nach der Niederlage der Deutschen im Ersten Weltkrieg wurde sie von Belgien übernommen. Es waren die sozialdarwinistisch denkenden Europäer, die die bis dato durchlässigen sozialen Grenzen zwischen Tutsi-Hirten und Hutu-Bauern ab 1935 festschrieben. Die belgischen Kolonialisten und ihre Kirche verkündeten, die Tutsi stünden als »Rasse« zwischen Schwarzen und Weißen und seien damit »höherstehend« als die Hutu und die Twa, die dritte Ethnie in Ruanda.

Die Twa waren als kleinwüchsige Pygmäen verhältnismäßig leicht zu erkennen, aber wie sollte man die groß gewachsenen Tutsi und Hutu unterscheiden? Es hatte schon tragikkomische Züge: Zuerst probierten es die Belgier mit den Nasenformen. Tutsi-Nasen seien schmal und Hutu-Nasen platt, propagierten sie so lange, bis nicht mehr zu verbergen war, dass die Wirklichkeit dem rassistischen Schema nicht folgen wollte. Nun musste die Anzahl der Tiere herhalten: Wer zehn oder mehr Kühe besaß, wurde als Tutsi definiert, und wer weniger hatte, wurde buchstäblich zum Hutu gestempelt – in den Personalausweisen wurde die »Rassen«-Zugehörigkeit zu den Tutsi oder Hutu vermerkt. Nicht nur ein Mal kam es vor, dass ein Tutsi seinem Hutu-Freund ein paar Kühe auslieh, damit der zum Tutsi wurde; oder dass ein Tutsi, dessen Kühe gestorben waren, zum Hutu geriet.

Auf diese Weise wurden 85 Prozent der Bevölkerung als Hutu, 14 Prozent als Tutsi und ein Prozent als Twa definiert. Dennoch sprachen die Ruander weiter dieselben Sprachen, teilten dieselbe Kultur, gehörten denselben Religionen an – mehrheitlich der katholischen Kirche –, mischten sich im Alltagsleben in jeder Weise und hatten Schwierigkeiten, ihre so genannten Ethnien auseinander zu halten. Nur an ihren Namen und Besitztümern erkannten sie, wer Tutsi und wer Hutu war.

Diese Ethnisierung, von den Belgiern nach dem altrömischen Kolonisatorenprinzip »Teile und herrsche« geschaffen, entwickelte in der Folge dennoch eine enorme Eigendynamik. Da die Kolonialherren die Minderheit der Tutsi privilegierte – bei den Landrechten, beim Zugang zu Bildung und bei der Ausübung lokaler Macht –, entwickelte sich bei der diskriminierten Mehrheit der Hutu schnell Hass und Neid. Tragischerweise richtete er sich weniger auf die Kolonialisten als auf ihre Stellvertreter, die »feudalen« Tutsi, die »schon immer« das Land beherrscht hätten. 1959/60 jagten Hutu den Tutsi-König außer Landes und massakrierten tausende von Tutsi. 1962 erhielt das Land seine Unabhängigkeit, mitten in einer Welle gewalttätiger Pogrome. Die bisherige Tutsi-Elite wurde im Namen der Demokratie und des antikolonialistischen Befreiungskampfes zugunsten einer neuen Hutu-Elite entmachtet.

Gregoire Kayibanda, der Hutu-Präsident der so genannten Ersten Republik, institutionalisierte die Diskriminierung der Tutsi und deklarierte Ruanda 1965 zu einem Ein-Parteien-Staat. Alle Tutsi-Beamten wurden entlassen, erneut gab es Pogrome. Die Mörder und Plünderer wurden nie zur Rechenschaft gezogen, die Opfer zum Schweigen gezwungen. 1973 putschte sich General Juvenal Habyarimana an die Macht, der die »Hutuisierung« der Nation noch konsequenter betrieb als sein Vorgänger. Beide Landeschefs schürten systematisch die ethnischen Konflikte, um an der Macht zu bleiben und von inneren Missständen abzulenken. Ein Muster, das man von vielen Diktatoren kennt, von Slobodan Milosevic und anderen.

Hunderttausende von Tutsi wurden ins Exil getrieben und nahmen ab 1990 von Uganda aus den bewaffneten Kampf gegen das Regime auf.

Aufgrund des wachsenden Drucks sah sich Präsident Habyarimana im Jahre 1993 gezwungen, das »Abkommen von Arusha« zu unterzeichnen, das eine Aufteilung der Regierungsmacht zwischen Hutu und Tutsi sowie die Rückkehr der Flüchtlinge vorsah.

Die kleine korrupte Hutu-Elite war jedoch nicht gewillt, das Abkommen umzusetzen und ihre Privilegien mit anderen zu teilen. Stattdessen begann sie, den Völkermord zu planen. In den Medien, vor allem im berüchtigten »Radio Télévision de Mille Collines«, initiierte sie eine Hasskampagne gegen die Tutsi und die nicht ethnisch denkenden Hutu. »Der Hutu ist von Natur aus gut und ehrlich, während der Tutsi böse, zynisch, betrügerisch und verschlagen ist«, predigten die Radiosprecher. In einem populären Schriftstück, den »Zehn Geboten der Hutu«, wurden Tutsi-Frauen als betrügerische »Verführerinnen« und Hutu-Männer mit Beziehungen zu solchen Frauen als »Verräter« gebrandmarkt. Nur »reinrassige« Ehen seien erlaubt, Ziel sei die »Blutsgemeinschaft« der Hutu. Bei aller Unvergleichbarkeit zwischen Ruanda und Nazi-Deutschland – es gab Gemeinsamkeiten des Rassenwahns. In den Häusern von Regierungsmitgliedern fand man später nicht nur Todeslisten von Tutsi und oppositionellen Hutu, sondern auch Hitlers »Mein Kampf«.

Am Abend des 6. April 1994 schossen Unbekannte das Flugzeug des Hutu-Präsidenten Habyarimana beim Landeanflug in der Hauptstadt Kigali ab. Extremistische Hutu gaben sofort die Parole aus, das Attentat sei ein von den Tutsi geplanter »Vernichtungsfeldzug gegen alle Hutu«. Nun zeigte die »Blutsgemeinschaft« der Hutu, wie wörtlich sie diesen Begriff meinte. Noch am selben Abend begann der Massenmord an den Tutsi und den nicht ethnisch denkenden Hutu und Twa, begangen von der Präsidentengarde, der Nationalen Gendarmerie, den Regierungstruppen und vor allem den »Interahamwa«-Milizen und ihren tausenden von Freiwilligen. Der Präsident der »Interahamwe« war übrigens ein Tutsi.

Innerhalb von 100 Tagen töteten die Hutu-Extremisten mehr als 800.000 Menschen – etwa ein Zehntel der gesamten Bevölkerung Ruandas. Zumeist mit Macheten, aber auch mit nägelgespickten Keulen, Gewehren, Spaten, Speeren, Pfeilen, Messern. Die Grausamkeiten entziehen sich jeder Beschreibung. Am ersten Tag, so schilderte ein Überlebender in der Hauptstadt später ihr Vorgehen, gingen Bewaffnete mit Todeslisten von Haus zu Haus. Am nächsten Tag errichteten machetenbewaffnete Milizionäre Straßensperren, die kein Tutsi mehr lebend passieren konnte.

Der größte Teil der Todesopfer war männlich, die Hälfte – die Hälfte! – waren Kinder. Bis zu einer halben Million Frauen wurde vergewaltigt, viele von ihnen wurden von HIV-infizierten Milizionären auf Befehl ihrer

Anführer gezielt mit Aids angesteckt – die langsame Todesstrafe für die Opfer. Extremistische Hutu scheuten nicht einmal davor zurück, die eigenen Verwandten in ethnisch gemischten Familien umzubringen. Ihre Kinder gehörten »einer schmutzigen Rasse« an, hörte eine Tutsi-Mutter, als deren eigene Onkel diese in einer Latrine ertränkten.

Auch eine Anzahl von Frauen aus der Hutu-Elite beteiligte sich an den Massakern oder rief dazu auf: die Präsidentenwitwe und die Justizministerin, Lehrerinnen, Schulinspektorinnen, Journalistinnen, Polizistinnen. Zwei katholische Nonnen wurden später verurteilt: Sie hatten bereitwillig das Benzin herbeigeschleppt, mit dem Milizen eine Kloster-Garage mit 700 Tutsi anzündeten.

Die Frauen waren im Vergleich zu den Männern dennoch eine kleine Minderheit im Mordgeschehen. Von den rund 100.000 Tatverdächtigen, die im Jahre 2001 immer noch in den Gefängnissen Ruandas auf ihren Prozess warteten, waren 97,7 Prozent männlich und 2,3 Prozent weiblich. Auch wenn diese Zahl keinen exakten Anhaltspunkt liefert: Am Völkermord waren wesentlich mehr Milizionäre als Milizionärinnen, viel mehr Pfarrer als Nonnen beteiligt.

Das bedeutet nun umgekehrt nicht, dass Frauen das friedliche Geschlecht sind. Nicht die Biologie, sondern die kulturellen Rollen seien für diese Unterschiede verantwortlich, findet auch Bonny: »In Afrika sind die Frauen für die Kinder und die Männer für das Jagen und Töten wilder Tiere zuständig.« Aber: »Kindern muss man nicht beibringen, sich zu prügeln, sie wissen von selbst, wie das geht, Jungen wie Mädchen. Und Mütter verteidigen ihre Kinder bis aufs Messer, wenn es sein muss.« Das Potenzial, gewalttätig zu handeln, sei in allen Menschen vorhanden und werde freigesetzt, sobald sie sich von eingebildeten oder tatsächlichen Angreifern bedroht fühlten.

Das Blutbad dauerte 100 Tage. Mehr als zwei Millionen Menschen flohen in die Nachbarländer Tansania und Demokratische Republik Kongo. Die internationale Gemeinschaft schaute zu.

Schon vor Beginn der Massaker hatte Roméo Dallaire, kanadischer Kommandeur der 2.500 Soldaten umfassenden UN-Schutztruppe in Kigali, das UN-Department of Peacekeeping in New York um Erlaubnis gebeten, die Waffenlager der Hutu-Extremisten ausheben zu dürfen. Die seinerzeit von dem jetzigen UN-Generalsekretär Kofi Annan geleitete Behörde antwortete ihm, das stehe nicht im Einklang mit dem UN-Mandat, und er müsse »neutral« bleiben. Der General flehte um Verstärkung – vergeblich, so gut wie kein UN-Mitgliedsstaat wollte wegen dieses »Stammeskonfliktes« Truppen schicken. »Ich dachte, ich täte mein Bestes, aber nach dem Völkermord wurde mir klar, dass ich mehr hätte tun können und müssen«, räumte Kofi Annan bei einer Gedenkkonferenz zum zehnten Jahrestag des Genozids Ende März 2004 ein. Die französische Regierung, verbündet mit dem alten Regime, schickte der mörderischen Hutu-Elite mitten im Massaker sogar noch weitere Waffen und flog deren Regierungsmitglieder ins sichere Frankreich.

Zweieinhalb Wochen nach Beginn des Völkermords beschloss der UN-Sicherheitsrat auf Drängen der US-Regierung gar, die Blauhelm-Soldaten vollständig abzuziehen. UN-General Roméo Dallaire ignorierte die Befehle, bis es nicht mehr ging; mit ein paar hundert UN-Soldaten konnte er sich den Mördern nicht ernsthaft entgegenstellen. Nach seiner Rückkehr nach Kanada unternahm der traumatisierte General mehrere Selbstmordversuche. Den Duft tropischer Früchte kann er nicht mehr ertragen.

Am 4. Juli 1994 rückte die von Tutsi und einigen Hutu im ugandischen Exil gebildete Ruandische Befreiungsfront (RPF) in die Hauptstadt Kigali ein und beendete die Massaker. Am 19. Juli installierte sie eine neue Regierung der »Nationalen Einheit«, die aus Militärs und verschiedenen politischen Parteien bestand. In einer ihrer ersten Amtshandlungen ordnete die Regierung an, den »Tutsi«- oder »Hutu«-Vermerk in den Personalausweisen zu streichen, der so vielen Menschen den Tod gebracht hatte. Im neuen Ruanda sollte es keine Ethnien mehr geben, sondern nur noch Ruander.

Die Überlebenden waren geschockt, verstört, traumatisiert. Im Land der tausend grünen Hügel, in diesem Paradies der umnebelten Berge und leuchtenden Täler gab es niemanden mehr, der nicht Gewalt erlebt oder Angehörige verloren hatte. Etwa 80 Prozent der weiblichen Überlebenden waren vergewaltigt worden. Rund 95 Prozent aller Kinder hatten Morde gesehen oder sogar selbst welche begangen. Gerd Hankel, der die Aufarbeitung des Völkermords im Auftrag des Hamburger Instituts für Sozialforschung beobachtet, bringt das Dilemma auf eine kurze Formel: knapp eine Million Opfer, zwei Millionen (Mit)Täter, drei Millionen Zuschauer, sechs Millionen Traumatisierte. Einzelne kann man therapieren, aber was tut man, wenn ein ganzes Volk traumatisiert ist?

Bonny Dikongue quälte diese Frage so sehr, dass sie sich im Jahre 1997 auf den Weg nach Ruanda machte und dort fünf Wochen blieb, ohne konkretes Ziel. »Ich hatte von dem Völkermord gehört, aber keine Bilder davon gesehen. Davon zu hören ist eine Sache, die Menschen zu sehen eine ganz andere. Ich sah die Menschen durch Kigali laufen, nicht wenige davon bewaffnet, und hatte den Eindruck, es sind Mumien. Tote. Ohne jeden Ausdruck in den Augen. Sie bewegten sich wie Automaten, ohne wahrnehmbare Gefühle. In Afrika ist es üblich, sich anzuschauen und anzulächeln, wenn man sich auf der Straße begegnet, aber diese Menschen waren wie ausgelöscht.«

In ihren Trainings öffneten sich die Leute normalerweise nach ein, zwei Tagen, doch in Ruanda sei das nicht möglich gewesen. »Ich begann mit den Überlebenden zu arbeiten und hatte den Eindruck, dass sie eine Mauer aufbauen, dass sie auch nach einer Woche immer noch eine Rolle spielen. Es war sehr schwierig für mich, darauf zu warten, dass sich diese Menschen öffnen. Und ich sah die bewaffneten Jugendlichen auf der Straße und fragte mich: Was haben sie mit den Waffen vor? Ich war im Kongo, im Tschad, in so vielen Ländern. Überall habe ich mich mit mir selbst im Einklang gefühlt. In Ruanda nicht.« Sie stöhnt ein wenig – offenbar fällt es auch ihr schwer, das Erlebte auszudrücken. »In Afrika lädt man sich gegenseitig ein, auch wenn man sich kaum kennt. In Ruanda nicht.«

Dann jedoch habe sie sich mit ruandischen Freunden zusammengesetzt und gesagt: »Okay. Die Menschen sind traumatisiert – was kann ich für sie tun? Was können die internationalen Hilfsorganisationen für sie tun? Wenn man nur Hilfsgüter verteilt, gewöhnt man die Ruander daran, die Hand aufzuhalten, das ist nicht die Lösung. Natürlich muss man Lebensmittel verteilen, aber was macht man mit der zerbrochenen Psyche der Menschen?« Viel habe sie damals nicht tun können, sie habe ja wieder abreisen müssen, aber in der Zwischenzeit hätten ihre ruandischen Kooperationspartner erste Schritte unternommen.

Ihr wichtigster Partner ist inzwischen François Rambonera, Direktor des nationalen Büros des Rates der evangelischen Kirche, zuständig für die Weiterbildung von Lehrern. Im Februar 2004 wurde er von der Internationalen Weiterbildung und Entwicklung GmbH (InWEnt), der staatlichen deutschen Entwicklungszusammenarbeit, nach Bayern eingeladen. François hat den Völkermord in einem Erdloch versteckt überlebt, er ist ebenso tiefernst wie Bonny und ebenso sanft. Immer und immer wieder habe er sich gefragt, sagt er am Ufer des Starnberger Sees, warum dieser Genozid möglich gewesen sei. Die schlüssigste Antwort, die er gefunden habe, sei die in Ruanda tief verwurzelte »Kultur des Schweigens«.

Die Menschen funktionierten äußerlich, aber sie hätten ihre Gefühle fest in sich verschlossen. Sie seien über einen so langen Zeitraum blutig unterdrückt worden, dass sie ihre Gefühle nicht mehr spürten. Es gebe eine lange Tradition der Massaker und des Schweigens über die Massaker, deshalb misstraue jeder jedem. Dieses Misstrauen sei durch den Völkermord von 1994 noch einmal ungeheuer verstärkt worden. »In den Schulen waren die Lehrer krank, die Schüler, die Eltern, normaler Unterricht war nicht mehr möglich. Ich spürte: Wir brauchen eine neue Form des Umgangs miteinander, eine aktive, partizipatorische Form der Pädagogik, wo die Kinder sich aussprechen und einfach ›Uffff!‹ machen konnten.« Bonny habe ihn hierin sehr inspiriert. Inzwischen leiten die beiden gemeinsam Trainingsseminare für Lehrer und Multiplikatoren, die von InWEnt im Rahmen eines 2003 zwischen Ruanda und Deutschland beschlossenen Abkommens finanziert werden.

Peter Pieck, ein jahrelang in Ruanda tätiger Stadtplaner, verweist in einem »taz«-Essay ebenfalls auf die autoritäre, streng patriarchalische und von »privater Gewalt« durchsetzte Gesellschaft Ruandas, in der es nicht üblich sei, Gefühle zu zeigen. Seine introvertierten Bewohner hätten nicht gelernt, demokratisch zu denken und in gegenseitiger Toleranz zu leben. Nach dem Tod des Präsidenten und geliebten »Vaters der Nation« hätten stattdessen die Rachefantasien überhand genommen: Erst sollten die »reinrassigen Tutsi« ausgerottet werden, um mit ihren toten Leibern eine würdige »Matratze« für den »Vater« zu bilden, dann sollten die »Mischlinge« seine »Bettdecke« bilden.

Das ähnelt Nazi-Fantasien, und viele Aussagen ruandischer Täter erinnern an die Aussage des deutschen Massenmörders Eichmann bei seinem Verhör in Jerusalem. »Wir haben nur Befehle befolgt«, erklärten sie vor Journalisten, im Gefängnis oder vor Gericht. Und: »Wir wären sonst selbst umgebracht worden.« Haftinsassen gaben an, sie hätten getötet, weil eine Autorität es ihnen befohlen habe, ein Bürgermeister, ein Offizier oder Milizionär. Ein alter Mann, der 100 gefesselte Tutsi erschlagen hatte, erklärte dieses Verbrechen so: »Man hat mir eine Arbeit gegeben, ich musste sie machen.«

Esther Mujawayo, Überlebende des Völkermords, die heute als Psychotherapeutin in Deutschland lebt und Folteropfer betreut, macht ebenfalls diese Kultur des Schweigens für den Genozid verantwortlich. 1959 sei das Haus ihrer Familie zum ersten Mal abgebrannt worden, berichtete sie auf einer Podiumsdiskussion in München, 1973 zum zweiten Mal, 1994 sei ihre gesamte Familie getötet worden. Stets hätten die Opfer geschwiegen – aus Angst. »Die Stille hat mich geprägt«, sagt sie. 1994 gründete sie in Ruanda zusammen mit anderen Frauen eine Witwenorganisation: »Ich hatte keine Familie mehr, um über all diese schrecklichen Dinge reden zu können. Ich hatte nichts mehr, kein Zuhause, keine Nachbarn. Bloß noch Feinde. Mir blieben nur die anderen Frauen. Wir haben uns gegenseitig zu trösten versucht.« Denn wenn das Schweigen nicht durchbrochen werde, dann drohten sich die Ereignisse zu wiederholen.

Auch Bonny sucht nach Antworten, wie es zu diesem Völkermord kommen konnte. »Bei uns sagt man, wenn jemand gefallen ist: Schau nicht nur auf den Weg, sondern auch darauf, wie du deine Füße setzt«, sagt sie. »In Ruanda wusste man seit langer Zeit, dass die Füße falsch gesetzt wurden. Es gab mehrere Genozide vor dem großen Genozid; sie haben die falsche Fährte gefestigt, und es wurde nichts dagegen getan. Dadurch hat sich diese Kultur des Schweigens und des Misstrauens entwickeln können.«

Schon im Alter von zwei Jahren werde den Kindern beigebracht, sagt Bonny, »dass sie niemals aussprechen sollen, was sie denken, dass sie ihre Gefühle niemals zeigen sollen. Das sitzt ungeheuer tief.« Es nehme den Menschen die Fähigkeit, frei zu denken, frei zu diskutieren. Allerdings sei das nicht nur ein ruandisches Problem, sondern eines von großen Teilen Afrikas. Wenn die Kinder nichts zu sagen hätten und nur gehorchen müssten, dann könnten sie auch keine eigene Sprache entwickeln. Exzessiver Individualismus sei sicherlich schlecht, aber genauso schlecht sei sein komplettes Fehlen.

Und in dieses Land begibt sich Bonny seit 1997 jährlich ein- bis zweimal, um jeweils mehrere Wochen intensiv mit den Überlebenden zu arbeiten. Einmal sei sie sogar drauf und dran gewesen, nach Ruanda umzuziehen, habe dann aber Angst davor bekommen, habe sogar alles hinschmeißen wollen. »Viele Leute fragten immer wieder: ›Was machst du in Ruanda?‹ Sie glaubten, ich sei für solch eine Arbeit nicht legitimiert.« Doch ihre deutschen Projektpartner überredeten sie zum Weitermachen. »Bonny hat den unschätzbaren Vorteil, Afrikanerin zu sein, aber außerhalb der ruandischen Ethnien zu stehen«, sagt Rita Walraf von InWEnt. »Und sie macht diese Arbeit hervorragend, sehr professionell und gleichzeitig mit dem ganzen Herzen. Eine beeindruckende Frau.«

Bonny Dikongue arbeitet mit einem von ihr selbst entwickelten Ansatz, der »Méthode Colombe« (Methode der weißen Taube). Den Anstoß dafür lieferte ihr eine Begegnung mit einem Jugendlichen, als sie im Jahre 1999 das ruandische Bildungswesen begutachten sollte: »John war etwa 16 Jahre alt und ein schlechter Schüler. Er respektierte keine Norm, er respektierte niemanden. Die Lehrer schmissen ihn deshalb raus. Am Ende eines langen Tages wartete er auf mich in der Bar meines Hotels. Er rauchte, und er hatte ein Glas Bier vor sich stehen. In Ruanda ist so etwas völlig inakzeptabel. Er sagte mir, er habe das in einem Trainingslager für Kindersoldaten gelernt. So kam es raus, sein großes Geheimnis. Er hat mir seine furchtbaren Erlebnisse erzählt. Er weinte, und ich weinte auch. Ich hatte schon viel über Kindersoldaten gehört, aber ich war noch nie einem begegnet.«

»Er sagte: ›Das alles ist geschehen, weil die Erwachsenen so idiotisch waren, das zuzulassen.‹ Zur Zeit des Völkermords war er ungefähr elf Jahre alt, und seitdem hatte er keinerlei Möglichkeit, sich von seinem Trauma zu befreien. Er fragte immer wieder: ›Warum ich? Warum ich?‹ Er sagte, er habe weder mit seiner Mutter noch mit seinen Freunden über all das reden können. Sie sind ja alle selbst traumatisiert.«

Bonny schaut in die Ferne. Über der Berliner Spree jagen kreischend die Möwen. »Für mich war das ein Schlüsselerlebnis. In Ruanda war das zwischenmenschliche Vertrauen vollkommen zerstört. Die Menschen konnten ihre Gefühle nicht mehr ihren Nachbarn mitteilen, oft nicht einmal mehr ihren Brüdern und Schwestern. Wir erkannten, dass wir ein Programm brauchen, wo die Individuen sich gegenüber Vertrauenspersonen öffnen können. Und zwar Menschen, die schon irgendeine Form von Beziehung miteinander haben. Zum Beispiel in einer Klasse, wo es Freundschaften gibt. Oder innerhalb einer Gruppe von Frauen, die auf demselben Bauernhof arbeiten. Oder in einer Gruppe von Straßenkindern.«

Mit diesen Menschen, berichtet sie weiter, sei sie dann »jeden Tag von 8 bis 16 Uhr zusammen, sechs Wochen lang. Wir leben zusammen. Wir essen zusammen. Wir machen alles miteinander. In ethnisch gemischten Gruppen, denn in Ruanda leben Hutu, Tutsi und Twa zusammen.« Dabei gehe es nicht um die Konfrontation zwischen Tätern und Opfern, zumal viele Opfer tot und viele Täter im Gefängnis seien. Aber jede Familie habe ihre eigene Opfer- oder Tätergeschichte, manchmal auch beides. »Ich benutze kein Schema F, es kommt stets auf die konkrete Situation und Gruppe an. Nach drei Wochen kann es sein, dass jemand der ganzen Gruppe die Geschichte seines Traumas erzählt. Ich benutze die Strategie der persönlichen Analyse, die die Menschen dazu bringt, sich zu fragen: Was habe ich getan in meinem Leben? Das ist ein sanfter Weg, um sich mit dem Völkermord zu konfrontieren.«

Ihre »Méthode Colombe« sei eine Ansammlung von Kulturtechniken, die auf afrikanischen Traditionen beruhten, auf Geschichtenerzählen, Theaterspielen, Tanz und Singen. Das Grundproblem in Ruanda sei, dass es keine Kultur des Widerspruchs gebe. Wenn die soziale Gruppe entschieden habe, dass eine andere Gruppe zu töten sei, dann werde eben getötet. Deshalb müsse man den Menschen die Möglichkeit in die Hand geben, wählen zu können. »In dem Moment, wo jemand die Machete in die Hand nimmt, muss er frei entscheiden können, ob er das macht, weil er es wirklich will, oder ob er nur dem Willen der Gruppe folgt. Man muss den Menschen aufzeigen, wie man einen kritischen Geist entwickelt. Man kann ihnen nicht beibringen, dass sie alle ihre Konflikte beenden – das ist ein Traum. Aber man kann bei ihnen die Fähigkeit entwickeln, sich entscheiden zu können.«

Diese Stärkung des Selbst, des eigenen Willens und der verbalen Ausdrucksfähigkeit – das trainiert Bonny seit Jahren in verschiedenen afrikanischen Ländern. »Es geht um Wahlfreiheit. Wenn eine Frau mit ihrem herrschsüchtigen Mann brechen will – okay. Wenn sie sich bewusst dafür entscheidet, dass er ihr weiter befehlen darf – auch okay. Aber sie muss vorher eine Selbstanalyse machen: Was will ich wirklich? Was sind die Ziele in meinem Leben? Und eine Analyse der anderen: Was will mein Mann von mir, meine Familie, mein Umfeld? In Kombination dieser beiden Elemente kann sie dann eine Wahl treffen.«

Und wie funktioniert das in einer Gruppe von Hutu und Tutsi? »Wir machen bestimmte Übungen, um Selbstanalyse und Analyse des anderen zu lernen«, sagt Bonny. »Es wäre verheerend, einen Kurs damit zu beginnen, dass man die Menschen in Hutu und Tutsi selektiert. Wir müssen sie also dazu bringen, dass sie von sich aus darüber zu sprechen beginnen. Dann geht oft ein Aufatmen durch die Gruppe.«

Eine der Anfangsübungen sei, über einen der zwölf Clans in Ruanda zu sprechen – das betreffe nicht die Hutu oder Tutsi, sondern alle. »Ich erzähle zum Beispiel eine Geschichte von einem Mann, der ein Mädchen heiraten will. Sie ist jung, schön, die Eltern sind einverstanden – bis sich herausstellt, dass sie vom Clan der Wachita ist. Und in ganz Ruanda sagt man, dass die Wachita Unglück bringen. Die Teilnehmer diskutieren dann, welche bösen Dinge man über welchen Clan sagt. Es dauert meist nicht lange, bis sie bei den Twa angelangt sind, denn viele Hutu und Tutsi sind sich einig, dass die Twa minderwertig seien. Dann beginnen sie über die Ressentiments zwischen Hutu und Tutsi zu reden. Und kommen meistens zum Schluss, dass es zwischen ihnen keine Unterschiede gibt.« Hierbei sei es wichtig, immer mit den Menschen mitzugehen, stets zu spüren, wo ihre Möglichkeiten und ihre Grenzen lägen. Wenn genügend Vertrauen aufgebaut sei, dann könne man beginnen, über die wirklich heißen Themen zu reden.

Die deutsche Entwicklungssoziologin Ilse Schimpf-Herken ist davon überzeugt, dass Bonny diese Arbeit auch deshalb so gut macht, weil sie nicht aus Ruanda stammt: »Wenn Menschen ihre gesamte Familie verloren haben, wenn all ihre sozialen Bindungen gewaltsam abgetrennt wurden, dann brauchen sie jemanden, der außerhalb dieses mörderischen Kontextes steht, um wieder Vertrauen zu fassen.« Ilse Schimpf-Herken und Bonny Dikongue kennen sich seit dem Jahre 2001, als sie im Auftrag der InWEnt-Vorgängergesellschaft drei Wochen lang durch Ruanda fuhren – zuletzt zusammen mit Rita Walraf –, um herauszufinden, welche Projekte das Land weiterbringen könnten. Ilse Schimpf-Herken, die sich seit Jahren mit Traumabearbeitung, Friedenserziehung und der von Paulo Freire in den brasilianischen Slums entwickelten »Pädagogik der Befreiung« beschäftigt, stellte staunend fest, dass ihre Methode und die von Bonny nahezu gleich waren.

Ebenso staunend, aber auch entsetzt, stand die Deutsche in einer Gedenkstätte, in der tausende von Totenköpfen ausgestellt wurden. Und fragte sich: »Warum beerdigen sie ihre Toten nicht? Warum muss das so sichtbar bleiben, dass es in seiner Brutalität gar nicht verarbeitbar ist?« Sie habe dort empfunden, »dass die Regierung keine Versöhnungspolitik betreibt.« Es sei extrem wichtig, dass starke Symbole für den Prozess der Aussöhnung gefunden würden. Solch ein Symbol sei der Kniefall von Willy Brandt in Warschau für die Opfer der Nationalsozialismus gewesen, in Südafrika habe die Wahrheitskommission diese Rolle eingenommen, in El Salvador sei eine »Mauer des Gedenkens« für die Opfer des Bürgerkriegs erbaut worden. In Ruanda existiere zwar seit 1999 eine »Versöhnungskommission«; aber die Bereitschaft, im Land selbst Antworten zu finden, warum es zu diesem Völkermord kam, ist ihrer Meinung nach wenig zu spüren: »Die Eliten machen nur für sich selbst Politik, in einer sehr autoritären, dirigistischen Form.«

Im Mai 2003 erhielt Bonny die Gelegenheit, ihre Methode zum ersten Mal in Europa zu erläutern. Die kleine entwicklungspolitische Organisation Weltfriedensdienst hatte sie zusammen mit der Südafrikanerin Marjorie Jobson im Rahmen ihres Projektes »Peace Communication« nach Berlin eingeladen. »Peace Communication« ist eine Art umgekehrte Entwicklungshilfe: Experten für gewaltfreie Konfliktbearbeitung aus dem Süden zeigen denen aus dem Norden, wie sie arbeiten.

»No Women No Peace« heißt der zweitägige Workshop im Berliner »Haus der Demokratie«, in zarter Anspielung auf das berühmte Lied von Bob Marley. Der Weltfriedensdienst hat dazu Studierende, Geschlechter-Forscherinnen und Entwicklungsexperten eingeladen. Bei der Vorstellungsrunde drückt Bonny den 25 Teilnehmenden eine Streichholzschachtel in die Hand: Jede und jeder darf nur so lange reden, wie ein Streichholz brennt. Manche verbrennen sich buchstäblich die Finger beim Versuch, in wenigen Sätzen ihre ganze Lebensgeschichte unterzubringen. Eine Methode, die Selbstdarsteller zuverlässig zum Verstummen bringt. Gekicher, Gelächter. Bonny aber ist angespannt. Sie lacht nur selten. Sie steht unter dem Stress, ihre Methoden auf eine ihr völlig fremde Kultur loslassen zu müssen.

Das Streichholzspiel, so erzählt sie später, verwende sie auch in Ruanda. »Jeder hat eine Streichholzlänge Zeit, um sich vorzustellen. Danach gibt es verschiedene Übungen. Unser Ziel ist, dass die Menschen starke Beziehungen zu ein oder zwei Personen entwickeln, denen sie ihr Trauma anvertrauen können.«

Die Gruppe steht im Kreis, Bonny singt einen afrikanischen Singsang, sie ist die Vorsängerin, die anderen antworten mit einem schnell gelernten Refrain. Vordergründig geht es ums Salzholen in einem afrikanischen Dorf. Wer holt bei wem Salz, wer tritt mit wem in Beziehung? Bonny, immer noch angespannt von ihrem ersten Auftritt in Europa, wirft einer anderen Person im Kreis ein Wollknäuel zu und hält dabei das Fadenende fest. Der Wollfaden zieht sich quer durch den Raum, die erste Verbindung zwischen zwei Menschen ist geknüpft. Beim nächsten Refrain wirft der Nächste das Knäuel weiter, die nächste Verbindung spannt sich, und weiter so, und weiter, und weiter. Schließlich ist der ganze Raum durchzogen von Wollfäden und Beziehungen, spannungsreichen und entspannten; wenn jemand irgendwo zieht oder jemand lockerlässt, spüren es alle. Ein einfaches, überzeugendes Sinnbild. »In ganz Afrika«, sagt Co-Trainerin Marjorie Jobson aus Südafrika, »ist das Denken auf die Gemeinschaft bezogen, kommunitär.«

»Manchmal kommt es vor«, berichtet Bonny von ihrer Arbeit mit den Überlebenden, »dass Menschen zusammenbrechen und weinen. Bisweilen verweigern sie sich auch. Aber wir versuchen ein Klima zu schaffen, das allen erlaubt, sich frei zu fühlen. Wenn die Menschen über ihre Vergangenheit zu sprechen beginnen, ist es oft schwierig – nicht nur für sie, auch für uns Trainer. Doch ich nehme das Leben so, wie es ist. Wenn jemand von seinen Erlebnissen während des Völkermords erzählt, dann weine ich mit ihm. In der Literatur steht, man solle das nicht tun – aber das ist Theorie. Ich mache es so, wie ich es fühle.«

»Bonny hat eine tiefe Empathie für andere Menschen«, sagt ihre Freundin Ilse Schimpf-Herken. Sie spricht voller Bewunderung von der sanften Riesin, die so viel Ruhe und Würde ausstrahlt: »Sie hat eine große Fähigkeit, andere zu ermutigen.«

Auch in Berlin versucht Bonny intuitiv vorzugehen, doch ihre Gefühle sind sichtlich verwirrt von den so anders funktionierenden Deutschen. Für sie seien die zwei Tage nicht leicht gewesen, sagt sie zum Abschluss des Workshops. Sie sei nicht entspannt gewesen, aber dankbar »für diese beiden Tage intensiven Lernens.«

Wenige Tage danach finden sich Bonny Dikongue und Marjorie Jobson auf dem Ökumenischen Kirchentag wieder. Die Sonne strahlt, als wolle sie alle Menschen auf der Stelle von Gottes Existenz überzeugen, und der Park in der Mitte des Berliner Messegeländes ist übersät von sitzenden, schwitzenden, schwatzenden Christenmenschen im selbstvergessenen Glück der Gemeinschaftlichkeit.

Wie funktioniert Konfliktbearbeitung in Afrika? Etwa 20 Kirchentagsbesucherinnen sitzen erwartungsvoll unter einem schattenspendenden Baum. »Es war einmal«, beginnt Bonny und setzt sich kerzengerade hin. Geschichtenerzählen ist eine ihrer Lieblingsmethoden. Inzwischen ist sie lockerer geworden; nach ein paar Tagen Deutschland hat sie ihre innere Orientierung offenbar wiedergefunden. Heute trägt sie mit großer Würde ihre afrikanische Kleidung: langes schwarzes Kleid, schwarzgelbes Tuch um den Kopf, Ohrringe. Sie lacht wieder – und wie. Mit dem ganzen Körper. Sie schmeißt sich buchstäblich weg vor Lachen.

»Es war einmal ein Dorf in der Nacht. Es war dort so dunkel, dass man überhaupt nichts mehr sehen konnte. Aber die Einwohner fühlten, dass da ein fremdes Lebewesen war. Die erste Person sagte: ›Ich habe es angefasst und dabei etwas Langes gespürt.‹ ›Nein‹, sagte die zweite Person, ›es war etwas Dickes.‹ ›Nein‹, sagte die dritte Person, ›etwas Nasses.‹ ›Nein‹, sagte die vierte Person, ›etwas Trockenes.‹ Sie redeten und redeten, aber kamen zu keinem Ergebnis, was das sein könnte. Erst am nächsten Tag sahen sie, was es war: ein Elefant. Alle hatten ihn berührt, aber alle an einer anderen Stelle.«

»Wenn die Menschen ihre Erkenntnisse gegenseitig akzeptiert hätten, dann hätten sie den Elefanten erkannt. Alle Erkenntnisse zusammenzufügen, das heißt Frieden.«

Übertragen auf ein ganzes Land bedeutet das: Jedes Geschlecht, jede Ethnie, jede Minderheit hat ihre besondere Sichtweise. Wird eine systematisch ausgeschlossen, ist Konflikt vorprogrammiert. Sind die Ausgeschlossenen Männer, passiert Ähnliches wie im Kosovo, in Algerien und an tausend Orten der Welt. Sind es Frauen, werden die gewalttätigen Auseinandersetzungen ein wenig herausgezögert, aber womöglich sogar noch verschärft: Die terroristische Monokultur von Taliban und Al-Kaida konnte nur entstehen durch den totalitären Ausschluss und die Entmenschlichung der afghanischen Frauen.

Die terroristische Kultur der Hutu-Milizen hinterließ nach dem Genozid eine Bevölkerungsmehrheit von fast 70 Prozent Frauen und Mädchen. Frauen hatten in der Vergangenheit Ruandas nie viel zu sagen; in der Öffentlichkeit hieß man sie zu schweigen, während nur die Männer redeten; doch nun ging nichts mehr ohne sie. Frauen wurden zu Haushaltsvorständen und Ernährerinnen ihrer Familie, übernahmen führende

Rollen in den Gemeinden und schlossen sich über ethnische Grenzen hinweg zusammen.

Kurze Zeit nach dem Völkermord trafen sich in der Hauptstadt Kigali einige Witwen unter einem Baum – so ähnlich wie jetzt Bonny und die Kirchentagsbesucherinnen. Sie besprachen, wie sie ihr eigenes Überleben und das ihrer Familien sichern könnten. Eine Woche später waren es schon mehr als 50 Witwen, viele von ihnen versorgten auch Waisenkinder der »feindlichen« Ethnie. Die Assoziation der ruandischen Witwen (AVEGA) entstand und wurde eine der wichtigsten Selbsthilfeorganisationen Ruandas. Ab 1997 war sie in 154 Regionen präsent und unterstützte rund 25.000 Frauen mit Gesundheitsprogrammen und Angeboten zur Traumabearbeitung. Der einzige Schmuck ihres bescheidenen Hauses in Kigali sind unzählige Fotografien von lachenden, starken Frauen – Widerstandskultur, wenn man so will. Dem Netzwerk Pro Femmes, das neben AVEGA Dutzende weiterer Frauenorganisationen koordiniert, wird international bescheinigt, die rührigste Akteurin der ruandischen Zivilgesellschaft zu sein.

Die ehedem so patriarchalische Gesellschaft scheint zu realisieren, dass sie Frauen braucht, dass vor allem sie es sind, die die Lebensmittel anbauen und das Überleben organisieren. Inzwischen kann Ruanda mit einem frauenpolitischen Rekord aufwarten: mit der höchsten Parlamentarierinnen-Quote der Welt. In seinem im September 2003 neu gewählten Parlament, bei dem die ehemalige Tutsi-Rebellentruppe RPF 73,8 Prozent der Stimmen erhielt, sind 48,8 Prozent der Abgeordneten weiblich – mehr als in Schweden und Dänemark. 24 der 80 Sitze waren von vornherein für Frauen reserviert, weitere 15 Kandidatinnen konnten sich gegen männliche Kandidaten durchsetzen. Zuvor war eine neue Verfassung verabschiedet worden, die 30 Prozent der Sitze im Unterhaus für Frauen reserviert und die »Beseitigung aller ethnischen und regionalen Trennungen« sowie die »Gleichheit zwischen Frauen und Männern« festschreibt.

Auch auf anderen politischen Ebenen sind Frauen inzwischen unübersehbar, was an den weltweit wohl ziemlich einzigartigen Strukturen Ruandas liegt. Auf der »Dorfzellen«-Ebene wurden Frauenräte geschaffen, die nur von Frauen gewählt werden dürfen; deren Vorsitzende haben einen reservierten Sitz in den zehnköpfigen Dorfräten. Bei lokalen Wahlen müssen die Wählenden drei verschiedene Stimmzettel ausfüllen: einen allgemeinen, einen mit ausschließlich weiblichen und einen mit ausschließlich jugendlichen Kandidaten. Alle Siegreichen der allgemeinen Liste, ein Drittel der gewählten Frauen und ein Drittel der gewählten

Jugendlichen bilden zusammen den Distriktrat, der wiederum die Distriktregierung wählt.

Das neue politische System Ruandas hat jedoch auch tiefe Schatten: Mit dem Argument, die unkontrollierte Ausübung von Demokratie könne erneut eine rassistische Regierung der Hutu-Mehrheit hervorbringen, lässt sich vieles verbieten, was der Regierung unter RPF-Präsident Paul Kagame einfach nicht gefällt. Die soziale Kontrolle von den Zellen bis zur nationalen Ebene ist enorm, der Glaube an die Notwendigkeit autoritärer Hierarchien immer noch groß. Die Tutsi-Befreier von 1994 gelten als nationale Helden, die Militarisierung des Landes wird nirgendwo grundsätzlich in Frage gestellt.

Man könnte sogar die These aufstellen, dass die innere Befriedung des Landes durch den Export des Krieges erreicht wurde: Die ruandische Armee hat in den neunziger Jahren extremistische Hutu-Milizen bis weit hinein in die Demokratische Republik Kongo verfolgt und die Gelegenheit genutzt, dort Bodenschätze zu plündern und sich zu bereichern. Der innerkongolesische Bürgerkrieg, der bisher mehr als drei Millionen Menschen das Leben gekostet hat, hätte ohne die massive Einmischung Ruandas (und Ugandas) nicht diese verheerenden Ausmaße angenommen. Auch die ruandische Menschenrechtlerin Monique Mujawamarinya findet, »das Übel« sei »überall die Armee. Denn die Logik der Armee ist es immer, den Schwächeren zu vernichten.«

Auf dem Kirchentag in Berlin zeigt Bonny Dikongue noch einmal, wie sie das verletzte Vertrauen der Ruander zu heilen versucht. »Baum und Wind« nennt sie das Spiel für je drei Personen. Eine stellt sich zwischen die beiden anderen, die Arme fest am Körper, und lässt sich fallen. Abwechselnd nach vorne oder nach hinten, eben wie ein Baum im Wind. Die anderen müssen den »Baum« auffangen. Eine schöne Wuchterei, ein Riesenspaß, und für Menschen, die im wörtlichen oder übertragenen Sinne niemals von anderen aufgefangen wurden, ein aufwühlendes Erlebnis. In einem südafrikanischen Gefängnis spielen Konfliktmediatoren »Baum und Wind« mit verurteilten Mördern, und nicht selten brechen die sonst nie eine Gefühlsregung zeigenden Kriminellen dabei in Tränen aus.

»Ich glaube an das menschliche Wesen«, sagt Bonny, die sanfte Riesin. »Man kann jeden Menschen ändern, wenn man ihn versteht. Ich mag Menschen einfach. Daher kommt vielleicht auch meine Stärke. Ich mag es, mit ihnen zusammenzusein, mit ihnen zu lachen.«

Langsam, langsam verbessere sich in Ruanda die Stimmung, erzählt sie, als wir uns im Februar 2004 auf einer internationalen Konferenz zur Friedenserziehung am Starnberger See wiedertreffen. »Die Zivilgesellschaft entwickelt sich, Ruanda macht Fortschritte. Unter den gegebenen Umständen ist Präsident Paul Kagame die beste Wahl für Ruanda, denn das Land braucht Stabilität.« Man könne von einer Bevölkerung nicht verlangen, dass sie in zehn Jahren aufarbeite, wofür andere 60 Jahre bräuchten, sagt sie in Anspielung auf Deutschland. Und: »Ich kenne die Realität in vielen afrikanischen Ländern. Für mich ist nicht die Frage, ob es bei Wahlen wirklich demokratisch zugeht, sondern, ob es überhaupt welche gibt. In welchem Land sind Wahlen denn echt demokratisch? In den USA, wo die Stimmenzählmaschinen versagen? Es ist so leicht, alles schlecht zu reden. Aber man muss die kleinen Schritte anerkennen. Es gibt sie.«

»Mein Traum ist, alle Menschen lächeln zu sehen«, sagt sie. »Nicht weil sie lächeln müssen, sondern weil es von innen kommt. Jetzt sieht man in den Straßen Ruandas wieder lächelnde Kinder und lachende Menschen. Die Leute gehen in die Kirche, in die Schule. Sie beginnen, ihr Leben neu zu leben.«

Literatur und Websites:

Die beste deutschsprachige Berichterstattung über Afrika ist in der »taz« zu finden: *www.taz.de*. »taz«-Afrikaredakteur Dominic Johnson und verschiedene »taz«-Reporter haben dort zahlreiche Artikel zu Ruanda veröffentlicht, unter anderem erschien zum zehnten Jahrestag des Völkermords am 10.4.2004 ein mehrseitiges Dossier. Peter Piecks Essay »Der gerächte Vatermord« erschien in der »taz« vom 10.10.1998.

Das internationale Frauenfriedensnetzwerk *www.womenwagingpeace.net* hat im Internet eine ausführliche Studie zur politischen Rolle der Frauen in Ruanda veröffentlicht: »Strengthening Governance: The Role of Women in Rwanda's Transition«, by Elizabeth Powley, September 2003.

Eine quasi regierungsamtliche Darstellung des Genozids findet sich auf *www.rwanda1.com/government/history.html*.

Über die Arbeit des deutschen Weltfriedensdienstes gibt es Informationen unter *http://wfd.de/peacecom*, über InWEnt unter *www.inwent.org*.

Nachtrag:

Am 7. April 2004, zehn Jahre nach Beginn des Völkermords, weihte Präsident Paul Kagame eine neue zentrale Gedenkstätte in Kigali ein, in der Leichtenteile von rund 200.000 Opfern beerdigt sind. Auf der anschließenden Gedenkveranstaltung im Stadion von Kigali, zu der rund 65.000 Ruander, aber kaum Gäste aus dem westlichen Ausland oder der UNO erschienen waren, bekannte er sich zur Verantwortung der eigenen Nation und kritisierte die Völkergemeinschaft für ihr Wegsehen: »Ich befürchte, dass dies an der Hautfarbe der getöteten Ruander gelegen haben könnte.« Frankreich habe sogar »wissentlich bewaffnete Regierungssoldaten und Milizen trainiert, die anschließend den Völkermord verübt haben.« Die französische Regierung reagierte mit dem vorzeitigen Abzug ihres Außenstaatssekretärs von den Gedenkfeiern. Der in Kigali anwesende Ex-UN-General Roméo Dallaire kommentierte, die UNO, Frankreich, Großbritannien und die USA hätten ihn und seine Blauhelmtruppen »im Stich gelassen«. Ein UN-Mitarbeiter in der ruandischen Hauptstadt erklärte, es sei eine »Beleidigung«, dass Kofi Annan nicht persönlich erschienen sei.

Ein Weltgericht kann Kriege verhindern

Elizabeth Odio Benito, ehemals Vizepräsidentin Costa Ricas und Richterin im Kriegsverbrecher-Tribunal für Ex-Jugoslawien, ist jetzt Vizepräsidentin des Internationalen Strafgerichtshofes

Das jüngste Gericht ist eine Baustelle. Der Internationale Strafgerichtshof in Den Haag, das höchste Weltgericht, wo demnächst hoffentlich die Diktatoren dieser Erde verurteilt werden – im Juni 2003 besteht er aus Löchern in der Wand und von der Decke herabhängenden Heizungsrohren. In der Hochsicherheits-Pförtnerloge vor dem Hauptgebäude versinkt ein indonesischer Handwerker im Baustaub. Alles ein einziges Provisorium, und dabei sind schon viele hundert Schriftsätze gegen mutmaßliche Kriegsverbrecher eingegangen. Will man die angeklagten Massenmörder in Sägespänen ersticken?

Aber nein, das Weltgericht hat seine Arbeit erst vor kurzem offiziell aufgenommen, die meisten Richter sind noch gar nicht anwesend. Der kühle Doppelturm, in dem sich die Wolken spiegeln, ist außerdem nur eine vorläufige Bleibe für den International Criminal Court (ICC). Das silbergraue Bollwerk, eigentlich Hauptsitz der EU-grenzüberschreitenden Verbrechensbekämpfungs-Organisation Eurojust, setzt ein unübersehbares Ausrufezeichen jenseits der schnuckeligen Altstadt von Den Haag. Der ICC soll ein eigenes Gebäude bekommen, im Sommer 2003 ist es aber noch nicht fertig.

Es wird den vielen Justizgebäuden des Ortes ein weiteres hinzufügen. Den Haag ist nicht nur eine Stadt der Kaufmannsleute, deren Häuschen so eng in den Gassen zusammenstehen, als träfen sie sich zum Feierabendtratsch. Den Haag ist nicht nur die niederländische Hauptstadt, so niedlich und familiär, dass man enttäuscht ist, wenn im Schlosseingang keine Königin steht, um fremde Besucherinnen an die fertig gedeckte Kaffeetafel zu winken. Den Haag kann sich vor allem »internationale Friedensstadt« und »Rechtshauptstadt der Welt« nennen. Dort fanden 1899 und 1907 die weltweit ersten Friedenskonferenzen statt. Dort entstand mit der kaufmännischen Überzeugung, dass Konflikte zwischen

Nationen statt mit Kriegen besser mit Worten ausgefochten werden sollten, die Grundlage für den Völkerbund und seine Nachfolgevereinigung UNO. Dort sitzt immer noch der Schiedsgerichtshof, die nach der Haager Friedenskonferenz gegründete älteste Rechtsinstitution zur Schlichtung von internationalen Streitereien. Dort ist auch sein Nachfolger, der Internationale Gerichtshof. Dort steht die Akademie für Internationales Recht. Dort befindet sich das Internationale Tribunal für Ex-Jugoslawien und hält Gericht über Milosevic und andere. Den Haag ist wie ein Baumkuchen: Schicht um Schicht wird hier neues Völkerrecht aufgelegt.

Die neueste Instanz ist der Internationale Strafgerichtshof. Schon deshalb sind die Sicherheitsvorkehrungen enorm. Wuselnde Wächter durchleuchten jedes Gepäckstück, ohne ihre elektronischen Spezialkarten ist keine Drehtür passierbar. Wiiip! Fiiiep! Das Überwachungssystem ist so perfekt, dass ihm selbst die Damen und Herren des Hauses zum Opfer fallen. Elizabeth Odio Benito, Vizepräsidentin des höchsten Gerichts, muss ihren Besuch warten lassen, weil sie sich an diesem Morgen selbst aus ihrem Büro ausgeschlossen hat. Man wäre ja gerne dabeigestanden, um zu hören, ob die Vizepräsidentin des Weltgerichtes privat das Fluchen beherrscht.

Aber nun sitzt die Dame doch in ihrem Büro, und zwar inwändig. Der Raum ist sichtlich neu eingerichtet, das Regal so gut wie leer, die beiden Schreibtische noch unbeladen. In der Rundsicht hinter ihrem Rücken breitet sich die holländische Hauptstadt aus, mit ihrer kolonialen Vergangenheit und modernen Gegenwart, mit Grachten und Autobahnen und multinationalem Gewimmel. Elizabeth Odio Benito – energisch kurze Haare, weiches ungeschminktes Gesicht, biederes Kostüm, Perlenkette – sitzt im 14. Stock des obersten Gerichtes, und immer noch verspürt sie darüber eine fast ungläubige Freude. »Der ICC ist enorm wichtig, die internationale Gemeinschaft hat mehr als 50 Jahre für diesen Gerichtshof gekämpft«, sagt sie lächelnd, und ihre Augen blitzen in einem Blau, das man bei einer Señora aus dem mittelamerikanischen Costa Rica nicht unbedingt erwarten würde.

Die Vizepräsidentin erinnert daran, dass es seit dem Zweiten Weltkrieg nur Ad-hoc-Gerichte gab, um Völkermörder und Kriegsverbrecher zu verurteilen: in Nürnberg, in Tokio, und erst viele Jahre später die Tribunale für Ex-Jugoslawien und Ruanda. »Eine permanente Gerichtsinstanz war ein Traum, für den sich die Internationale Völkerrechtskommission und viele Rechtsgelehrte rund um die Welt jahrzehntelang engagiert haben. Im Kalten Krieg war seine Gründung unmöglich, aber 1998 gab es diesen wichtigen Moment der Geschichte, der den ICC möglich machte.

Schließlich also hatten wir Erfolg.« »Am Ende hatten wir Erfolg« – das ist ein Satz, der bei Elizabeth Odio immer wieder auftaucht. Und dann dieses Lächeln, still, aber stolz.

Die ursprüngliche Initiative dafür kam aus derselben tropisch heißen Ecke der Welt wie Frau Odio Benito. Die Regierung des kleinen Karibikstaates Trinidad und Tobago wollte eigentlich nur internationale Drogenhändler verurteilt sehen und schlug der UNO im Jahre 1989 die Gründung eines Internationalen Strafgerichtshofes vor. Doch dann fiel die Mauer und damit vielerlei politische Blockaden, und die Internationale Völkerrechtskommission legte 1994 einen ersten Entwurf für das Statut des ICC vor. Langwierige und schwierige Verhandlungen mit allen Mitgliedsstaaten begannen. An deren Ende, am 17. Juni 1998, wurde in der italienischen Hauptstadt das so genannte Rom-Statut des Internationalen Strafgerichtshofes durch 120 UN-Mitgliedsstaaten feierlich verabschiedet.

Das Statut legt die nicht unkomplizierten Verfahrensprozeduren fest. Unter anderem dürfen nur Straftaten in Staaten angeklagt werden, deren Regierungen bzw. Parlamente das Statut unterschrieben und ratifiziert haben; das sind inzwischen über 90. Verschiedene Länder wie China, Russland, Indien und alle arabischen Staaten bis auf Jordanien weigern sich strikt, das zu tun, allen voran die USA. Die Regierung Bush betrachtet den Strafgerichtshof als gefährlicheren Feind als viele »Schurkenstaaten« und droht beitrittswilligen Ländern den Entzug von militärischer oder ökonomischer Hilfe an. Oder schließt mit ihnen Separatabkommen, wonach US-Soldaten auf ihrem Territorium, zum Beispiel in Kolumbien, nicht nach Den Haag ausgeliefert werden können. »Wir werden sehen«, so schreibt Elizabeth Odio in einem Beitrag für das Frauenrechts-Netzwerk »WHRnet« etwas resignativ, »ob diese unilaterale Konfrontation mit dem Rest der Welt das Funktionieren des Gerichtshofs unterminieren wird.«

Weitere Bestimmungen sehen vor, dass der Strafgerichtshof nicht rückwirkend in Aktion treten, also keine Verbrechen vor seiner offiziellen Konstituierung am 1. Juli 2002 verfolgen darf. Er darf auch nur dann tätig werden, wenn die nationale Gerichtsbarkeit eines Unterzeichnerstaates Verbrechen nicht verfolgen will oder es keine funktionierende Justiz (mehr) gibt. George W. Bush und Tony Blair wegen des Angriffskrieges auf den Irak anklagen zu wollen, das dürfte sich als verdammt schwierig erweisen. Die USA sind eh kein Mitgliedsstaat des ICC, und dem britischen Staat müsste erst einmal nachgewiesen werden, dass seine Richter nur Motten unter ihrer Perücke tragen.

Elizabeth Odio Benito ist dennoch »voller Hoffnung, dass wir den Opfern der vielen furchtbaren Kriegsverbrechen rund um die Welt helfen können«. Sie glaubt, allein schon die Existenz des Weltgerichtes könne Kriege verhindern: »Wenn jemand weiß, dass er nicht bestraft wird, hat er es leicht, Verbrechen zu begehen. Aber wenn er weiß, dass es eine internationale Organisation gibt, die ihn zur Verantwortung ziehen kann, ist das eine wichtige Art der Abschreckung. Ich glaube ganz stark an diese Art von Präventivarbeit. Sie gehört zu den vielen internationalen Anstrengungen, den Frieden wiederherzustellen und den Teufelskreis der Gewalt zu durchbrechen. Für den Frieden und die Menschenrechte zu kämpfen ist durchaus eine optimistische Arbeit. Ja, ich bin Optimistin. Ich bin vollkommen überzeugt davon, dass die Erde eines Tages ein besserer Ort zum Leben sein wird.«

Zumindest in rechtlicher oder politischer Hinsicht, wenn auch nicht unbedingt in klimatischer. »Neun Jahre, neun Winter soll ich in Den Haag bleiben? Das werde ich nicht überleben«, stellt sie trocken fest.

Die verfrorene Tropenbewohnerin gehört zu denjenigen sechs Richterinnen und Richtern, die per Losverfahren für eine neunjährige Amtszeit bestimmt wurden. Weitere sechs werden sechs Jahre und noch einmal sechs werden drei Jahre im ICC arbeiten. Die insgesamt 18 Richter wurden im Februar 2003 von einer Delegiertenversammlung aller ICC-Vertragsstaaten gewählt. Sieben davon sind Frauen, elf sind Männer – eine bis dato unerreicht hohe Frauenquote in einem internationalen Gericht. Der Interamerikanische Gerichtshof für Menschenrechte und der Internationale Seegerichtshof bestehen bis heute nur aus Männern, und der ebenfalls in Den Haag ansässige Internationale Gerichtshof hat stolze 85 Jahre gebraucht, um eine einzige Richterin vorzuweisen. Dass beim ICC die berühmte »kritische Masse« von mehr als 30 Prozent Frauen überschritten wird, ist einer kleinen, aber feinen Gruppe zu verdanken: dem Women's Caucus for Gender Justice, einer internationalen Vereinigung feministischer Juristinnen und Aktivistinnen. Ohne deren Kampagnenarbeit zur Nominierung von Richterkandidatinnen wäre das oberste Gericht wohl ein reiner Herrenclub geworden.

Aber nun freut sich Elizabeth Odio, hier zu sitzen. Eine Familie hat sie nicht mitgebracht. Sie ist nicht verheiratet, und ihre beiden erwachsenen Pflegekinder sind in Costa Rica geblieben. Mann könnte kaum besser qualifiziert sein als sie: Emeritierte Rechtsprofessorin, seit rund 40 Jahren für die Menschenrechte aktiv, Autorin des UN-Protokolls zur Prävention der Folter, zweimalige Justizministerin ihres Landes, fünf Jahre lang Richterin im UN-Tribunal zu Ex-Jugoslawien. Und schon fünf Winter in Den Haag überlebt! Oder vielleicht deswegen klimatraumatisiert?

Kälte, nein, das ist nicht ihre Sache. Elizabeth Odio Benito macht einen warmherzigen Eindruck. Sie hat keine Scheu, Gefühle zu formulieren und zu zeigen. Und manchmal wird die Wärme sogar zur Hitze. »Ungerechtigkeit macht mich ungeheuer wütend«, sagt sie.

Warum? Sie beginnt von ihrer Familie zu erzählen. Von ihrem Großvater, der ebenfalls Richter war. Von ihrem Vater, einem Lehrer, der sich als Abgeordneter in der Politik engagierte. Von ihrer Mutter, die als Hausfrau den Alltag managte. Von ihrer Schwester und ihrem Bruder – »Ich bin die Älteste, ich lernte früh, was Verantwortung ist.« Sie habe »eine Menge Unterstützung« durch ihre Familie erhalten, sagt sie. »Meine Eltern haben sich immer in sozialen Fragen engagiert, sie haben immer betont, wie wichtig es sei, die Dinge zu ändern. Für mich war sehr wichtig, an diesen sozialen Diskussionen zu Hause teilzunehmen.«

Aber auch sie pflegt ihre Eitelkeiten: Ihr genaues Geburtsdatum verschweigt sie. Um 1940 ist sie geboren, in Puntarenas, einer heruntergekommenen Hafenstadt Costa Ricas an der pazifischen Küste, bewohnt von rund 90.000 Einwohnern, von vielen Armen und wenigen Privilegierten.

»Was in der Kindheit passiert, prägt einen für den Rest des Lebens«, sagt sie. »Man wächst mit bestimmten Werten auf, denen man treu bleibt. Ich habe in besseren Bedingungen als andere gelebt, ökonomisch gesehen. Ich war jedoch in engem Kontakt mit den Fischern, mit den armen Leuten. Seit jeher bin ich überzeugt, dass Armut eine große Ungerechtigkeit ist. Ich fühle mich solidarisch mit den Unterprivilegierten und kann es nicht ertragen, wenn arme Leute in schrecklichen Umständen leben. Ich reagiere immer sehr stark und sehr wütend auf Ungerechtigkeiten. Was armen Menschen passiert, das ist Teil dieser generellen Ungerechtigkeit; was Frauen passiert, auch.«

Eine Putzfrau südasiatischer Herkunft kommt lachend hereinspaziert. »Goedemiddag!«, grüßt sie auf Niederländisch, und die Richterin grüßt strahlend zurück, mit der Zunge holpernd und stolpernd über die ungewohnte Aussprache. »Sie ist sehr nett, sie bringt mir Niederländisch bei«, erklärt Elizabeth Odio. Die Putzfrau schaut nach, ob die Papierkörbe geleert werden müssen, reibt hier und dort ein Fleckchen weg und verabschiedet sich. »Daag!«, grüßt ihre Schülerin, »dank U well!«. Die Putzfrau, sichtlich zufrieden mit derem sprachlichen Fortschritt, freut sich: »You like this language!«

Was übrigens ganz und gar nicht der Wahrheit entspricht. Die Mittelamerikanerin mag ihre Lehrerin, aber nicht das Niederländische. Die Aussprache findet sie unmöglich. »Aber was soll ich machen? Wenn ich in einem Supermarkt einkaufe, muss ich ein bisschen was verstehen.« Die Gefahr, einen »Bankettletter« für einen Einladungsbrief zu einem Festessen zu halten statt für Gebäck mit Mandelteigfüllung, ist in der Tat gegeben. Und dass »Advokaat« kein Anwalt ist, sondern Eierlikör und damit zu den »sterkedranken« gehört, den Spirituosen, das muss man auch erst mal lernen.

Elizabeth hat als Mädchen eine ganz andere Art von »Stärkegetränk« eingeflößt bekommen. »Ich bekam eine Menge Unterstützung von den Männern unserer Familie, von meinem Vater, meinen Onkeln. Sie sagten immer zu mir: ›Du kannst alles, was du willst.‹ Aber der Rest der Gesellschaft sagte das Gegenteil: ›Du kannst nicht Fußball spielen, du kannst nicht so weit schwimmen, du bist ein Mädchen.‹ Ich bin eine überzeugte Feministin, seit ich Ende 20 war. An der Universität, am Anfang meiner Berufspraxis, erlebte ich eine Menge Diskriminierung von Frauen, es war sehr einfach, sie wahrzunehmen. In den 60er Jahren gab es noch viel Frauendiskriminierung in unserer Gesetzgebung, vor allem im Familienrecht. Ich war Teil der Bewegung, die das ändern wollte; ich setzte mich mit anderen Frauen zusammen, und wir hatten Erfolg.« Damals, so hat sie in einem früheren Gespräch berichtet, habe sie noch daran geglaubt, »dass die Änderung von Gesetzen die Welt verändern würde. Erst später habe ich realisiert, dass es viel einfacher ist, die Gesetze zu ändern, als die menschlichen Angewohnheiten und Verhaltensweisen.«

Elizabeth Odio Benito studierte Jura an der Universität von San José, der Hauptstadt von Costa Rica. »Dort arbeitete ich bei einer Gruppe von Studenten mit, die die Apartheid in Südafrika anprangerte. Was dort mit den schwarzen Menschen passierte, fand ich schier unglaublich. Ich habe mich als Teil einer weltweiten Bewegung gefühlt, die dieselben Werte teilt. Wir haben die Brutalitäten angeprangert, die die Tyrannen von Süd- und Zentralamerika und der Karibik begangen haben: Somoza in Nicaragua, Trujillo in der Dominikanischen Republik, Batista in Kuba. Wir waren sehr aktiv, wir machten Demonstrationen und schrieben Artikel für unsere Zeitungen.«

1964 beendete sie ihr Studium, wurde Anwältin und Dozentin an der Uni. »In den 70er Jahren«, berichtet sie, »habe ich in den Gruppen der Menschenrechtsbewegung gearbeitet – es gab so viel Repression in Chile und Argentinien, aber auch in Peru, Bolivien, El Salvador, in Guatemala und Honduras. Viele Menschen flüchteten nach Costa Rica, um Asyl zu erbitten, um zu überleben. Es war fast unmöglich, nicht Teil dieser Aktivitäten zu sein. In Zusammenarbeit mit Amnesty International, der katholischen Hilfsorganisation Dienst für Frieden und Gerechtigkeit und anderen Nichtregierungsorganisationen organisierten wir Aktionen, um Folteropfer zu unterstützen.«

Von 1978 bis 1982 war sie zum ersten Mal Justizministerin in der Regierung Costa Ricas. Sie war Teil der politischen Elite, sie trug Mitverantwortung für deren Kurs. Aber gleichzeitig legte sie Hilfsprogramme für die Asylsuchenden auf, die vor den Militärdiktaturen in Chile, Argentinien und Uruguay geflohen waren.

Ab 1980 begann sie für die UNO zu arbeiten. Als Mitglied der UN-Unterkommission zur Prävention von Diskriminierung und zum Schutz von Minderheiten prangerte sie Brüche des humanitären Völkerrechts an und klagte Fonds zur Rehabilitierung von Folteropfern ein. Und als Spezialberichterstatterin der UN-Subkommission Menschenrechte und religiöse Freiheit verfasste sie 1986 einen Bericht über religiös begründete Intoleranz, ein »heikles Thema«, wie sie selbst sagt. »Es ist heikel, weil es so nah an der Politik ist. Wir wissen, wie problematisch es ist, Politik und Religion zu vermischen, das spielt in der islamischen Welt eine große Rolle.« Nur dort? Sie zwinkert. »Auch in den USA.«

1986 wurde sie Professorin an der Universität von San José. »Als ich jung war, gab es nur eine einzige Frau im Obersten Gerichtshof«, erinnert sie sich. »Inzwischen sind es sieben Richterinnen und 15 Richter, macht insgesamt 22. Das ist immer noch nicht die Hälfte, aber die Bedingungen verbessern sich. Ich bin schon ein bisschen stolz darauf, denn alle diese sieben Frauen waren meine Studentinnen.«

Später lehrte sie als Gastprofessorin in Barcelona, Leiden, Utrecht, Strasbourg und New York. Und, als deren Vizepräsidentin, an der UN-Friedensuniversität in einem Urwaldreservat nahe San José inmitten von kreischenden Vögeln und kecksenden Affen, wo übrigens auch Kommission und Sekretariat der Erd-Charta angesiedelt sind. Zur Gründung dieser von der UN-Generalversammlung 1980 beschlossenen Hochschule hat maßgeblich beigetragen, dass Costa Rica bereits im Jahre 1948 als erstes Land der Welt sein Militär abgeschafft hat.

Der Anlass war ein sechswöchiger blutiger Bürgerkrieg, der nach Wahlfälschungen ausgebrochen war. Ihm folgte das seltene Ereignis, dass politische Führer in grundsätzliches Nachdenken gerieten. Sie kamen zur Einsicht, dass sich ein Land, kaum größer als Niedersachsen und mit gerade mal 3,7 Millionen Einwohnern, gegen potenzielle Aggressoren nicht verteidigen lässt. Die Aufstellung eines größeren Heeres mit wirksameren Waffen hätte Costa Ricas Ökonomie alsbald ruiniert. So durfte sich das arme Land zum Schulbeispiel für die Wirksamkeit einer »Friedensrendite« entwickeln: Infrastruktur und Bildungswesen sind gut ausgebaut, die Schulen gratis, die Analphabetenrate liegt bei nur fünf Prozent, und die durchschnittliche Lebenserwartung beträgt 76 Jahre – das ist die höchste in ganz Lateinamerika. Zwar versuchen bestimmte Kräfte, die ohne Waffe in der Hand nicht leben können, immer noch zu mogeln und die halbmilitärische Luft- und Küstenwache weiter auszubauen, aber auch diese Ausgaben machen nicht mehr als 1,6 Prozent des Bruttosozialprodukts aus.

Zwei Parteien haben seit Gründung der zumindest offiziell militärfreien Zweiten Republik im Jahre 1948 mehr oder weniger abwechselnd das Land regiert: die eher sozialdemokratische Partei der Nationalen Befreiung (PLN) und die eher bürgerliche Partei der sozialchristlichen Einheit (PUSC). Elizabeth Odio ist Mitglied der PUSC, »aber ich habe meine eigene Ideologie, meinen eigenen Wertekatalog«, sagt sie. »Solidarität ist für mich der wichtigste Wert überhaupt.« Das klingt ein bisschen wie eine Distanzierung.

In die Partei geriet sie, weil sie seit ihren Studienjahren »immer in politische Dinge verwickelt war«. Selbst in die Politik zu gehen, das empfand sie als »eine Art natürliche Fortsetzung« dieses Prozesses; es sei frustrierend gewesen, »keine Macht zu haben, irgendwas ändern zu können«. Andererseits sei es »ungeheuer schwierig, Teil der Macht und der Entscheidungsprozesse zu sein, vor allem für Frauen. Die Männer wollen die Macht nicht mit uns teilen. Die politische Macht ist immer noch ein männliches Spiel.« Pause. »Und ich war auch nicht so erfolgreich.« Pause. Berechtigte Selbstkritik oder Bescheidenheit?

Elizabeth Odio Benito saß an drei verschiedenen Kabinettstischen. Von 1978 bis 1982, als Justizministerin, gehörte sie »zum innersten Kreis der Macht«, wegen ihrer »engen Freundschaft« zum Präsidenten Rodrigo José Carazo. Damals war sie eine unter insgesamt vier Ministerinnen – so viele Frauen gab es noch nie in der costa-ricanischen Regierung. 1990 bis 1994 war sie noch einmal Justizministerin. Auch da half ihr die Freundschaft zum Präsidenten Rafael Angel Calderón Fournier, Zutritt zum Kreis der eigentlichen Entscheidungsträger zu bekommen, »wenn auch nicht mehr so umfassend wie beim ersten Mal«. In der dritten Regierung von 1998 bis 2002 unter Präsident Miguel Angel Rodriguez, als sie Ministerin für Umwelt und Energie sowie zweite Vizepräsidentin wurde, hatte sie jedoch »nie das Gefühl, an den wichtigen Entscheidungen teilnehmen zu können. Wenn man nicht zum *inner circle* gehört, hat man auch als Vizepräsidentin keine wirkliche Macht.«

Dabei hatte sie sich bei ihrem Amtsantritt noch »sehr« auf ihre neue Aufgabe gefreut, wie sie in einem früheren Interview sagte. Das Recht auf frische Luft und sauberes Wasser gehöre in ihren Augen zur »dritten Generation der Menschenrechte«. Unter ihrer Ägide unterschrieb die Regierung im Jahre 2001 die Selbstverpflichtung, die beim UN-Umweltgipfel in Rio angedachte und später weiterentwickelte Erd-Charta für eine nachhaltige Entwicklung in eine nationale Strategie umzusetzen. Ein Jahr später eröffnete die Umweltministerin in ihrer Heimatprovinz Puntarenas einen 30.000 Quadratmeter großen Zoo für Meerestiere, der gleich vier fliegende Fische mit einer Klappe schlagen sollte: Touristenattraktion, Meeresforschungsprojekt, regionales Entwicklungsvorhaben und Frauenförderprogramm, alles in einem. »Dieser Park wird ein Beweis dafür sein, dass nachhaltige Entwicklung machbar ist«, befand sie bei seiner Eröffnung.

Weniger Glück hatte sie mit Costa Ricas Waldschutzprogramm. Mangels adäquater Kontrollen führte ihre so genannte nachhaltige Waldbewirtschaftung dazu, dass Großgrundbesitzer 500 Jahre alte Urwaldriesen für 100 US-Dollar pro Stück verkauften. Auch Elizabeth Odio musste damals zugeben, dass dadurch mehr Holz als erlaubt geschlagen wurde, wollte aber der Forderung von Umweltschützern nach einem generellen Fällverbot nicht nachgeben: Das käme für einzelne Regionen einem wirtschaftlichen Desaster gleich. Folge dieser und anderer Konflikte: Manchen Naturschützerkreisen war die Umweltministerin nicht mehr grün, andere hielten sie für ein *Greenhorn.*

Haben Frauen eigentlich eine andere Art zu regieren? Elizabeth Odio Benito zeigt sich skeptisch: »20 Jahrhunderte lang gab es die männliche Macht, und wir Frauen haben das längst selbst internalisiert. Wenn Frauen an der Macht sind, agieren sie genauso wie Männer. Für Frauen ist der einzige Weg zur Macht der, sie mit Männern zu teilen, ihr Benehmen und ihre Regeln zu übernehmen, Teil des Clubs der Bosse zu werden. Wie Margaret Thatcher, Condoleezza Rice, Indira Ghandi.« Deshalb sei es so wichtig, dass politische Führerinnen von anderen Frauen und Frauengruppen unterstützt würden. »Ich sage all meinen Freundinnen, dass sie mich hier im ICC nicht alleine lassen sollen. Schickt Bücher, sendet Artikel, seid hier. Wir brauchen die Unterstützung des Netzwerkes der Frauenorganisationen.«

Und die Spielregeln der Macht? Die Ex-Ministerin zählt auf, was aus ihrer Sicht dazugehört: »Auf Konkurrenz gepolt sein. Auf ökonomisches Denken fixiert sein, glauben, dass man nur durch die Ökonomie eine bessere Welt erreichen kann. Unsensibel im Hinblick auf die Bedürfnisse von anderen sein. Kein Mitgefühl, keine Empathie für andere empfinden, sich in andere nicht hineinversetzen können, selbstbezogen und selbstsüchtig sein.« Jungs, bitte setzen. Sechs.

Im Jahre 1993 fuhr die Vizepräsidentin als Leiterin der costa-ricanischen Delegation zur UN-Menschenrechtskonferenz nach Wien. »Wir sind mit der Absicht dorthin gefahren, von der Konferenz eine klare Erklärung zu hören, dass Frauenrechte Menschenrechte sind. Und wir hatten damit Erfolg.« Doch noch aus einem anderen Grund sollte diese Reise ihr Leben verändern. Damals organisierten Frauengruppen aus aller Welt ein symbolisches Tribunal. Opfer häuslicher Gewalt sagten dort über die erlittenen Torturen aus, Frauen aus den Kriegsgebieten Ex-Jugoslawiens berichteten über massivste Menschenrechtsverletzungen. Elizabeth Odio, die damals die ebenfalls symbolische Rolle einer Richterin übernommen hatte, zeigte sich »schockiert« und bis ins Mark erschüttert. Mit den Tränen kämpfend meinte sie, sie sei wohl nicht dazu gemacht, Richterin zu sein.

Doch genau dazu sollte sie werden. »Man kann eine bessere Richterin sein«, sagte sie später, »wenn man solche Erfahrungen mit den Opfern macht, wie ich sie in Wien machte. Allerdings«, so fügte sie hinzu, sei sie inzwischen »total unfähig geworden, Gewalt hinzunehmen. Ich schaudere schon bei der leisesten Andeutung von Gewalt im Fernsehen oder in Filmen.« In ihrer Freizeit besucht sie lieber Museen oder Opern, sie ist ein Fan klassischer Musik.

Im September 1993 befürwortete die Regierung Costa Ricas ihre Kandidatur als Richterin für das UN-Tribunal zur Aburteilung der Kriegsverbrecher in Ex-Jugoslawien. Nach erfolgter Wahl durch den UN-Sicherheitsrat und die UN-Generalversammlung fing sie im November 1993 in Den Haag an. »Mein politischer Hintergrund war durchaus wichtig für das Tribunal«, glaubt sie, »denn ich war in der Lage, die Implikationen und das Ausmaß der an Frauen begangenen Menschenrechtsverletzungen zu verstehen. Die Natur dieser Verbrechen war sexueller Art, also Vergewaltigung, erzwungene Schwangerschaften, sexuelle Sklaverei, Frauenhandel.«

Die Costa-Ricanerin und die US-Amerikanerin Gabrielle Kirk McDonald waren die beiden einzigen Frauen unter den insgesamt elf Richtern. Ihrem Einsatz ist es indirekt zu verdanken, dass sexualisierte Gewalt zum ersten Mal als gesonderter Straftatbestand im Völkerstrafrecht berücksichtigt wurde. Später führte das dazu, dass Vergewaltigung, sexuelle Sklaverei, Zwangsprostitution, erzwungene Schwangerschaft, Zwangssterilisation und andere Formen sexualisierter Gewalt auch im Rom-Statut des ICC als Kriegsverbrechen und Verbrechen gegen die Menschlichkeit aufgeführt wurden – übrigens gegen den erbitterten Widerstand des Vatikanstaates und der islamischen Länder.

Damals, als Richterin Odio mit ihrer Arbeit beim Jugoslawien-Tribunal begann, wurde Vergewaltigung nach den gültigen völkerrechtlichen Bestimmungen allenfalls als »ehrverletzendes« Delikt angesehen, aber nicht als schwere Verletzung der Genfer Konvention zum Schutz der Zivilbevölkerung in Kriegen. Und das, obwohl sexualisierte Gewalt eines der am weitesten verbreiteten Verbrechen ist. Die Gewalt gegen Jüdinnen und nichtdeutsche Frauen in der Nazi-Zeit, die Massenvergewaltigungen deutscher Frauen durch russische Soldaten am Kriegsende, die Vergewaltigung von Chinesinnen in Nanking durch japanische Invasoren im Jahre 1937, die sexuelle Versklavung von nichtjapanischen »Trostfrauen« in den Militärbordellen Japans – all diese Verbrechen blieben weitgehend ungesühnt.

Um das zu ändern, wurde Elizabeth Odio Benito auf verschiedenen Ebenen aktiv. »Im Tribunal begannen wir damit, Regeln für die Prozessführung zu entwerfen, und das war eine gute Gelegenheit, auch Regeln für den Schutz der Opfer aufzustellen«, berichtet sie. Vergewaltigte Zeuginnen müssen zwar direkt vor dem Jugoslawien-Tribunal aussagen, im Angesicht ihres mutmaßlichen Peinigers. Zu ihrem Schutz können ihre Namen jedoch anonymisiert werden, die Öffentlichkeit kann ausgeschlossen werden, und sie können hinter einer Jalousie verborgen sprechen, wobei die Videoübertragung ihre Gesichter und Stimmen nur verzerrt wiedergibt. Darüber hinaus wurde, trotz finanzieller und personeller Unterausstattung des Tribunals, eine spezielle Abteilung eingerichtet, die für sicheres Geleit der Zeuginnen sorgt und sich um ihre psychologische Betreuung kümmert. All das trug dazu bei, dass Frauen, die sonst wohl ihr Leben lang über die ihnen zugefügten Gräuel geschwiegen hätten, die Suizidversuche hinter sich hatten, die gebärunfähig geworden waren, vor Gericht auszusagen begannen – als erster Schritt zur Heilung ihres Traumas und als Voraussetzung für gesellschaftliche Versöhnung. »Ich will, dass die ganze Welt weiß, was passiert ist«, so formulierte es eine der Zeuginnen.

Die zweite Arbeitsebene für die Richterinnen Odio und McDonald waren die Anklagen. »Wir beide mussten wirklich schwer kämpfen, um sicherzustellen, dass sich das, was mit den Frauen geschehen war, auch in den Anklageschriften widerspiegelte«, so Odio Benito. »Die ersten Reaktionen waren nämlich sehr negativ. Man sagte uns, niemand wolle über dieses Thema reden, man würde keine Zeuginnen finden, die aussagen würden. Aber das stimmte nicht. Die Ankläger fanden selbst eine Menge Zeuginnen, die in der Lage waren, nach Den Haag zu kommen und auszusagen.«

Als Richterinnen hatten sie die Pflicht, die Anklageschriften vor dem Beginn eines Hauptverfahrens auf Stimmigkeit zu überprüfen, sie abzulehnen oder zuzulassen. Als Elizabeth Odio feststellte, dass der bosnische Serbe Dusko Tadic trotz schwerer Verdachtsmomente nicht wegen sexualisierter Gewalt angeklagt worden war – er wurde später wegen Folterung und Ermordung von muslimischen Frauen und Männern im berüchtigten Lager Omarsca zu 20 Jahren Haft verurteilt –, unternahm sie einen höchst ungewöhnlichen Schritt. »Vergessen Sie die Frauen nicht!«, appellierte sie öffentlich, von CNN und anderen Medien weltweit übertragen, an den Chefankläger Richard Goldstone. »Als Richterin sollte man so etwas eigentlich nicht machen«, sagt sie heute. »Das ist die Aufgabe der Staatsanwälte. Aber ich tat es trotzdem. Vielleicht war es mutig, vielleicht aber auch naiv.« Sie lacht. »Es gab damals gewisse Kommentare in den Zeitungen darüber. Aber es ist nichts Schlimmes passiert. Womöglich hat der eine oder andere Kollege hinter unserem Rücken etwas gesagt, aber wir haben nie etwas davon mitbekommen. Wir haben einfach unsere Arbeit entlang dieser Linie fortgesetzt. Und dabei auch unsererseits eine Menge Unterstützung aus der Abteilung der Ankläger erlebt.«

Die dritte Arbeitsebene waren die eigentlichen Verhandlungen. Richterin Odio war unter anderem für den »Fall Celebici« zuständig, der 1998 Rechtsgeschichte schrieb. Die bosnischen Muslime Delalic, Mucic, Delic und Landzo wurden wegen Kriegsverbrechen im Gefangenenlager Celebici gegen dort internierte Serbinnen und Serben zu hohen Haftstrafen verurteilt. Der Angeklagte Delic habe die Zeugin C. vergewaltigt, und das sei als Folter anzusehen, urteilte das Gericht, weil er sie für die Handlungen ihres Mannes habe bestrafen, sie zu Aussagen über ihren Mann bewegen sowie sie und alle Lagerinsassen durch Verbreitung von Angst und Schrecken habe einschüchtern wollen. Folter, so definierten die Richter, sei das vorsätzliche Zufügen großer Schmerzen und Leiden zur Erreichung von Aussagen, Geständnissen und Einschüchterung unter Beteiligung einer amtlichen Person. Mit diesem Urteil wurde Vergewaltigung zum ersten Mal als Folter und schwere Verletzung der Genfer Konvention völkerrechtlich festgeschrieben.

»Meine damalige Arbeit«, sagt Richterin Odio, »und meine späteren Anstrengungen, eine UN-Übereinkunft zur Prävention gegen Folter zu erarbeiten, haben wohl dazu beigetragen, dass ich in den ICC gewählt wurde.« Ab 1998 war sie Präsidentin einer UN-Arbeitsgruppe, die internationalen Beobachtern das Recht verschaffen will, die Gefängnisse aller Mitgliedsstaaten zu kontrollieren. Sie lächelt erneut. »Und jetzt bin ich hier!«

Das klingt einfacher, als es war. Nach dem Rom-Statut konnten sich Richter nur dann für den ICC bewerben, wenn sie höchsten Ansprüchen genügten – was von den meisten Ländern so ausgelegt wurde, dass der Regierungschef persönlich die Kandidatur unterstützte. Der jetzige Präsident von Costa Rica, Abel Pacheco de la Espriella, wollte Odios Bewerbung für den Strafgerichtshof aber nicht unterschreiben; er setzte ihren Namen auf eine schwarze Liste. In Costa Rica wurde gemunkelt, womöglich sei das ein Racheakt, weil die Anwältin Odio Benito die Frau des Präsidenten früher einmal in ihrem Scheidungsverfahren gegen ihren Göttergatten vertreten habe.

Warum diese demonstrative Nichtunterstützung des Präsidenten? Sie zuckt mit den Schultern. »Ich weiß es nicht. Niemand hat das verstanden. Ich fühlte mich sehr schlecht, ich empfand das als große Ungerechtigkeit. Ich hatte meine Karriere, meinen Hintergrund, und jemand, der in einer entscheidenden Machtposition sitzt, sagt einfach Nein! Weil er mein Gesicht nicht mag, oder meine Haare, oder irgendetwas. Ich konnte das nicht akzeptieren, ich musste dagegen kämpfen. Das war schon das schlimmste Hindernis, das ich erlebt habe.«

Aber wenn sie beschlossen hätte, mit dem Kämpfen aufzuhören, dann säße sie nicht hier, sagt sie und lacht. »Manchmal hilft es ja schon, wenn irgendwo anders eine Frau in einer Machtposition sitzt.« Mireya Moscoso, die schillernde, inzwischen abgewählte Präsidentin von Panama, wurde gefragt, ob sie Odios Kandidatur unterstützen würde. »Und sie tat es. Das ist der Unterschied, den eine Frau machen kann.« Den viele Frauen machen können: Zahlreiche lateinamerikanische Frauenorganisationen setzten sich ebenfalls für eine Kandidatur von Elizabeth Odio ein.

Hat sie noch Träume? Visionen? Hier, in diesem provisorischen Büro, wo nebenan die Heizungsrohre noch aus der Wand hängen, obwohl dort nächste Woche der Präsident des höchsten Gerichtes einziehen soll? Bei diesem Stichwort wird Elizabeth Odio Benito plötzlich sehr lebhaft, sie lacht fröhlich. »Mein Traum? Mein Traum ist es, Frieden und Gerechtigkeit für alle zu erreichen, und Gleichheit für Frauen. Aber sobald man realisiert, dass viele Menschen um einen herum am selben Strick ziehen, ist man nicht mehr allein. Normalerweise gehören wir Frauen zu den am wenigsten machtvollen Menschen, doch wenn wir immer weiterarbeiten und unsere Anstrengungen zu denen anderer hinzufügen, merken wir am Ende des Tages, dass wir erfolgreich waren. Wir sind jetzt hier!«

Literatur und Websites:

Sara Sharratt, Interview with Elizabeth Odio Benito, »Justice of the International Criminal Tribunal for the Former Yugoslavia«, in: Assault on the Soul: Women in the Former Yugoslavia, The Haworth Press 1999, S. 39 ff

Elizabeth Odio Benito, Ensuring Peace through Justice, August 2002, zu finden unter: *www.whrnet.org*

Declaracion conforme al articulo 36, parrafo 3 del estatuto de la corte penal internacional para respaldar la candidatura de Elizabeth Odio Benito al cargo de magistrada de la corte penal internacional, Unterstützungserklärung der Botschaft Panamas bei den Vereinten Nationen zur Kandidatur von Elizabeth Odio Benito als Richterin beim Internationalen Strafgerichtshof vom 24.10.2002

Offizielle Website des Internationalen Strafgerichtshofes: *www.icc-cpi.int*,

UN-Website zum ICC: *www.un.org/law/icc*

Der Internationale Strafgerichtshof, UN-Basis Informationen, Deutsche Gesellschaft für die Vereinten Nationen e. V., September 2003

Länderinformationen über Costa Rica unter *www.auswaertiges-amt.de* und *www.costa-rica.de/geschichte/geschichte.htm.*

Über die UN-Friedensuniversität in Costa Rica: *www.upeace.org*

Nachtrag

Bei einer Pressekonferenz im Juli 2003 gab der Chefankläger beim Internationalen Strafgerichtshof bekannt, er habe bisher 499 Anzeigen aus 66 Ländern erhalten, die Beschuldigungen über eine Vielzahl von Verbrechen enthielten. Priorität bei der Beobachtung und möglichen Strafverfolgung habe die Region Ituri in der Demokratischen Republik Kongo, aus der zahlreiche Kriegsverbrechen wie Massenvergewaltigungen und andere Formen sexualisierter Gewalt berichtet worden seien. 38 Anzeigen beträfen den Krieg im Irak, zwei den israelisch-palästinensischen Konflikt und eine die Elfenbeinküste; aber diese Fälle fielen nicht in den Verantwortungsbereich des Strafgerichtshofes, weil die jeweiligen Staaten keine Mitglieder seien. Im Februar 2004 gab Chefankläger Luis Moreno Ocampo bekannt, er werde im Nordosten Ugandas begangene Massaker untersuchen, die Verantwortlichen müssten zur Rechenschaft gezogen werden. Formelle Anklagen oder Strafverfahren beim ICC gab es bis zum Mai 2004 noch keine.

»Erinnerung ist Widerstand«

Christiane Schwarz von den Peace Brigades International hat im bürgerkriegszerrütteten Kolumbien Menschenrechtsgruppen und Friedensgemeinden vor Angriffen geschützt

Ohne Christiane Schwarz hätte der kolumbianische Rechtsanwalt Alirio Uribe Muñoz vielleicht niemals den renommiertesten aller internationalen Menschenrechtspreise erhalten können. Ohne sie wäre der Anwalt mit dem weichen Gesicht und dem kleinen Doppelkinn vielleicht längst tot. Ohne sie wäre er bei jener Veranstaltung in der kolumbianischen Hauptstadt Bogotá, an die sie so unangenehme Erinnerungen hat, vielleicht erschossen worden. Vielleicht. Sicher ist nichts in Kolumbien, gar nichts.

Anschläge auf Personen zu verhindern, die sich in Bürgerkriegsländern für Frieden und Menschenrechte einsetzen, das ist die Arbeit von Christiane Schwarz' Organisation, den Peace Brigades International (PBI). »Der Erfolg unserer Arbeit misst sich daran, dass nichts passiert«, sagt die 39-jährige Deutsche, als ich sie in ihrer Berliner Wohnung besuche.

Und weil nichts passiert ist, konnte Alirio Uribe im März 2003 im schweizerischen Genf den Martin-Ennals-Preis entgegennehmen, benannt nach dem ersten Generalsekretär von Amnesty International. Die zehn weltweit wichtigsten Menschenrechtsorganisationen – Amnesty, Human Rights Watch und andere – verleihen ihn einmal jährlich an diejenigen, »die im Kampf um die Menschenrechte außerordentlichen Mut bewiesen haben«. Uribe, Vorsitzender des Anwaltskollektivs José Alvear Restrepo in Bogotá, erhielt ihn für seine über ein Jahrzehnt währenden Bemühungen, Morde und Massaker aufzuklären, die Militärs oder Paramilitärs an Zivilpersonen begangen hatten. Uribe hat außerordentlichen Mut bewiesen, er hat aber auch außerordentliche Angst erleiden müssen angesichts der zahllosen Todesdrohungen gegen ihn. Die Freiwilligen der Peace Brigades, die ihn beschützen, haben ebenfalls Mut und Angst in hohen Dosen erlebt. Im Jahr 2001, zwei Jahre vor Alirio Uribe, wurde ihnen für ihren Begleitschutz bedrohter Menschen ebenfalls der Martin-Ennals-Preis überreicht.

Anwalt Alirio Uribe hat den Mut, Klartext zu reden. Auch in Genf bei seiner Dankesrede. »Derzeit findet nur wenige hundert Kilometer von hier ein Aggressionsverbrechen gegen das irakische Volk statt, in einem ungerechten und illegalen Krieg im Nahen Osten, in dem alle Arten Verbrechen begangen werden«, sagte er im März 2003. In Kolumbien seien im Namen des »Kampfes gegen den Terrorismus« gerade »die letzten Reste der Rechtsordnung zerstört und die Bürgerrechte beseitigt« worden, und »mit der zunehmenden Intervention der USA nimmt auch der Krieg zu«. In den letzten vier Jahren hätten die schlimmsten Kriegsverbrechen stattgefunden. Im Durchschnitt gesehen, seien jeden Tag ein Massaker und 20 politische Morde verübt worden, mehr als 10.000 Menschen seien entführt und mehr als eine Million sei vertrieben worden – andere sprechen sogar von über zwei Millionen. Die neue Regierung unter Präsident Alvaro Uribe Velez – nein, mit dem ist Alirio Uribe Muñoz weder verwandt noch verschwägert – habe einen »totalen Krieg« gegen angebliche Terroristen in Aussicht gestellt, in dem keine Neutralität geduldet werde. Des Präsidenten Vorbild in Washington formulierte es so: »Wer nicht für uns ist, ist gegen uns.«

Seit dem 11. September 2001, ergänzte Guillermo Perez Casas, der Kollege des Preisträgers vom selben Anwaltskollektiv, in einem Beitrag für die Zeitschrift der Peace Brigades, sei das Eintreten für die Menschenrechte noch schwieriger geworden. Die neue Regierung habe bereits angekündigt, den Rhythmus vorzugeben, nach dem die verbliebenen Menschenrechtsgruppen zu tanzen hätten: »Es wird ein Todestanz werden.« Hunderte von Verteidigern der Menschenrechte seien bereits ermordet worden, »viele unserer Freundinnen und Freunde«. Aber sie würden nicht aufgeben, »da wir eine tiefe Liebe zum Leben spüren, oder, wie wir in meiner Studienzeit zu sagen pflegten: Für das Leben würden wir das Leben selbst geben.«

Vielleicht ist es so, dass mit der Angst auch der Mut wächst. Der Angst begegnen zu können und sie beherrschen zu lernen, »das unterscheidet uns von den Tieren«, findet Anwalt Perez. »Ja, wir haben sehr oft Angst, und wenn wir aus dem Haus gehen, wissen wir nicht, ob wir unsere Kinder wiedersehen werden.« Aber: »Wir lachen auch im Angesicht des Todes, und unser Geist lässt sich nicht von Sorgen und Ängsten fortreißen. Nein, wir verteidigen auch die Lebensfreude als Prinzip.« Diese Verteidigung, sagt der Anwalt, sei nur möglich dank der Begleitung durch die internationale Gemeinschaft, »und ganz besonders durch Peace Brigades International«. Deren Präsenz habe »Abschreckungscharakter«: »Ich kann versichern, dass der Umstand, dass wir heute noch leben, ganz grundlegend mit der Arbeit der Peace Brigades zusammenhängt.« Die Begleitung »gibt uns die Kraft, weiterhin unter den schwierigen Bedingungen durchzuhalten. Wir fühlen uns weniger allein.«

Auch Alirio Uribe hat sich sicherlich weniger allein gefühlt, als ihn Christiane Schwarz während ihres zweijährigen Aufenthalts in Kolumbien verschiedene Male begleitete. So zum Beispiel zu jener Veranstaltung in der Universität von Bogotá. Es ging um ein vergleichsweise harmloses Thema, um die Vorstellung eines Buches zur Gesundheitsreform – doch was ist in Kolumbien schon harmlos. »Alirio Uribe war damals der am meisten Bedrohte des ganzen Anwaltskollektivs«, berichtet Christiane. »Er hatte ein schusssicheres Auto besorgt, und wir fuhren zusammen los. Ich fühlte mich wie in einem Panzer, ganz eigenartig, und das machte mich richtig nervös, normalerweise bin ich das nicht. Wir kamen zur Universität, er setzte sich mit aufs Podium, und ich saß in der ersten Reihe. Viele Studenten hörten zu. Und mir fiel jemand auf, der anders als die anderen seine Garderobe nicht abgegeben hatte, seinen langen Trenchcoat. Er hatte ganz offensichtlich einen festen Gegenstand in der Tasche und setzte sich auch nicht hin, sondern ging immer auf und ab. Und ich dachte: Oh Gott. Ich war mir völlig sicher, dass er eine Waffe in der Tasche hatte.«

»Wenn wir ganz normal wie sonst mit dem Taxi hergefahren wären, wäre ich vielleicht nicht so aufmerksam gewesen. Ich habe versucht, diesen Mann im Auge zu behalten. Und ihm auch zu zeigen, dass ich ihn beobachte. Schließlich war die Veranstaltung zu Ende, und ich dachte, wir gehen jetzt sofort. Eigentlich hält sich Alirio Uribe seit Jahren keine Sekunde länger als nötig im öffentlichen Raum auf – solch ein Lebensstil muss schrecklich sein. Ich dachte also, wir verlassen den Raum, und ich müsste nur darauf achten, dass ich zwischen dem Anwalt und diesem komischen Mann stehe. Aber ganz entgegen seiner Gewohnheit blieb Alirio Uribe noch auf dem Podium und unterhielt sich. Zum Glück waren noch zwei andere Mitglieder der Peace Brigades im Raum – interessehalber, nicht weil sie jemanden begleiteten. Ich bat sie, den ›Trenchcoat‹ im Auge zu behalten. Und ich sprach den Anwalt an: ›Hallo, wir müssen jetzt sofort gehen.‹ So etwas ist eigentlich nicht meine Aufgabe, ich habe es niemals vorher so gemacht, und mir tat es leid, weil er gerade so entspannt war. Aber es ging nicht anders. Wir verließen schnell den Raum, und alles ging gut.«

»Wer weiß, was passiert wäre, wenn wir nicht dabei gewesen wären. Das ist auch das Problem bei der Bewertung unserer Arbeit: Sie ist schwer messbar. Wenn nichts passiert, kann man nie genau sagen, woran es gelegen hat.«

Noch während sie diese Geschichte erzählt, scheint in Christiane Schwarz die Nervosität von damals wieder zu erwachen. Seit Oktober 2001 ist sie aus Kolumbien zurück, lebt nun in Berlin, arbeitet hauptsächlich für den Verein »Kolko-Menschenrechte für Kolumbien« und ehrenamtlich weiterhin für die Peace Brigades. Sie fährt sich durch die halblangen roten Haare und schenkt sich schon wieder eine Tasse Kaffee ein. »In den ganzen zwei Jahren in Kolumbien habe ich nur zwei Mal richtig Angst empfunden«, sagt sie. »Diese Situation war eine davon.« Das andere Mal war es die Furcht der Mutter eines anderen Menschenrechtsverteidigers, dass ihr Sohn gleich erschossen werde – was sich zum Glück nicht bewahrheitete.

Aber normalerweise, sagt sie, sei die Arbeit des Begleitens völlig unspektakulär. Sie gingen mit den bedrohten Personen mit – wenn sie Lehrerin sei, in die Schule, wenn er Anwalt sei, zu Verhandlungen oder Behörden, wenn sie Gewerkschafterin sei, zu ihrem Arbeitsplatz – Alltagsgänge.

Begleiten heiße aber auch, den begleiteten Menschen tiefer kennen zu lernen, seine Gewohnheiten, seine Familie, seine Gefühle, berichtet sie auf einer Veranstaltung zum Thema »Gewalt überwinden« auf dem Ökumenischen Kirchentag im Sommer 2003 vor rund 2.000 Zuhörern. »Begleiten ist anstrengend, insbesondere auch für die begleiteten Personen. Es findet immer in Bedrohungssituationen statt. Dann auch noch ständig eine fremde und oft wechselnde Person an der Seite zu haben – oft monate- oder jahrelang – bringt Spannungen mit sich.« Das erfordere »Diskretion, Fingerspitzengefühl, Empathie. Begleiten ist sehr intim, rührt an die eigene Seele.« Begleiten heiße, sich nicht ungefragt in die Angelegenheiten dieser Menschen und ihrer Organisationen einzumischen. »Sie sind in der Lage, ihre politischen und sozialen Probleme zu lösen, wenn sie den politischen Freiraum dazu hätten.« Begleiten bedeute, ihnen diesen Spielraum zu eröffnen: Menschen, die sich sicherer fühlten, könnten sicherer handeln und mehr wagen. Denn: »Begleiten macht Mut.«

Das klingt gut. Sehr gut. Vielleicht zu gut. So heldenhaft! Die Menschenrechtler und die Freiwilligen der Peace Brigades sind Helden. Ich merke, wie innerlich nicht nur meine Bewunderung wächst, sondern auch meine Scham wegen meiner eigenen Inkonsequenz und Feigheit. Ich merke, dass ich eine kleine Wut auf Christiane unterdrücken muss, weil sie mir aufzeigt, wie wenig konsequent ich meine eigenen Ideale in die Praxis umsetze. Müssen wir, die wir so etwas nicht wagen, uns nicht schämen? Christiane löst meine aufkommenden komischen Gefühle schnell wieder auf. Sie schüttelt heftig den Kopf: »Ach Quatsch!«

Nein, sie sieht sich nicht als Heldin. Sie sitzt auf dem Balkon der Altbauwohnung in Berlin, in der sie mit ihrem Freund und dessen Kind wohnt, und schaut auf das ruhige Grün des Volksparks Friedrichshain. Der Job sei weniger gefährlich, als es klinge.

Die Arbeitsweise der 1981 in Kanada gegründeten Friedensorganisation ist in der Tat so durchdacht, dass es in den 22 Jahren ihrer Existenz keinen einzigen Toten gab. Keiner der Menschenrechtsverteidiger kam während einer Begleitung ums Leben, und auch niemand von den über 1.000 Freiwilligen der Peace Brigades, die sie begleitet haben. Drohungen, Einschüchterungen, auch Überfälle, die gab es allerdings immer wieder.

Die Arbeitsphilosophie der Peace Brigades geht auf Mahatma Gandhi zurück. Die Prinzipien der Gewaltlosigkeit und Nichteinmischung sollen den begleiteten Menschenrechtsgruppen einen politischen Handlungsspielraum eröffnen – »making space for peace« lautet das Motto. Ein weiteres Prinzip: Die Friedensbrigaden werden nur auf Anfrage der Betroffenen tätig. Zu ihrem eigenen Bedauern kann die kleine Organisation nicht viel mehr als ein Drittel aller Bitten um Begleitung positiv beantworten – für mehr reichen ihre beschränkten Ressourcen nicht aus. Derzeit sind rund 70 Freiwillige in 16 Ländern im Einsatz, unter anderem in Kolumbien, Guatemala, Mexiko und Indonesien.

Die Mehrheit davon sind Frauen. Obwohl die Peace Brigades keinen spezifischen »Geschlechteransatz« haben, spielen Frauen dort eine entscheidende Rolle. Zwar sind es meistens Männer, die Trainings leiten oder die Organisation auf großen Konferenzen repräsentieren. Aber das Internationale Büro ist ausschließlich mit Frauen besetzt, und alle Projekte und fast alle Ländergruppen werden von Frauen koordiniert. Warum das so ist, darüber kann Christiane Schwarz nur spekulieren: »Ich glaube, dass Frauen besser koordinieren können, dass sie besser 3.000 Dinge gleichzeitig bedenken und berücksichtigen können als Männer. Ich glaube auch, dass Frauen konsequenter sind in der Verwirklichung von ethischen Grundsätzen, dass sie, wenn sie individuelle Verantwortung fühlen, diese auch umsetzen, was bei PBI möglich ist.« Außerdem könne es sein, dass Männer eher glaubten, ein Jahr als Freiwilliger im Ausland sei ein »verlorenes Jahr« für Erfolg und Karriere.

Sie selbst sehe sich als »ganz normalen Menschen«, sagt Christiane und streichelt ihre Katze, die auf dem Balkon spazieren geht und sich anscheinend in den Abgrund zu stürzen wünscht. Sie komme aus einer »ganz normalen Familie«. Sie ist in Celle aufgewachsen, als mittleres von drei Kindern. Ihre Mutter war Schreibkraft beim Oberlandesgericht, ihr Vater Manager in einer US-Ölfirma. »Meine Eltern haben mir beigebracht: Gerechtigkeit ist ein hoher Wert. Vor allem meine Mutter – mein Vater war beruflich bedingt nicht so oft zu Hause. Wir sind als Kinder dazu ermutigt worden, einzustehen für das, was wir richtig finden, es laut zu sagen, auch wenn wir damit alleine stehen. Meine Geschwister sind allerdings andere Wege gegangen als ich, sie haben recht früh eine Familie gegründet und leben nach wie vor in der Celler Gegend. ›Eine ist anders als die anderen‹, hieß es schon damals über uns Geschwister.«

Sie lacht, und zwei Grübchen tanzen. »Als Kind hab ich Pippi Langstrumpf verehrt und wollte immer Piratin werden. Später Indianerin. Ich habe für Winnetou geschwärmt und Mutproben gemacht. In meiner Teenagerzeit fand der Bürgerkrieg in El Salvador statt, danach der in Nicaragua. Eine Schülerband, die zu meiner Gang gehörte, dichtete damals ein Lied mit dem Refrain: ›In El Salvador werden die Männer und Frauen und Kinder gejagt und gefoltert.‹ Das hat mich schwer beeindruckt, wobei ich nicht sagen will, ich hätte damals schon verstanden, was in El Salvador vorging. Aber das alles hat dazu beigetragen, dass ich recht früh plante, nach dem Abitur mit einer Freundin nach Lateinamerika zu fahren.«

Das taten die beiden denn auch. 1985 jobbten sie ein halbes Jahr, um Geld zu sparen, und fuhren nach Mexiko. Ihre Freundin hatte dort Verwandte, »aber das war nur ein Anlaufpunkt, letztlich hatten wir gar nicht so viel mit denen zu tun. Sie lebten als reiche weiße Leute in einer Kleinstadt, abgezäunt, ummauert und überwacht. Diese Eindrücke von Armut und Ungleichheit haben mich geprägt.« Zunächst absolvierten die Freundinnen einen Sprachkurs in Mexiko City. Christiane lacht: »Wir konnten ja nichts sagen außer: ›Wir sind von New York aus mit dem Bus gefahren.‹ und: ›Wo fährt der Bus nach Mexiko?‹« Dann fuhren sie ein halbes Jahr durchs Land, »wir sahen viel und verstanden wenig«.

Nach ihrer Rückkehr begann Christiane Schwarz in Hamburg spanischsprachige Literatur, Sozial- und Wirtschaftsgeschichte zu studieren. »Nebenher habe ich mich in einer studentischen Solidaritätsgruppe für Nicaragua engagiert; wir hatten Kontakt mit Hamburgs Partnerstadt León, es kamen immer wieder Leute von dort zu Besuch.« 1987/88 studierte sie zwei Semester in Madrid. Nach ihrer Rückkehr erlebte sie in Hamburg »die Zeit der großen Ernüchterung« in Nicaragua mit, als die Sandinisten 1989 wider Erwarten die Wahlen verloren. »Niemand wusste mehr, wo es langgeht. Wir haben die Partnerschaftsschule in León dennoch weiter unterstützt, wir haben gesagt: Bildung ist immer sinnvoll.« 1994 – sie hatte ihr Studium nun abgeschlossen und arbeitete in einem Projekt für obdachlose Heroinabhängige – besuchte sie dann zum ersten Mal Nicaragua, als Übersetzerin für eine Jugendbrigade der IG Metall. Damals überlegte sie, ob und wie sie die Solidaritätsarbeit für

Lateinamerika fortsetzen könnte. »Die Übersetzerin einer anderen Brigade, auch eine Hamburgerin, hat von der Arbeit der Peace Brigades erzählt. Sie wollte im nächsten Jahr mit ihnen nach Guatemala gehen. Ich habe damals zum ersten Mal von PBI gehört und wusste sofort: Das ist es!«

Zurück in Hamburg arbeitete sie zunächst in einem Buch-Antiquariat. »Eines Tages las ich eine Anzeige, dass die Peace Brigades in Deutschland eine Koordinatorin suchen. Und just an diesem Tag taucht die Übersetzerin wieder in unserem Antiquariat auf. Ein Fingerzeig des Himmels! Ich bewarb mich und wurde genommen.« Drei Jahre lang arbeitete sie in der Hamburger Zentrale von PBI. »Es war großartig«, befindet sie im Rückblick. »Bei uns haben diverse Freiwillige vom Brethren Volunteer Services gearbeitet, das ist ein den Quäkern nahe stehender US-Friedensdienst. Ich habe so viel gelernt in dieser Zeit. Ich lernte Menschen kennen, Quäker und Brethren, die sich aus einem religiösen Verständnis heraus für Wahrheit, soziale Gerechtigkeit und Gewaltfreiheit engagierten. Sie halten nicht den Zeigefinger hoch, sondern handeln so, weil sie an individuelle Verantwortung glauben. Wie ich persönlich übrigens auch.«

Drei Jahre lang arbeitete sie dort, dann hatte sie immer mehr Lust, sich selbst in Auslandsprojekten zu engagieren. 1998 kündigte sie und bewarb sich für ein Projekt des Friedensdienstes der Quäker in Bosnien. »Das war eine etwas andere Arbeit als bei PBI. Meine Kollegin und ich sollten ein festes Team in Sarajevo aufbauen. Wir erstellten zusammen mit verschiedenen lokalen Friedensgruppen einen Arbeitsplan und organisierten eine Seminarreihe für Jugendliche unterschiedlicher Ethnien. 1998 wurden mehr und mehr bosnische Flüchtlinge in Deutschland gezwungen, zurükzukehren, ohne dass Bosnien darauf vorbereitet war. Für die Rückkehrer gab es Geld, das woanders abgezogen wurde. Aber die Frauen aus Srebrenica, deren Männer bei einem Massaker umgebracht worden waren, bekamen zum Beispiel keine Starthilfe für ihre Projekte. Das hat viele Spannungen zwischen den Dagebliebenen und den Rückkehrern verursacht.«

Nach vier Monaten in Bosnien bewarb sie sich für das Kolumbien-Projekt von PBI. »Der Vorbereitungsprozess dauert etwa ein halbes Jahr. Wir mussten sieben Vorbereitungsbücher mit allen möglichen Aufgaben in Spanisch durcharbeiten. Wir lernten die politische Situation des Landes besser verstehen, die Geschichte, die Gesetzeslage, wichtige internationale Abkommen wie die Genfer Konvention samt Zusatzprotokollen. Danach hatte ich zusammen mit 14 anderen noch ein Training auf europäischer Ebene zu absolvieren. Von Mai bis August 1999 flogen schließlich alle 15 nach und nach Richtung Kolumbien ab. Die Teams in den Einsatzländern werden nicht in einem einmaligen Akt, sondern sukzessive ausgetauscht, um die Kontinuität zu gewährleisten. Ich bin im August 1999 als Letzte der Gruppe nach Kolumbien geflogen.«

Christiane Schwarz gehörte zu den ersten Personen, die im Rahmen des neu gebildeten zivilen Friedensdienstes für zwei Jahre als Friedensfachkraft ins Ausland geschickt wurden. Das Forum ziviler Friedensdienst, 1996 von rund 40 Friedens- und Menschenrechtsorganisationen als Dachverband gegründet, führt in Krisengebieten Projekte der so genannten zivilen Konfliktbearbeitung durch. 1998 verpflichtete sich die neu gewählte rot-grüne Bundesregierung, die mehrmonatige Ausbildung der Freiwilligen zur Friedensfachkraft zu finanzieren. Seitdem ist der zivile Friedensdienst eine Alternative zur hirn- und phantasielosen »Konfliktlösung« mit Waffengewalt – auch als moralische Konsequenz aus der kriegerischen deutschen Vergangenheit.

Christiane ist sich dieser Vergangenheit sehr bewusst. Jedes Jahr verschwänden in Kolumbien rund 3.000 Menschen spurlos, berichtete sie auf dem Ökumenischen Kirchentag. In Guatemala, Brasilien, Chile und Argentinien seien über 100.000 Personen nie wieder aufgetaucht. Diese Repressionspolitik habe »mit unserer deutschen Geschichte zu tun, denn im Deutschland der Nazi-Zeit wurde das staatliche Verschwindenlassen zum ersten Mal als Strategie zum Umgang mit der Widerstandsbewegung angewandt«. Sie zitierte den so genannten Nacht- und Nebel-Erlass vom Februar 1942: »Die abschreckende Wirkung dieser Maßnahme liegt a) in dem spurlosen Verschwindenlassen der Beschuldigten und b) darin, dass über ihren Verbleib und ihr Schicksal keinerlei Auskunft gegeben werden darf.« Ungefähr 7.000 Menschen seien auf diese Weise in den Konzentrationslagern verschwunden. Führende Nazis wie Klaus Barbie, die später nach Lateinamerika flüchteten, »haben wohl mit dazu beigetragen, diese Technik dorthin zu exportieren«.

In den ersten anderthalb Jahren ihres Einsatzes in Kolumbien arbeitete Christiane in Bogotá, in dieser quirligen, lebendigen, gewalttätigen, verarmten, verslumten Fünf-Millionen-Metropole. Einstmals war Bogotá ein einsames Bergnest, jenseits aller wichtigen Verkehrsströme, 2.600 Meter über dem Meeresspiegel gelegen; nun aber pulsiert es im Rhythmus von Salsa, Cumbia und Geldfieberattacken, Angst und Mut, Terror, Kriminalität und Lebensfreude, Dreck und Lärm und Lachen und Liebe. Natürlich ist auch hier längst die Moderne angekommen: Die Straßenkinder, auf die in den schmutzigen steilen Berggassen ein kurzes Leben wartet, heißen jetzt nicht mehr *gaminos*, sondern *desechables*, Einwegkinder.

Bogotá: Hauptstadt eines Landes, das dreimal so groß wie die Bundesrepublik ist, aber mit 42 Millionen nur etwa halb so viele Menschen umfasst. Große Teile des Staatsgebietes werden von linken Guerillagruppen oder von rechten Paramilitärs kontrolliert – Letztere mit ebenso heimlicher wie unheimlicher Unterstützung durch Einheiten des kolumbianischen Militärs. Das Dschungelgebiet Richtung Amazonas ist fast gänzlich unerschlossen; hier brüllen Affen und Leoparden um die Wette, hier haben nur ein paar Indianerstämme und die Moskitos ihr Rückzugsgebiet. Wesentlich dichter besiedelt sind die Hochländer im Norden und Westen mit ihren Tälern voller explodierender tropischer Fruchtbarkeit, in denen Bananen gedeihen, Kaffee und Kakao, Zuckerrohr, Reis, Mais, Kartoffeln, Schnittblumen für den Export, Rosen und Tulpen für Deutschland, und außerdem Koka-Pflanzen in Massen. Sie versorgen in Form von Kokain und Crack die Kokssüchtigen in den USA und angeblich sogar 80 Prozent der Kokainkonsumenten weltweit.

Kolumbien: »Was könnte es für ein wunderbares Land für seine Bewohner sein«, sagt Christiane. Eigentlich ist alles vorhanden: vielfältige Bodenschätze wie Erdöl, Kohle, Gold, Metalle und Edelsteine, eine üppige Natur und eine überwältigende Artenvielfalt, selbst bei den Menschen: Mestizen, Mulatten, Negros, Indios. Aber zum Unglück der meisten Kolumbianer sind diese Reichtümer höchst ungleich verteilt. 60 Prozent der Menschen leben in Armut, auf dem Land sind es 80 Prozent. Elf Millionen vegetieren in absolutem Elend, davon sind vier Millionen Kinder.

Eine kleine Gruppe von Reichen kontrolliert seit Jahrzehnten Ökonomie und Politik und versucht, immer neue Ressourcen an sich zu reißen. Im Jahre 1986, beklagt der kolumbianische Kongressabgeordnete Gustavo Petro, hätten 0,4 Prozent aller Landbesitzer 32 Prozent des landwirtschaftlich nutzbaren Bodens besessen, im Jahre 2000 habe dieselbe winzige Clique ihre Kontrolle schon auf 62 Prozent der Flächen ausgedehnt – »aufgrund eines barbarischen Prozesses, der über zwei Millionen vertriebene Bauern hinterließ«. Im Klartext: Es sind die Großgrundbesitzer, die Paramilitärs und Todesschwadrone losschicken, um Kleinbauern zu vertreiben. »Die Eliten, die Kolumbien regieren«, sagt Gustavo Petro, »haben den Paramilitarismus während des ganzen 20. Jahrhunderts dazu benutzt, um ihre Interessen zu schützen und ihre private Akkumulation von Reichtum auszuweiten.«

Die Tragik Kolumbiens liegt in seiner fast ununterbrochenen Abfolge von Bürgerkriegen und Terrorakten. 1948 hetzten die Konservative und die Liberale Partei ihre Anhänger aufeinander los, weil sie sich über die

Rolle der Kirche nicht einigen konnten. Der Bürgerkrieg ging als »La Violencia«, »die Gewalt«, in die Historie ein, dauerte zehn Jahre, hinterließ rund 200.000 Tote und wurde erst beendet, als beide Parteien vereinbarten, sich bei den Regierungsgeschäften abzuwechseln.

»La Violencia« – sie ist inzwischen zu einem sich selbst erhaltenden Prozess geworden. Gewalt schafft immer neue Gewalt, Traumatisierte verursachen bei anderen neue Traumata, Bluttaten haben neue Bluttaten zur Folge. Die Gewalt frisst sich wie ein eigenes Lebewesen durchs Land, immer neue Opfer verschlingend.

Als 1964 eine kommunistische Kooperative blutig überfallen wurde, gründete sich die Guerillaorganisation FARC (Fuerzas Armadas Revolutionarias de Colombia, Revolutionäre Streitkräfte Kolumbiens). Ein Jahr später folgte die Gründung der ELN (Ejercito de Liberación Nacional, Nationales Befreiungsheer). Nach blutigen Territorialkämpfen wurde 1984 ein Friedensabkommen geschlossen, die FARC-Kämpfer kehrten ins politische Leben zurück und gründeten eine Partei, die Union Patriotica. Doch die Zivilisierung des Konfliktes scheiterte: Rund 3.500 Mitglieder, Bürgermeister und Abgeordnete der Patriotischen Union wurden von Paramilitärs ermordet. Diejenigen, die überlebten, gingen erneut in den Untergrund. Heute sind FARC und ELN mit schätzungsweise 18.000 bzw. 3.500 Mitgliedern die größten Guerillagruppen. Die FARC finanziert sich vorwiegend durch Kidnapping und von Bauern erhobenen »Revolutionssteuern«, auch Drogenhandel wird ihr nachgesagt, die ELN »nur« durch Lösegelder von Entführten.

Angst und Gewalt – trotz Kolumbiens Reichtümern sind sie die wichtigsten Rohstoffe des Landes geworden. Die entwickeltsten Industrien sind die Entführungsindustrie und als ihr Gegenüber die private Sicherheitsindustrie mit rund 3.000 Unternehmen und mehr als 130.000 Angestellten. Hinzu kommt die staatliche Sicherheitsindustrie – das Militär mit seinen 158.000 Soldaten sowie rund 18.000 Paramilitärs.

Zusätzlich kompliziert wird diese Gemengelage durch den Drogenhandel. Die paramilitärischen Todesschwadrone sind die rechte Hand der reichen Oligarchie, die, von der US-Regierung wohlwollend unterstützt, Kolumbiens Güter im neoliberalen Ausverkauf feilbieten will. Aber die Paramilitärs finanzieren sich größtenteils durch den Kokainhandel, den die US-Behörden doch bekämpfen. Seit das US-Parlament im Jahre 2000 den »Plan Colombia« zur Koka-Bekämpfung verabschiedete, sind fast zwei Milliarden Dollar nach Kolumbien geflossen; Koka-Felder wurden mit Totalherbiziden und gentechnisch veränderten Pilzen vernichtet, mit verheerenden Folgen für Umwelt und Mensch. Der Koka-Anbau ist dennoch weiter angestiegen, und der Hauptteil der Dollars floss in die Aufrüstung der Armee und in die Aufstandsbekämpfung. Die im »Plan Colombia« formulierte Strategie der militärischen Repression gegen den Drogenhandel sei »reine Fiktion«, findet denn auch der jesuitische Menschenrechtsaktivist Javier Giraldo: »Sie dient lediglich dazu, die militärische Beteiligung der Vereinigten Staaten am Konflikt in Kolumbien zu tarnen.«

»Für die Banken, die Waffenfabriken und die Militärs gibt es keinen besseren Verbündeten als den Drogenhandel«, ergänzt der Schriftsteller Eduardo Galeano aus Uruguay. »Die Drogen bieten den Banken Gewinne und der Kriegsmaschinerie Vorwände. Eine illegale Todesindustrie dient so der legalen Todesindustrie, gleichzeitig militarisieren sich Wortschatz und Wirklichkeit.« Und Rechtsanwalt Alirio Uribe hatte in einer Rede, die er im Oktober 2001 vor den Peace Brigades hielt, nur noch Sarkasmen übrig: »Mit dem ›Plan Colombia‹ stellen die USA die Waffen, um die Menschen umzubringen und um die EU dazu zu bringen, uns Geld zu geben, um uns Särge und Blumen zu kaufen.«

Das also ist das Land der Angst, das Christiane Schwarz vorfand. Für eine Organisation wie die Peace Brigades wartet dort Arbeit ohne Ende, Kolumbien ist ihr größtes Landesprojekt. Vier unterschiedlich große Teams mit insgesamt rund 40 Freiwilligen arbeiten in den Regionen Bogotá, Urabá, Medellín und Barrancabermeja. »Mit dem Logo der Peace Brigades auf unseren T-Shirts sind wir gut erkennbar«, berichtet Christiane. »Und uns Europäer erkennt man natürlich auch so als Fremde. Es gibt aber auch einige spanische oder lateinamerikanische Freiwillige, die kaum von den Einheimischen zu unterscheiden sind. Da schauen wir, woher stammen sie, welches Land hat eine außenpolitische Beziehung mit Kolumbien, sodass es Einfluss ausüben kann. Das sind unter anderem Mexiko und Brasilien. Aber jemand aus Guatemala könnte man in Kolumbien nicht einsetzen. Auch eine kroatische Freiwillige wurde nicht akzeptiert, weil Kroatien keine starke Beziehung zu Kolumbien hat. Wir bevorzugen Leute mit ›abschreckender‹ Nationalität.«

Es werde auch sehr darauf geachtet, erzählt sie weiter, »dass alle Teams ausbalanciert sind im Hinblick auf Geschlecht, Alter, Nationalität und Erfahrungen. Insgesamt gibt es mehr weibliche als männliche Freiwillige. Natürlich spielt das Geschlecht eine Rolle. Zum Beispiel bei Gesprächen mit den Militärs. Wenn zwei junge Frauen dorthin gehen, ist das ungünstig. Besser, es ist noch ein älterer Mann dabei. Beim Militär werden Frauen einfach nicht wahrgenommen.«

Die Begleitung allein, sagt Christiane, entfalte aber noch keine ausreichende Schutzfunktion; dafür seien kontinuierliche politische Aktivitäten und Analysen unerlässlich. In der Philosophie der Peace Brigades geht es darum, die »politischen Kosten« eines möglichen Attentates so zu erhöhen, dass sie für die Täter zu hoch werden. Wenn die Friedensbrigaden jemanden zu begleiten beginnen, dann informieren sie die nationalen Sicherheitsbehörden über ihre Aktivitäten, die UN-Behörden vor Ort, internationale Menschenrechtsorganisationen und die Botschaften jener Länder, aus denen die Freiwilligen kommen. Für potenzielle Attentäter ergibt sich daraus die Gefahr, zum Zentrum eines öffentlichen Skandals oder diplomatischer Verwicklungen zu werden, wenn sie einen Gewaltakt begehen.

So wie im Februar 2001, als Unbekannte ein Frauenhaus der von den Peace Brigades begleiteten Feministischen Volksorganisation (OFP) in Barrancabermeja überfielen, einem Freiwilligen Telefon und Pass abnahmen und erklärten, die PBI sei von nun an ein militärisches Ziel. Der von den Überfallenen ausgelöste internationale Alarm zeigte Wirkung: Die Botschaften der EU-Länder, Kanadas und der USA intervenierten. Wenige Tage später lieferte ein unbekannter Mann alle beschlagnahmten Utensilien in einem Paket wieder beim Frauenhaus ab, und die Paramilitärs beeilten sich, sich von der Tat zu distanzieren.

Leider heißt das noch lange nicht, dass alle Mitglieder aller bedrohter Organisationen auf Dauer geschützt werden können. Die OFP erhielt immer wieder Drohungen, weil sie eine der aktivsten Bürgerrechtsgruppen der Region ist, Schulen errichtet und Krankenhäuser betreibt. Im Oktober 2003 wurde Esperanza Amaris, die 40-jährige Leiterin der OFP in Barrancabermeja, entführt und erschossen – nachdem sie längere Zeit nicht mehr von den Peace Brigades begleitet worden war. Barrancabermeja liegt in der Nähe der Erdölgebiete in Arauca und ist damit strategisch wichtig. Augenzeugen identifizierten die Täter als Mitglieder örtlicher Paramilitärs.

Die Freiwilligen in Bogotá haben noch mehr Aufgaben zu bewältigen als in den anderen Regionen Kolumbiens. Sie begleiten nicht nur Menschenrechtsgruppen, sondern halten auch Kontakt zu den Regierungsbehörden. »Wir haben regelmäßige Treffen mit Behörden, Botschaften, UN-Instanzen, mit anderen internationalen Organisationen und Hilfsprojekten, mit denen wir uns an Runden Tischen koordinieren«, berichtet Christiane. »Wir müssen diesen Druck andauernd aufrecht erhalten, damit die politischen Kosten eines Mordes höher ausfallen als der politische Nutzen, den sich die potenziellen Attentäter erhoffen. Das bedeutet nicht nur Begleitung, sondern auch jede Menge Termine, politische Analysen und Besprechungen.«

»Wir halten kontinuierlichen Kontakt mit der kolumbianischen Regierung, mit Vertretern des Innenministeriums oder des Militärs. Wir beziehen uns auf die kolumbianische Gesetzgebung und die internationalen Vereinbarungen wie die Genfer Konvention, die der Staat Kolumbien unterzeichnet hat. Wir pflegen jedoch keinerlei Kontakt zu illegalen bewaffneten Gruppierungen, also weder zu Paramilitärs noch zu Guerilleros. Die Peace Brigades arbeiten mit einem sehr legalistischen Konzept, das erhöht die internationale Glaubwürdigkeit unserer Arbeit und vermeidet Probleme mit den lokalen Ausländerbehörden.«

»Dabei versuchen wir unsere Arbeit so transparent wie möglich zu gestalten. Wenn wir jemanden bei einer Reise außerhalb Bogotás begleiten, informieren wir vorher gezielt alle wichtigen Instanzen über Datum und Reiseroute. Das bewirkt, dass auf diesen Reisen bisher niemals etwas Schwerwiegendes passiert ist.«

In Bogotá begleitete Christianes Team das Anwaltskollektiv José Alvear Restrepo, die Menschenrechtsgruppen Justicia y Paz, CINEP, Minga, ASFADDES und CCPP. Justicia y Paz, übersetzt »Gerechtigkeit und Frieden«, ist der Laienzweig einer internationalen katholischen Organisation, CINEP eine jesuitische Bildungsorganisation. Beide Gruppen betreuen Vertriebene und Friedensgemeinden, und beide zusammen haben eine Datenbank über Menschenrechtsverletzungen aufgebaut – eine potenzielle Bedrohung für jeden Täter. Minga ist ein Verein für soziale Veränderungen im ländlichen Raum. Minga, ein indianisches Wort, bedeutet »Gemeinschaftsarbeit« und bezieht sich auf die alte Tradition, in den Dörfern wichtige Arbeiten gemeinsam zu erledigen. ASFADDES ist die Organisation der Angehörigen der Verschwundenen und CCPP das Solidaritätskomitee für politische Gefangene.

Als sie in Bogotá ankam, galt die Hauptstadt noch als ein Fluchtort innerhalb des Landes. Menschen, die in anderen Regionen Kolumbiens verfolgt wurden, konnten dort noch Schutz finden. »Das hat sich in meiner Zeit stark zum Schlechteren verändert. Ab Frühjahr 2001 wurde die Situation in Bogotá so bedrohlich, dass wir viele neue Anfragen zur Begleitung bekommen haben. Wir mussten unser Team erweitern und umorganisieren.«

»Die Menschenrechtsorganisationen«, erzählt Christiane und gießt sich noch eine Tasse Kaffee ein, »achten darauf, dass sie sichere Büroräume haben, zum Beispiel im fünften Stock, oder Sicherungsanlagen. Im Innenministerium ist eine Abteilung für den Schutz von Menschenrechten zuständig. Dort können kugelsichere Türen, elektronische Detektoren, kugelsichere Westen und kugelsichere Autos beantragt werden. Die

Organisationen bekommen das auch, nicht immer, nicht alle, mit vielen Verzögerungen, aber immerhin. Zum Beispiel eine besondere Art von Mobiltelefonen, die so programmiert sind, dass man mit der nächsten Polizeistation und mit allen möglichen internationalen Organisationen verbunden ist, wenn man einen bestimmten Knopf drückt. Beim Weiterreden können die alle mithören. Das nützt schon was. Eine Mitarbeiterin der Organisation der Angehörigen von Verschwundenen in Medellín hat einmal diesen Knopf gedrückt, als sie Besuch von bedrohlich aussehenden Männern bekam, und alle haben mitgehört. Ich auch. Und den seltsamen Besuchern war klar, dass alle mithören. Das schreckt ab. Aber wenn jemand mit einem expliziten Mordauftrag kommt, kann man sich nicht immer darauf verlassen. Außerdem sind diese Systeme abhöranfällig. Wenn sie vom Innenministerium gestellt werden, kann man fast sicher sein, dass es auch mithört.«

Immer mehr Menschen in Bogotá hätten damals begleitet werden müssen, »sei es zu Gerichtsverhandlungen oder zu Terminen bei der Polizei. Oder wenn die Vertreter des CCPP politische Gefangene besucht haben. Die Gefängnisse sind eine Art rechtsfreier Raum. Wir können natürlich nie alle Personen jeden Tag begleiten. Von daher gibt es eine Absprache der Organisationen, wer am bedrohtesten ist, wer begleitet werden soll. Wenn die Bedrohung sehr akut ist, wenn es Verfolgungen auf der Straße gibt, dann werden diese Personen rund um die Uhr von je zwei PBI-Freiwilligen begleitet. Aber so etwas können wir kräftemäßig nicht länger als zwei Wochen aufrecht erhalten.«

Wie verändert sich dadurch das Leben für Begleitete und Begleiter? Ist das nicht extrem anstrengend? »Schon«, sagt Christiane. Sie habe sich nach ihrer Rückkehr dabei ertappt, dass sie sich in öffentlichen Räumen immer mit dem Rücken zur Wand und in Richtung Tür gesetzt habe. Oder ständig die Hand an der Tasche habe, wenn sie auf der Straße gehe. Oder ihr inneres Peilsystem ständig orte, wer um sie sei. »Das strengt an. Wer jahrelang so lebt, ist irgendwann völlig erschöpft. Auch ich. Die Menschen in Kolumbien natürlich noch viel mehr, da sie ja jeden Moment damit rechnen müssen, angegriffen zu werden. In dieser Situation sind kleine Sicherheitsinseln, zeitlicher oder räumlicher Art, enorm wichtig. Raum, in dem man sicher ist, wo man sich entspannen kann, wo man reden und sich verhalten kann, wie man möchte. Die Kolumbianer waren sich dessen sehr bewusst und haben sich das im Rahmen ihrer Möglichkeiten geschaffen.«

Anderthalb Jahre lang arbeitete Christiane Schwarz in Bogotá, danach war sie sechs Monate in einem Team in Turbo, das die Mitglieder von Friedensgemeinden in dieser Gegend betreut. Der ärmliche kleine Ort aus

Holzhütten, vor denen die Schweine grunzen, liegt an der karibischen Küste am Golf von Urabá, in Sichtweite von Panama. Die Region Urabá gilt bei Geschäftemachern als »die beste Ecke Amerikas«. Nicht nur wegen der strotzenden Fruchtbarkeit der Region, wegen der verlockenden Edelhölzer im Regenwald, wegen der Bananenplantagen, die in dieser zweitwichtigsten Anbauregion der Welt »Chiquitas« tragen, wegen der vermuteten Uran- und Ölvorkommen. Sondern auch wegen der verkehrsstrategischen Lage. Hier auf dieser nur 80 Kilometer breiten Landbrücke zwischen Atlantik und Pazifik könnte der überlastete Panamakanal durch einen Kanal oder »Trockenkanal« ergänzt werden, durch eine Straßen- und Eisenbahnlinie, und Urabá würde so zum Drehkreuz zwischen Nord und Süd, Ost und West, wo sich viel Geld verdienen ließe.

Doch der potenzielle Reichtum der Gegend ist für die Mehrheit seiner Einwohner wieder mal nur ein Unglück: In immer neuen Wellen wurden sie von ihren Dörfern und Ländereien in die Städte vertrieben; von den ein bis zwei Millionen Binnenflüchtlingen in Kolumbien entfallen rund 40.000 auf die Region Urabá. Im Februar 1997, während der »Operation Genesis«, wurde die offiziell stets geleugnete Zusammenarbeit zwischen Paramilitärs und Militärs erneut offensichtlich: Paramilitärs umzingelten die Dörfer und zwangen tausende Einwohner in die Flucht, Militärs bombardierten unter dem Vorwand der Guerillabekämpfung just jenes Gebiet, in dem der neue Kanal entstehen sollte; schließlich drangen illegale Holzhändler in den so eroberten Dschungel ein.

Die rund 3.000 Einwohner von San José de Apartadó, das etwa 50 Kilometer südwestlich von Turbo entfernt in einer Hügellandschaft liegt, hatten bis dahin recht friedlich gelebt. Mit ihren großen Hüten und den Pferden, ihren »Bestias«, erinnern sie an Cowboys. Sie bauen Kaffee, Kakao und Bananen an, der Boden ist fruchtbar. San José besitzt Strom, Telefon, Wellblechdächer und sogar eine asphaltierte Straße, die dort endet. Doch die Bewohner hatten das Pech, dass ihr Ort in einem strategischen Korridor lag. Im Februar 1997 bombardierte sie das Militär, die Paramilitärs bedrohten sie, 80 Einwohner starben, der Rest flüchtete. In einer zweiten Welle wurden wiederum die Bauern vertrieben, die in 32 kleinen Weilern rund um den Ort gelebt hatten; sie flüchteten in den Ortskern von San José. Und trafen dort, Glück im Unglück, auf einige Menschenrechtler von Justicia y Paz, CINEP und Pax Christi Holland. Die Vertriebenen besprachen sich mit ihnen, und das Ergebnis lautete: Wenn ihr bleibt, dann bleiben auch wir. Am Palmsonntag, dem 23. März 1997, erklärte sich die Gemeinde von San José de Apartadó zur ersten Friedensgemeinde Kolumbiens.

Die Menschen von San José wussten es damals noch nicht, aber sie lösten eine große Gründungswelle aus. 54 Friedensgemeinden gibt es inzwischen in ganz Kolumbien, und sie teilen alle dieselben Prinzipien: Sie tragen keine Waffen, sie nehmen am Krieg weder direkt noch indirekt teil, sie arbeiten mit keinem bewaffneten Akteur zusammen, sie geben keinem Akteur Informationen weiter, sie fordern ein Ende der Straflosigkeit für Kriegsverbrecher und Menschenrechtsverletzer, und sie bauen ihre Dörfer in gemeinsamer Arbeit auf.

In San José wurde eine Kooperative gegründet, die die Ernteerträge des Dorfes gemeinsam verkauft. Ein Gemeindezentrum entstand, mit rotem Ziegeldach und pinkfarbenem Anstrich, in dem Kurse abgehalten werden: Anbaumethoden, Nähkurse, Ernährungsberatung. Ein Gemeinderat wurde gewählt, alle gemeinsamen Angelegenheiten ausführlich besprochen. Nicht alle im Dorf sind Mitglieder der Friedensgemeinde, die Angehörigen einer evangelischen Sekte haben sich nicht angeschlossen. Aber man versteht sich. Und man trinkt gemeinsam – keinen Alkohol.

Aber nein, es war keine Idylle. Immer wieder gab es Überfälle, Morde, Entführungen. Der allergrößte Teil durch Militärs und Paramilitärs, aber auch durch FARC-Guerilleros, die wenige Monate nach Gründung der Friedensgemeinde ein Ratsmitglied und zwei weitere Personen ermordeten. Also zogen in den kleinen holzverkleideten Raum über der Lagerhalle der Genossenschaft die Peace Brigades ein. Der Schweizer Freiwillige Hans Sommer war Zeuge, als im März 2001 erneut eine Truppe von Paramilitärs das Dorf überfiel und das Gebäude anzuzünden versuchte, in dem er und andere sich aufhielten: »Während [der Freiwillige] Scott das PBI-Büro in Turbo alarmierte, schrie ich an der Seite eines der Uniformierten, dass wir von PBI sind und dass sie hier einen Angriff auf die Zivilbevölkerung ausführten. Ich fragte mehrere Male nach dem Einsatzleiter. Inzwischen hatten andere Maskierte einige Häuser in Brand gesteckt und erklärt, dass sie hier keine Menschen mehr sehen wollten, sondern nur noch Asche und Blut. Ich verfolgte das Ganze vom Balkon her, von wo aus ich ständig wiederholte, wer wir sind und dass es sich hier um eine Intervention gegen die Zivilbevölkerung handle. Nach einigen Minuten verließ das Überfallkommando das Dorf wieder.« Die Bewohner zeigten sich überzeugt, dass ihre Rettung dem Eingreifen des PBI-Teams zu verdanken war.

Christiane koordinierte damals die PBI-Arbeit in Turbo, sie war nicht sehr oft in San José. »Offenbar lautete die Strategie damals, die Gemeinde auf ökonomischem Wege zu zerstören. Der zwölf Kilometer lange Weg aus San José heraus führt an mindestens zwei oder drei militärischen

Kontrollpunkten vorbei. Und auf diesem Weg wurden die Laster, die die gemeinsame Ernte geladen hatten, immer wieder entführt.«

Die Koordinationsarbeit war nötig, weil neben San José noch eine weitere Friedensgemeinde begleitet wurde, die von Cacarica. »Je zwei Teammitglieder von uns waren ständig in den Gemeinden; nach zwei Wochen kamen sie zurück, und zwei andere fuhren los, immer im Rotationssystem. Ich habe den Kontakt zu verschiedenen Institutionen gehalten und zu unserem Team in Bogotá, damit es in seinen Gesprächen mit den Militärs die wesentlichen Punkte anspricht. Außerdem kamen immer wieder Personen aus San José oder Cacarica nach Turbo, um sich ärztlich behandeln zu lassen oder ähnliches. Weil die Stadt aber von Paramilitärs bevölkert ist, fühlten sie sich sehr bedroht, und wir haben sie auch dort begleitet.«

Cacarica ist anders als San José, es liegt mitten im Dschungel und ist nur über eine stundenlange Abenteuerfahrt auf Motorbooten und Kanus zu erreichen. In die unzugängliche Flusslandschaft, ungefähr 60 Kilometer von Turbo entfernt, haben sich vor etwa 200 Jahren entlaufene Sklaven geflüchtet, Afrokolumbianer. Sie lebten am Fluss in Pfahlbauten unter Palmblattdächern, bauten Reis an und verehrten die Erde als »Mutter«. Im Februar 1997 war es mit diesem Leben vorbei. Die Militärs bombardierten sieben Ansiedlungen, in andere marschierten die Paramilitärs ein. In einem Weiler namens Vijao riefen sie alle Bewohner zusammen. Alle mussten mitansehen, wie einem jungen Mann erst die Arme abgehackt wurden, dann die Beine, dann der Kopf, dann spielten sie mit dem Kopf Fußball. »Wenn ihr nicht binnen eines Tages weg seid«, sagten sie, »passiert euch das Gleiche.« Die Nachricht verbreitete sich blitzartig in den 23 Siedlungen der Region, und mehr als 3.000 Menschen flüchteten. Einige über die Grenze nach Panama, die meisten nach Turbo.

Insgesamt blieben sie vier Jahre in Turbo. Vier lange Jahre lebten sie zusammengepfercht in der Notunterkunft einer Turnhalle. Auf Fotos, die mir Christiane zeigt, sieht man unter dem Wellblechdach Familien, die ein Stückchen Halle notdürftig durch aufgehängte weiße Betttücher abgezäunt und sich dadurch ein Restchen provisorische Intimität gerettet haben. »Sie konnten nicht arbeiten«, berichtet Christiane, »und es gab viele familiäre Konflikte, weil die Väter nicht mehr ihre angestammte Rolle als Ernährer erfüllen konnten.«

Aber die Mitarbeiter von Justicia y Paz halfen ihnen; sie wuchsen als Gemeinde zusammen und entwickelten Forderungen. Sie stellten ihre eigenen Prinzipien auf, unter denen sie leben wollten: Wahrheit, Freiheit, Gerechtigkeit, Solidarität und Brüderlichkeit. Sie nannten sich CAVIDA

– Gemeinde für Selbstbestimmung, Leben und Würde. Sie verlangten vom Staat das Recht, zurückkehren zu können und zwei neue Siedlungen aufzubauen. Sie wollten nicht mehr vereinzelt siedeln, sondern in einer Dorfgemeinschaft. Sie forderten kollektive Landtitel, Sicherheit und eine Rückkehr in Würde. Sie forderten moralische Reparationen und ein Ende der Straflosigkeit und des staatlichen Vergessens der verübten Verbrechen. »Die Erinnerung ist unser Widerstand«, formulierten sie programmatisch.

Im April 1998 zogen sie nach Bogotá, um all das von Präsident Samper persönlich zu fordern, und sie hatten unerwarteten Erfolg. Sie bekamen ihre kollektiven Besitztitel, und eine gemischte Kommission mit Vertretern aus nationalen und internationalen Nichtregierungsorganisationen, inklusive PBI, überwachte ihren Rückkehrprozess, der sich über zwei Jahre hinzog.

»Es war enorm, was sie auf die Beine gestellt haben«, sagt Christiane und stellt ihre Kaffeetasse ab. »Nach drei Jahren gab es in ihrer Heimat nur noch Dschungel, es stand nur noch ein einziges Steinhaus. Sie bauten zwei Siedlungen auf, Nueva Vida, Neues Leben, und Esperanza en Díos, Hoffnung in Gott, mitsamt Gesundheitsstation und Schule. Die Bildung ihrer Kinder war ihnen unendlich wichtig. Sie ernannten eine Gruppe von Matriarchinnen und Patriarchen, die zusammen mit 26 Gemeindekoordinatoren jeden sanktionierte, der eine Ungerechtigkeit innerhalb der Gemeinde beging. Es war unglaublich beeindruckend.«

Aber im Juni 2001, als Christiane in Turbo war, erfolgte ein neuerlicher Überfall der Paramilitärs auf das »Neue Leben« und die »Hoffnung in Gott«. »Er war einen Monat lang angekündigt worden, alle wussten, wo die Verbände gerade sind und wie sie sich annähern. Zum Glück waren unsere Freiwilligen dort, und internationale Vertreter der Überwachungskommission kamen am nächsten Tag an. 200 Paramilitärs drangen in die Gemeinde ein, bis an die Zähne bewaffnet, und überbrachten die Botschaft, sie würden von nun an in der Region bleiben. Die Gemeinde sollte aufhören, Lebensmittel anzubauen, sie sollte jetzt Ölpalmen und Koka anpflanzen. Jeder sollte das für sich tun, nicht mehr kollektiv. Und wer nicht mit ihnen zusammenarbeite, lebe gefährlich. Am nächsten Tag verschwanden sie wieder. Die Bewohner von Cacarica wollten gerade ihre erste gemeinsame Ernte einbringen, aber jetzt trauten sie sich nicht mehr, auf ihre Felder zu gehen. Einen Monat lang diskutierten sie in ihrem Internen Gemeinderat, was sie machen könnten, ob sie vielleicht die beiden Siedlungen zusammenlegen sollten. Dabei ging die Ernte zugrunde, und sie hungerten. Schließlich haben sie entschieden, eine neue

Siedlung zu bauen und mehr oder weniger symbolisch einzuzäunen, als ›Zona Humanitaria‹, humanitäre Zone.«

»Und so machten sie es. Das ist kein schöner Anblick, denn das ist ein Stacheldrahtzaun. Menschen, die sogar Landtitel besitzen, müssen sich hinter einem Stacheldraht zusammenpferchen. Aber andererseits bedeutet das einen gewissen Schutz für sie.«

Die Menschen aus Cacarica, sagt Christiane, hätten sie »zutiefst beeindruckt«. Sie seien gradlinig, würdevoll und voller Lebensfreude. »Viele der Älteren sind nie zur Schule gegangen, sie haben dennoch eine große politische Weisheit und Weitsicht. Sie erkennen die Zusammenhänge. Es gibt dort eine Firma, die Tropenholz schlägt, besonders eine Baumart, die für die Menschen dort ein heiliger Baum ist. Sie sehen die Schnellboote der Firma, denen das Paramilitär den Weg freimacht. Sie wissen, was jetzt kommt, und wie Repression funktioniert, auch aus persönlicher Erfahrung. Einer der Gemeinderäte hat früher in einer Bananenplantage der Großgrundbesitzer gearbeitet. Viele Mitglieder der Bananenarbeiter-Gewerkschaft sind in den 80er Jahren umgebracht worden.«

Angst und Mut, Angst und Mut – das ist das Lied Kolumbiens. Es wurde noch lauter nach dem 11. September 2001, als US-Präsident George W. Bush ankündigte, dass alle, die Terroristen seien und Terroristen Unterschlupf gewährten, mit Vergeltung zu rechnen hätten. »Auch wir in Kolumbien?«, fragten sich nicht wenige.

Zwei Wochen nach dem 11. September geriet Christiane in den Karneval in Quibdo, einer verslumten 100.000-Einwohner-Stadt südlich der Region Cacarica. Und traute ihren Augen nicht: »In einem achtstöckigen Hochhaus steckte ein Flugzeug aus Pappmaché. Im Haus wurde ein Feuer angezündet, es regnete Konfetti, Puppen wurden heruntergeworfen. Das Militär spielte bei diesem unglaublichen Theater in aller Ernsthaftigkeit mit, mit echten Kalaschnikows und echten Gasmasken. Es jagte ein paar verkleidete ›Araber‹ durch die Stadt und nahm schließlich ›Bin Laden‹ fest. Die halbe Stadt schrie: ›Usama! Usama!‹«

War da Wut mit im Spiel, Sarkasmus, oder Schadenfreude? Christiane schüttelt den Kopf. Das nicht, aber es sei schon eine seltsame Gefühlsmischung gewesen. Eine Mischung aus Mitleid mit den Opfern im World Trade Center – schließlich wüssten die Kolumbianer genau, was es heiße, Opfer zu sein; aus Furcht, selbst als Terroristen bombardiert zu werden; und aus verhaltener Hoffnung, dass man in den USA nun auch selbst merke, dass Bomben echte Tote produzieren.

»Wer nicht für uns ist, ist gegen uns«: Der neu gewählte Präsident Alvaro Uribe hatte den Slogan Bushs noch im Ohr, als er exakt ein Jahr später, am 11. September 2002, per Dekret »Rehabilitations- und Konsolidierungszonen« ausrief. In diesen Sonderzonen wurden alle zivilen Behörden entmachtet und Armeekommandanten unterstellt, die Grundrechte wurden eingeschränkt; das Militär erhielt das Recht, Hausdurchsuchungen, Verhaftungen und Beschlagnahmungen durchzuführen. Im Februar 2002 hatte der vorhergehende Präsident die Friedensgespräche mit der Guerilla abgebrochen, im August war Uribe – ähnlich wie Bush – von gerade mal einem Viertel der Wahlberechtigten gewählt worden, wenige Tage später hatte er den Ausnahmezustand ausgerufen. »Hier gibt es keine Halbheiten«, formulierte der Präsident »mit der harten Hand«, dem Verbindungen zu Paramilitärs und Drogenbossen nachgesagt werden, ein halbes Jahr später. »Gegenüber dem Terrorismus gibt es einen einzigen Entschluss: ihn niederzuwerfen. Gegenüber dieser Horde von Banditen gibt es nur eine Haltung: sie zu besiegen und dem kolumbianischen Volk, das in seiner Gesamtheit die Armee unterstützt, den erwarteten großen Sieg der Demokratie zu bringen.«

»Niemand«, ergänzte Francisco Santos, sein Vizepräsident und »Menschenrechtsbeauftragter«, »auch nicht die Journalisten, noch die Besitzer und Direktoren der Medien, können und dürfen neutral sein.« Was das heißt, das hat das von PBI begleitete Anwaltskollektiv José Alvear Restrepo genau recherchiert: Von Januar 2002 bis April 2003 wurden 18 Journalisten ermordet, so viele wie in keinem anderen Land der Erde. Jeden Monat werde durchschnittlich ein Journalist umgebracht, ein weiterer müsse ins Exil gehen, und mindestens sechs erhielten Todesdrohungen, teilte das Anwaltskollektiv in einer Presseerklärung im Mai 2003 mit.

Auch die Friedensgemeinde von San José fand keine Ruhe. Immer wieder druckten die Zeitungen Communiques der Militärs nach, in denen behauptet wurde, die Gemeinde unterstütze Terroristen. Und dann, am 12. Februar 2003, fand das Militär an einem seiner Kontrollpunkte einen Karton Sprengstoff in einem Jeep der Gemeinde. Zwölf Personen wurden festgenommen und vier Tage lang festgehalten, darunter auch ein 13-Jähriger. Amnesty International, tief besorgt über ihr Schicksal, rief zu einer »urgent action« auf, die auch Wirkung zeigte: Alle Gemeindemitglieder wurden freigelassen, bis auf eine Frau.

Die Rechtsanwältin Liliana Uribe Tirado, deren Anwaltsorganisation in Medellín ebenfalls seit Jahren von PBI begleitet wird, konnte im folgenden Prozess gegen den Vorsitzenden des Internen Gemeinderates von San José alle Vorwürfe entkräften. »Wir konnten aufklären«, berichtet sie, »wie der Sprengstoff auf den Laster gelangt war, nämlich in einem Busbahnhof, wo es viele Paramilitärs gibt. Wir konnten klären, wie im

Laufe der Verhandlung die Menge des Sprengstoffes immer mehr erhöht worden war und wie Zeugen des Vorfalls festgehalten, misshandelt und beeinflusst worden waren, um gegen die Gemeindemitglieder auszusagen.« Das Verfahren wurde eingestellt.

Dennoch: Unter dem ultrarechten Präsidenten schreitet die Paramilitarisierung des gesamten Landes unaufhaltsam voran. Uribe hat angekündigt, ein Netz von einer Million Spitzeln schaffen zu wollen, das das ganze Land durchzieht. Die Armee soll um 45.000 Berufssoldaten, 100.000 Polizisten und 10.000 Carabineros erweitert werden. In den Dörfern sollen 25.000 Bauernmilizionäre aufgestellt und bewaffnet werden, um gegen die Guerilla vorzugehen. Auch die Neutralität der Friedensgemeinden will er nicht akzeptieren, dort sollen ebenfalls bewaffnete Kräfte aufgestellt werden. Die frühere UN-Menschenrechtskommissarin Mary Robinson protestierte heftig gegen das Konzept, weil es die Trennung von Zivilbevölkerung und Kombattanten unmöglich macht – ein klarer Verstoß gegen alle auch von Kolumbien unterzeichneten internationalen Gesetze. »Demokratische Sicherheit« nennt der Präsident diesen Verstoß.

Unter »demokratische Sicherheit« fällt wohl auch, dass Kolumbien zwar das Rom-Statut des Internationalen Strafgerichtshofs unterzeichnet, sich aber in einem Extra-Abkommen mit der US-Regierung verpflichtet hat, keine in Kolumbien operierenden US-Soldaten nach Den Haag auszuliefern – offiziell sind es nur 70 US-Militärs, in Wirklichkeit dürften es viel mehr sein.

Die kolumbianische Juristenvereinigung schätzt, dass rund 70 Prozent der Morde und Verschwundenen seit 1997 auf das Konto der Paramilitärs gehen. Menschenrechtsverletzungen in Kolumbien blieben zu 100 Prozent straflos, zählte der in Genf ausgezeichnete Anwalt Alirio Uribe auf, Kapitalverbrechen zu 90 Prozent, gewöhnliche Verbrechen zu 70 Prozent. Die herrschende Straflosigkeit vergiftet das Klima, zerstört das Vertrauen und nimmt den Menschen die Hoffnung auf einen Neuanfang. Mit der Straflosigkeit einher geht das Vergessen, Verdrängen, Verschweigen. »Die Gerechtigkeit und die Erinnerung«, schreibt Eduardo Galeano, »sind exotischer Luxus in den Ländern Lateinamerikas.«

Begleiten heiße nicht, Bodyguard zu sein, hat Christiane Schwarz vor den Zuhörern des Kirchentags gesagt, sondern »sich erinnern, mit der Vergangenheit leben, die Wahrheit suchen und ans Licht bringen«. Es sei eine Arbeit »gegen das Vergessen« und »in gleicher Weise zukunftsgerichtet.« Auf dem Gedenkstein, den die Friedensgemeinde San José de Apartadó in Kolumbien für ihre Ermordeten errichtet hat, sei der Satz zu lesen: »Erinnern ist eine Aufgabe für die Zukunft.« In diesem Sinne begleiteten die Peace Brigades die Menschen »in ihrem Einsatz für ein würdiges Leben und für soziale Gerechtigkeit«.

»Die Erinnerung ist unser Widerstand. Es kamen viele und sagten uns, wir sollten schweigen. Es ist wahr, dass wir am Anfang deshalb viel Angst hatten, mehr als heute, und dass viele, die uns interviewten, Geschichten erfanden, zum Beispiel dass wir zu Kämpfen ausgezogen seien, dass das alles für die Guerilla sei. (...)

Wir erlebten 1997 Terror, und heute, 2002, erleben wir Angst, aber wir haben uns für immer entschieden zu reden, wie wir es mit dem Präsidenten machten, mit den Ministern, mit dem Finanzminister, mit der Staatsanwaltschaft, mit den Journalisten, wahrhaftig zu reden (...) deshalb fordern wir weiter moralische Reparation, die Wahrheit (...) wir kämpfen weiter. (...)

Wir sind von hier. Wir sind Teil der Menschheit. Wir sind die Würde. Wir sind Worte. Wir erschaffen die Welt neu. Wir bestehen auf unseren Rechten auch im Krieg. Wir sind von hier wie Sie. Wir sind von hier und übernehmen unsere Verantwortung. Wir sind von hier. Sie und wir, wir sind Widerstand. Die Welt bleibt nicht, wie sie gemacht worden ist. Wir schaffen eine andere Möglichkeit. Eine andere Gesellschaft des Friedens mit Würde. Hier ist unsere Erinnerung. (...)

Wir sind als schwarze Gemeinden hier angekommen. Wir waren (hier) praktisch die ersten Einwohner, wir kamen von einem anderen Ort in Chocó, weil die Artenvielfalt hier so reich war und ist. Es gab viel zu essen (...) Wir lebten in kleinen Weilern, wir arbeiteten auf zwei verschiedene Weisen in der Landwirtschaft: mit »wechselnder Hand«, das heißt, heute arbeitete ein Compañero für einen anderen, morgen der andere für ihn. Und am Ende der Woche arbeiteten wir in Gemeinschaft. (...) Während des Tages aßen wir sehr gut, und am Abend gab es Getränke und Blasmusik, wie es unsere Tradition ist. Wir haben uns in diese eingefügt. Wir haben auch Festivals organisiert, um Fonds für die Gemeinden zu haben. Diese Fonds waren dazu da, kleine Apotheken für die Erste Hilfe zu finanzieren, und in dringenden Fällen schickten wir die Kranken auf unsere Rechnung nach Turbo oder Riosucio. (...)

In althergebrachter Weise leben wir von der Erde, unsere Großväter haben uns dieses Erbe hinterlassen und uns seine Erhaltung gelehrt. Das ist nicht irgendeine Sache: Wir betrachten sie als die Mutter, etwas Wertvolles, das man fühlt, umsorgt, analysiert und genießt. (...)

Es kostete uns viele Tage, Monate, fünf Punkte aufzustellen. Wir haben sie ausgearbeitet (...), wir haben sie in die Generalversammlung getragen, in der wir uns jeden Sonntag versammelten, und jeden Tag gab es Versammlungen in der Gemeinde. So wurde alles mit allen diskutiert. Es wurde nicht allein für jene gemacht, die die Initiative dazu ergriffen hatten, es wurde zusammen gemacht, für die ganze Gemeinde. Die Teilnahme der Patriarchen und Matriarchinnen war grundlegend, weil wir wussten, dass sie die Geschichte kannten, die moralische Autorität darstellten. (...)

Diese fünf Punkte basierten auf dem internationalen humanitären Recht, auf den Menschenrechten, der kolumbianischen Verfassung und dem Völkerrecht. (...) Der fünfte Punkt war die moralische Reparation, damit die Schäden wiedergutgemacht würden, die an allen Personen entstanden waren, damit die Verantwortlichen für die Vertreibung und die »Operation Genesis« bestraft würden, (...) die Verantwortlichen für die Morde, für das Verschwindenlassen von Personen, für die Folterungen, damit wir drei Denkmäler errichten können in Erinnerung an unsere Opfer und unsere Leiden; damit ein Film gedreht werden könnte darüber, wie wir früher lebten, wie wir jetzt leben, wie wir in Zukunft sein werden. Und ein Buch, in dem die lebendige Erinnerung bewahrt wird, damit wir unsere Kinder leichter unterrichten können und ihnen erzählen können über die Folgen von Krieg, die Ursachen, unsere Identität.«

(aus: »Somos tierra de esta tierra, Memorias de una resistencia civil«, eine Kollektiverzählung der Gemeinde Cacarica, erschienen im November 2002 in Kolumbien, finanziert durch Spenden der Schweizerischen Diakonie, Brot für die Welt, Misereor und des Sozialrats der Regierung der Balearischen Inseln. Übersetzung: U.S.)

Literatur und Websites:

»Somos tierra de esta tierra, Memorias de una resistencia civil«, siehe oben

Christiane Schwarz, Peace Brigades International, Vortrag vor dem Ökumenischen Kirchentag in Berlin, Mai 2003

Christiane Schwarz, Rita Cruz, Mitten im Krieg – Lebensraum! Aus der Arbeit von Peace Brigades International in Kolumbien. Zu finden unter *www.eirene.org*

Deutsche Website der Peace Brigades International: *www.pbi-deutschland.de*. Der Rundbrief der Peace Brigades International und Informationsmaterial zu den Einsatzländern ist erhältlich bei PBI, Deutscher Zweig e. V., Hohenesch 72, 22765 Hamburg, *info@pbi-deutschland.de*

Sehr gute Hintergrundartikel über Kolumbien sind unter *www.kolumbien-aktuell.ch* zu finden

Mehr über den Menschenrechtsanwalt Alirio Uribe unter *www.martinennals-award.org*

Amnesty International berichtet regelmäßig über Kolumbien: *www.amnesty.org*

Hintergrundartikel von terre des hommes über die Vertreibung von Kleinbauern in der Pazifikregion: *www.oneworldweb.de/tdh/reportage/choc.html*

Über die Paramilitärs in Kolumbien: Hernando Calvo Ospina, Großes Aufgebot im integralen Krieg, »Le Monde diplomatique« vom 16.5.2003

Über Präsident Uribe: Carolin Emcke, Kampf an wechselnden Fronten, »Spiegel« vom 18.11.2002

Nachtrag:

Im Februar 2004 reiste Präsident Alvaro Uribe nach Europa und wurde von Bundeskanzler Gerhard Schröder freundlich empfangen. Schröder äußerte Verständnis für Uribes harten Kurs. Im Mai 2004 meldeten die Nachrichtenagenturen, Carlos Castaño, der Chef der größten paramilitärischen Gruppe (AUC), sei verschwunden. Der Jurist Eduardo Carreño vom Anwaltskollektiv José Alvear Restrepo ging von einem politischen Manöver aus, denn der Oberste Gerichtshof Kolumbiens befasste sich gerade mit der Frage, ob Castaño wegen Drogenhandels an die USA ausgeliefert werden solle. Wenige Tage später unterzeichneten Regierung und AUC ein Abkommen, wonach sich die AUC in einer 368 Quadratkilometer großen »Sonderzone« ansiedeln darf, in der ihre Mitglieder vor Strafverfolgung und Auslieferung sicher sind. Fast zeitgleich wurden in Venezuela 88 kolumbianische Paramilitärs festgenommen, die angeblich einen Putsch gegen Präsident Hugo Chávez anführen sollten.

Die Fraueninternationale

Die indische Professorin *Krishna Ahooja-Patel* ist Präsidentin einer der ältesten antimilitaristischen Organisationen, der Internationalen Frauenliga für Frieden und Freiheit

Wie sähe die Welt von heute wohl aus, wenn die Protagonistinnen der 1915 gegründeten Internationalen Frauenliga für Frieden und Freiheit sich hätten durchsetzen können und nicht so grandios gescheitert wären? Der Erste Weltkrieg wäre gestoppt worden. Die Versailler Verträge hätte es so nicht gegeben. Hitler wäre womöglich nicht an die Macht gekommen, der Zweite Weltkrieg wäre vielleicht ausgefallen. Die Atombombe und das Wettrüsten wären der Menschheit erspart geblieben. Die dafür verschwendeten Ressourcen wären stattdessen in Bildung, Gesundheit, Umwelt und Entwicklung geflossen. Produktion und Export von Waffen würden streng kontrolliert. Die UNO wäre als starke und durchsetzungsfähige Organisation schon weit eher gegründet worden. Frauen hätten weltweit gleich viel zu sagen wie Männer. Und selbst die Pinguininnen in der Antarktis würden zufriedener leben. Wenn es nach den Vorstellungen der Ligafrauen gegangen wäre, dann wäre der Südpol schon viel früher unter den Schutz eines internationalen Abkommens gestellt worden.

Die Frauenliga, die sich im Deutschen IFFF und im Englischen WILPF abkürzt, hat eine wenig bekannte, aber umso erstaunlichere Geschichte. Ihr Gründungsmitglied Jane Addams galt in den USA im ersten Viertel des 20. Jahrhunderts als »beliebteste Frau Amerikas« und bald darauf als »gefährlichste Frau Amerikas«. Mit Jane Addams und Emily Greene Balch hat die Organisation gleich zwei Mitglieder, denen der Friedensnobelpreis verliehen wurde – zwei von weltweit bisher nur elf Frauen, macht knapp ein Fünftel aller Preisträgerinnen. Die Liga mit ihren rund 40.000 Mitgliedern in 43 Ländersektionen trägt alle Merkmale einer hocheffizienten Kaderorganisation, wiewohl ihr leninistisches Denken ferner liegt als der Mars. Wo immer auf der Erde progressive Bewegungen für Frieden und Abrüstung ihre Stimme erheben, muss man damit rechnen, dass Ligafrauen sie mitinitiiert haben. Immer wieder wirken sie wie Hefe in einem aufgehenden Teig.

Nun also stehe ich vor ihrem Hauptquartier in der Genfer Rue de Varembe. Was wird mich erwarten? Sieben Stockwerke voll emsiger Frauen, die zu hunderten durch endlose Flure hetzen, die neuesten Rüstungsberichte unterm Arm, ein Handy am Ohr, sich mit der Entscheidung quälend, ob sie morgen auf einer Friedenskundgebung in Timbuktu sprechen oder mit dem UN-Generalsekretär zu Abend speisen sollen?

Ach was. Das Gebäude ist in Ehren ergraut, der Fahrstuhl ächzt, und das Büro der Liga ist kleiner als die Wohnung eines durchschnittlichen Schweizer Geschäftsmannes. Dafür aber umso vollgestopfter und altertümlicher. An den Wänden bunte Plakate, in den Regalen Bücher und Broschüren in hellen Haufen, auf den Schreibtischen jede Menge Papier. So, wie eben ein chronisch unterausgestattetes Büro aussieht, in dem eine Handvoll schlecht bezahlter Angestellter Stapel voller Arbeit zu entstapeln versucht. Einer der Computer funktioniert schon länger nicht mehr, ein anderer streikt gerade jetzt übellaunig, und die Website ist schon so lange nicht mehr überarbeitet worden, dass der kleine Wunsch nach einer dort annoncierten, aber längst ausverkauften Broschüre zu einer unlösbaren Aufgabe für die Mitarbeiterinnen mutiert. Wer in einer Frauenliga arbeitet, muss mit dem Dauerzustand chronischer Unterbezahlung und institutioneller Unterschätzung klarkommen. Kein Ort für Karrieristinnen, nur für Idealistinnen.

Dafür schmecken der Kaffee, den Krishna Ahooja-Patel bereitet, und die Kekse, die sie mir zuschiebt. Krishna, die Präsidentin der Liga, ist nur 14 Lenze jünger als ihre Organisation, im Jahre 2004 feiert sie ihren 75. Geburtstag. Die indische Professorin für internationale Studien hat eine Menge mit ihrer Organisation gemeinsam: Sie ist eine Pionierin (wie die Liga), sie lebt in vielen Kulturen gleichzeitig (wie die Liga), sie setzt ganz und gar auf die UNO (wie die Liga), sie verehrt Mahatma Gandhi (wie die Liga), sie hat einen nicht ganz einfachen Charakter und eine empfindliche Seele (wie die Liga), und sie fühlt sich schnell ausgegrenzt (wie die Liga). Im Büro gebe es deshalb Spannungen, so hört man, die manche Projekte an den Rand des Scheiterns brächten.

Grandios scheitern, das kann die Liga überhaupt am besten. Ihre Ziele sind so weitgesteckt und visionär, dass es ohne Scheitern gar nicht gehen kann. In ihrer Satzung heißt es unter anderem, die WILPF arbeite für »die totale und universale Abrüstung« sowie »die Abschaffung von Gewalt und Zwang in der Beilegung von Konflikten und ihren Ersatz durch Verhandlung und Versöhnung«. Die »totale Abrüstung« – was für ein utopischer, was für ein bitter notwendiger Traum in einer Welt, in der weltweit inzwischen rund 900 Milliarden Dollar pro Jahr für die Rüstung verschwendet werden. Ein Drittel der Summe würde laut einem Schaubild des World Game Institute genügen, um Lösungen für sämtliche großen Menschheitsprobleme zu finanzieren: Hunger, Bodenerosion, Klimakatastrophe, Wassermangel, umweltschädliche Energien, mangelnde Gesundheitsversorgung, Analphabetismus, Entsorgung von Atomwaffen und Minen, mangelnde Demokratie.

Schon ihre Gründungsmitglieder waren ihrer Zeit so weit voraus, dass Misserfolge sehr viel wahrscheinlicher waren als Erfolge. Für Jane Addams (1860–1935) waren die soziale, die Frauen- und die Friedensfrage untrennbar miteinander verbunden. In den Slums von Chicago errichtete Amerikas erste Sozialarbeiterin die pionierhafte Selbsthilfeeinrichtung »Hull House« mit Volksküche, Kindergarten und Schule, wo zahlreiche politische und kulturelle Veranstaltungen abgehalten wurden. Beunruhigt von den Kriegsnachrichten aus dem fernen Europa, gründete Addams Anfang 1915 zusammen mit einigen Suffragetten und Pazifistinnen die »Women's Peace Party«, die den Frauen das Wahlrecht und den Menschen den Frieden bringen sollte und sich wenig später in die US-Sektion der Liga umwandelte.

In der Ungleichheit der Geschlechter, vermutete eine anonym gebliebene Autorin im selben Jahr, liege eine der Ursachen für Militarismus und Krieg, »Gewalttätigkeit zu Hause, Gewalttätigkeit im Ausland, Gewalttätigkeit zwischen Individuen, zwischen Klassen, zwischen Nationen, zwischen Religionen« sei die Folge. Deshalb müsse die feministische Bewegung »gleichzeitig mit dem Kampf für die Aufhebung der Geschlechter-Ungleichheit in der Ausübung politischer Rechte [...] ihren aktiven Widerstand gegenüber dem Militarismus als die Bedrohung aller Frauen aller Nationen erklären«. Viel besser kann man auch heute die Zusammenhänge nicht ausdrücken.

Im Frühjahr 1915 stürzte sich Jane Addams in ein neues Abenteuer: Sie segelte auf einem niederländischen Schiff nach Den Haag, um den dort stattfindenden Internationalen Frauenfriedenskongress zu leiten. Rund 1.500 Damen aus kriegsführenden und neutralen Ländern, angetan mit züchtigen langen Röcken und hohen Hüten, kamen zusammen, um die sofortige Beendigung des Ersten Weltkriegs zu fordern – ein unerhörtes Ereignis in diesen patriotismusbesoffenen Zeiten. Niemals zuvor hatte es einen solchen Friedensversuch gegeben, und entsprechend ernst nahmen einige Regierungen diese »Friedensgefahr«: Deutsche Frauen wurden an der Grenze zurückgewiesen, britische bekamen kein

Visum, Ex-US-Präsident Theodore Roosevelt nannte Jane Addams' Teilnahme »töricht und unüberlegt«, und die gesamte Presse versuchte, die Frauen als naive Friedenstanten lächerlich zu machen. Trotz dieses scharfen Gegenwindes beschlossen die Damen die Gründung des Internationalen Komitees für dauerhaften Frieden, mit Jane Addams als Präsidentin, das sich 1919 in Internationale Frauenliga für Frieden und Freiheit umbenannte.

»Bei Gründung dieser Fraueninternationalen«, schrieben die dabei beteiligten deutschen Frauenrechtlerinnen Anita Augspurg und Linda Gustava Heymann später in ihren Memoiren, »fühlten sich die Gründerinnen nicht als Vertreterinnen ihres Landes, sondern als Menschen, welche sich der wirtschaftlichen, politischen und sozialen Zusammenhänge vor der ganzen Welt bewusst waren, deshalb eben hielten sie sich verpflichtet, die Lebensinteressen aller Völker zu bewahren.« Fraueninternationale – ein durchaus passender Begriff für die Liga.

Auf dem Kongress wurden Delegationen gebildet, die die Regierungen von 14 Ländern zum Friedensschluss überreden sollten. Jane Addams leitete eine Delegation, die acht europäische Hauptstädte bereiste und auch vom US-Präsidenten T. Woodrow Wilson empfangen wurde. Der Vorschlag der Frauen, neutrale Staaten als Vermittler einzusetzen und einen Bund der vereinten Nationen zu gründen, erntete jedoch nur mitleidiges Lächeln der Regierenden. Die erste UN-Friedensmission der Geschichte, lange bevor es die UNO gab, scheiterte. Der Krieg wütete weiter, zehn Millionen Menschen starben, 20 Millionen wurden verwundet und verstümmelt.

Es war für die WILPF ein kleiner Triumph, als der Völkerbund nach dem Ende des Ersten Weltkrieges nun doch gebildet wurde. Schon bevor dieser in Genf seinen Sitz aufschlug, war die Liga bereits dort. Aber Genugtuung war den Frauen nicht genug: Bei ihrer Folgekonferenz 1919 in Zürich forderten sie die Einrichtung einer internationalen Schiedsbehörde, wie sie denn auch später in Den Haag eingerichtet wurde. Außerdem verlangten sie eine Änderung der Versailler Verträge mit ihren unmäßigen Reparationsforderungen gegen Deutschland – und scheiterten erneut. Hätten die Staatsmänner Europas auf die hellsichtigen Warnerinnen gehört, dann hätte die Weimarer Republik eine Chance gehabt, und die Nazi-Bewegung hätte den »Verrat von Versailles« nicht in den Mittelpunkt ihrer Hetze stellen können. Die Weltwirtschaftskrise wäre dadurch nicht ausgefallen, aber die »New Deal«-Politik von US-Präsident Franklin Roosevelt zeigte, dass sie auch anders als mit Aufrüstung und Krieg lösbar war.

»Ich möchte ganz einfach sagen, dass es klug und weise gewesen wäre, den Frauen zuzuhören«, erklärte der Vorsitzende des Osloer Nobelkomitees, als Addams' Freundin und Reisebegleiterin Emily Greene Balch im Jahre 1946 den Friedensnobelpreis erhielt. »Von Zeit zu Zeit wäre es besser, die Männer würden nicht nur mit einem zynischen Lächeln antworten.«

In den zwanziger und dreißiger Jahren versuchten die Ligafrauen den Völkerbund so konstruktiv wie möglich zu unterstützen. Ihre Forderungen lesen sich wie heutige: Sie verlangten eine Art Frauenquote in seinen Gremien; forderten die Abschaffung der Wehrpflicht und die weltweite Abrüstung, für die sie sagenhafte neun Millionen Unterschriften sammelten; prangerten die Existenz von Privatarmeen und den internationalen Waffenhandel an; schlugen die Einrichtung eines »Komitees zum Schutz von Minderheiten« vor; protestierten gegen Zwangsarbeit in kolonialisierten Gebieten; schickten Friedensmissionen in Konfliktregionen und forderten eine neue gerechte Weltwirtschaftsordnung.

Außerdem unterstützten die Pazifistinnen voller Enthusiasmus Mahatma Gandhis gewaltfreien Kampf für die Unabhängigkeit Indiens von Großbritannien. Ab 1920 propagierte Gandhi die »Asahayoga«, die Nichtbeteiligung an den Einrichtungen der britischen Herrschaft, also den Boykott von Wahlen, Ämtern, Schulen und Gerichten, und den »zivilen Ungehorsam«, die planmäßige Übertretung der ungerechten britischen Kolonialgesetze. 1930 initiierte er einen 24-tägigen »Salzmarsch«, um in bewusstem Verstoß gegen das britische Salzmonopol das Mineral aus dem Meer zu gewinnen. Er wurde inhaftiert, und mit ihm über 60.000 seiner Anhänger. 1931 reiste er nach London, mit Zwischenstation in Genf. Die Liga war damals die einzige Organisation, die den politischen Mut hatte, ihn einzuladen und seine Ideen des gewaltfreien Widerstands öffentlich vortragen zu lassen.

In diesen Zeiten wurde Krishna geboren. 1929 kam sie in Amritsar zur Welt, in der Stadt mit den berühmten goldenen Sikh-Tempeln im Bundesstaat Pandjab. »Ich wurde in einer Familie geboren, die zwei Religionen hatte«, beginnt Krishna zu erzählen, während sie ihre Tasse zwischen den Händen hält. »Meine Mutter war Hindu und mein Vater Sikh. Ich bin ihre älteste Tochter, nach mir kamen vier weitere Söhne und Töchter. Mein Vater war Geschäftsmann und einer der wenigen modern denkenden Personen in unserer Stadt, er spielte Kricket und hatte schon mit 15 Jahren seinen Turban abgelegt. Wir Kinder feierten die Festtage beider Religionen, wir gingen zu beiden Tempeln und schauten uns die Götter und Göttinnen an. Das ging so, bis ich 15 war und den Hinduismus ablegte, so wie mein Vater mit 15 den Sikhismus abgelegt hatte.«

Inzwischen, sagt sie, sei sie eine »internationale Person« geworden. »Viele Kulturen haben sich Schicht für Schicht in mir angesammelt. Die

Menschen denken, Kultur ist, wie jemand aussieht. Ich sehe indisch aus. Aber mein Inneres hat sich im Laufe der Jahre stark geändert. Menschliche Wesen haben nun mal komplexe Identitäten.« Gandhi habe einmal gesagt, alle Menschen hätten eine Basiskultur, die in den ersten zehn Jahren ihres Lebens entstanden sei, vermittelt von der Familie. »Danach werden wir kontinuierlich von vielen verschiedenen Kulturen beeinflusst. Wenn unsere Basiskultur stark war, dann ist das, als säßen wir in einem Raum und würden die Fenster und Türen öffnen, um alle Brisen, alle Kulturen, alle Einflüsse hereinzulassen. Lasst sie hereinkommen! Sie sind fruchtbar, sie stellen die Basiskultur nicht in Frage.«

Krishna weiß ihre Worte zu betonen und mit ausdrucksstarken Gesten zu unterlegen. Sie öffnet ihre Arme wie imaginäre Fensterläden, sie spreizt die Finger, unterstreicht einzelne Sätze mit ausgestreckten Handflächen, formt mit den Händen einen Bogen Richtung Fußboden. »Bei einer Trauerweide neigen sich die Zweige immer mehr zum Wasser hin, wenn sie älter wird. Und menschliche Wesen sind auch eine Art Trauerweiden. Je älter sie sind, desto mehr neigen sie sich wieder in Richtung ihrer Wurzeln, um zu verstehen, was in ihrer Lebensreise passiert ist. Ich bin jetzt in diesem Stadium. Ich habe mich gefragt, wer ich bin. Und meine Antwort ist: Ich war überall eine Fremde. Ich habe keine Heimat, ich gehöre nirgendwohin.«

1942 erlebte sie dieses Gefühl zum ersten Mal. »Wir wanderten nach Bombay aus. Mein Vater glaubte, er könnte dort gute Geschäfte machen. Wir kamen als Migranten dorthin, und wir verstanden die Sprache nicht.« Man müsse sich vergegenwärtigen, sagt Krishna, dass Indien ungefähr so groß wie der ganze europäische Kontinent sei und eine ungeheure Vielfalt an Kulturen, Sprachen, Religionen und Ethnien besitze: »Es gibt allein 26 indische Hauptsprachen, etwa so viele wie in ganz Europa.«

Ihre Muttersprache sei Pandjabi gewesen, »und die Schrift, die ich von meiner Mutter lernte, war aus dem Heiligen Buch der Sikhs. Ich lernte sie, indem ich bei ihr saß und sie daraus vorlas. Hindi, meine zweite Sprache, lernte ich in der Schule. Meine Mutter entschied in ihrer Weisheit, ich sollte außerdem Englisch lernen, um Anschluss an die Moderne zu erhalten. Sie selbst hatte nie die Chance, in die Schule zu gehen, deshalb war sie auf die Ausbildung ihrer ältesten Tochter so versessen. Sie puschte mich geradezu in diese Richtung. Wir lebten damals unter britischem Kolonialismus, und ohne Englisch gab es kein Weiterkommen. Um in die Schule zu gehen, musste man damals mindestens fünf Jahre alt sein, aber ich war erst dreieinhalb. Sie konnte nicht abwarten, sie war so versessen, mich einzuschulen. Sie übte einen ungeheuren Druck aus.«

Als die Familie nach Bombay umzog, war Krishna 13. Sie wurde in eine Schule geschickt, in der Gujarati gesprochen wurde. »Es war keine der normalen Schulen, in denen die Schüler britisch erzogen wurden, sondern eine, in der indische Geschichte, Politik und Literatur in indischen Sprachen gelehrt wurde, in der den Schülern beigebracht wurde, sich gegen den Kolonialismus zu wehren.«

Und dann sei der 9. August 1942 gekommen, ein »Markstein« in der Geschichte Indiens und in ihrer eigenen Biografie. »Gandhi hielt seine berühmte Rede ›Quit India‹, in der er die Kolonisatoren zum Verlassen unseres Landes aufrief, in unserer Schule! Danach wurde er festgenommen und kam ins Gefängnis. Und ich war in dieser Versammlung! Ich verstand allerdings nur zwei Worte: ›Unabhängigkeit‹ und ›Verlasst Indien!‹ Als Gandhi verhaftet wurde, streikten Lehrer und Schüler. Eine Gruppe von Schülern, darunter ich, entschloss sich, Steine in die Hand zu nehmen – wie heutzutage die Palästinenser. Wir wollten, dass auch die andere Schule neben unserer schließen muss. Ich kann nicht behaupten, dass ich verstanden hätte, was sich hier abspielte, aber ich machte mit. Zehn oder zwölf Schüler gingen also in Richtung dieser Schule und warfen Steine. Dann kamen britische Soldaten. Sie versuchten, alle Jungen und Mädchen auf einen Lastwagen zu hieven und in die Polizeistation zu bringen. Einer kam zu mir. Ich war kleiner und vielleicht auch jünger als alle anderen. Er sagte zu jemand anders: ›Lasst diese, sie ist zu klein.‹ Das war die größte Enttäuschung meines Lebens!« Sie lacht herzlich. »Gandhi hatte doch gesagt, wir sollten uns alle verhaften lassen. Und das gelang mir nicht!« Kleine Pause. »Ist die Geschichte gut?«

Krishna ging also nach Hause, wo ihre Mutter schon sorgenvoll wartete. »Lastwagen brannten, es fielen Schüsse, es floss Blut.« Gandhi habe natürlich keine Gewalt gewollt. »Seine Strategie war, die Gefängnisse zum Überquellen zu bringen, jeder sollte sich festnehmen lassen. Das passierte tatsächlich. Die Sicherheitskräfte wurden angewiesen, niemanden mehr zu verhaften, weil die britischen Behörden die Sache nicht mehr managen konnten.«

1947 hatte Gandhi sein Ziel erreicht: Indien wurde in die Unabhängigkeit entlassen. Aber auf sehr andere Weise, als er sich das gewünscht hatte. Die immer blutigeren Zusammenstöße zwischen Hindus und Moslems konnte er nicht verhindern, der Subkontinent wurde geteilt, Pakistan entstand. Ein Jahr später starb der Führer der gewaltfreien Bewegung eines gewaltsamen Todes: Er wurde von einem fanatischen Hindu erschossen.

1947 hatte auch Krishna ihr Ziel erreicht: Sie durfte mit gerade mal 17 Jahren nach England reisen, um Jura zu studieren. »Meine Eltern wollten mich eigentlich in eine arrangierte Ehe schicken, sie hatten potenziellen Bewerbern Fotos von mir gegeben. Ich fragte meinen Vater: ›Warum benutzt ihr nicht das Brautgeld, um mir eine akademische Ausbildung zu finanzieren?‹ Irgendwoher musste ich diese Idee aufgeschnappt haben. Und mein Vater willigte ein. Ich wurde also mit 17 auf einen anderen Kontinent zum Lernen geschickt, als eines der ersten indischen Mädchen überhaupt. Das Schiff, mit dem ich reiste, war das letzte, das mit britischen Truppen und Kricket-Spielern an Bord Indien verlassen hatte. Mein Vater, der verschiedene Sorten Nüsse exportierte, machte immer gerne den Witz, mir zu sagen, dass die größte Nuss, die er jemals exportiert habe, Krishna heiße.« Sie lacht. »Ist die Geschichte gut?«

1947 hatte die Frauenliga kein einziges ihrer Ziele erreicht. Der Zweite Weltkrieg hatte 60 Millionen Tote gefordert, Europa lag in Trümmern, die Überlebenden hungerten. In der Zeit von Nationalsozialismus und Krieg hatte die Liga nur noch unter schwierigsten Bedingungen arbeiten können; die deutsche Sektion zählte zu den ersten Organisationen, die nach Hitlers Machtantritt verboten worden waren. Viele Frauen emigrierten oder beteiligten sich im Widerstand, andere kamen in den Todeslagern der Nazis um. Nur die dänische Sektion hatte noch eine Weile offen arbeiten können, ihre Mitglieder retteten jüdische Kinder aus Wien und halfen dänischen Juden bei der Flucht. Radikalpazifistinnen wie die US-Amerikanerin Emily Greene Balch, die erste Generalsekretärin der Liga, gerieten während des Krieges in heftige Gewissenskonflikte und befürworteten schließlich das militärische Eingreifen der Alliierten. So stark wie in früheren Jahren, mit Mitgliederzahlen zwischen 50.000 und 60.000, wurde die Liga nie wieder.

Im Leben von Krishna aber ging es vorwärts. Sie studierte an derselben Rechtsfakultät, an der sich einst Gandhi eingeschrieben hatte. »Mit 18 begann ich zu arbeiten, mein Vater konnte mir kein Geld mehr schicken. Damals gab es noch kaum Jobs für Studenten. Die meisten kamen ja aus reichen Familien und hatten das nicht nötig. Ich hatte verschiedene Jobs, unter anderem beim BBC, wo ich Übersetzungsarbeiten machte. Der Mann, der mich einstellte, war mein späterer Ehemann.« Aus dieser ersten Ehe Krishnas entstammt ein Sohn.

In England habe sie »eine Menge Rassismus« erlebt. »Die Leute fragten mich: ›Lebt ihr in Indien in Häusern?‹ Ich antwortete: ›Nein, wir leben wie die Affen auf Bäumen.‹« Deshalb habe sie auch gegen das Apartheidsregime in Südafrika demonstriert: »Rassismus – na, das verstand ich, denn ich war selbst ein Opfer des Rassismus. Ich bekam mehrmals keine Wohnung, als die Vermieter mich sahen. Einer sagte mir: ›Okay, du bist nicht so dunkel, geht in Ordnung.‹ Aber am nächsten Tag war ich immer noch braun im Gesicht. Eine Vermieterin schmiss mich raus, weil ich Marx- und Engels-Fotografien im Zimmer hängen hatte. Als ich nach Hause kam, fand ich meine Bücher und Koffer auf der Straße wieder. Die Vermieterin gehörte der konservativen Tory-Partei an, sie redete jeden Tag auf mich ein, es sei falsch gewesen, dass die Briten Indien verlassen hätten.«

Hinter Krishnas launiger Erzählung ist Bitterkeit zu spüren. Als Frau und als Dunkelhäutige hat sie gleich doppelt Diskriminierung erlebt, das ist ihr empfindlicher, vielleicht allzu empfindlicher Punkt. Als sie im Sommer 2001 auf der UN-Konferenz gegen Rassismus im südafrikanischen Durban die Liga zum ersten Mal als Präsidentin vertrat, warf ihr eine schwarze US-Amerikanerin vor, für den antirassistischen Kampf nicht dunkel genug zu sein. Dieser blödsinnige, umgekehrt rassistische Anwurf hat Krishna offenbar so tief verletzt, dass sie im Gespräch darüber ihrerseits die Verhältnismäßigkeit verliert. »Die Liga akzeptiert meine Farbe nicht«, sagt sie, jedes Wort betonend. Erst im Laufe des Gespräches korrigiert sie: »Einige Mitglieder der Liga.«

Gandhi, sagt Krishna, »war der Erste, der einen starken Einfluss auf mich ausübte, in England wurden es Marx und Gorki. Irgendjemand hatte mir Gorkis Roman ›Die Mutter‹ gegeben. Als ich ihn las, wollte ich unbedingt Sozialistin werden, aber ich wusste nicht, welche Art von Sozialistin. 1954/1955 nahm ich an einem Schulungskurs teil, einem Abendkurs in dem früheren Haus von Marx in London.«

Das waren die Zeiten, in denen der Kalte Krieg Europa erbarmungslos teilte und die Frauenliga erneut scheitern ließ. Nach dem Zweiten Weltkrieg waren die Vereinten Nationen gegründet worden, von Anfang an enthusiastisch unterstützt durch die Liga, die als eine der ersten Nichtregierungsorganisationen einen Beraterstatus beim Wirtschafts- und Sozialrat der UNO erhielt. 1948 wandte sich die Liga gegen die Gründung der NATO, die die Aufteilung der Welt in Ost und West festschrieb – vergeblich. Während in Ostdeutschland die Reste der Liga in der Demokratischen Frauenföderation aufgingen oder aufgegangen wurden, gründete die neu organisierte westdeutsche Sektion 1951 das Aktionskomitee gegen deutsche Remilitarisierung, das sich für ein neutrales Deutschland einsetzte – vergeblich. 1953 legten die Frauen den UN-Gremien den Vorschlag für einen Welt-Waffenstillstand und weltweite Abrüstungsverhandlungen vor – vergeblich. 1955 protestierte die Liga gegen den Beitritt der Bundesrepublik in die Verteidigungsgemeinschaft der Westeuropäischen Union – vergeblich. 1955 schlug Gertrude Baer, die damalige Repräsentantin der Liga bei der UNO, eine Studie über Sonnenenergie als Ersatz für Atomkraft vor – vergeblich. 1957 protestierte die westdeutsche Sektion als Teil der Bewegung »Kampf dem Atomtod« gegen die Lagerung von Atombomben in der Bundesrepublik – vergeblich. 1962 forderte die Liga eine 18-Staaten-Konferenz in Genf zur konsequenten Abrüstung aller atomaren, biologischen und chemischen Waffen – vergeblich.

Das heißt jedoch überhaupt nicht, dass es überflüssig oder vergeblich war, diese Forderungen aufzustellen – ganz im Gegenteil. Die Liga hat es so immer wieder verstanden, sehr frühzeitig Wegweiser in die politische Landschaft zu setzen.

In den fünfziger Jahren scheiterte noch etwas anderes – Krishnas Traum vom privaten Glück. Von ihrem früheren Mann spricht sie stets nur als »die Person, die ich geheiratet habe«. »Er war nicht so begeistert davon, dass ich höher gebildet war als er. Er war ein Radio-Reporter und Moslem, aber er war nicht religiös, sondern Marxist. Es wurde immer schwieriger mit dieser Person, die ich geheiratet hatte. Wegen seines Alkoholismus. Und weil er meinen höheren Bildungsgrad nicht verarbeiten konnte. So entschied ich mich im Jahre 1955, ihn und das Kind zu verlassen.« Krishna redet plötzlich sehr leise.

Wenig später begann für sie ein neuer Zeitabschnitt: ihre Arbeit für die UNO, die insgesamt 25 Jahre dauern sollte, davon 18 Jahre für die Internationale Arbeitsorganisation ILO. »Ich habe in diesen Jahren ungefähr 60 verschiedene Kulturen bereist und kennen gelernt«, berichtet sie. »Gorki sagt: Man lernt in der Universität des Lebens. Ich glaube, ich habe eine Menge von der UNO gelernt, es war die größte Universität, die ich jemals betreten habe, es war eine Welt der Ideen und ein Privileg, dort arbeiten zu dürfen. Ich versuchte, dort so viel wie möglich zu lernen, aber ich denke, es war immer noch zu wenig.«

1962/63 begann sie, als Rechtsberaterin der ILO in Äthiopien zu arbeiten. »Meine erste Arbeitswoche verbrachte ich in der Afrikahalle von Addis Abeba, die dem Palast des früheren äthiopischen Kaisers Haile Selassi direkt gegenüber lag. Dort teilte ich einen Raum mit jemand anders, denn ich war in der Hierarchie ganz unten. Man sah noch die Einschusslöcher von der Revolution, die stattgefunden hatte, als Haile Selassi zum Abgang gezwungen wurde. Damals war die Zeit der Dekolonisierung in Afrika, und es gab viele Ideen, wie dieser Kontinent wiederauferstehen würde. Es herrschte ein gewaltiger Optimismus, und ich war sehr glücklich, daran teilzunehmen. Einige historische Ereignisse habe ich mit eigenen Augen gesehen. Ich habe die afrikanischen Führer Nkrumah, Nyerere, Nasser erlebt. Meinen ersten Bericht für die UNO schrieb ich über Auslandsinvestitionen. Ich zeigte damals schon, dass die Investoren nicht gewillt sind, den Menschen Technologie und Bildung zu bringen. Das wurde schon 1964 publiziert, das muss man sich mal vorstellen!«

In Afrika sei sie Feministin geworden. »Ich hatte schon zuvor herausgefunden, dass nicht nur indische, sondern auch englische Frauen geschlagen wurden, in den Pubs, wo ich die Person, die ich geheiratet hatte, immer suchen musste. Und dann sah ich dasselbe in Äthiopien.« Damals sei sie eine der ersten weiblichen Führungskräfte der UNO gewesen. »Jedes Mal, wenn ich über die Flure lief, wurde ich gefragt: ›Sind Sie Sekretärin?‹ Schon das kann einen zur Feministin machen – innerhalb einer Minute. Aber ich brauchte mehr als eine Minute dafür. Außerdem war ich nicht verheiratet. Ich lebte mit einem Ökonomen zusammen, der zwei Kinder hatte, ich hatte eines, also hatten wir drei. Meine Kollegen sagten: ›Mein Gott, du hast drei illegitime Kinder!‹ Auch das kann einen innerhalb einer Minute zur Feministin machen.«

Immer wieder habe sie erlebt, dass die politischen Führer Frauen nicht zuhören wollten. »Wenn ich eine Idee äußerte, wurde sie von einem Mann aufgegriffen und als seine ausgegeben. Das passierte mir sehr oft, in Afrika oder in der UNO. Ich fragte mich: Wie schafft es dieser Mann, meine Idee als seine auszugeben? Und nach dem Treffen zu behaupten: Du hast nichts zu sagen?« Aber in den sechziger Jahren habe der Feminismus als Konzept oder Bewegung schlicht noch nicht existiert. »Es gab nur Frauenprobleme, Frauenfragen, weibliche Hysterie. Es gab Frauen, die immer versuchten, nett zu Männern zu sein, charmant und verführerisch, um einen Job zu kriegen. Aber das funktionierte nicht. Bei mir erst recht nicht, denn ich war Frau und Inderin, und das in Afrika, wo man gerade die Nichtafrikaner loswerden wollte. Das war eine andere Art von Rassismus.«

Damals habe sie in Addis Abeba Richard Pankhurst und seine Frau Rita kennen gelernt. Richards Tante Emily Pankhurst war eine berühmte britische Suffragette, seine Mutter Sylvia ebenfalls, bis sie Sozialistin wurde und sich während des Befreiungskampfes der Äthiopier gegen die italienischen Kolonisatoren auf die Seite Äthiopiens schlug. »Äthiopien hat Italien in vielen Kriegen geschlagen. Die Erinnerung daran ist ausgelöscht, denn für die Europäer ist es undenkbar, dass sie von Afrikanern geschlagen werden.« Krishnas Stimme wird merklich lauter. »Jetzt werde ich ein wenig ärgerlich«, gibt sie zu.

Das Gerede von der »westlichen Zivilisation« mache sie wütend, sagt sie. »Die Demokratie wurde doch nicht nur in Griechenland erfunden! Es gibt so viele uralte Kulturen, aber die vorgriechische und vorrömische Geschichte wird wie mit dem Messer abgeschnitten. Damit die Geschichte der westlichen Weißen übrig bleibt. Auch in der Liga gibt es hauptsächlich weiße westliche Frauen. Aber mein Ursprung ist indisch, meine Haut ist dunkel, mein Stil ist anders. Im Zweifel für den Angeklagten – das gilt nicht für mich. Weil ich nicht weiß bin.« Als sie 2001 den Posten als Präsidentin der Liga antrat, habe ihre erste Rundmail an die Mitglieder gelautet: »Es ist mein Ehrgeiz, die WILPF zu einer rassismusfreien Zone zu machen.« Europa sei in den letzten Jahren rassistischer geworden, und auch in der Liga gäbe es Rassismus.

Andere Ligafrauen sehen das anders. In der Organisation sei manchmal eine unangenehme Art von Maternalismus gegenüber Nichtweißen zu spüren, aber das sei etwas anderes als manifester Rassismus, sagen sie. Kritik an der Präsidentin sei kein Rassismus, Krishna tendiere dazu, politische oder persönliche Konflikte als rassistische Konflikte wahrzunehmen. Ihre Probleme mit anderen lägen eher in ihrem Klassen- als in ihrem Rassenhintergrund, sie benehme sich im Genfer Büro wie eine Person aus der indischen Oberschicht, die es gewöhnt sei, dass ihr Hausangestellte zur Verfügung stünden.

Bei der internationalen Jahresversammlung der Liga im Herbst 2003 in Paris waren die Spannungen überdeutlich. Aber statt eine offene Diskussion darüber zu führen, warum die Alltagsarbeit im Genfer Büro nicht funktionierte, weshalb sich Präsidentin und Internationale Sekretärin mehr beharkten als kooperierten, verschanzten sich die Ligafrauen hinter einer Satzungsänderungs-Debatte. Krishna Ahooja-Patel und ihre Amtsvorgängerin Edith Ballantyne befürworteten den Ersatz der Generalsekretärin durch zwei Personen, während die Sektionen umgekehrt die Präsidentin in ihre Schranken gewiesen sehen wollten. Kurz vor Weihnachten 2003 trat die Internationale Sekretärin Silvi Sterr von ihrem Posten zurück, das Genfer Büro ist seitdem nur noch eingeschränkt arbeitsfähig. Desorganisation als Produkt von mangelnden Ressourcen und kleingeistigen Konkurrenzien – das war, wie bei vielen Frauenorganisationen, immer auch das zweite Gesicht der Liga.

Nein, ein echtes Rassismusproblem in der WILPF könne sie nicht sehen, sagt auch Barbara Lochbihler, von 1992 bis 1999 Generalsekretärin der Liga und inzwischen deutsche Generalsekretärin von Amnesty International. Die Ligafrauen hätten sich stets als Internationalistinnen verstanden und freundschaftliche Beziehungen mit den Frauen in den Befreiungsbewegungen Asiens, Afrikas und Lateinamerikas gepflegt, mit der palästinensischen PLO, der salvadorianischen FMLN oder der FRETILIN in Osttimor. »Es gab da keine Konfrontationen, wir haben sie unterstützt und dennoch nicht versucht, sie der Liga einzugliedern.« Aber es sei nicht zu leugnen, dass in der Organisation angelsächsisch geprägte und finanziell selbstständige Frauen dominierten, denn den anderen fehlten vielfach die Mittel, regelmäßig an internationalen Treffen teilzunehmen. Ein Großteil des knappen Budgets sei zwar für die Reisekosten von mindestens je einer Delegierten aus den südlichen und östlichen Ländern reserviert, aber das reiche nicht aus. In den armen Ländern seien die Sektionen nicht so groß wie in den reichen, weil die Frauen dort ums tägliche Überleben kämpfen müssten: »Eine halbwegs entwickelte Zivilgesellschaft, die sich für internationale Politik interessiert, muss es schon geben, zudem braucht es Möglichkeiten für Frauen, sich im öffentlichen Raum zu äußern. Sonst bleibt die Liga auf wenige Frauen aus der liberalen Oberschicht begrenzt.« Aber gerade die indische Sektion sei nicht klein gewesen. Sushila Nayer, einst Gandhis persönliche Ärztin und erste Gesundheitsministerin im unabhängigen Indien, war Vizepräsidentin der Liga und Mitorganisatorin des WILPF-Kongresses 1970/71 in Neu Delhi, bei dem Ligafrauen durch Ministerpräsidentin Indira Gandhi empfangen wurden.

Nach ihrer Zeit in Addis Abeba kehrte Krishna nach Genf zurück und schrieb als Journalistin für indische Zeitungen. Danach war sie erneut für die ILO tätig. »Als ich 1974 in der Arbeitsrechtabteilung der ILO tätig war, sollte eine Konferenz zum Thema Frauen und Bildung im englischen Cambridge stattfinden. Die Einladung landete in unserem Büro, mein Boss guckte drauf: ›Ach, Frauentreffen. Hier gibt es doch eine Frau, schikkt sie hin.‹ Ich bin ihm dafür sehr dankbar. Denn das war der Beginn meiner Ausbildung in Sachen Feminismus und Frauenfragen. Es war eine aufregende Konferenz, ich traf viele Frauen aus anderen Ländern. Ich kam zurück und schrieb meinen Bericht für meine Organisation, und mein Boss schrieb drunter: ›Komplett irrelevant für die ILO.‹« Sie lacht. »Good story?«

Danach habe sie ihr Chef loswerden wollen. Er habe behauptet, sie lache zu viel, und sie habe ihren Jahresbericht nicht pünktlich abgeliefert. Also sei sie in die ILO-Abteilung für Arbeiterinnenfragen gegangen. »Niemand wollte das machen, denn es wurde als eine niedere Arbeit betrachtet, ohne Ansehen, ohne Status, nur harte Arbeit. Dort wurde ich eine professionelle Feministin. 1974 arbeiteten anderthalb Personen für die Hälfte der Weltbevölkerung – eine Hauptamtliche und eine Halbtags-Sekretärin. Die andere Person war Schweizerin, sie war in Urlaub, als ich eingestellt wurde, und niemand sagte mir, was ich eigentlich tun sollte. Ich war verwirrt und unglücklich. Kein einziger ILO-Kollege wollte mit mir reden. Niemand dachte, es sei wichtig, was ich tue. Außer mir. Ich brauchte ungefähr zwei Jahre, um eine Idee zu entwickeln, die Geschichte in der ILO machte. Ich gab nämlich von 1977 bis 1987 ein Journal heraus, ›Women's Network‹. Ich war die Herausgeberin der einzigen UN-Zeitschrift über Frauennetzwerke; sie wurde unter den Nichtregierungsorganisationen von 67 Ländern verbreitet und gelesen.«

Aber die ILO habe ihr auch das nicht gedankt. »Sie wollten mich insgesamt dreimal loswerden. Sie haben mich mit bürokratischer Arbeit zugeschüttet, ich musste zahllose Memoranden schreiben, sie beschnitten meinen Lohn, weil sie sagten, wenn dieses Journal so wichtig sei, dann könne ich es auch zu Hause erstellen. Meine Chefin war Russin – das war im Kalten Krieg –, und die Russen sagten: ›Das Journal ist uns egal, solange es von einer Person aus einem blockfreien Staat wie Indien herausgegeben wird.‹ Sie akzeptierten mich. Aber sie wollten dort kein Material veröffentlichen, weil es sich um Frauenkämpfe handelte. Die Formulierung ›Arbeitsteilung der Geschlechter‹ musste gestrichen werden. Drei Ausgaben lang musste ich mit meiner russischen Chefin kämpfen, weil sie jedes Mal im Wörterbuch nachschaute, ob dieses oder jenes Wort noch akzeptabel sei. Ja, so war das. Ist das eine gute Geschichte?«

Frauen seien die Hälfte der Weltbevölkerung, verrichten zwei Drittel der Arbeit, verdienten ein Zehntel und besäßen ein Prozent des Eigentums – diese überall zitierte und auf vielen Plakaten prangende UN-Statistik würde ich doch bestimmt kennen? Die stamme ursprünglich von ihr, sagt Krishna. »Ich habe sie 1978 zusammen mit befreundeten Statistikern von der Demografischen Abteilung der UNO erstellt. Heute möchte ich der Welt gerne mitteilen, wie schwierig es war, diese drei kleinen Zeilen zu veröffentlichen. Die ganzen Jahre habe ich verschwiegen, dass ich die Autorin war. Die ILO wollte sie zuerst nicht glauben, weil ich nicht westlich bin.«

Inzwischen aber habe die Globalisierung die Ungleichheit zwischen Männern und Frauen noch vergrößert, Frauen besäßen jetzt noch weniger als ein Prozent. »Sie arbeiten nun vor allem im Dienstleistungssektor, sie kommen nicht an Landtitel oder Eigentum. Wenn sie überhaupt etwas besitzen, dann in der westlichen Welt.«

1980 hielt die UNO eine Frauenkonferenz in Kopenhagen ab, und der damalige UN-Generalsekretär Kurt Waldheim sollte eine Rede halten. »Er sandte einen seiner Assistenten von New York zu allen UN-Unterorganisationen; dieser sollte herausfinden, an was sie gerade arbeiteten. Er fragte auch mich: Was macht die ILO für die Frauen? Ich gab ihm diese dramatische Statistik. Er sagte: ›Das glaube ich nicht.‹ Meine Statistiken landeten dennoch im New Yorker UN-Büro und in Waldheims Rede. Danach fragte die UNO die ILO: ›Wie habt ihr das ausgerechnet?‹ Die

ILO antwortete: ›Wir wissen es nicht.‹« Sie lacht über ihre gelungene Subversion. »Good story?«

Damals, in der Kopenhagener Konferenz, sei ihr klar geworden, dass »nicht nur in Krishna, sondern in der ganzen Welt« ein Wandel stattgefunden habe. »Frauenleben, Frauengesundheit, Frauenarbeit, Reproduktion – all diese Themen bekamen einen Nachrichtenwert. *Das* war die soziale Revolution, als meine Geschichte, deine Geschichte, Herstory zur Nachricht wurde.« Auch in Zukunft werde diese Revolution der Frauen nicht mehr rückgängig zu machen sein. »Die Frauen werden nicht an Heim und Herd zurückkehren. Niemals. Niemals. Niemals. Die Revolution hat die UNO verlassen, und das war's.« Krishna unterstreicht diese Sätze mit energischen Handbewegungen.

Den Aufschwung durch die neue Frauenbewegung ab 1968 beflügelte auch die Liga. Sie beteiligte sich an den Protesten gegen den Vietnamkrieg, am Widerstand gegen die Stationierung atomarer Mittelstreckenraketen in Europa, am Frauencamp im britischen Greenham Common. Unter dem Slogan »Sei ein Star!« (»**S**top **T**he **A**rms **R**ace, abgekürzt STAR) sammelte die WILPF im Jahre 1982 weltweit eine Million Unterschriften für die Abrüstung. Die Sektion in Sri Lanka verband damit eine Kampagne zur Schließung von US-Basen im Indischen Ozean, die britische forderte die Abschaffung der atomaren »Trident«-U-Boote. Am 8. März 1983 demonstrierten zehntausende von Frauen vor dem NATO-Hauptquartier in Brüssel und übergaben die Unterschriften. Mit dabei: WILPF-Mitglied Coretta King, Witwe des ermordeten schwarzen Bürgerrechtlers Martin Luther King, die Grünen-Gründerin Petra Kelly, die Schriftstellerin und Philosophin Simone de Beauvoir und die jetzige deutsche Entwicklungsministerin Heidi Wieczorek-Zeul. Diesmal scheiterte die Liga nicht: 1987 wurde der Vertrag zum Abzug der atomaren Mittelstreckenraketen unterzeichnet.

Auch bei der Durchsetzung der Frauenrechte ging es geradezu stürmisch voran. Den Anfang machte die UN-Konferenz 1985 in Nairobi, bei der zum Abschluss der UN-Frauendekade über 14.000 Frauen aus 159 Nationen zusammenkamen. »Frauenrechte sind Menschenrechte«, hieß es auf der UN-Menschenrechtskonferenz 1993 in Wien. Die Frauen sind auf allen Ebenen der Politik einzubeziehen, war der Tenor der UN-Frauenkonferenz 1995 in Peking.

Krishna reiste damals ebenfalls nach Peking, in einem »Friedenszug« von 200 Frauen und zehn Männern. Sie dampften von Helsinki bis nach China, passierten 24 Länder und diskutierten bei ihren Zwischenhalten mit Vertreterinnen von Parteien und Frauenorganisationen. WILPF-Generalsekretärin Barbara Lochbihler hatte diese völkerverbindende

Meisterleistung organisiert, und sie sagt noch heute: »So etwas kann man nur machen, wenn man verrückt ist, an die Idee und die Mitfrauen glaubt.« Zuerst sei die Aktion unmöglich erschienen, sie hätten unzählige bürokratische Hindernisse überwinden müssen. Doch wenn Ligafrauen sich etwas in den Kopf setzten, dann würden sie auch die chinesische Mauer überwinden, sagt Barbara Lochbihler. Der Friedenszug und das von der Liga koordinierte Frauenfriedenszelt auf der Pekinger Konferenz, das auch die chinesische Regierung nicht habe verhindern können, seien »eine grandiose Geburtstagsaktion für die ehrwürdige Liga« gewesen, »die damit ihren 80. Geburtstag feierte und viele aktive Mitstreiterinnen fand«.

Krishna hatte seinerzeit ihren letzten Posten als Vizedirektorin am UN-Institute of Research and Training for the Advancement of Women in der Dominikanischen Republik verlassen und fungierte für fünf Jahre als Präsidentin der Women's World Summit Foundation. Sie gab einen Newsletter heraus, der sich »75 Prozent« nannte, weil Frauen und Kinder zusammen 75 Prozent der Weltbevölkerung ausmachen. »In dieser Organisation, die vor allem durch die Schweiz bezahlt wurde, wollte man nicht über Feminismus reden und auch nicht über die Gebaren der multinationalen Konzerne«, sagt sie. »Als ich dann in dem Zug voller Aktivistinnen aus aller Welt saß, fühlte ich mich sehr wohl, intellektuell, politisch und persönlich. Freundschaften entstanden. Und so bin ich zur Liga gekommen.«

In den neunziger Jahren begannen für Krishna gleich zwei neue Leben: in der Liga und in der Wissenschaft. Sie wurde Professorin und Lehrbeauftragte an verschiedenen Universitäten Kanadas und veröffentlichte Bücher wie »Frauen und nachhaltige Entwicklung« oder »Die ökonomische Aktivität von Frauen – ein globaler statistischer Überblick«. Als sie Mitte 2001 als erste Nichtweiße zur Präsidentin der WILPF gewählt wurde, war eine ihrer ersten Amtshandlungen die Teilnahme bei der UN-Konferenz gegen Rassismus im südafrikanischen Durban. »Einige Kilometer von dieser Stadt entfernt wurde Mahatma Gandhi an einem kalten Morgen des Jahres 1898 aus einem Zug geworfen«, erinnerte sie die Ligafrauen in ihrem Internet-»Bericht aus Durban«. »Das veränderte sein Leben, er schuf neue politische Werkzeuge der Wahrheit und der Gewaltfreiheit.« Nun, über 100 Jahre später, hatten sich an die 2.000 Nichtregierungsorganisationen in Durban versammelt und beschäftigten sich mit dem »Horror der Apartheid, mit der Grausamkeit der Sklaverei und der Armut von Millionen Menschen, die aus der Gesellschaft ausgeschlossen und ihrer menschlichen Würde beraubt werden. Einige wenige Milliardäre, die heute mehr besitzen als die 45 ärmsten Länder zusammen, haben die ökonomische Globalisierung zu einem Projekt des Imperialismus und der Rekolonialisierung der Mehrheit der Weltbevölkerung gemacht.«

In ihrem Heimatland Indien sind die sozialen Verwerfungen der Globalisierung besonders heftig zu spüren; sie bringen immer wieder gewalttätige Konflikte hervor, die vor dem Hintergrund des kollektiven Traumas der Abtrennung Pakistans als religiöse Pogrome ausgetragen werden. Im Februar 2002 brannten Unbekannte einen Zug mit Hindu-Pilgern im indischen Bundesstaat Gujarat nieder, im Gegenzug ermordeten fanatische Hindus über 2.200 Moslems, die Mehrheit davon Frauen und Kinder. Zehntausende wurden Opfer bestialischer sexualisierter Gewalt. »Die Ärmsten, die Kaste der Unberührbaren, wurden auf die Zweitärmsten, die Moslems, gehetzt«, kommentierte die indische Globalisierungskritikerin Arundhati Roy bitter. Narendra Modi, Ministerpräsident von Gujarat und aktives Mitglied der extremistischen Hindumiliz RSS, hatte seine Polizei offenbar angewiesen, den mörderischen Mob gewähren zu lassen. »Wenn er Saddam Hussein wäre, hätte man jede seiner Gräueltaten auf CNN mitverfolgen können«, so Arundhati Roy weiter. »Aber da er nicht Saddam Hussein ist und da der indische Markt den globalen Investoren offen steht, bringt ihn das Massaker noch nicht einmal ansatzweise in Bedrängnis.« Bis heute ist in keinem der rund 500 anhängenden Prozesse ein Täter verurteilt worden, im Gegenteil: Die überlebenden Opfer wurden von den Behörden verhöhnt und zum Schweigen gebracht.

Die fanatische Hindumiliz RSS (Nationaler Freiwilligen-Bund) hatte sich 1925 gegründet, um in Gegnerschaft zu Mahatma Gandhi für einen reinen Hindustaat zu kämpfen; auch Gandhis Mörder kam aus den Reihen der RSS. Gandhi, der aus Gujarat stammte, hatte in der Stadt Ahmedabad 1922 die Gujarat Vidyapith Universität gegründet, ihrem Institut für ökonomische Gerechtigkeit und Entwicklung stehen heutzutage Krishna Ahooja-Patel und ihr jetziger Mann als Direktoren vor. Krishna war persönlich anwesend, als die Massaker begannen: »Ich war gerade dabei, nach Genf abzureisen, als ich die halbe City unter Rauch sah. Das Eigentum der Moslems wurde zerstört und niedergebrannt. Und die Polizei schaute weg und schritt nicht ein.«

Sie stöhnt, es sind furchtbare Erinnerungen, die sie befallen. »Dieses Massaker war nicht spontan, es war systematisch geplant worden, so ähnlich wie in Nazi-Deutschland. Die Extremisten nutzten die Technologie des Internets, um herauszufinden, welcher Ladenbesitzer ein Moslem ist, welcher Laden und welche Wohnung niedergebrannt werden sollen. Zum Beispiel der in der Mitte, der links aber nicht, der rechts auch nicht. So etwas hatte es in dieser organisierten Form in Indien noch nie gegeben. Da sind solche entsetzlichen Dinge passiert, dass ich die Einzelheiten gar nicht beschreiben kann, dass ich momentan nicht darüber reden kann.«

Sie stöhnt erneut. »Das hat mich in einer Weise attackiert, dass ich sagte: ›Nein, ich will zu keiner Nation gehören, wo so etwas stattfinden konnte, ich will auch keine Verbindung mehr zu diesem Land haben.‹« Erst nach und nach habe sie sich beruhigen und ihre Gefühle in Aktivität umleiten können. »Im März 2003 hielt ich dort ein großes Seminar über Frauen, Gewaltfreiheit und Frieden ab, auf demselben Campus, auf dem Gandhi sein Konzept der Gewaltfreiheit entwickelt hatte. Wir luden Frauen von beiden Seiten ein und fragten sie, wie ein Prozess der Heilung aussehen könnte. Der dort entwickelte Friedensplan sah vor, dass Hindus und Moslems zusammenkamen, ihre Kinder wieder zusammen spielten, dass man gemeinsame Treffpunkte, Spielplätze, Büchereien betrieb, damit nicht noch mehr Ghettos entstünden. Die Stadt war ja strikt geteilt zwischen Hindus und Moslems.« Diese Konferenz sei die angespannteste und bewegendste gewesen, die sie in ihrem langen erfahrungsreichen Leben erlebt habe. Der Friedensplan sei dann später umgesetzt worden: »Es haben viele Menschen damit gearbeitet, auf beiden Seiten. Aber Narendra Modi, der Mann, der das Massaker zuließ, ist leider immer noch Ministerpräsident der Provinzregierung.«

Das Friedensseminar fand damals unter ausdrücklichem Verweis auf die Resolution 1325 des UN-Sicherheitsrates statt. Diese Resolution war eine Revolution in der Geschichte des Weltsicherheitsrates, »der Beginn einer neuen Ära«, wie die UN-Frauenorganisation Unifem jubelte. Am 31. Oktober 2000 hatte der Herrenclub Sicherheitsrat die UN-Mitgliedsstaaten einstimmig dazu aufgefordert, »dafür zu sorgen, dass Frauen in den nationalen, regionalen und internationalen Institutionen und Mechanismen zur Verhütung, Bewältigung und Beilegung von Konflikten auf allen Entscheidungsebenen stärker vertreten sind«. Außerdem müssten Frauen und Mädchen in Konfliktregionen besser vor sexualisierter Gewalt geschützt werden. Auch auf hohe und höchste UN-Posten und zu UN-Friedensmissionen sollten mehr Frauen als bisher berufen werden, und alle UN-Organisationen sollten ihr Personal im Hinblick auf Geschlechterfragen schulen. Die Umsetzung dieses völkerrechtlich verbindlichen Textes ist seitdem ein zentraler Arbeitsschwerpunkt der Liga.

Seiner Verabschiedung vorausgegangen war eine lange zähe Lobbyarbeit im UN-Gebäude von New York, bei der die Liga eine entscheidende

Rolle spielte. Die WILPF hatte zusammen mit Amnesty International, International Alert, The Women's Commission for Refugee Women and Children und dem Hague Appeal for Peace die NGO-Arbeitsgruppe Frauen, Frieden und Sicherheit gebildet, die bei informellen Treffen auf die Herren Sicherheitsräte eingeredet hatte.

Es war harte Arbeit, ihnen beizubringen, dass der fast durchweg männliche Apparat der UNO nicht nur Probleme nicht lösen, sondern selbst zu einem Problem werden konnte. In Kambodscha oder im Kosovo brachten die Blauhelmtruppen die Prostitution, den Frauenhandel und die HIV-Ansteckungsraten in Schwung. In westafrikanischen Flüchtlingslagern vergaben korrupte UN-Angestellte Essen und Medikamente nur gegen Sex mit minderjährigen Mädchen. UN-Mitarbeiter planten solche Lager oft komplett an den Bedürfnissen seiner Insassen vorbei, indem sie bei den sanitären Anlagen oder der Lieferung von Nahrungsmitteln und Hygienegütern unberücksichtigt ließen, dass rund 80 Prozent aller Kriegsflüchtlinge Frauen und Kinder sind. Frauen, die Opfer sexualisierter (Kriegs)Gewalt geworden waren, fanden bei UN-Soldaten und -Polizisten keine weiblichen Ansprechpartner, denen sie sich anvertrauen konnten.

Vier Jahre nach der Verabschiedung von Resolution 1325 zeigt sich ein paradoxes Ergebnis. Einerseits hat der Text weltweit für eine unübersehbare Anzahl von Konferenzen und Initiativen in den Zivilgesellschaften gesorgt. Das New Yorker Team der WILPF, bestehend aus drei hochaktiven jungen Mitarbeiterinnen, verbreitet die in mehr als 30 Sprachen übersetzte Resolution über das Internetportal *www.peacewomen.org* in die letzten Winkel der Welt; inzwischen hat Unifem mit *www.womenwarpeace.org* noch ein zweites Portal eröffnet. Wer auf diesen Webseiten surft, wird fast erschlagen von all den Aktionen rund um Resolution 1325. »Wir tragen die Resolution überallhin, wir besorgen ihr eine Menge Publicity«, sagt Krishna.

Andererseits aber hat sie auf der Ebene der offiziellen Politik kaum Fortschritte ergeben. Die Zahl der Frauen in UN-Leitungsfunktionen ist sogar rückläufig. Die Anzahl der weiblichen UN-Soldaten und -Polizisten liegt konstant bei rund vier Prozent. Nur in 14,7 Prozent aller Resolutionen des Sicherheitsrates werden Geschlechteraspekte gestreift. Auch von nationalen Friedens- und Wiederaufbauprozessen werden Frauen weitgehend ausgeschlossen, ob in Afghanistan, Irak, dem Nahen Osten, Somalia, der Demokratischen Republik Kongo, Guatemala, El Salvador oder anderen Konfliktregionen. Es gibt noch unendlich viel zu tun, und die Liga leistet hier unschätzbar wertvolle Arbeit.

In ihrem Genfer Büro ist die Kaffeekanne inzwischen leer, von den Keksen sind nur noch Krümelchen übrig. Wie die Welt wohl in 50 Jahren aussieht, frage ich Krishna. Sie lacht und öffnet die Arme, als stünde sie auf einer Bühne. »Die Männer werden eingesehen haben, dass Frauen nicht nur eine Menge können, sondern auch eine andere Dimension des Lebens verkörpern. Und dann wird jeder Mann ein Feminist werden, um überleben zu können.«

Literatur und Websites:

Krishna Ahooja-Patel, Women, Non-Violence and Peace, Bericht über das Friedensseminar in Gujarat 2003

Catherine Foster, Women for All Seasons, The Story of the Women's International League for Peace and Freedom, Athen 1989

Deutsche Sektion der Internationalen Frauenliga für Frieden und Freiheit (Hrsg.), Frauen- und Friedensgeschichte seit 1915, Broschüre, Hamburg 1987

Angelika U. Reutter, Anne Rüffer, Frauen mit Idealen, Zürich 2001, darin die Kapitel über Jane Addams und Emily Green Balch, S. 59 ff

Website der WILPF mit Stellungnahmen und Dokumenten: *www.wilpf.int.ch*. Deutsche Website: *www.internationalefrauenliga.de*

Webportal der WILPF für die internationale Frauenfriedensbewegung: *www.peacewomen.org*, Abrüstungsaktivitäten von WILPF: *www.reachingcriticalwill.org* und *www.wilpf.org.disarm*. Besonders empfehlenswert die dort herunterladbare Broschüre »The Dirty Dozen: Partners in Mass Destruction« über die zwölf schlimmsten Rüstungskonzerne der Welt

Webportal von Unifem zu Frauen und Frieden: *www.womenwarpeace.org*

Website des World Game Institutes zur weltweiten Rüstung: *www.osearth.com/resources/wwwproject*

Geschlechteraspekte bei der Auf- und Abrüstung: *http://disarmament.un.org/gender/launch.htm*

Hintergrundberichte zu Gujarat: Vensa Rodic, Friedrich-Ebert-Stiftung Delhi, »Muslim-Pogrome in Gujarat«, zu finden unter *http://fesportal.fes.de*, Friederike Schulz, Von der Macht der Hindu-Nationalisten, »Deutschlandradio« vom 8.11.2003, *www.dradio.de*, »ai-journal«

vom 1.11.2003, »Die Gerechtigkeit wird untergraben«, »taz« vom 25.9.2003, »Opfer verhöhnt, Täter frei«

Nachtrag

Im Mai 2004 gewann die Kongresspartei überraschenderweise die Parlamentswahlen in Indien. In der Provinz Gujarat verlor die regierende BJP rund die Hälfte ihrer Sitze.

»Nicht Worte, sondern Taten zählen«

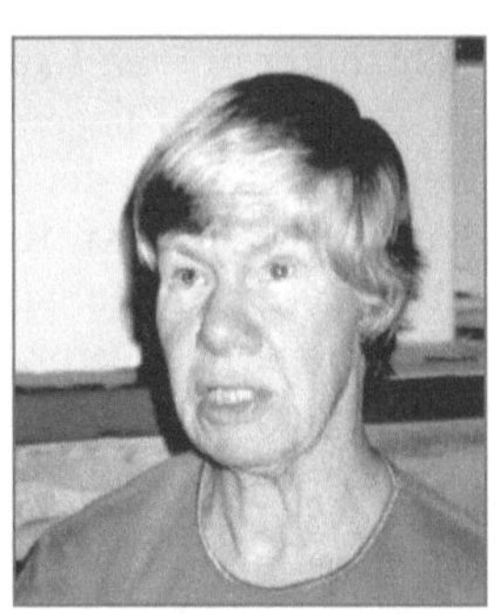

Eine Schelmengeschichte: Die frühere Hebamme *Helen John* kämpft in England mit Witz und zivilem Ungehorsam gegen »Star Wars« und die weltgrößte US-Spionageanlage

Schade, dass es keine Orden für Schelme gibt. Helen John hätte nämlich einen verdient. Die 66-Jährige bekämpft das Militär auf absolut gewaltfreie Weise: durch Sitzblockaden und Lächerlichmachen. Auslachen. Sich-lustigmachen über das militaristische Gehabe, die so schnell zu verwirrenden Befehlsketten, die nicht funktionierende Sicherheit. Wenn die kleine zierliche Britin mit ihrem trockenen Humor Anekdoten aus ihrem Widerstandsleben zum Besten gibt, dann lachen die Zuhörer manchmal, bis die Tränen fließen.

Dabei handelt es sich hier um ein denkbar ernstes Thema: um einen möglichen atomaren Holocaust. Die Vizepräsidentin der altehrwürdigen Friedensorganisation Campaign for Nuclear Disarmament (CND) kämpft seit 25 Jahren gegen den Nuklearismus in allen möglichen Formen: gegen Atommüll, gegen die Stationierung von Atomraketen in Greenham Common und gegen die größte US-Spionagebasis der Welt. Die liegt auf Menwith Hill im nördlichen Yorkshire in der Nähe ihres Wohnortes Otley. Dort sind zwar keine nuklearen Sprengköpfe stationiert, aber die Basis, die auch im Krieg gegen Afghanistan und den Irak eine wichtige Rolle spielte, soll demnächst als vorgeschobener Brückenkopf für »Star Wars« dienen.

Am Montag, dem 15. Dezember 2003, liegt Helen John auf der Landstraße A59, die an Menwith Hill vorbeiführt. Sie hat die Arme hinter dem Kopf verschränkt und räkelt sich geradezu genussvoll, als sei der eiskalte Asphalt ein einladendes Bett. Vor und hinter ihr sitzen und stehen zwei Dutzend weitere Blockiererinnen aus Yorkshire, London und Manchester, Schweden und Deutschland. »Schließt die Basis!«, rufen sie immer wieder. Mehrere Polizeiwannen sind aufgefahren. Die Bobbies stoppen die Autos, die sich bald zu beiden Seiten stauen. Der Berufsverkehr auf der viel befahrenen Straße kommt zum Erliegen. Aber niemand hupt oder schimpft, die Einwohner der Region Yorkshire haben sich offenbar an den periodisch aufflammenden Widerstand gewöhnt.

Die Anlage im Hintergrund sieht eher absurd als bedrohlich aus: Geschützt von einem Hochsicherheitszaun, liegen 37 gigantische Golfbälle in der grünen Landschaft herum, als hätte eine Familie von Riesen ihr Boccia-Spiel liegen lassen. Davor grasen Schafe. Unter der weißen Wetterschutzhaut der Golfbälle verbergen sich Satellitenschüsseln, mit denen ganz Europa, Russland, Nordafrika und Nahost abgehört wird. Über 100 Antennenmasten ergänzen das bizarre Bild. Die großen Ohren belauschen alle Telefongespräche, Faxe, Telexe, E-Mails und Internetverbindungen, die über Nachrichtensatelliten wie die von »Intelsat« übermittelt werden.

Die US-Basis Menwith Hill wird von der National Security Agency (NSA) betrieben, dem fürs weltweite Abhören zuständigen US-Geheimdienst mit seinen zehntausenden von Mitarbeitern. Angeblich arbeitet er allein in Menwith Hill an 250 vertraulichen Projekten. Nach außen ist die Anlage als Station der britischen Royal Air Force getarnt, die Verkehrsschilder weisen auf »RAF Menwith Hill« hin.

Die Basis gehört zum geheimnisumwitterten »Echelon«-Abhörsystem, das seit 1948 gemeinsam von den USA, Großbritannien, Australien, Kanada und Neuseeland betrieben wird – wobei allein die USA Zugriff auf alle daraus gewonnenen Daten haben. »Echelon« betreibt oder überwacht weltweit rund 120 Satelliten. Weitere Abhörstationen stehen in Bad Aibling südlich von München, im britischen Morwenstow, im japanischen Misawa, im neuseeländischen Waihopia, im australischen Shoal Bay und Geraldton Station, im kanadischen Leitrim, im Yakima Flying Center und in Sugar Grove in den USA. Ein Verbundsystem von über 50 vollautomatischen »Echelon«-Supercomputern war bereits im Jahr 2002 in der Lage, bis zu zwei Milliarden Nachrichten am Tag auf bestimmte Schlüsselwörter zu durchsuchen. Suchmaschinen fischen Mails und Anrufe mit »verdächtigen« Worten aus dem Datenmeer, Menschen selektieren und untersuchen sie weiter. Auf diese Weise wird politische, militärische und ökonomische Spionage in großem Ausmaß betrieben.

Zu diesen Schlüsselbegriffen gehören etwa »Bin Laden«, »Fidel Castro«, »Bomben«, »Revolution«, »Kokain«, aber auch »Amnesty« oder »Greenpeace«. Auch dieser Text ist womöglich auf Menwith Hill registriert und analysiert worden, weil er vor Drucklegung als E-Mail verschickt wurde. Auch Ihre Telefonate, Ihre Mails und Ihre Faxe sind vor Big Brother nicht sicher. Selbst Lady Di wurde dort wegen ihrer Kampagne gegen Landminen rund um die Uhr abgehört, auch der Papst und

Mutter Teresa sollen belauscht worden sein, ebenso die Organisationen Oxfam, Christian Aid, Greenpeace und Amnesty International. Nach Aussage eines früheren NSA-Geheimdienstlers wird »jeder, der politisch aktiv ist, früher oder später vom Radarschirm der NSA erfasst«. Die Verabredungen der Attentäter des 11. September sind den großen Ohren jedoch entgangen – oder diese wurden auf Durchzug gestellt.

Die technologische Gigantomanie der National Security Agency ist gleichzeitig ihre Stärke und Schwäche. Die US-Lauscher verfügen über eine so ungeheure Menge an Daten und Speicherkapazitäten, dass sie die gewonnenen Informationen nicht mehr angemessen auswerten oder gar kombinieren können. Immer wieder geraten harmlose Bürger in ihre Fänge, so wie jene Mutter, von der »CBS News« berichtete, dass sie am Telefon einer Bekannten gegenüber geschwärmt habe, das Theaterspiel ihres Sohnes an seiner Schule habe eingeschlagen »wie eine Bombe«.

Umgekehrt ist es für Terroristen ein Leichtes, Schlüsselworte zu vermeiden und statt von Bomben beispielsweise von »Paradiesfrüchten« zu reden. Bei der Entschlüsselung von angeblichen oder tatsächlichen Verabredungen zu terroristischen Anschlägen gibt es deshalb ständig Pannen. In der Weihnachtszeit 2004 wurde das Bundeswehrkrankenhaus in Hamburg mit enormem Aufwand abgeriegelt, obwohl es wahrscheinlich mit einem Lazarett mit US-Bürgern in »Homburg« verwechselt worden war: Hamburg – Homburg – Humbug. »Gefährliche Terroristen« auf den Passagierlisten eines Air-France-Flugzeugs Richtung Los Angeles, das nach Geheimdienstinformationen von Selbstmordattentätern entführt werden sollte, entpuppten sich im Nachhinein als drei Franzosen, ein Versicherungsvertreter aus Wales, eine chinesische Oma und ein Kind.

In gewisser Weise erinnert das an die Staatssicherheit in der Endzeit der DDR. Ihre Augen und Ohren waren zwar überall, auch da, wo selbst die misstrauischsten Regimegegner sie nicht vermuteten. Aber dennoch oder gerade deshalb war sie nicht mehr in der Lage, den Überblick zu behalten und die richtigen strategischen Schlüsse zu ziehen. Niemand hat so wenig mit dem Fall der Mauer gerechnet wie die Schlapphüte. Ob Stasi oder KGB, NSA oder CIA – sie waren allesamt Versager.

Die Autofahrer auf der blockierten Straße zur Basis haben mittlerweile kehrt gemacht oder sind über einen Umweg weitergefahren. Helen erhebt sich von ihrem kalten Asphaltbett. »Ich fühle mich erfrischt«, grient sie und räkelt sich. Kein Auto ist zu sehen, kein Motorengeräusch stört die Idylle: Irgendwo weitab hat die Polizei den Verkehr umleiten lassen. »Wir wollen Ihnen die Sache erleichtern«, versichert der Einsatzleiter ein ums andere Mal den Damen Demonstrantinnen, die nun die

Straße entlangschlendern. »Wollen Sie bitte auf dieser Straßenseite gehen?« Eine der älteren Ladies ist nicht mehr gut zu Fuß, sie darf in einer Wanne im Schritt-Tempo mitfahren. Was für eine höfliche Polizei.

Die Stimmung ist bestens unter dem blaukalten Himmel von Yorkshire. In der Ferne schmatzen ein paar Schafe auf den steinummauerten Weiden – »steinerner Hügel« heißt Menwith Hill auf Altenglisch. Diesmal, freut sich Helen, habe die Polizei ihnen die Arbeit abgenommen, indem sie selbst den Verkehr stoppte. »Sie haben die Taktik geändert«, sagt sie. »Sie wollen Festnahmen vermeiden, sie möchten nicht, dass die Prozesse gegen uns Aufmerksamkeit erregen. Sie wollen sich die Arbeit mit uns ersparen.« Und Helen erzählt die Geschichte von jenem Bobby, der vor einer Weile geradezu in Verzweiflung ausbrach, als sie als Verhaftete in seiner Wache stand: »Bitte nicht schon wieder Sie, Ma'am! Das letzte Mal hat es mich fünf Stunden gekostet, all Ihre Geschichten über die hungernden Kinder in Somalia abzutippen!«

Helen hat irgendwann aufgehört zu zählen, wie oft sie schon festgenommen worden ist. 40-mal? 50-mal? Meistens kam sie schnell wieder frei, aber immer öfter musste sie auch immer längere Haftstrafen absitzen.

Gefängnis – das macht ihr keine Angst. »Im Knast zu sitzen ist in diesem Land nicht gefährlich. Das Schlimmste daran ist, dass es so langweilig ist«, sagt sie. Sie sei schon als Kind furchtlos gewesen. »Ich hatte nie Angst vor den so genannten Autoritäten, sie waren so dumme Leute. Sie lieben es, anderen Menschen Angst zu machen. Aber wenn man das nicht zulässt, dann haben sie keine Macht.« Es sei ein Geschenk des Himmels, findet sie selbst, dass sie nicht einzuschüchtern sei. Sie werde so schnell nicht nervös, sie könne immer gut schlafen, und sie sei vor allem eins – neugierig: »Ich bin aus schierer Neugierde in all das hineingeraten.«

Helen hat Verständnis dafür, dass viele der Frauen nicht verhaftet werden wollen. »Sie fürchten um ihren Ruf, sie fürchten Repressalien. Aber diejenigen, die im Gefängnis waren, verlieren diese Angst. Meine Schwester, die in Australien lebt, macht sich große Sorgen, was mir alles angetan werden könnte. Aber was soll ich mein Leben damit vertun, mir darüber den Kopf zu zerbrechen? Ich habe zu ihr gesagt: ›Ich lebe mein Leben genau bis zu der Sekunde, in der ich sterbe.‹ Das ist meine Philosophie.«

Mittlerweile ist das Demonstratiönchen an einer Stelle angelangt, wo man einen guten Einblick in das abgeschlossene Wehrdorf hat. Dass hier rund 2.000 Menschen arbeiten, kann man von außen nur ahnen. Nur etwa ein Viertel von ihnen hat einen britischen Pass, vor allem die Reinigungskräfte, drei Viertel aber sind militärische und zivile Angestellte des

Pentagon und der ihm zuarbeitenden Rüstungskonzerne wie »Lockheed Martin« und andere. Weil hier auch Nachrichten von anderen Abhörstationen zusammenlaufen, sind in der Basis neben Mathematikern und Computerspezialisten auch viele Linguisten und Übersetzer für Arabisch, Persisch und andere Sprachen tätig. Sie wohnen mit ihrer Familie in schmucken kleinen Häuschen, der Kindergarten vergrößert sich stetig, es gibt eigene Clubs, Shops, Sportplätze und sogar einen Wasserturm und eine Dorfkirche.

Eine friedliche Idylle, die den Krieg beherbergt. Menwith Hill spielte bei den US-Invasionen in Afghanistan und dem Irak eine Schlüsselrolle. »Die Weltallüberwachung«, sagen hohe US-Militärs, »ist der Schlüssel zur Militärmacht der USA.« Es gehe um »Überlegenheit in einem weltweiten Kriegsschauplatz«. Und hier werden sie ausgewertet, die Bilder von Spionagesatelliten, die die Kriegsregionen überwachen. Ohne diese Bilder von Zielländern und Zielobjekten könnten die elektronischen Waffensysteme nicht programmiert werden. Schon nach dem Golfkrieg von 1991 erhielt der damalige Basis-Commander William E. Kennedy einen Preis für seine Unterstützung von »Desert Storm«. Sieben Jahre später bekam die Basis übrigens noch einen Preis: Die Bürgerorganisation Privacy International verlieh ihr den »Big Brother Award«.

Demnächst soll Menwith Hill wohl noch mehr heikle Aufgaben übernehmen. Helen zeigt auf zwei kleinere Golfbälle. Sie ist überzeugt davon, dass hier das Infrarotsystem für »Star Wars« aufgebaut werden soll. Das so genannte Space Based Infra Red System (SBIRS), das angeblich schon ab 2004 einsatzfähig sein soll, wird die Flugbahnen sämtlicher Raketen auf der Welt überwachen und »Feindesraketen« orten, die dann von »Killerraketen« abgeschossen werden sollen. Die mit einer speziellen Infrarotstrahlung arbeitenden Satelliten, deren Signale auf der Basis empfangen würden, sollen Raketen auch dann noch aufspüren können, wenn deren Triebwerke kaum mehr Wärme abgeben. Damit würde die Anlage zum vorgeschobenen Außenposten des geplanten Raketenschildes über den Vereinigten Staaten, zusammen mit der ebenfalls in Yorkshire befindlichen US-Station Fylingdales und der US-Basis Thule auf Grönland.

Präsident Reagan hatte das Projekt unter dem Namen »Strategic Defence Initiative« (SDI) initiiert, und Präsident Bush junior kündigte den hinderlichen ABM-Vertrag zwischen den USA und Russland, um es unter dem Namen »National Missiles Defence« (NMD) fortzusetzen. Wissenschaftler warnen, es könne schon aus physikalischen Gründen nicht funktionieren. Von den bisherigen Versuchstests sind nur wenige geglückt, und das auch bloß deshalb, weil die Positionskoordinaten der

»Feindesraketen« vorab bekannt gegeben worden waren. Ob Bush wohl glaubt, der nordkoreanische Diktator werde ihm freundlicherweise die Flugrichtungsdaten zur Verfügung stellen, bevor er eine Rakete abschießt?

Helens Organisation CND hat auf ihrer Website ausgerechnet, dass die USA bei Fortsetzung des Projektes bis zum Jahr 2034 1,2 Billionen Dollar dafür ausgegeben haben werden – »genug Geld, um jeden Menschen auf der Welt zu ernähren, anzuziehen, ihm Bildung und Behausung zu bezahlen«. Auch Großbritannien werde der Spaß rund zehn Milliarden Pfund kosten.

Hier gehe es keineswegs um Verteidigung, sondern um Offensivwaffen, um die strategische Kontrolle der Welt, sagt Helen. Weil kein Land ein solches Raketenschild zu attackieren wage, hätten die USA damit die Möglichkeit zum atomaren Erstschlag. Auch US-Air-Force-Direktor Robert Bowman nannte das Raketenschild »das fehlende Glied zum Erstschlag«. »Ihr nächstes Ziel heißt China«, glaubt Helen. »Sie versuchen mit allen Mitteln, diese kommende Weltmacht zu kontrollieren und einzukreisen. Sie wollen China in dieselbe Falle treiben, in die sie auch schon die Sowjetunion gelockt hatten: Ruinierung durch Hochrüstung mittels ›Star Wars‹.«

Über eine Stunde ist jetzt schon vergangen, und die Menschen rund um Menwith Hill atmen immer noch abgasfreie Luft. »Alles zu Ihrer Sicherheit«, sagt der höfliche Polizeiführer und lächelt. Dünkt er sich besonders schlau, den Verkehr einfach umgeleitet zu haben, oder ist er etwa ein heimlicher Unterstützer des Widerstands? Helen John denkt nicht darüber nach, sie treibt ihre Späße. Als ein Polizeiwagen heranrauscht, wirft sie sich davor: »Oh, so ein gefährlicher Fahrer, den muss man stoppen!«

Langwierige Vorüberlegungen und umständliche Organisation sind Helens Sache nicht. Sie reagiert gerne spontan. »Ich überlege mir selten, was ich als Nächstes tue. Ich will flexibel bleiben. Meine Stimmung geht rauf und runter. Manchmal bin ich total faul, manchmal bin ich wie elektrisiert.«

Bisweilen ist sie auch sehr ernst. »Ich bin 1937 geboren«, erzählt sie. »Als ich zur Schule ging, fielen nahebei die Bomben. Es kam immer wieder vor, dass Kinder nicht mehr in der Schule erschienen, weil sie in der Nacht zuvor von einer Bombe getötet worden waren. Raketen schlugen in unserer Umgebung ein, eine zerstörte das Haus meiner Großmutter. Ich weiß, was Krieg heißt.« Im August 1945, als sie gerade mal acht war, habe sie bei ihrer Oma die Nachricht von der Explosion der Atombombe über

Hiroshima gehört. »Als die Leute das in der Kino-Wochenschau sahen, waren sie vollkommen geschockt. Ich war zwar noch ein Kind, aber auch ich merkte, dass etwas Grauenhaftes passiert war.«

Als Helen größer wurde, hörte sie immer wieder Geschichten von Überlebenden, die strahlenkrank geworden waren. Später wurde sie Krankenschwester, »und ich musste entdecken, wie weit verbreitet Krebs ist. Vielleicht werden auch meine Enkelkinder daran sterben. Zwei meiner Brüder sind erst kürzlich an Krebs gestorben. Die Ärzte kratzen sich immer noch am Kopf: Woher kommt das bloß? Das steigende Niveau radioaktiver Strahlung durch nukleare Tests und Atommüll entgeht ihnen.«

Die US-Basis Menwith Hill, hat sie am Vorabend der Blockade geradezu verbittert gesagt, sei eine Art KZ, »mit dem Unterschied, dass die Menschen, die potenziell getötet werden, außerhalb des Zauns leben«. Die US-Regierung unter George W. Bush sei dabei, ein »Viertes Reich« zu etablieren. Sie verstehe zwar, dass Deutsche Schwierigkeiten mit diesen Begriffen hätten, aber sie sehe das nun mal so. Sie beobachte Menwith Hill seit 1993 und habe Sorge, »dass die Regierung Bush einen Krieg nach dem anderen anzettelt, ob im Großen oder im Stillen, um alle Regierungen zu stürzen, die ihnen bei der Ausbeutung von Ressourcen im Wege stehen.«

Helen hat nach eigenem Bekunden »das viele Gerede« der Friedensbewegten satt, »all diese nutzlosen Konferenzen und Demonstrationen. Als zwei Millionen Menschen gegen den Irakkrieg durch London marschierten, sagte unsere Regierung zynisch, unsere Nation bestehe aus 45 Millionen Leuten. Ich will auch nie wieder in meinem Leben einen Protestbrief oder eine Friedenspetition schreiben. Bringt doch alles nichts. Ich will Taten. Worte zählen nicht, nur Taten zählen.«

Sie war Krankenschwester und Hebamme, sie zog fünf Kinder groß, mittlerweile hat sie fünf Enkelkinder – sie ist eine Frau der Tat.

Dass sie eine Weile lang fast blind war, mag diese Charaktereigenschaft noch verstärkt haben. »Ich hatte fünf Jahre lang grauen Star in beiden Augen«, berichtet sie. »Ich konnte nicht mehr lesen und schreiben und die Menschen nicht mehr erkennen. Irgendwie war das auch gut, denn ich lernte auf andere Dinge als auf Äußerlichkeiten zu achten.« Sie habe gelernt, sich Fakten fest einzuprägen, ihr Gedächtnis sei damals viel besser gewesen. »Eine Bekannte fragte mich einmal: ›Entschuldigung, bist du Analphabetin?‹ Ich antwortete: ›Nein, aber ich arbeite daran.‹«

Der Einsatzleiter auf der blockierten Straße ersucht die Damen um Gehör. Weiter unten habe sich ein Verkehrsunfall ereignet, er bitte darum, den Fahrweg zu räumen und die Rettungsdienste durchzulassen.

Bereitwillig gehen die Demonstrantinnen zur Seite. Der Verkehr beginnt wieder zu rollen – aber ein Rettungsfahrzeug ward nicht gesehen. Ein Trick? Wahrscheinlich. Helen schlägt vor, eine Kaffeepause einzulegen. Auf einem Grasstreifen längs der Straße, dort, wo die Frauen ein paar wackelige Zelte aufgestellt haben, kokelt ein Lagerfeuerchen vor sich hin. Mit Ach und Krach bringen die Flammen das Kaffeewasser zum Kochen. Die heiße Brühe tut gut.

Warum müssen die Frauen ausgerechnet dann demonstrieren, wenn normale Menschen frohgewärmt vor dem Adventskranz sitzen? »Wir wollen die Erinnerung an den 12. Dezember 1982 wach halten«, sagt Helen. An jenem historischen Tag umzingelten rund 30.000 Frauen in einer Menschenkette die US-Basis von Greenham Common, auf der atomare Cruise Missiles stationiert werden sollten. Die US-Regierung unter Ronald Reagan hatte diese neue Aufrüstungsrunde ersonnen, um die Sowjetunion in den Bankrott zu treiben, und die britische Regierung unter Margaret Thatcher war enthusiastisch dabei.

Die Falken in den Vereinigten Staaten behaupten noch heute, der Plan habe funktioniert, deshalb sei das Sowjetreich zusammengebrochen – aber das ist falsch. Sein damaliger Staats- und Parteichef Gorbatschow lehnte die Logik der atomaren Aufrüstung ab und bot Verhandlungen über einen Abzug aller Mittelstreckenraketen an. Es waren nicht die Rüstungsausgaben, die den Zerfall des Ostblocks auslösten, sondern die von Gorbatschow angeregten Veränderungen. 1987 unterzeichneten er und Reagan das Raketenabkommen, danach wurden die Cruise Missiles abgezogen. »Für den Abzug sind wir zwar nicht direkt verantwortlich«, sagt Helen, »dennoch haben wir eine enorme Rolle gespielt.«

Helen John war dabei, damals im legendären Greenham Common, und etliche der älteren Blockiererinnen von Menwith Hill waren es ebenfalls. Im Jahre 1981 gab es einen Protestmarsch von Cardiff nach Greenham Common, und Helen nahm daran teil. »Ich dachte, es würde ein kleines Zehn-Tage-Erlebnis werden, aber bis heute ist es nicht zu Ende gegangen.« Drei Jahre lang belagerten Frauen aus England und aller Welt die US-Basis, drei Jahre wohnten sie dort in Wohnwagen und Zelten, beobachteten die Militärs auf Schritt und Tritt, machten sie lächerlich, bewarfen sie mit Dreck und Blut, durchschnitten die Zäune, blockierten die Ausgänge, umzingelten die Raketenkonvois. Das, was Helen heute macht, hat sie in Greenham gelernt.

Damals war sie eine ganz normale Hebamme und Mutter. Sie war in dem Handelsstädtchen Romford nahe London in einer sozial engagierten Familie aufgewachsen, als Tochter einer Hausfrau und eines Geschäftsmannes.

Sie hat in Romford eine Ausbildung zur Krankenschwester abgeschlossen, sie hat geheiratet, eine Tochter und vier Söhne bekommen und ist nach London gezogen. Stutzig wurde sie zum ersten Mal, als die Hebammen Anfang der 60er Jahre Brutkästen für alle Krankenhäuser forderten und das als »zu teuer« abgelehnt wurde; zwei gerade abgestürzte Militärflugzeuge aber wurden sofort wieder ersetzt: »Da ging mir auf, dass ich das Militär nicht brauche.« Als ihr Töchterchen auf eine unübersichtliche Gesamtschule gehen sollte, zog die Familie nach Llanwrtyd Wells, einen ruhigen Ort in Wales, »ein schönes und gesundes Plätzchen, um Kinder großzuziehen und Tiere zu halten, ein Pferd, einen Hund«. Die Regierung wollte aber in der Nähe ein Lager für Atommüll bauen lassen, und Helen engagierte sich Ende der 70er Jahre in der Anti Nuclear Waste Dumping Campaign, die mit phantasievollen Aktionen den Bau vereitelte.

Und dann kam der Marsch vom walisischen Cardiff nach Greenham Common. »Im September 1981 kam ich dort an, und ich entschied zu bleiben. Bis dahin hatte ich alle konventionellen politischen Wege erprobt: Briefe schreiben an Abgeordnete, Interviews, all das. Ich hatte sogar einmal für die Labour-Partei kandidiert. Und es tat sich nichts. Aber in Greenham tat sich was. Zum Beispiel war die Presse sehr daran interessiert, was wir mit dem Zaun der Basis machen würden, ob wir uns zum Beispiel anketten würden. Eines Tages besorgten wir Puppen und stopften Hemden aus und ketteten diese Vogelscheuchen am Zaun an. Und sagten den Journalisten, sie sollten diese Marionetten interviewen, und wir taten währenddessen etwas anderes.« Eine typische Aktion der Greenham-Frauen, eine von unzähligen.

Die meisten Briten hätten damals angenommen, sagt Helen, die Cruise Missiles mit ihren Atomsprengköpfen seien britische Waffen, genauso wie die atomar bestückten »Trident«-U-Boote. »Das ist der große Mythos, dass wir diese Waffen kontrollieren würden. Aber es stimmt nicht. Es sind US-Waffen. Wir haben kein Leitsystem dafür. Auf diese Weise tragen wir nun auch die US-Politik der Präventivkriege mit. Unser jetziger Labour-Verteidigungsminister Jeff Hoon hat öffentlich zugegeben, dass wir gar nicht unabhängig in den Krieg ziehen könnten, weil wir von der US-Technologie abhängig sind. Ich bin zwar froh, dass die britische Militärmacht am Ende ist, aber nun sind wir der Stiefelknecht von Amerika.«

Helen John lebte ungefähr zehn Monate in Greenham Common, erst in einem Zelt, dann in einem Wohnwagen. Zwischendurch besuchte sie immer wieder ihre Familie und kehrte anschließend zurück. »Mein Ehemann hat mich anfangs unterstützt, aber als ich nach drei, vier Wochen nicht wiederkam, schimpfte er, ich müsse zurückkommen, ich hätte schließlich fünf Kinder. Ich sagte ihm: ›Ich bleibe, *weil* ich fünf Kinder habe.‹ Eine tiefe Kluft hat sich zwischen uns aufgetan. Später ließen wir uns scheiden.«

Helen wurde das erste Mal in ihrem Leben festgenommen, als die Frauen Greenham Common 24 Stunden lang blockierten. Die Basis habe ihre Arbeit einstellen müssen, bis die Militärs »Löcher in den Zaun geschnitten haben, um eine Busladung von Amerikanern reinzubringen«. Bei dieser Gelegenheit seien 34 Frauen festgenommen worden, auch sie. »Und weil mir das nie zuvor passiert ist, war ich einfach nur neugierig, was jetzt kommt. Zwei Zwillingsschwestern waren ebenfalls festgenommen worden. Ich beobachtete sie. Sie zogen ihre Pullis aus, legten sie auf den Flur der Polizeiwache und schliefen ein. Ich fand das wundervoll. Das Beste, was man in dieser Situation machen kann. Ich habe viel davon gelernt.«

Während ihrer Zeit in Greenham Common musste sie 1982 das erste Mal ins Gefängnis, »weil ich eine Geldstrafe nicht innerhalb der vorgeschriebenen 21 Tage bezahlt hatte. Ich erschien also am 21. Tag vor Gericht. Der Richter war sehr überrascht.« Am selben Tag sei sie ins Hauptquartier der Labour-Partei in London eingeladen gewesen, um eine Delegation sowjetischer Frauen zu treffen. Sie habe also überlegt, wie sie nach London kommen könnte. »Ich sagte dem Gericht: ›Ich zahle die Geldstrafe, ich habe meine Meinung geändert. Aber leider habe ich kein Geld dabei. Kann ich nächste Woche mit der Zahlung beginnen?‹ Sie waren einverstanden, ich fuhr zu den sowjetischen Frauen – und zahlte gar nichts. Dann musste ich wieder vor Gericht, und sie schimpften: ›Sie wollten doch zahlen!‹ Und ich antwortete: ›Nein, ich habe es mir wieder anders überlegt. Es ist eine dumme weibliche Angewohnheit, ständig die Meinung zu ändern.‹ Und so mussten sie mich ins Gefängnis schicken.« Helen lacht.

Dann aber hätten sie niemanden gehabt, der sie dorthin bringt. »Sie mussten einen Polizeioffizier bitten, mich mit seinem Privatauto hinzufahren. Wir fuhren also nach London, aber er wusste nicht, wo das Holloway-Gefängnis ist. Er fragte mich: ›Sie haben doch in London gelebt, wissen Sie, wo das ist?‹ Ich antwortete: ›Klar.‹ Daraufhin er: ›Können Sie mir bitte sagen, wo?‹ Und ich: ›Nein, tut mir leid.‹ Der arme Junge musste im dicksten Verkehr durch ganz London fahren, bis er es endlich fand.«

Die Frauen von Greenham Common seien auch deshalb legendär geworden, glaubt die deutsche Autorin Marina Warner, weil ihnen »ein theatralischer Coup gelungen ist: Sie nahmen das Schauspiel vom Kampf der Geschlechter auf, ein Drama, das in den tiefsten Schichten der kollektiven Kultur verankert ist.« An der stacheldrahtbewehrten Grenze zur Atombasis stießen zwei Welten zusammen, die gleichzeitig real und hochaufgeladen symbolisch waren: »Beton, Draht, Uniformen, grau, dunkelblau, Maschinen, Sauberkeit, Ordnung, Regelhaftigkeit charakterisieren den Raum der nuklearen Abschreckung, in dessen Zentrum die Bomben verborgen sind. Feuer bildet auch den Mittelpunkt des Frauen-Camps, das Lagerfeuer, die Küche, das uralte symbolische Zentrum menschlicher Behausung.« Der Raum des Anti-Atom-Protestes sei »improvisiert, behelfsmäßig, unordentlich«, stellt Marina Warner fest. »Am Zaun wachsen Blumen, die sich durch den Schutt kämpfen, den die Behörden in Berkshire auf dem Lagerplatz abladen ließen, um die Demonstrationen abzuschrecken. Das Spielzeug der Kindheit, selbst gebastelte Püppchen, selbst gemalte Bilder von Muttergöttinnen und Mondgottheiten grenzen die Sphäre der Frauen ab.«

Manches davon mag Kitsch gewesen sein – egal, die Ausstrahlung von Greenham Common hat weit über England hinaus eine ganze Protestgeneration inspiriert. Auch der Zusammenhang zwischen individuell erlebter Gewalt und männlicher Militärgewalt wurde dort heftig debattiert, während ein weiteres Friedenscamp von Frauen *und* Männern vor der Cruise-Missiles-Basis Molesworth an der Gewaltfrage scheiterte. Nachdem drei Männer Frauen vergewaltigt hatten, wollte ein Teil der Friedensbewegten eine öffentliche Debatte über die Vorfälle verhindern. Das Camp löste sich auf.

13 Greenham-Frauen, darunter auch Helen, strengten später einen Prozess in den USA an, gegen den Präsidenten und seine Militärchefs, um öffentlich zu machen, dass die Cruise Missiles keine Verteidigungs-, sondern Erstschlagwaffen waren. »Jede Hausfrau konnte das herausfinden«, sagt Helen und lacht. Aber das Verfahren scheiterte.

Doch die Raketen wurden abgezogen. Es dauerte allerdings Jahre, bis die letzte verschwunden war, und es dauerte Jahrzehnte, bis das Land der lokalen Bevölkerung zurückgegeben wurde. Als das US-Militär ging, berichtet Helen, »war das Land so vergiftet, dass es nicht mehr benutzt werden konnte. Es hat Millionen Pfund gekostet, es zu sanieren. Und wahrscheinlich gibt es immer noch verseuchte Grundstücke. In den 50er-Jahren hatten sie dort B-52-Bomber mit Atombomben stationiert. Eines Tages war ein Flugzeug über ihnen in Schwierigkeiten, es ließ sein Kerosin ab, das auf der Erde brannte und irgendwie mit radioaktivem Material reagierte, jedenfalls war danach alles radioaktiv verseucht.« Nachdem die Messungen ruchbar wurden, hätten die Betreiber eines sechs

Meilen entfernten Atomkraftwerkes jede Schuld bestritten und auf Greenham Common verwiesen. »Die Amerikaner aber schützten nicht mal das eigene Personal. Irgendwann trugen sie den verseuchten Zement ab und verbauten ihn in einer neuen Autobahn. Sie sind ja so umweltfreundlich, sie halten ja so viel von Recycling.«

Helen bereut im Rückblick »nichts von dem, was ich getan habe. Vielleicht, dass ich nicht mehr Zeit für meine Kinder hatte. Aber ich musste unbedingt in Greenham Common bleiben, es war ein sehr effektiver Widerstand. Zu keiner Zeit hat diese Basis im Geheimen funktioniert, so, wie sie es gerne gehabt hätten.«

Nichts wünscht sie sich mehr, als dass dieses Rezept auch in Menwith Hill aufginge. Deshalb ist sie 1993 in die Region Yorkshire gezogen, deshalb hat sie auch hier ein Frauencamp mitbegründet, das immerhin fünf Jahre lang existierte, von 1993 bis 1998, und die Militärs bis aufs Blut nervte. Dennoch ist es nie so berühmt geworden wie Greenham Common. Vielleicht, weil die mehrheitlich konservative Bevölkerung von Yorkshire es zu wenig unterstützte. Aber vielleicht auch nur, weil sich Geschichte niemals kopieren lässt.

Helen hat mittlerweile ihren Kaffee am Lagerfeuer ausgetrunken, doch es dürstet sie immer noch – nach neuen Aktionen. Mittlerweile ist ein BBC-Fernsehteam eingetroffen, ein willkommener Anlass, um ein paar nette Bilder zu bieten. Es dauert nur Sekunden, bis die Frauen die Straße zur Basis erneut blockiert haben. Wieder liegt Helen so entspannt auf der Fahrbahn, als sei sie ein Himmelbett, und lässt sich von der Sonne an der Nase kitzeln. Damit hat der Einsatzführer der Bobbies nicht gerechnet. »Heute Morgen haben wir Ihnen die Sache erleichtert, jetzt aber wollen wir keine neuen Blockaden dulden«, gibt er per Megafon bekannt. »Bitte räumen Sie die Straße.« Helen liegt grienend da, die Frauen um sie herum sitzen und stehen. Eine bringt ihr einen Topf vom Feuer: »Willst du ein paar gebackene Bohnen?« Helen liegt und mümmelt Bohnen.

»Dies war die erste Warnung. Sie behindern den Straßenverkehr. Nach der dritten Warnung müssen wir Sie leider festnehmen.« – »Verhaftet lieber die Kriegstreiber von Menwith Hill!« Die Polizisten knien vor Helen nieder und verlesen höflichst die Paragraphen, gegen die die Blockiererinnen gerade verstoßen. »Das war die zweite Warnung.« Auch Agneta Norberg, die 66-jährige Vizepräsidentin des schwedischen Friedensrates, die extra zur Blockade von Stockholm hierher gekommen ist, will keinen Zentimeter weichen. »Das war die dritte Warnung«. Die Polizisten greifen zu, Helen und Agneta werden abgeführt und in die nahe gelegene Polizeistation von Harrogate gefahren.

»Keine Angst«, versichert eine demonstrationserfahrene junge Frau, »sie müssen sie spätestens nach sechs Stunden wieder laufen lassen.« – »Wahrscheinlich dann«, spekuliert eine andere, »wenn es dunkel ist und weitere Blockadeversuche lebensgefährlich sind.« Die Aktion ist vorbei, die Frauen bauen ihre Zelte ab und fahren nach Hause.

Auch Helen hat ihr Ziel erreicht. Obwohl es offenbar die Strategie des Einsatzleiters war, keine Festnahmen zu tätigen und die Demonstration buchstäblich ins Leere laufen zu lassen, sitzt sie nun doch in Polizeigewahrsam. Verkehrte Welt auf Menwith Hill: Die Protestierenden wollen verhaftet werden, die Polizei verweigert sich, solange sie nur irgend kann.

Sich verhaften zu lassen und sich dann vor Gericht politisch zu verteidigen – das ist seit jeher Bestandteil der Strategie des gewaltfreien zivilen Ungehorsams. Mahatma Gandhi und seine Anhänger haben dieses Prinzip in ihrem Kampf für ein unabhängiges Indien ebenso angewandt wie die US-Bürgerrechtsbewegung um Martin Luther King. Im Vietnamkrieg entzündete der US-Priester Philip Berrigan Wehrerfassungskarten mit Napalm, später goss er Blut über Raketen. Sein Bruder und Mittäter Daniel Berrigan beschrieb in seinem berühmt gewordenen Theaterstück »Die Neun von Catonsville«, wie sie das Gericht als politische Tribüne benutzten und die Richter in Verlegenheit brachten. Philip Berrigan wurde insgesamt über 100-mal festgenommen und saß elf Jahre seines Lebens im Gefängnis, bis er 2002 starb.

Die Gebrüder Berrigan inspirierten die Bewegung Schwerter zu Pflugscharen, die von den USA auf andere Länder übersprang. In Deutschland konnte sie kaum Fuß fassen, wohl aber in Großbritannien. Die Bewegung, die offene Militärsabotage betreibt und Schäden in Millionenhöhe verursacht hat, wird dort fast ausschließlich von Frauen getragen. Warum, weiß niemand so genau, vielleicht spielt auch hier die Inspiration durch Greenham Common eine Rolle.

Im Juli 1996 wurden vier Pflugschar-Frauen verurteilt, die »Hawk«-Flugzeuge zerstört und einen Schaden von 1,5 Millionen Pfund verursacht hatten. Die Militärflieger sollten nach Indonesien verkauft und gegen die Aufständischen von Ost-Timor eingesetzt werden. Im August 1998 blokkierte die Gruppe Tridents zu Pflugscharen den Marinestützpunkt und Atom-U-Boot-Hafen Faslane in Schottland. 110 Menschen aus verschiedenen Ländern wurden festgenommen. Im Februar 1999 schwammen zwei Pflugschar-Aktivistinnen – bewaffnet mit Hämmern und Brecheisen – durch eiskaltes Hafenwasser, um ein »Trident«-U-Boot zu beschädigen und am Auslaufen zu hindern. Es sei ihre Pflicht als »Weltbürgerin« gewesen, sagte eine der beiden später vor Gericht, »ein

Verbrechen zu verhindern«. Atomwaffen verstießen gegen ein Urteil des Internationalen Gerichtshofes in Den Haag von 1996, weil sie im Kriegsfall keine Unterscheidung zwischen Zivilisten und Soldaten träfen.

Im Juni 1999 drangen, wieder in Faslane, drei Frauen in ein »Trident«-U-Boot ein und warfen Computer und anderes Inventar kurzerhand über Bord. Eine schottische Richterin sprach die drei frei, weil die Atomwaffen »illegal« seien und die Angeklagten das Recht zur »Entwaffnung« gehabt hätten, aber das Urteil wurde später kassiert. Im Februar 2001 blockierten etwa 1.000 Menschen die Basis von Faslane; 379 wurden festgenommen, darunter auch drei Abgeordnete. Im Mai 2001 verurteilte ein Gericht zwei Pflugschar-Mitglieder wegen Sabotage an einem Atomwaffentransporter. Während des Irakkrieges im März 2003 gruben Unbekannte die Rollbahn im irischen Shannon auf und attackierten Flugzeuge mit Hämmern, sodass die US-Bomber dort nicht mehr betankt werden konnten. Im selben Monat schlug die dänische Pflugschar-Aktivistin Ulla Roder einen »Tornado« in Schottland mit einem Hammer flugunfähig und verursachte 25 Millionen Pfund Schaden.

Auch Helen zählt sich direkt oder indirekt zur Pflugschar-Bewegung: Auch sie hat ihr Leben ganz dem zivilen Ungehorsam gewidmet, auch sie hat schon erhebliche Schäden angerichtet. Hat viele Male die Sicherheitszäune diverser Militärbasen durchschnitten, hat mit einem geklauten Hammer 13 Fenster im Büro des Commanders von Menwith Hill entglast, hat sich mit Graffiti auf Gerichts- und Parlamentsgebäuden verewigt. Außerdem hat sie nicht wenige Amtspersonen zur Weißglut gebracht, weil sie sich nie so benahm, wie diese es erwarteten. Wahrscheinlich wird sie auch nun wieder auf der Polizeiwache von Harrogate für Unruhe sorgen.

Am Abend vor der Blockade hatte sie erzählt, wie sie irgendwann im Gefängnis beschlossen hatte, einfach nicht mehr zu kooperieren. »Beim ersten Mal, als ich eine Woche im Londoner ›Holloway Prison‹ saß, machte ich noch alles, was sie wollten. Außer, als sie von mir verlangten, dass ich Kinderspielzeug herstellen und dabei kleine Gewehre in die Figuren stecken sollte. Ich sagte: ›Sorry, ich verrichte jede andere Arbeit, aber diese nicht.‹ Stille im Raum. ›Was? Sie weigern sich?‹ Das war dort Jahre nicht mehr passiert.«

Bei ihrem nächsten Gefängnisaufenthalt habe sie sich allem verweigert. »Es hat mir geholfen, Hebamme und Krankenschwester gewesen zu sein. Doktoren oder andere Autoritäten schüchtern mich nicht ein. Ich kenne sie von ihren besten und schlechtesten Seiten. Polizisten oder Richter – sie funktionieren genauso. Manche sind gut, andere schlecht.«

Eine Wärterin habe sie damals in eine Zelle gekickt, »und dieser Tritt brachte mich zum Nachdenken. Ich verweigerte den Ausgang, redete nicht, machte gar nichts. Ich zog meine Jacke aus, legte sie auf den Boden, legte mich darauf und schlief. Dann kam diese Frau erneut rein, mit Kleidung und Plastikhausschuhen unterm Arm. ›Zieh deine Kleider aus!‹ Ich ignorierte sie. ›Zieh die Kleider aus!‹ Ich hob mir die Jacke über den Kopf und schlief weiter. Sie schloss die Tür. Eine Weile später kamen vier, fünf dicke große Gorillafrauen durch die Tür gestürmt: ›Zieh die Kleider aus!‹ Ich stellte mich vor sie hin, ganz und gar nackt, und weigerte mich, das Plastikzeugs anzuziehen. Ich sagte zu der jungen Frau: ›Ich könnte deine Mutter sein!‹ Sie brach in Tränen aus. Und sie gingen.«

Aber nach einer Weile seien sie zurückgekommen, zu neunt. »Sie wollten mich zum Gesundheitsdienst schleppen, durch einen langen Korridor und über einige Treppen. Ich sagte: ›Nein danke, ich laufe lieber.‹ Und ich lief, gänzlich nackt. Meine Kleider waren in einem braunen Papiersack, und eine Blonde sagte zu mir: ›Heb deine verdammten Kleider auf!‹ – ›Help yourself!‹, antwortete ich. Dann hörte ich es rascheln. Irgendjemand hatte den Sack aufgehoben und schleifte ihn hinter mir her. Ich ging also in den Gesundheitsflügel. Direkt zu einem Bett. Drehte das Kissen so, dass ich zum Fenster rausgucken konnte, und hüpfte unter die Decke. Ich beachtete sie alle nicht weiter. ›Bitte, können Sie dies und jenes unterschreiben?‹ Ich ignorierte sie.«

»Am nächsten Tag wurde ich zur Ärztin gebracht, einer indischen Frau. Sie sagte: ›Oh, Sie sind eine politische Gefangene!‹ Ich sprach mit niemandem. Ich nahm auch nicht an den Gemeinschaftsmahlzeiten teil. Ich schnappte meinen Teller, füllte ihn und ging in meine Zelle zurück. So blieb ihnen nichts, mit dem sie mich bestrafen konnten. Am dritten Tag sagten sie mir, ich könne gratis einen Brief verschicken. So schrieb ich einen Brief an Margaret Thatcher, warum sie an meiner statt hier sitzen sollte. Alle kamen rein und lasen ihn. Am vierten Tag ging ich zum Mittagessen, bekleidet, aber ohne Hausschuhe. Eine Wärterin hielt mich an: ›Wo sind deine Hausschuhe?‹ Ich drehte mich ohne ein Wort um und ging ohne Mittagessen zurück in meine Zelle.«

»Am Tag meiner Entlassung sollte ich meine Anstaltskleidung ausziehen. Ich könnte ja Anstaltseigentum stehlen! Alle erwarteten, dass ich mich vor Freude ganz schnell davonmachte. Ich saß aber nur da und zog mich nicht um. Fünf Wärterinnen mussten mich aus- und anziehen. Dann sollte ich meinen Reiseschein kriegen. ›Nummer?‹, schrie die blonde Wärterin. ›Die spricht doch nicht mit uns!‹, sagte eine andere. Oh, die Blonde war wütend. ›Fuck off!‹, schrie sie mir hinterher.«

»Diese dummen Leute folgen stur ihren eigenen Gesetzen. Ein Polizist hatte mal so eine Wut auf mich, dass er auf- und abrannte, und ich sagte zu ihm: ›Müssen Sie vielleicht auf die Toilette?‹ Und er ging wirklich! Er kam zurück, und wir hatten eine entspannte Unterhaltung. Ich wende verkehrte Psychologie an. Wenn sie merken, dass ich sie nicht belästige, werden sie sogar freundlich und fragen: ›Wollen Sie vielleicht eine Tasse Tee?‹ Aber wenn ich frage: ›Kann ich bitte dies oder jenes haben?‹, dann nützen sie ihre Macht, um ›Nein!‹ zu sagen.«

Als die drei Pflugschar-Frauen wegen der »Entsorgung« der »Trident«-Computer im Gefängnis waren, saß Helen ebenfalls ein, weil sie in den Zaun der Militärbasis Coulport ein Loch geschnitten hatte. Die drei Damen waren frustriert, denn keine einzige Zeitung hatte über ihre fulminante Abrüstungsaktion berichtet. Helen wollte ihnen »ein bisschen Publicity« besorgen. Kaum war sie frei, bemalte sie das Gerichtsgebäude von Edinburgh: »Begeht keinen Völkermord! Erkennt das humanitäre Völkerrecht an! Stoppt die Uranmunition! Keine Star Wars! Befreit Angie, Ellen und Ulla!« »Es sah furchtbar aus, krumm und schief, die Farbe tropfte runter. Gegenüber stand, noch unbefleckt, das neue schottische Parlamentsgebäude. Und ich schrieb auf das Besucherzentrum: ›Kein Blut auf schottische Hände!‹ Die Polizei kam, schaute über die Straße und sagte anerkennend: ›Oh, ein neues Rembrandt-Mädchen!‹«

Dafür wurde Helen im Dezember 1999 zu sechs Monaten auf Bewährung verurteilt. Zu ihrer Verblüffung befanden die Richter jedoch, die Angeklagte habe »gute Gründe« für ihre Tat gehabt.

Auch auf dem altehrwürdigen Unterhaus von London hat sie ihre Spuren hinterlassen. »Stoppt Uranmunition!«, schrieb sie mit schwarzer Glanzfarbe an die Wand des House of Commons. Trotz aufwendiger Reinigung ließ sich der Spruch nie mehr ganz entfernen. Wenn es regnet und die Wand nass wird, kann man die Handschrift von Helen John immer noch lesen.

Mittlerweile ist es dunkel geworden in Otley. In Helens Häuschen warten mehrere Frauen auf die Rückkehr der Festgenommenen. Fünf Stunden, sechs Stunden auf der Polizeiwache – das kann doch nicht sein? Nach acht Stunden erscheinen lachend Helen und die Schwedin Agneta. Helens politische Weggefährtin Anne Lee hat die beiden von der Wache abgeholt. »Es hat so lange gedauert«, erklärt Helen, »weil ich meine Verteidigerin sprechen wollte. Ich habe mich beschwert, dass die Polizei uns das Recht auf Blockade nimmt, indem sie selbst blockiert.«

Nun gibt es heiße Suppe und Wein, und Helen und Anne beginnen von alten Zeiten zu erzählen. Von WoMenwith Hill, dem 1994 bis 1998 bestehenden Frauencamp. Die pensionierte Physiklehrerin Anne und die pensionierte Krankenschwester Helen hatten dort in bunten Wohnwagen gelebt, zusammen mit einem weiteren Dutzend alter und junger Frauen. Am Anfang habe das Camp in der Nähe des Haupttors gestanden, berichtet Helen. »Wir mochten es, dort zu demonstrieren und diese verrückte Leute da drin zu begucken. Sie ignorierten uns, bis wir an einem Samstagmorgen im Jahre 1995 einen langen Wohnwagen vor ihre Nase setzten. Sie schleppten ihn ab, schleppten all unsere Sachen weg. Eine Frau holte den Caravan zurück, und die Leute aus der Umgebung brachten uns gebackene Bohnen und Tee.«

»Aber viele haben uns auch nicht unterstützt. Sie glaubten, wir seien gesundheitsgefährdend. Wir stanken nach Rauch, unsere Haare und unsere Kleidung stanken nach Lagerfeuer, so wie jetzt auch wieder. Eine Weile lang haben sie uns nicht mal in die Pubs gelassen. Die Bauern benützen Fisch-Dünger, das stinkt schrecklich und setzte sich in unseren Kleidern fest. Die Leute in den Pubs standen mitten im Essen auf und gingen.« Helen lacht.

Woher wussten sie eigentlich, was hinter dem Zaun von Menwith Hill vor sich ging? Gekicher. Damals, noch bevor das Frauencamp eingerichtet wurde, sei das recht einfach gewesen: Immer in der Nacht von Donnerstag auf Freitag sei der Müll von der Basis weggebracht worden. Immer dann schlüpften einige Frauen durch ein schlecht gesichertes Tor, spielten Müllabfuhr und klauten die Abfallsäcke. Dann ging es ans Müllsortieren: den Kaffeesatz ins Kröpfchen, die Papiere ins Töpfchen – und siehe da, es waren Schriftstücke aller Art zu finden, zerrissen oder ganz; banales Zeug, aber auch Geheimdokumente, sogar eine ganze Menge. Frau brauchte nur die Fetzen wieder zusammenzufügen und wusste, wofür welche Satellitenschüsseln dienten, wo welches Gebäude stand, welcher Mitarbeiter welche Funktion hatte. Später diente das Material investigativen Journalisten wie Duncan Campbell dazu, »ihre« Enthüllungen über Menwith Hill zu tätigen.

Sie wussten auch, wie der damalige Chief of Station hieß und wo dieser Mister N. Addison Ball sein Büro hatte. Und dass er bestimmt etwas dagegen hatte, wenn fremde Personen Löcher in seinen Zaun schnitten. Also gingen einige Frauen des Camps los, um sich bei ihm über die mangelnde Sicherheit der Basis zu beklagen. Beweis: ein Stück Zaun. »Es war ganz schön schwer«, berichtet Anne, »wir mussten es hinter uns her schleifen. Wir gingen also in die Basis, und sie zogen es vor, uns nicht sehen zu wollen. Helen sagte immer: ›Hallo, schönen Tag auch!‹ Und sie sahen uns immer noch nicht. Wir kamen zu der Doppelglastür der Rezeption, aber am Empfang war niemand. Ich rief: ›Hallo! Wir wollen zu Dr. N. Addison Ball.‹ Die Doppelstahltüren gingen auf, und das Büropersonal kam zum Schichtwechsel raus. Helen hielt höflich die Tür auf. Und sagte immer: ›Schönen Tag auch!‹ Nachdem der Letzte raus war, gingen wir rein, in die Top Security Area. Wir wussten, wir mussten die Treppe hoch gehen, um in sein Büro zu kommen. Aber leider begann eine Frau zu kreischen: ›Help! Security!‹ – ›Beruhigen Sie sich, meine Dame, wir sind britisch!‹ Aber sie kreischte weiter: ›Wo ist Ihre Identity Card?‹ – ›Wir brauchen so etwas nicht‹, antworteten wir nur.«

»Sie rief den Security Officer, der auch gleich angewetzt kam«, erzählt Helen weiter. »Er rief die britische Militärpolizei an, die auf der Basis stationiert ist, um sie zu schützen. Er war völlig genervt, weil wir in die Top Security Area eingedrungen waren. Er wollte einen Transportwagen rufen, damit der uns wegbringt, aber wir sagten: ›Nein, nein, wir laufen lieber, es ist so ein schöner Tag!‹ Und wir schleiften immer noch den Zaun hinter uns her. Er brachte uns zum Haupteingang, nahm das Zaunstück und schrie: ›Fuck off!‹«

»Wir sprangen in meinen Wagen, fuhren in mein Haus zurück, und ich rief die US-Botschaft an. Ich sagte: ›Können Sie uns bitte helfen? Wir waren gerade in der Top Security Area in Menwith Hill, mit einem kleinen Geschenk, und sie schreien uns ›Fuck off!‹ hinterher. Also das ist doch nicht höflich!‹«

»Das nächste Stück Zaun«, berichtet Anne, »brachten wir zum Privathäuschen des Security Officers auf der Basis. Leider war niemand da. Also klopften wir am nächstgelegenen Haus an. Es war voller GIs in Uniform. Und wir sagten: ›Wir wollen das hier dem Sicherheitsoffizier übergeben. Könnten Sie es bitte für ihn nehmen?‹ Sie grunzten nur. ›Security Officer? Nie gehört.‹ Einer sagte: ›Probieren Sie es doch an der nächsten Tür, Ma'am.‹ Ein anderer meinte: ›Entschuldigen Sie, Ma'am, dürfen Sie eigentlich hier sein?‹ Wir antworteten: ›Oh, wir sind Britinnen. Wir sind hier in England, wissen Sie.‹«

Später brummte ein Richter Helen das Verbot auf, sich der Basis zu nähern. Aber sie hieße nicht Helen John, wenn sie sich daran gehalten hätte. »Es war der 11.11. um 11 Uhr nachts, und ich fuhr mit meinem Auto einfach in den Haupteingang rein. Der Wächter wollte mich rausschmeißen, aber ich sagte: ›Sorry, ich leide an Gedächtnisausfällen, ich weiß nicht mehr, wie ich rauskomme.‹ In diesem Moment kam ein Sergeant, der mich sehr hasste. Er hatte nämlich bei einer anderen Gelegenheit einen schrecklichen Fehler begangen und mich vor allen seinen Leuten gefragt, was ich von ihm dächte. Und ich antwortete: ›Wollen Sie das wirklich wissen? Wenn Sie zwei Gehirnzellen hätten, dann wären Sie vielleicht gefährlich.‹ Er kam mir also in seinem Auto entgegen, ein anderer Officer saß hinter ihm. Mich sehend, schrie er schon: ›Nehmt sie fest!‹ Der andere meinte: ›Nein, sie soll den Wagen rausfahren!‹ Ich lehnte mich aus dem Auto und fragte den Offizier hinter ihm: ›Hat er einen Führerschein? Dann soll er doch bitte meinen Wagen rausfahren!‹ Der Sergeant konnte nur noch schreien: ›Nehmt sie fest!‹«

Nach Dutzenden von Vorfällen dieser Art wurden die Sicherheitsvorkehrungen verschärft, und das britische Verteidigungsministerium ließ die Militärverordnungen ändern. Vorher hieß die Basis »Menwith Hill Station«, nunmehr »Royal Air Force Base« – damit es so aussah, als würde die britische Armee sie betreiben.

Eine andere Friedensbewegte, Lindis Percy, machte sich den Kampf gegen die Militärverordnungen geradezu zur Spezialität. Lindis ist ebenfalls Mutter, ebenfalls Hebamme, ebenfalls Greenham-Common-Frau, ebenfalls in Otley ansässig. Und in der Otley Peace Action Group aktiv, die bereits in den 70er Jahren den Widerstand gegen Menwith Hill zu organisieren begann. An einer Stelle, wo früher ein öffentlicher Fußweg durch die Basis hindurchgeführt hatte, durchschnitt sie ein ums andere Mal den Zaun und ließ sich wegen »unbefugten Betretens« verhaften. Dafür und für andere Aktionen saß die überzeugte Quäkerin diverse Gefängnisstrafen ab.

Vielleicht aber trugen gerade die scheinbar offensichtlichen Ähnlichkeiten zwischen Lindis und Helen dazu bei, dass die beiden sich nicht vertrugen. Lindis sei immer auf vorbildliches Benehmen aus und finde ihr Verhalten furchtbar, beklagt sich Helen. Außerdem habe Lindis unbedingt die Einzige sein wollen, die im Gefängnis sitzt, dabei sei es doch wichtig, dass viele diese Erfahrung machten. Lindis wiederum regt sich öffentlich über diejenigen auf, die anderen »einzureden« versuchten, sie gehörten nicht zur Friedensbewegung, »wenn sie nicht im Gefängnis gesessen haben oder verhaftet worden sind – das ist doch Nonsens«. Vielleicht haben auch diese persönlichen Konflikte dazu beigetragen, dass WoMenwith Hill nicht die Ausstrahlungskraft von Greenham Common erreichen konnte.

Auch Anne Lee und Helen John kämpften einen eigensinnigen Kampf gegen die Tarnung der Basis als britische Militärstation. Im Februar 1996 drangen die beiden dort ein, »um die Verordnungen zu brechen«, berichtet Helen. Sie hätten den neuen Commander G. Dickson Gribble gesucht, erst in seinem Haus, dann im Club. Auf dem Weg dorthin seien ihnen viele Uniformierte begegnet. »Und ich fragte sie: ›Wie kommt es, dass Sie plötzlich alle für die Royal Air Force arbeiten? Ist der Lohn da besser?‹ Sie waren ganz erschrocken. An der Tür zum Club merkten sie, wer wir waren. Die Frauen wurden weiß im Gesicht und schrien: ›Schon wieder die!‹ Doing!, war die Tür zu. Und wir wurden verhaftet.«

Im September 1996 kamen sie deshalb vor Gericht. Sie beklagten sich, das Verteidigungsministerium habe die Verordnungen geändert, um das britische Volk über die tatsächliche Befehlsgewalt auf der Basis zu täuschen. Und um das Betreten des Geländes zu kriminalisieren. Sie argumentierten, die Gesetzesänderung sei ungültig, weil sie illegale Aktivitäten verbergen sollte. Helen forderte, der konservative Premier John Mayor, Verteidigungsminister Michael Portillo und Innenminister Michael Howard müssten vor Gericht als Zeugen gehört werden. Genauso wie Colonel G. Dickson Gribble, der zum Commander einer Basis ernannt worden war, die er ja angeblich gar nicht befehligte. Sowie die Chefs der britischen Telefongesellschaften Telecom, Mercury und Vodafone, die über das illegale Abhören informiert seien, ihren Kunden darüber aber nichts mitteilen würden. Keiner dieser Herren musste erscheinen. Helen und Anne aber wurden zu zwei Jahren auf Bewährung verurteilt.

Im September 1997 war die Berufungsverhandlung vor dem York Crown Court. Anne Lee legte ausführliche Verteidigungsschriften vor, die auf Dokumenten aus Menwith Hill beruhten. »Nachdem der Richter ein halbes Dutzend dieser Dokumente gelesen hatte, fragte er: ›Ist das auch wieder eines der Papiere, die aus Menwith Hill geklaut worden sind, Ms. Lee?‹«

Die beiden wollten den Prozess verlieren, um in die nächste Instanz zu gehen, um wenigstens dort die verantwortlichen Politiker in den Zeugenstand holen zu können. »Ich wusste, wir bekommen nie wieder so eine Gelegenheit, wo wir alle unseren politischen Argumente vorbringen können«, sagt Helen. »Aber meine Verteidigerin hat diesen verdammten Fall gewonnen!«

Ein paar unbewaffnete Schafe waren daran schuld. Weil ein großer Teil der Basis nach wie vor als Weideland benutzt wird und die Schafe nicht als nutzungsbefugte Soldaten einzuordnen waren, stufte Richter Crabtree die Verordnungen als »fehlerhaft« ein. Aber, meint Helen, »der Richter wusste, was er tat. Er ließ uns gewinnen, um die Politik herauszuhalten. Sie gaben den Fall zurück an ein lokales Gericht. Obwohl ich wirklich keine Lust hatte, weiter auf verdammten Schafen rumzureiten.«

Sie verloren diesen nächsten Prozess, und sie verloren auch eine weitere Verhandlung im Januar 1999. Auf Veranlassung des Verteidigungsministeriums hob der High Court das Urteil von Richter Crabtree wegen »Formfehlern« auf; Helen und Anne seien zu Recht bestraft worden.

Die Friedensbewegten scherte das Urteil des höchsten Gerichtes wenig. Schon kurz darauf wurden wieder Löcher in den Zaun geschnitten, das »unbefugte Betreten« ging weiter. Dennoch wurde seitdem keine Frau aus WoMenwith Hill mehr deswegen verurteilt, obwohl es in jener Zeit 74 Ermittlungsverfahren gab. Offenbar scheute das Verteidigungsministerium jede weitere öffentliche Verhandlung über die politisch wie juristisch zweifelhaften Verordnungen.

Auch die Blockaden gingen weiter, und immer wieder ließen sich die Frauen dabei etwas Neues einfallen. »Einmal haben wir eine Blockade der A59 angekündigt; die Polizei war massiv präsent, alles wartete auf uns. Aber wir sprangen einfach nur in unsere Autos und fuhren weg. Um ausführlich zu frühstücken. Nach einer Weile kamen wir zurück und blockierten ein anderes Stück Straße.«

Ach, das sei alles ziemlich lustig gewesen, sagt Anne: »Ich hatte noch nie so viel Spaß in meinem Leben wie dort.«

Besonders am 1.April. »Einmal verklebten wir sehr offiziell aussehende Fahndungsplakate mit dem Konterfei des Basis-Commanders: ›Wanted! Dieser Mann wird gesucht, spricht mit amerikanischem Akzent und hört Telefone ab.‹ Wir pappten die Plakate auf alle Bushaltestellen, Telefonzellen, Banken, Zeitungsbüros, sogar in den Empfangsraum der Polizeistation.« Danach hätten sie bei der Polizei angerufen und sich über diese fürchterlichen Leute aufgeregt, die Telefonate abhörten. An einem anderen 1. April verklebten sie Poster, auf denen die Basis zum Verkauf angeboten wurde. Und bei einer dritten Gelegenheit kündigten sie an, ein Teil der Station werde verlegt und im eleganten Zentrum des Städtchens Harrogate wieder aufgebaut, was die Gefahr von radioaktiver Niedrigstrahlung und tief fliegenden Militärjets mit sich bringe. Viele besorgte Bürger beschwerten sich daraufhin in der Polizeistation von Menwith Hill.

Berichtenswert ist auch die Geschichte vom bekleckerten Golfball. Ein Lebensmittelhändler hatte eine Menge gebackene Kartoffeln übrig und verschenkte ihn an das Frauencamp. »Die Frauen machten daraus mit allerlei Zutaten einen Brei und füllten ihn in Sandwichbeutel aus Plastik«, erzählt Anne. »Wenn man die wirft, platzt der Beutel, und alles sieht aus wie von Scheiße bekleckert. Die Greenham-Frauen bewarfen damit die Cruise-Missiles-Konvois. Dann durchschnitten einige Frauen den äußeren Zaun der Basis und gingen auf den größten Golfball zu. Sie mussten eine dort installierte Panzer-Falle passieren. Die Militärs erwarteten, von Panzern attackiert zu werden, aber nicht unbedingt von solchem Kaliber. Die Frauen gingen weiter und durchschnitten den nächsten Sicherheitszaun um den Golfball. Und begannen ihn zu beschmeißen. Bumm!

Bumm! Er war über und über bekleckert. Das Wachpersonal kam herbeigelaufen und kreischte: ›Hört auf!‹ Aber das Tor zum Golfball-Gelände war dicht, sie kamen nicht rein. Schnell verschlossen sie die gesamte Basis, doch währenddessen schlüpften die Frauen wieder durch die Löcher in den inneren und äußeren Zäunen hinaus.«

»Sie liefen über die Straße und versteckten sich in dem Straßengraben auf der anderen Seite. Dort konnten sie die Basis beobachten, sie sahen überall Suchlichter und Hunde. Sie sahen, dass man das Loch im inneren Zaun fand, und krochen ein Stück weiter. Sie sahen, dass man das Loch im äußeren Zaun fand, und krochen ein Stück weiter. Sie sahen, dass die Militärpolizisten über die Straße rannten, und krochen weiter. Die armen Kerle wurden ja so gedemütigt. Sie hatten die Frauen in flagranti erwischt, aber sie sind ihnen entwischt!«

»Als sich einige der Übeltäterinnen dem Camp näherten, wartete die Polizei dort schon auf sie, in ihren Autos, mit ausgeschalteten Scheinwerfern. Andere Frauen aber, die im Camp geblieben waren, bemerkten die Polizisten und schrien laut: ›Oh, Officer! Sie suchen Kriminelle! Warten Sie, wir wollen Ihnen helfen!‹ Und so wurden die Ankommenden gewarnt und konnten entkommen.«

»Zwei Frauen aber erwischten sie doch noch. Eine war vollkommen bekleckert, sie hatte keine einzige saubere Stelle mehr auf ihrer Kleidung. Sie nahmen ihr alle Klamotten als Beweisstück weg und zwangen sie, sich mit Papier anzuziehen. In diesem Zeugs konnte sie nicht zum Camp zurückkehren, und deshalb wurde sie in einem Polizeiwagen zurückgebracht. Später aber ließen sie die Anklagen fallen. Es war aber auch alles zu peinlich.«

Hektisch wurde ein neuer Hochsicherheitszaun installiert, bestückt mit Infrarotkameras und Mikrofonen, die bei verdächtigen Geräuschen sofort Alarm auslösen. Aber nicht einmal davor hatten die Frauen Respekt. Im Juni 2000 durchschnitten Helen John, Anne Lee und die Pflugschar-Frau Angie Zelter erneut Löcher in den schönen neuen Zaun.

»Wir taten das, um zu beweisen, dass er nicht hoch genug und nicht sicher genug war«, lacht Helen. »Im Mai 2001 wurden wir deshalb vor Gericht gebracht. Als die Verhandlung zur Mittagspause unterbrochen wurde, sah ich die vielen hübschen Beweisstücke auf dem Pult des Staatsanwaltes liegen, auch meinen Bolzenschneider. Ich überlegte, ob ich den ganzen Sack mit den Beweisstücken einfach mitnehme, aber ich hätte ihn schlecht verstecken können. Also nahm ich nur meinen Bolzenschneider an mich, er war schließlich neu und teuer gewesen. Ich ging hinaus und grüßte die Polizisten freundlich. Ich rannte die Hauptstraße von Harrogate hinunter, um einen Pub mit Fensterläden zu finden, und versteckte meinen Bolzenschneider dahinter. Ich glaube, er steckte da viele Monate. Und nach dem Lunch ging ich zurück ins Gericht. Der Staatsanwalt rief völlig entsetzt: ›Was ist mit den Beweisstücken geschehen?‹ Und meine Verteidigerin sah mich an und begann zu lachen. Alle wussten, dass ich das getan hatte, aber sie konnten es nicht beweisen.«

Dafür aber rückte die Justiz umso mehr den Frauen von WoMenwith Hill zu Leibe. Bereits im April 1995 war auf Betreiben des US-Geheimdienstes NSA ein Räumungsurteil gegen sie ergangen. Sieben an ihre Caravans angekettete Frauen wurden verhaftet, aufgeschüttete Erdhügel sollten die Wiederbesetzung verhindern. Die Frauen stellten ihre Vans auf einem weiter entfernten Grasstreifen wieder auf. 1997 verklagte sie die Straßenbehörde wegen »unbefugten Benutzens« ihrer Grundstücke. 1998 urteilte ein Richter, das Camp sei ungesetzlich, und erteilte Helen und Anne die Auflage, nicht mehr in WoMenwith Hill zu übernachten und sich der Basis nicht mehr zu nähern. 1999 erließ ein Gericht die Order, es dürfe ein Wohnwagen als »Alternatives Informationszentrum« aufgestellt werden, aber nur noch vormittags und nicht mehr über Nacht. All diese Einschränkungen machten es den Frauen unmöglich, WoMenwith Hill so aufrecht zu erhalten, wie es war. Seit 1998 wird nur noch zu bestimmten Anlässen gecampt – so wie an diesem Adventswochenende.

Dafür aber rückten andere Protestformen in den Vordergrund. In Helens Organisation, dem CND, entstand die Idee einer landesweiten Campaign for the Accountability of American Bases (CAAB), tatkräftig unterstützt von Lindis Percy und Anni Rainbow von der Otley Peace Action Group. Die US-Basen seien illegal, undemokratisch und unüberprüfbar, lauteten die Hauptargumente. Die Labour-Abgeordnete Alice Mahon drückte es so aus: »Niemand, der sich um Bürgerrechte kümmert, kann Menwith Hill ignorieren. Obwohl es viele Versuche gab, Antworten auf Fragen zu bekommen, ist ziemlich klar, dass Menwith Hill keine Rechenschaft gegenüber Parlamentariern und auch nicht gegenüber dem britischen Volk abzulegen braucht.«

Am 4. Juli 2000, dem Jahrestag der Loslösung der Vereinigten Staaten von Großbritannien im Jahre 1776, feierten tausende einen alternativen Unabhängigkeitstag auf Menwith Hill und forderten »die Unabhängigkeit Großbritanniens von den USA«. Es war ein wildes, buntes, fröhliches Spektakel, das in den folgenden Jahren wiederholt wurde. In den frühen Morgenstunden des 4. Juli 2001 stürmten 120 als Raketen verkleidete Mitglieder von Greenpeace die Basis. Weder die beiden Pförtner noch ihr verschlafener Wachhund konnten sie zurückhalten. Die meisten wurden nach einer Weile geschnappt, doch einige konnten den Wasserturm, ein Dach und einen hohen Sendemast erklimmen. »Stoppt Star Wars« und andere Transparente wurden aufgezogen. Den Sicherheitskräften gelang es erst am folgenden Tag, das für sie so blamable Ereignis zu beenden.

Die Aktion sei »höchst nötig« gewesen, grüßte Helen John die Leute von Greenpeace aus dem Gefängnis in Cortonvale. Wegen der Löcher im Hochsicherheitszaun war sie im Mai 2001 zu drei Monaten Gefängnis verurteilt worden, Anne zu zwei Monaten. Eine »sechsmal höhere Strafe«, als angesichts des geringen Schadens zu erwarten gewesen sei, rechneten ihre Unterstützerinnen und vermuteten einen Zusammenhang mit den bevorstehenden Parlamentswahlen. Helen hatte sich nämlich im Wahlkreis von Premierminister Tony Blair als unabhängige Kandidatin auf einer »No Star Wars Plattform« aufstellen lassen. »Ich habe die Labour-Partei verlassen, als Tony Blair ihr Chef wurde, weil ich keine Lust hatte, seine konservativen Ansichten zu unterstützen«, verriet sie in ihrer schriftlichen Kandidatenvorstellung. »Zusammen mit anderen Friedenskämpferinnen bin ich stolz darauf, die Tradition der Suffragetten fortzusetzen, die auch ins Gefängnis gingen, um unsere Rechte zu erringen und zu schützen. Ich versuche, ihren Slogan anzuwenden: ›Taten, keine Worte‹.«

Als parteilose Frau gegen den mächtigen Parteichef – es war ein aussichtsloses Unternehmen. Helen gewann schließlich ein paar hundert Stimmen, Blair gewann den Wahlkreis, wenn auch mit Verlusten.

Fast zeitgleich eskalierte ein Streit zwischen dem Europa-Parlament und der US-Regierung über die »Echelon«-Lauschaktionen. Genau genommen war es auch ein Konflikt zwischen der EU und der Regierung Blair, die nichts dagegen unternahm, dass auf ihrem Territorium gegen europäische und sogar gegen britische Interessen verstoßen wurde.

Bereits 1998 hatte ein britischer Europa-Abgeordneter mit einem »Echelon«-Bericht Aufsehen erregt. Einige Zeit später setzte die Parlamentsmehrheit einen Untersuchungsausschuss ein, der unter anderem klären sollte, ob europäische Konzerne über Menwith Hill und andere Basen ausspioniert worden waren. Im Mai 2001 reiste eine Ausschussdelegation nach Washington, um darüber mit dem Außen- und Wirtschaftsministerium, mit NSA- und CIA-Vertretern zu reden. Doch sie wurde brüsk der Tür verwiesen, alle Gespräche wurden in letzter Minute abgesagt. Begründung: Die Vorwürfe seien ohne Substanz, die Gespräche deshalb überflüssig.

Dabei hatte der ehemalige CIA-Direktor James Woolsey höchstpersönlich in einem Artikel im »Wall Street Journal« im März 2000 zugegeben:

»Ja, meine kontinentaleuropäischen Freunde, wir haben euch ausspioniert (...), weil ihr mit Bestechung arbeitet.« Woolsey hatte unter dem 1992 neu gewählten US-Präsidenten Bill Clinton gearbeitet, der die Förderung der US-Wirtschaft zum Schwerpunkt seiner Amtszeit erkor. Eine von Clintons ersten Amtshandlungen war die Einrichtung eines »Advocacy Center« im US-Wirtschaftsministerium, das NSA- und CIA-Informationen über anstehende Großaufträge an interessierte Firmen weiterreichte. So konnte es der europäischen Konkurrenz viele dicke Brocken wegschnappen. Jene »Einebnung des Spielfeldes«, hieß es in einer späteren Mitteilung an den US-Kongress metaphorisch, habe den US-Unternehmen von 1993 bis 2000 Aufträge im Wert von 145 Milliarden Dollar eingebracht.

Auch deutsche Konzerne haben nach internen Aufstellungen des »Advocacy Center« auf diese Weise über fünf Milliarden Dollar an US-Konkurrenten verloren. Der dickste Auftrag war ein Telekommunikations-Vertrag mit Saudi-Arabien im Wert von vier Milliarden Dollar; weitere Verträge betrafen unter anderem Energieanlagen in China, Tunesien und Senegal, einen Flughafen in China, Telefonanlagen in den Vereinigten Arabischen Emiraten und Diesellokomotiven in Ägypten.

Die US-Zeitungen berichteten damals eifrig über die Erfolge des »Advocacy Center«. Jedenfalls so lange, bis sich Europa-Parlamentarier für diese Informationsquelle zu interessieren begannen. Und plötzlich versiegte diese. 1994 verlor das französische Airbus-Konsortium einen Milliarden-Auftrag der Saudis an die US-Konzerne Boeing und McDonnel Douglas, was die »Baltimore Sun« zur Bemerkung veranlasste, beim Feindbild der Geheimdienste sei »die sowjetische Luftwaffe durch das europäische Luftfahrtkonsortium Airbus ersetzt« worden. 1996 berichtete die »New York Times«, Enron, General Electric und Bechtel hätten britischen Firmen einen milliardenschweren Auftrag für ein Großkraftwerk im indischen Dabhol weggeschnappt. US-Offizielle bezichtigten die Europäer der Bestechung, doch es gab nie ein Strafverfahren, weder in diesen noch in weiteren Fällen. Stattdessen wurde das Dabhol-Kraftwerk selbst zum Symbol für Raffgier: Der Strom wurde so teuer verkauft, dass indische Verbraucher ihn kaum mehr bezahlen konnten.

Am 5. September 2001 verabschiedete das EU-Parlament eine Entschließung mit 44 Empfehlungen. Das flächendeckende Abhören durch »Echelon« verstoße gegen die europäische Menschenrechtskonvention, hieß es darin. Die EU-Länder sollten sich durch geeignete Verschlüsselungstechniken besser vor Spionage schützen. Das Belauschen sei auch dann illegal, hatte der Ausschuss schon früher festgehalten, wenn

Bestechung im Spiel sei: »Liegen Verdachtsmomente vor, so hat die USA die Strafverfolgung den Gastländern zu überlassen. Liegen keine Verdachtsmomente vor, so ist eine Überwachung als unverhältnismäßig einzustufen, folglich menschenrechtswidrig und daher unzulässig.«

Damit waren insbesondere Großbritannien und Deutschland aufgefordert, bei den Geheimdienstaktivitäten auf ihrem Staatsgebiet zu überprüfen, ob diese mit den Menschenrechten vereinbar seien. Schnell gab die NSA bekannt, die Anlage in Bad Aibling mit ihren 14 Golfbällen bis 2002 schließen zu wollen, weil moderne Technologie die Station entbehrlich mache. Die 750 Mitarbeiter sollten an andere Standorte versetzt werden – inzwischen ist vom August-Euler-Airfield in Griesheim bei Darmstadt die Rede.

Doch sechs Tage nach Verabschiedung der Parlamentsentschließung änderte sich die Weltlage: Man schrieb den 11.September, und nach den Terroranschlägen wollte niemand mehr öffentlich den USA das Recht auf Lauschaktionen absprechen. Die Empfehlungen gerieten in Vergessenheit und wurden bis heute kaum umgesetzt. Auch die Schließung der US-Basis in Bad Aibling wurde auf September 2004 verschoben.

Helen John weiß nicht, welchen Umfang die auf Menwith Hill betriebene Wirtschaftsspionage heute noch einnimmt. Rund 40 Prozent der gewonnenen Informationen seien wirtschaftlicher Art, schätzte der britische Journalist Duncan Campbell in einem seiner Berichte für das Europa-Parlament. Helen ist die Konkurrenz von EU- und US-Unternehmen auch piepegal, nicht aber die Konsequenzen für die Menschen: »Was passiert, wenn die NSA europäischen Firmen einen Vertrag wegschnappt? Die Leute verlieren ihren Job. Meistens die Männer. Und dann fangen viele an, ihre Frauen und Kinder zu schlagen.«

»Aber leider haben die Leute wenig Bewusstsein. Wenn man ihnen sagt, die hören auch dich ab, antworten sie: Ich mache nichts Böses, sollen sie doch.«

Spät ist es geworden in Helens Häuschen, die Versammelten streben ins Bett. Morgen soll es weitergehen. Morgen muss die Schwedin Agneta vor Gericht erscheinen.

Der Staatsanwalt hat Anklage wegen Behinderung des Straßenverkehrs erhoben, und ein dreiköpfiges Schnellgericht in Harrogate soll über sie urteilen. »Mister Blair und Mister Bush sind so feste Freunde, weil sie Menwith Hill gemeinsam haben«, hebt Agneta am nächsten Morgen vor Gericht an. »Menwith Hill hört auch Ihre Telefonate und meine E-Mails ab. Das ist gegen das britische, das schwedische und das europäische Recht, das ist ein Angriff auf alle demokratischen Werte.« Die Richter wollen es lieber nicht so genau wissen. Nach einer kurzen Beratung verurteilen sie die Angeklagte zu 65 Pfund Geldstrafe mit einer Bewährungsfrist von sechs Monaten. »Ich fühle mich erleichtert«, sagt Agneta, als sie das Gericht verlässt. Und: »Ich komme wieder.«

Im März 2004 wird Helen wegen der Blockade der A59 zu einer Geldstrafe verurteilt. Weil sie Berufung einlegt, ist ein Ende des Verfahrens noch nicht in Sicht.

Literatur und Websites:

Die beste Website zu Menwith Hill steht unter *www.cndyorks.gn.apc.org*, dort ist eine Vielzahl von Informationen über US-Basen, über die Geschichte des Frauencamps bis hin zu den Urteilen gegen Helen John zu finden

Dr. David Wood, The Hidden Geography of Transnational Surveillance, University of Newcastle 2001, herunterladbar unter *www.staff.ncl.ac.uk/d.f.j.wood/thesis.htm*. Darin besonders interessant: Kapitel sieben über die Proteste der Friedensbewegung gegen Menwith Hill, S. 246 ff.

www.heise.de und *www.echelonwatch.org* informieren über das Abhörsystem »Echelon« und die Aktivitäten des EU-Parlaments gegen das großflächige Belauschen. Dort sind auch die Reports von Duncan Campbell für das EU-Parlament nachzulesen. Der Abschlussbericht des EU-Parlaments und weitere Materialien zu »Echelon« sind zu finden unter *http://cryptome.org/echelon-ep-fin.htm*

Über die so genannte »Echelon-Affaire« wurde in der Tagespresse und in den Nachrichtenagenturen breit berichtet, vor allem im Frühjahr 2000 und im Sommer 2001. Im »taz«-Magazin »Index on Censorship« berichtete Duncan Campbell bereits am 10.10.1998 über »Echelon« (»Vollelektronische Bespitzelung«). Im »Spiegel« vom 29.3.1999 (»Angriff aus dem All«), vom 10.4.2000 (»Bedroht von den Freunden«) und vom 23.4.2001 (»Nach dem Lesen sofort vernichten«) geht es jeweils um »Echelon«. Zwei Überblicksartikel finden sich in »Le Monde diplomatique« vom 15.1.1999 (»Unter Freunden gibt es keine Geheimnisse«) und vom 16.11.2001 (»Das Ohr an der Welt«).

Unter *www.globenet.free-online.co.uk* und *www.fas.org* gibt es Informationen über das Global Network against Weapons in Space

Im Archiv des BBC sind diverse Artikel über Menwith Hill zu finden: *www.bbc.co.uk*. Unter anderem vom 22.5.2001 über die Kandidatur Helen Johns in Blairs Wahlkreis

Auf der Website des »Guardian«, *www.guardian.co.uk*, finden sich zahlreiche Artikel über die Lauschoperationen, unter anderem von Duncan Campbell am 10.8.2000, am 3.7.2001 und am 27.11.2001. Über die Besetzung von Menwith Hill durch Greenpeace berichtete die Zeitung am 3., 4. und 5.7.2001

Über die Aktivitäten von Trident Ploughshare: *www.tridentploughshares.org*, *www.no-nukes.org*, *www.banthebomb.org*, *www.ainfos.ca* oder *www.vredessite.nl*. Über die einzelnen Aktionen berichteten auch die Nachrichtenagenturen

Über die Gefahren von abgereichertem Uran: Campaign against Depleted Uranium, *www.cadu.org.uk*

Deutsche Presse über Helen John: »taz« vom 9.4.2003 und 19.12.2003, »Junge Welt« vom 9.4.2003

»Mein Schatz, die Bücher«

Die afghanische Bauingenieurin und Krankenschwester *Nooria Haqnegar* kämpfte 23 Jahre lang im Untergrund für Demokratie und Frieden

Manchmal wirkt sie so scheu, dass man Angst hat, ein Lufthauch könnte sie zerbrechen. Zieht ein Tuch über ihre langen schwarzen Haare, zieht und zieht, als ob sie ganz darunter verschwinden wollte. Sackt in sich zusammen. Versteckt sich in sich selbst. Wird ganz klein. »Übersieht mich bitte«, sagt ihre Körpersprache, »ich bin ein Irrtum der Natur. Ich bin ja nur eine Frau.«

Aber dann. Dann, wenn sie in der Öffentlichkeit aufsteht und zu reden beginnt, dann entfaltet sie eine geradezu umwerfende Kraft. Ihr schönes braunes Gesicht, das mit seinen hohen Wangenknochen an eine ägyptische Königin erinnert, beginnt zu leuchten, ihr Stimme wird klar, und auch wenn man von der afghanischen Sprache Dari nicht viel versteht, ist es ein Genuss, der vokalreichen Melodie ihrer Stimme zu folgen.

Die zwei Gesichter der Nooria Haqnegar sind die zwei Gesichter vieler afghanischer Frauen. Nach 23 Jahren Krieg, Bürgerkrieg und Terror gegen alles Weibliche dürfte es in Afghanistan fast keine Frau mehr geben, die nicht traumatisiert ist, deren Seele nicht zersetzt wurde von all den Ängsten, die sie durchmachen musste. Und dennoch haben Frauen wie Nooria nicht aufgegeben, sie haben unter unvorstellbaren Bedingungen weitergekämpft. Und nun, da sie sich endlich wieder in der Öffentlichkeit bewegen dürfen, da sie lachen, singen, reden, *reden*, *REDEN* dürfen, blühen sie auf wie Blumen in der Wüste nach einem Regenguss. Diskutieren! Lesen! Sich Wissen aneignen! Bücher kaufen!

Nooria Haqnegar: 45 Jahre alt, Bücherliebhaberin, studierte Bauingenieurin, Mutter von fünf Kindern, Mitbegründerin und Vorsitzende der Organisation demokratischer Frauen Afghanistans. Letzteres klingt für unsere demokratieverwöhnten Ohren so harmlos, und doch verbirgt sich dahinter ein kleines Wunder: das Wunder, dass Nooria eine solche Organisation noch unter dem Terrorregime der Taliban mitbegründet hat, 1998 im Untergrund von Kabul. Und das Wunder, dass es überhaupt noch Demokratinnen und

Demokraten in Afghanistan gibt. Keine andere Gruppe wurde so grausam von allen Seiten bekämpft – von den sowjetischen Invasoren, von den Mudschaheddin, von der Nordallianz, von den Taliban. Niemand sonst hat so fürchterliche Verluste hinnehmen müssen wie die »demokratischen Kräfte«, wie sie sich selbst nennen – und das 23 Kriegsjahre lang.

Nooria, 1959 in Kabul geboren, entstammt einer sozialdemokratisch orientierten Familie – eine Besonderheit im vorwiegend ländlichen Afghanistan. »Mein Großvater«, erzählt sie, »war ein bekannter Intellektueller, Abdul Rahman Ludin, der wegen seiner sozialdemokratischen Ansichten von König Nadir Schah umgebracht wurde.« Ihr Vater war ein Arbeiter, der in einem mittelständischen Betrieb beschäftigt war und sich in der aufkommenden demokratischen Bewegung engagierte; ihre Mutter hatte keinen Beruf, dafür aber »viel Verstand und Klugheit«. Die kleine Nooria wuchs mit fünf Schwestern und einem Bruder auf. Es spricht für Noorias Vater, dass ihn die weibliche Mehrheit in der Familie nicht dazu brachte, der Demokratie abzuschwören.

In den sechziger Jahren erlebte Nooria die »goldene Zeit« Afghanistans. Die Wirtschaft florierte, und König Zahir Schah bemühte sich, das Bild eines progressiven Oberhauptes abzugeben, das Reformen einleitet. Die Verfassung von 1964 gestand den Frauen zum ersten Mal die gleichen Rechte wie den Männern zu; zumindest im städtischen Kabul liefen sie unverschleiert durch die Straßen und arbeiteten als Sekretärinnen, Lehrerinnen und Ärztinnen. Im Kabinett des Königs saßen stolze drei Ministerinnen – das einzige Problem war, dass ihre Macht kaum über Kabul hinaus reichte. Einer Bäuerin in einem Tal zwischen unüberwindbaren Dreitausender-Bergen nutzte es nichts, dass die Frau Ministerin in Stöckelschuhen den Gang der Geschichte vorgab. Sie erfuhr davon nichts, denn Fernsehen gab es nicht, ihr Dorf-Mullah verschwieg es ihr, und Allah hatte vergessen, durchsichtige Berge zu erfinden.

1968, als weltweit die Studenten rebellierten, entstand auch in Afghanistan eine Schüler- und Studentenbewegung. Allerdings war sie von Beginn an gespalten: Die einen forderten mehr Demokratie, die zweiten mehr Islam, die dritten den Sozialismus sowjetischer Bauart. Nooria, noch nicht mal Teenager, lief denjenigen, die für die Demokratie demonstrierten, begeistert hinterher, »auch wenn ich nicht so genau wusste, um was es geht«, sagt sie. »Ich habe schon als Kind die demokratische Gesinnung gelernt«, lächelt sie das schelmische Lächeln, das typisch für sie ist, und zeigt dabei blitzendweiße Zähne.

Nooria war nicht nur wissensdurstig, sondern auch technikbegeistert. Sie beendete die Schule und begann ein Studium am Polytechnikum, um

Bauingenieurin zu werden – eine von gerade mal acht Frauen am ganzen Fachbereich. Der vergleichsweise frauenfreundliche König war inzwischen abgesetzt, sein Schwager Daud Khan hatte ihn 1973 weggeputscht und eine Volksrepublik ausgerufen. Zum Dank dafür wurde er seinerseits 1978 von den prosowjetischen Parteien Khalq (»Volk«) und Partscham (»Banner«) fortgeputscht. Nooria war gerade im vierten Semester, als die Verfolgung der Demokraten begann; sie sah sich gezwungen, die Universität zu verlassen.

Die Tragödie Afghanistans besteht aus einer ununterbrochenen Abfolge von Putschen, Umwälzungen und Kriegen. Niemals hat der zerklüftete Gebirgsstaat eine Chance auf eine eigenständige Entwicklung gehabt, stets haben alle möglichen rivalisierenden Mächte ihn zu beherrschen versucht: erst die Kolonialmacht England, dann die Sowjetunion, danach Pakistan im Bund mit Saudi-Arabien und den USA. Hätten sich nicht ständig alle eingemischt – Afghanistan wäre heute womöglich ein blühender Staat, stolz auf seine uralten Kulturen, seinen ursprünglich so liberalen Islam, seine Sufi-Traditionen, seine Buddhastatuen, seine Dichter und Poeten. So aber, nach 23 Jahren kriegerischer Interventionen, ist es zu einem der ärmsten Länder der Erde geworden, zur Ruinenlandschaft in staubiger Wüste, mit zehn Millionen herumliegenden Minen – die Gärten und Anbauflächen zerstört, die Tiere getötet, die Wälder abgeholzt, die Bücher verbrannt, das Wissen von Jahrtausenden verloren. Die ausgeklügelten unterirdischen Kanalsysteme, die jahrhundertelang zur Bewässerung dienten, sind vielerorts nicht mehr reparabel, weil niemand mehr weiß, wie sie funktionieren.

Aber 1979, als die Sowjets einmarschierten, um die »Volksrevolution« vor den »reaktionären Feudalherren« zu beschützen, war es noch nicht so weit. Damals ging es noch darum, das Recht auf eine eigenständige Entwicklung Afghanistans vor den Invasoren zu retten, vor sowjetischen Offizieren, die die Frauen befreiten, indem sie das Brautgeld verboten und damit ihre soziale Absicherung kappten. Nooria ging zurück ans Polytechnikum: »Damals waren viele prosowjetische Studenten an der Universität, und wir dachten, jetzt geht die Arbeit erst richtig los, wir können die Uni nicht ihnen überlassen. Die Prosowjetischen glaubten, wir gehörten zu ihnen. Es dauerte eine Weile, bis sie merkten, dass wir gegen sie und für die Demokratie arbeiteten. Dann aber wurden wir immer wieder vorgeladen und verhört. Sie wollten wissen, mit wem wir zusammenarbeiten.«

Nooria beendete ihr Studium und begann, als Bauingenieurin in einer staatlichen Firma für Häuserbau zu arbeiten. »Damals gab es in den verschiedenen Bezirken von Kabul immer wieder Aufstände, unkoordiniert, jeder für sich. Viele Menschen wurden getötet oder gefangen genommen. Niemand konnte da unbeteiligt bleiben. Natürlich habe ich dabei mitgemacht.«

Doch der Boden wurde immer heißer, auch für sie. Sie kündigte ihre Arbeitsstelle und ging für anderthalb Jahre in den Untergrund. »Unter anderem bestand meine Arbeit darin, afghanische Geschichtsbücher in die Dörfer zu bringen und den Menschen zu sagen: ›Lest doch mal eure eigene Geschichte, lernt daraus, dann könnt ihr Freund und Feind unterscheiden.‹ Es gab Bücher, die handgeschrieben waren, andere stammten aus Bibliotheken. Unsere Studentengruppe besorgte Bücher und Lesestoff, und wir verteilten das. In Kabul war das nicht schwer, die Menschen waren wach und bewusst. Die Schüler und Studenten gegen die Sowjets auf die Straße zu bringen, das war einfach, ich habe ihre Demonstrationen mitorganisiert. Aber auf dem Land war es schwer: Es gab dort Menschen, die nicht nur gegen die Sowjets kämpften, sondern auch gegen Intellektuelle und Aufklärer, sie waren eine große Gefahr.« Hier hätten »fremde Hände manipuliert«, sagt sie. »Das waren die Hände, die Waffen und Dollars verteilt haben. Eine Flut von Waffen und Dollars ergoss sich über uns.«

Der Kalte Krieg zwischen den USA und der Sowjetunion wurde in Afghanistan als »Heißer Krieg« ausgetragen. Auf der einen Seite schossen die sowjetischen Truppen, zehn Jahre lang versuchten sie vergeblich, das Land unter Kontrolle zu bringen. Auf der anderen Seite ballerten die Mudschaheddin, die islamistischen Widerstandskämpfer, die von der US-Regierung mehr als großzügig bewaffnet, von den saudi-arabischen Wahhabisten religiös indoktriniert und vom pakistanischen Geheimdienst ISI militärisch trainiert wurden. US-Sicherheitsberater Zbigniew Brzezinski rühmte sich später, seine Regierung habe die Sowjets bewusst in die »afghanische Falle« gelockt, um den »Kommunismus« durch immer höhere Rüstungs- und Besatzerausgaben zu Fall zu bringen. In den 80er und 90er Jahren ließen sich insgesamt mehr als 100.000 Gotteskrieger aus 43 islamischen Ländern in den Koranschulen Pakistans und Trainingslagern Afghanistans unterweisen; sie hatten keine moralischen Probleme damit, von glatt rasierten, schnapstrinkenden Ungläubigen vom Stamme der CIA unterstützt zu werden. Einer davon, Spross einer reichen Bauherrenfamilie aus Saudi-Arabien, beteiligte sich 1986 am Ausbau eines riesigen Tunnelkomplexes in den Bergen von Khost, der mit CIA-Geldern zum Waffendepot, Feldlazarett und Trainingslager umfunktioniert wurde. Der Name des fleißigen Bauherrn: Osama bin Laden.

Was wäre eigentlich gewesen, wenn die US-Regierung ihre eigenen Werte ernst genommen und im Nahen und Mittleren Osten statt bärtiger Fundamentalisten Demokratinnen und Demokraten unterstützt hätte? Vielleicht hätten diese gesiegt, ohne ihren Charakter zu verbiegen. Dann wäre der Welt der Terror des 11. September mit all seinen Folgen erspart geblieben. Dann hätte Afghanistan eine Demokratisierung erlebt, vielleicht auch Pakistan und der Iran und der Irak ... Blütenträume der Spekulation ...

Nooria jedenfalls gehörte zu denen, die von keiner Seite Unterstützung fanden, die von der US- und den europäischen Regierungen allein gelassen und von den anderen verfolgt wurden. Als sie 1985 nach längerer Abwesenheit zu ihrer Familie nach Kabul zurückkehrte, bemerkte sie sofort, dass sie beschattet wurde. »Wie ich die Gasse zu unserem Haus entlangging, sah ich Autos des prosowjetischen Geheimdienstes Khad. Ein Mann saß rauchend auf einem Stein und beobachtete die Gasse. Später erfuhr ich, dass er die Straße bereits seit drei Tagen beobachtet hatte. Ein Student, der mit dem Khad zusammenarbeitete, hatte mich verraten.« Nooria war sofort klar, dass ihre Verhaftung unmittelbar bevorstand. »Ich war nicht sehr überrascht. Mir war bewusst, das musste irgendwann so kommen, diesen Weg habe ich selbst gewählt.« Aber ihr war wichtig, ihr Schicksal so tapfer wie möglich zu ertragen. »Ich ging zu meiner Familie und sagte meinem Vater: ›Du hast sechs Töchter, eine hat sich für dein Land geopfert. Achte darauf, dass du die Fassung bewahrst, wenn die Männer hier hereinkommen. Sei stolz!‹«

Es dauerte nicht mehr lange, bis die Geheimpolizisten eindrangen, über die Hofmauer und durch die Tür. »Derjenige, der durch die Tür kam, schloss von innen ab und fragte meine Mutter frech: ›Darf ich reinkommen?‹

›Jetzt bist du schon drin und fragst dann noch um Erlaubnis?‹, herrschte ihn meine Mutter an, und ich war stolz auf sie, dass sie ihm die Stirn bot.

Der Kommandeur der Gruppe fragte mich: ›Bist du Nooria, die Ingenieurin?‹ Ich bejahte. Er antwortete abfällig: ›Du bist deines Berufes unwürdig.‹ Und fragte mich: ›Wo kommst du gerade her?‹

›Aus Logar. Da lebt mein Onkel‹, log ich. In Wirklichkeit kam ich gerade aus Pakistan.

›Wenn du Ingenieurin bist, wieso trägst du eine Burka?‹, fragte er weiter.

›Gibt es bei euch zu Hause keine Burka? Damit deine alte Mutter mal einkaufen gehen kann, ohne sich umzuziehen?‹, fragte ich zurück. Damals war es ein Zeichen des Protestes gegen die Sowjets, wenn man Burka trug. Außerdem konnte man darunter alles Mögliche transportieren – verbotene Bücher zum Beispiel.

Sie durchsuchten das Haus, taten das aber recht flüchtig. Am Ende sollte meine Mutter ein Schriftstück unterschreiben. Ich intervenierte: ›Das mache ich!‹

›Du bist aber dreist!‹, entgegneten sie.

Weil sie kein Papier hatten, nahmen sie ein Schulheft meiner Schwester. Ich forderte sie auf, es zurückzulegen, sie brauche das noch. Dann rissen sie ein Blatt Papier heraus. Meine Eltern mussten unterschreiben, dass sie nichts mitgenommen hatten. Außer mich.« Sie lacht. Schwarzer Humor.

»Meine Großmutter fing an zu schreien: ›Wo bringt ihr meine Enkelin hin? Vor 40 Jahren habt ihr meinen Sohn auf diese Weise weggebracht, er kam nie zurück.‹

›Mach dir keine Sorgen‹, beruhigte ich sie, ›ich komme schon zurecht.‹

Als wir aus dem Haus traten, war gerade die Mädchenschule zu Ende. Einer der Geheimpolizisten fragte: ›Sollen wir mit dem Auto fahren?‹

Ein anderer antwortete: ›Nein, wir laufen lieber, dann sehen wir, welche Mädchen auf die Festnahme Noorias reagieren. Dann können wir die auch verhaften.‹

Und in der Tat, meine Schwester kam uns entgegen; die Männer wurden auf sie aufmerksam und hielten sie auf:

›Kennst du diese Frau?‹

›Nein.‹

Aber sie drangen weiter auf sie ein. ›Jetzt sag schon!‹

›Es ist meine Schwester.‹

›Wieso hast du dann geleugnet, sie zu kennen?‹

›Ich wurde nervös, weil ihr mich so angeschrien habt.‹«

Nooria und ihre Schwester wurden zusammen in das Bezirksbüro des Geheimdienstes gebracht. Die Schwester wurde nach einer Weile entlassen, Nooria nach einem Tag und einer Nacht in das Ministerium für Staatssicherheit verfrachtet. Drei Monate war sie dort, ständig wurde sie verhört. Und wahrscheinlich auch gefoltert.

Sie redet nicht darüber. Sie sagt nur: »Es schmerzt mich sehr, über diese Zeit zu sprechen.« Sie bewegt ihre Handfläche über dem Herzen schnell hin und her – das Zeichen für Herzklopfen.

Irgendwann mitten im Gespräch zuckt sie heftig zusammen. Was ist los, Nooria?

»Ich war mit den Gedanken im Gefängnis. Ich dachte, da sei ein Polizist.« Da fängt sie an zu lachen, lacht ihr schönes herzliches Lachen, lacht sich selbst aus – »ich dachte, das da unter dem Tisch sei ein Polizist, dabei ist es bloß die Katze!«

Traumatisierte haben oft solche Erlebnisse, »Flashbacks«, wie sie in der Fachsprache genannt werden. Verdrängte, unverarbeitete Erinnerungsbilder fallen plötzlich über die Menschen her, als seien sie erneut Realität. Die meisten sind nicht in der Lage, das wegzulachen. Dafür muss man schon eine besonders starke Persönlichkeit haben.

Nach dreimonatigem Verhör kam Nooria in das Kabuler Gefängnis Pol-e-Tscharkhi, das von den Sowjets gebaut worden und seitdem ständig überfüllt war. »Ein grauenhaftes Gefängnis«, sagt sie, »ich kann nicht beschreiben, wie grauenhaft. Es war berüchtigt. Mehrstöckig, wie ein Stern gebaut. In dem Hof in der Mitte wurde hingerichtet. In jedem Block gab es eine Art Halle mit einem großen Metallkäfig, dort saßen bis zu 400 Gefangene. An den Seiten waren Einzelzellen. Ich saß im Block 3, wir waren insgesamt 25 politische Gefangene in einer Zelle. Lehrerinnen, Studentinnen, aber auch Hausfrauen. Weil wir Intellektuelle waren, bekamen wir sogar Etagenbetten zugestanden. Viele andere Gefangene mussten auf dem Fußboden schlafen.«

Und noch etwas habe ihr das Leben erleichtert: »Als wir in das Gefängnis eingeliefert wurden, begegnete uns eine Gruppe von Frauen, die schon vier, fünf Jahre dort einsaßen. Sie umarmten uns und lachten strahlend und trösteten uns. Sie waren so lebendig, dass uns diese Begegnung sehr viel Kraft gab. Wir sahen: Auch dieses Gefängnis kann man überleben. Sie sind so lange hier und können uns trotzdem noch mit so viel Liebe empfangen.«

Nooria wurde in Abwesenheit von einem Gericht zu lebenslänglicher Haft verurteilt. Weil sie eine konterrevolutionäre Rädelsführerin gewesen sei, weil sie Studenten gegen die Regierung und die Partei aufgehetzt habe. Sie bekam es nur mitgeteilt, sie erhielt nicht mal einen schriftlichen Bescheid. Nach weiteren zwei Monaten Gefängnis tat man ihr kund, das Urteil sei umgewandelt worden in 16 Jahre Haft.

Wie überlebt man so etwas? Woher nimmt man die Kraft?

»Die Hoffnung auf die Zukunft hat uns am Leben gehalten, unsere Ideale, unser Glaube an unsere Ideen. Und unser innerer Widerstand. Wir glaubten, dass die Russen irgendwann verlieren werden. Genauso wie die Engländer mehrere Male in Afghanistan aufgeben mussten. Mein Glück im Unglück war, dass in meiner Zelle lauter kluge Frauen waren, wir haben uns gut verstanden, uns gemocht. Wir versuchten, mit Scherzen ein bisschen Freude und Abwechslung ins Gefängnis zu bringen. Uns kam zugute, dass in der afghanischen Kultur Ältere sehr verehrt werden.

Jüngere und Ältere haben sich gegenseitig respektiert, Ältere schützten und trösteten die Jüngeren. Am meisten litten die Mütter, die ihre Kinder draußen gelassen hatten. Wir versuchten, sie mit Witzen ein wenig abzulenken, ihre Sehnsucht nach ihren Kindern wenigstens einen Moment lang vergessen zu machen. Auch alle Ethnien waren vertreten, Paschtuninnen, Tadschikinnen, Hasaras, und die Gefängnisaufsicht versuchte, Einzelne aufzuhetzen oder zu diskriminieren. Aber wir durchschauten das schnell, wir machten da nicht mit. Uns verband der gemeinsame Kampf für die Freiheit, also haben wir unter uns Demokratie praktiziert. Alle Ethnien oder Ideen oder Ideologien oder Interessen wurden respektiert. Und: Wir haben das Gefängnis zu einem Kulturzentrum gemacht.« Sie lacht.

Wie das denn?

»Wir sagten den Gefängniskommandeuren: Wenn ihr uns keinen Fernseher hinstellt und keine Bücher bringt, dann werden wir die Scheiben zerschlagen.« Erneutes Lachen. »Diesen Trick hatte ich mal in einem Buch gelesen.«

»Sie fragten uns: ›Welche Bücher wollt ihr denn?‹

Ich sagte: ›Bringt uns eure russischen Bücher! Bringt uns den Koran! Was ihr bringen dürft! Eure rote Literatur dürft ihr doch hergeben!‹

Und in der Tat: Sie brachten uns Bücher von allen möglichen russischen Schriftstellern, die in unsere Sprache Dari übersetzt waren. Sie waren sehr erfreut darüber, dass wir nun ihre Bücher lasen. Sie dachten, wir hätten eine Läuterung erfahren und würden bald in die Kommunistische Partei eintreten.« Und wieder ihr Lachen. »Aber wir wollten nur ein bisschen Beschäftigung für den Kopf haben.«

Beschäftigung für den Kopf, denn arbeiten mussten sie mehr als genug. Sie nähten mit der Nähmaschine Uniformen und Bettwäsche für Soldaten. Als Lohn bekamen sie zweimal im Monat Besuch von ihrer Familie. »Jede Gefangene musste täglich 20 Bettbezüge nähen – es war schwer, dieses Pensum zu erreichen. Besonders für mich, die ich überhaupt nicht nähen konnte.« Ein herzliches Lachen ertönt. »Aber ich habe mich sehr angestrengt, um meine Eltern sehen zu können.«

Und wie war das Essen? »Das schlechteste Essen von ganz Afghanistan: Verschimmeltes Schwarzbrot, vergammeltes Fleisch, Gemüsematsch. Das Schlimmste war, nicht zu wissen, was sich in diesen Töpfen befindet.«

Gab es besondere Schikanen? »Manchmal wurden Frauen, die in irgendeiner Weise revoltiert hatten, in Einzelhaft gesperrt. Einmal haben die Männer für die Verbesserung der Haftbedingungen gestreikt, wir hörten die Nachricht, und einige von uns schlossen sich an. Sie wurden in

Einzelhaft gesteckt. In diesen Einzelzellen gab es nur ein Loch im Boden und ein Waschbecken, und wenn man drin war, wurde das Wasser abgestellt.«

Ein Jahr und mehrere Monate lebte Nooria auf diese Weise im Gefängnis. Aber dann, eines Tages, gratulierte sie ihren Mitgefangenen. Sie war sich sicher, dass sie alle bald wieder in Freiheit wären.

Die wunderten sich. Doch Nooria hatte im Fernsehen die atomare Katastrophe in Tschernobyl und den Aufstieg von Gorbatschow verfolgt. »Als Gorbatschow nach dem Unfall in Tschernobyl eine Rede hielt, erwähnte er in einem Satz, dass die Einmischung der Sowjetunion in Afghanistan falsch gewesen sei. Seit diesem Tag wartete ich ungeduldig darauf, dass wir freigelassen wurden.«

Nooria sollte Recht behalten. Schon in der Vergangenheit war es üblich gewesen, dass als Geste des guten Willens eine gewisse Anzahl Gefangener amnestiert wurde, sobald mal wieder ein neuer Regierungschef ans Ruder kam. 1989 zogen die Sowjets ab, sie hinterließen anderthalb Millionen Tote und unzählige Minen. »Ihr« Regierungschef Barbrak Karmal trat zurück, statt seiner kam Nadschibullah an die Macht, der frühere Chef des prosowjetischen Geheimdienstes Khad. Nooria wurde freigelassen, und mit ihr nach und nach all ihre Zellengenossinnen.

»Erstaunlicherweise«, sagt sie, habe sie gleich nach ihrer Entlassung wieder als Bauingenieurin arbeiten können. Nach einem Jahr heiratete sie. Ihr Mann, ebenfalls ein Demokrat, war auch gerade amnestiert worden, er hatte sieben Jahre lang in Haft gesessen. »Wir wollten gemeinsam weiter für unsere demokratischen Ideale arbeiten, aber nach einer Weile wurde es zu gefährlich; wir wurden gezwungen, nach Pakistan ins Exil zu gehen.«

Das pakistanische Exil empfanden beide als kaum besser als das Gefängnis. Nooria fand keine Arbeit als Bauingenieurin, also machte sie eine Schnellausbildung als Krankenschwester und betreute im Auftrag der UNO afghanische Flüchtlingsfrauen in den Lagern in der Nähe von Peschawar. »Zweieinhalb Stunden Fahrtweg morgens, zweieinhalb Stunden abends. Aber ich war froh, wieder mit Frauen arbeiten zu können. In diesen anderthalb Jahren in Pakistan traf ich viele unserer versprengten politischen Freunde wieder, und wir schlossen uns erneut zusammen.«

Sie waren eine winzige hochgefährdete Minderheit, denn inzwischen wurden die pakistanischen Flüchtlingslager von extremistischen Predigern beherrscht. Millionen von CIA-Geldern und saudi-arabischen Petrodollars flossen auf indirektem Wege in Fördervereine zur Stärkung von Fundamentalismus und Terrorismus e.V. In den Koranschulen und

Ausbildungslagern wurden afghanische Waisenjungen zu zukünftigen Taliban-Kämpfern herangezüchtet – eine rein männliche Monokultur ohne Beispiel in der Menschheitsgeschichte. Tausende entwurzelter Flüchtlingskinder, ohne jede Zuwendung von Müttern, Schwestern oder Cousinen aufgewachsen, lebten hier ausschließlich unter Männern – extrem strengen und autoritären Männern, denen sie sich nur bedingungslos unterwerfen konnten. Die Mullahs lehrten ihre Zöglinge, dass Frauen unrein seien, verführerisch, schmutzig, dämonisch – der Satan in Person. Die Burka sei eine Art Schutzschild, er solle die Männer abhalten von der Sünde, vom Bösen.

Aber auch die Männer wuchsen hinter einem blickdichten Vorhang auf. Wie Frauen aussehen, denken, handeln, wie sie sprechen, lachen oder gar sich anfühlen – das geriet für die Taliban zu einem extrem bedrohlichen Geheimnis. »Der Feind ist das, was du nicht kennst«, besagt ein arabisches Sprichwort. Die Frau, das unbekannte Wesen, Symbol der Sünde und des Schmutzes, wurde weggesperrt und strengstens kontrolliert. Vor dem Vorhang die Männer, dahinter die Frauen. Davor das Gute, dahinter das Böse. Dazwischen nichts. Alles Ambivalente und Abweichende geriet zur Bedrohung ihrer wackeligen, unreifen Männlichkeit, die aus einer gigantischen Sexualneurose entstand und sich nur über Kampf und Krieg zu stabilisieren wusste.

Doch vorerst waren es noch nicht die Taliban, die die Macht ergriffen, sondern die Mudschaheddin. 1992 stürzten sie Regierungschef Nadschibullah und nahmen grausame Rache an ihm. Nooria, ihr Mann und ihre Freunde hatten eine vage Hoffnung auf eine Verbesserung der Verhältnisse und kehrten nach Afghanistan zurück. »Damals fing der Bürgerkrieg an«, erzählt Nooria, »täglich schossen die verfeindeten Lager tausende von Raketen aufeinander, die teils von den Russen, teils von den Amerikanern stammten. Mit die größten Verluste mussten die demokratischen Kräfte einstecken, insbesondere die Frauen.« Als die Warlords Kabul endlich unter sich aufgeteilt hatten, hinterließen sie in einer Ruinenlandschaft 60.000 Tote. Die großen und kleinen Kriegsherren hatten die Männer erschossen und die Frauen ebenfalls getötet oder vergewaltigt, entführt, zur Prostitution gezwungen oder auch in arabische Ölstaaten verkauft. Doch gleichzeitig gaben sich die nun herrschenden Fundamentalisten unter Präsident Rabbani, die spätere Nordallianz, als Tugendwächter aus. Ihr oberstes Gericht ließ 16 Gebote verkünden: Frauen dürften nur noch leise sprechen, ihre Kleider nicht rascheln lassen, kein Parfüm benutzen und nicht mehr laut lachen. Sie hatten eh nichts mehr zu lachen.

Nooria und ihr Mann flohen erneut. In den Norden Afghanistans, nach Polekhumri. Im Süden waren die Taliban bereits auf dem Vormarsch: 1994 eroberten sie Kandahar, zwei Jahre später Kabul. Sie gaben sich noch sittenstrenger als die Mudschaheddin: Musik, Tanz, Film, Bücher, Kinderspielzeug – alles, was das letzte bisschen Lebensfreude ausmachte, wurde verboten. Das Fußballstadion von Kabul wurde zum Hinrichtungsstadion. Eine kollektive Sexualneurose wurde zum Staat.

»Als wir dabei waren, uns im Norden einzurichten, kamen die Taliban an die Macht«, berichtet Nooria. »Wir mussten umdenken, denn gegen die Taliban brauchten wir eine ganz andere Strategie. Wir gründeten Komitees gegen die Schulschließungen, die sich immer mehr ausbreiteten, wir bauten Untergrundschulen auf. Als Krankenschwester bildete ich Hebammen und Gesundheitsfachfrauen aus. Wir haben die Frauen zu Hause besucht – sie durften ja das Haus nicht verlassen –, um sie gesundheitlich zu versorgen, sie zu alphabetisieren und ihnen von den Ideen der Demokratie zu berichten. Wir erklärten ihnen auch, dass die Kämpfer von Al-Kaida keine moslemischen Brüder sind, sondern Feinde. So konnten wir viele Frauen erreichen, mehr als zuvor. Wir brachten ihnen auch Bücher mit.« Bücher, immer wieder Bücher – jetzt wurden sie erst recht zum Symbol des Widerstandes.

Noorias Mann arbeitete in einem Büro der UNO, sie selbst bekam als Untergrundlehrerin ab und zu ein bisschen Geld von dankbaren Familien zugesteckt. »Ich baute eine Untergrundschule in meiner Wohnung auf, in der ich die Kinder in drei Schichten unterrichtete, von der ersten bis zur letzten Klasse Grundschule, und Naturwissenschaften für die Oberschülerinnen. Sie mussten einzeln kommen, als ob sie mich nur besuchen wollten, damit es nicht auffällt. Ich baute dort auch eine kleine Bibliothek auf.«

Diese Bücher vor den Taliban zu behüten, wurde zu Noorias Herzensangelegenheit. »Ich habe nachts immer Wache gehalten, damit sie nicht ins Haus einfallen, die Bücher beschlagnahmen und verbrennen. In Polekhumri ging das Gerücht um, dass es eine Nachtwandlerin gibt, die weder tags noch nachts schläft. Die Leute sahen ja, wie ich die ganze Nacht herumgeisterte. Manche sagten auch, hier wohnt eine so männliche Frau, dass sie nicht mal nachts schläft.« Nooria lacht herzlich.

»Aber da hatten uns die Taliban schon im Blick, und wir mussten weiterflüchten, nach Masar-i-Sharif im Nordosten. Dort machte ich acht Monate lang dieselbe Arbeit, dann kamen die Taliban auch dorthin, und wir mussten erneut weiterziehen, nach Taloqan nordöstlich von Masar-i-Sharif. Nichts konnten wir mitnehmen, nur die Bücher, die haben wir gerettet.« Wie, das bleibt ihr Geheimnis: »Wer weiß, vielleicht muss ich ja noch einmal in meinem Leben auf diesen Trick zurückgreifen.«

Flucht, Flucht, Flucht, in immer kürzeren Abständen. Auch Taloqan mussten sie nach kurzer Zeit wieder verlassen. Sie gingen nach Rostaq nördlich von Taloqan, eine kleine Stadt, die wie eine Insel von zwei Flüssen umflossen wird. »Die Mudschaheddin hatten sich darauf zurückgezogen, weil die Taliban strategische Probleme hatten, diese Stadt zu erobern. Wir fühlten uns dort relativ sicher vor ihnen. Zweieinhalb Jahre blieben wir in Rostaq. Es war immer dieselbe Arbeit: Mein Mann war bei einer ausländischen Nichtregierungsorganisation, ich ging zu den Frauen, versorgte sie gesundheitlich und unterrichtete die Kinder. Alle Frauen und Mädchen mussten Burka tragen, das war gesetzlich vorgeschrieben. Dennoch: In dieser Stadt hatten wir sehr großen Erfolg. Ich traf auf viele politisch bewusste Frauen, die schon gegen die Russen gekämpft hatten.«

Nooria ist stolz darauf, »dass wir mitten in der Diktatur es geschafft haben, uns zu organisieren und uns zu wehren«. 1998, in finstersten Taliban-Zeiten, gründete sie zusammen mit anderen Frauen im Untergrund von Kabul ihre Organisation demokratischer Frauen Afghanistans. Sie hält ein himmelblaues Heftchen hoch: »Das ist unsere Grundsatzerklärung.« »Unsere Organisation bekämpft jegliche Ungleichheit zwischen den Rechten für Frauen und Männer«, heißt es darin. »Menschenrechte, zivile Rechte und das Erlangen der Frauenrechte bilden die Basis unserer Aktivitäten.« Die Organisation verurteile »jeglichen nationalen und internationalen Terrorismus« und setze sich dafür ein, dass sich Frauen »an nationalen und internationalen Gremien beteiligen können«. Mit »friedlichen Demonstrationen, Meetings, Veröffentlichungen von Postern und Erklärungen« solle »die Stimme afghanischer Frauen im In- und Ausland« laut gemacht werden.

Es kam der 11. September 2001, und bald darauf regnete es Brandbomben, Streubomben, Raketen und Dollars. Bob Woodward, der US-Journalist und Enthüller des »Watergate«-Skandals, berichtet in seinem Buch »Bush at War«, dass die US-Regierung in den ersten Kriegswochen das frustrierende Gefühl hatte, nur »Sand zu bombardieren« – es war ja schon alles zerstört. Und es waren keineswegs die High-Tech-Waffen, die schließlich das Kriegsglück zugunsten der Bush-Administration und der mit ihr verbündeten Nordallianz wendeten, sondern die Bestechungsgelder an die Taliban-Kommandanten. Eine von Afghanistan-Kennern zitierte Faustregel besagt, dass die »Eroberung« einer Provinz etwa eine Million Dollar kostet. Insgesamt 70 Millionen Dollar, schreibt Woodward, hätten CIA-Sonderkommandos auf Eselsrücken gepackt und an die

Führer der Taliban verteilt, damit sie die Fronten wechselten. Präsident Bush habe das als eines der günstigsten »Schnäppchen« aller Zeiten gefeiert. Im Dezember 2001, gerade mal drei Monate nach den Terroranschlägen, war das Taliban-Regime wie von Geisterhand gestürzt. »Warum hat man ihm nicht schon viel früher auf diese Weise ein Ende gesetzt? War die Bombardierung der Zivilbevölkerung nicht ebenso barbarisch wie überflüssig?«, fragten sich viele.

Nach dem Sturz der Taliban hielt es Nooria nicht länger im Norden aus, die Familie eilte nach Kabul zurück. »Wir wollten endlich wieder öffentlich auftreten, wir wollten für unsere Schwestern, die fast schon aufgegeben hatten, ein Zeichen der Hoffnung setzen.« Am 8. März 2002 veranstaltete die UNO im neuen Frauenministerium einen Festakt zum internationalen Frauentag, und die Organisation demokratischer Frauen Afghanistans trat zum ersten Mal öffentlich auf.

Bei den Verhandlungen auf dem Bonner Petersberg war Sima Samar zur Frauenministerin der neuen Interimsregierung ernannt worden. Ein »Ministerium für Frauenangelegenheiten« war etwas Neues in Afghanistan, doch die frühere Ärztin bekam bald zu spüren, dass ihre männlichen Kabinettskollegen sie in keiner Weise unterstützten. Es dauerte zwei Monate, bis sie überhaupt einen Sitz für ihr Ministerium fand. Anfang 2002 habe sie »genau einen Tisch, einen Stuhl und einen Computer« besessen, aber leider »keinen Strom« gehabt, berichtete Sima Samar ihrem geschockten Publikum bei einem Besuch in Berlin. Nachdem sie im Juni 2002 bei der Großen Ratsversammlung (Loya Jirga) Todesdrohungen erhielt, trat sie von ihrem Amt zurück; ihre Nachfolgerin wurde Habiba Sarabi. Sie ist Noorias Chefin, denn inzwischen erhielt auch Nooria einen Posten im Frauenministerium – sie hat die Aufgabe, die Arbeiten der verschiedenen Abteilungen zu koordinieren und ihre Anträge weiterzuleiten.

»Im Moment ist unser Hauptaugenmerk auf die Etablierung der Frauenrechte gerichtet«, berichtet Nooria. Was wesentlich einfacher klingt, als es ist: In den meisten Provinzen ist die Macht der Warlords ungebrochen, die einstmals blühende Kulturstadt Herat im Westen Afghanistans zum Beispiel wird von Ismail Khan terrorisiert, der nach dem Vorbild der Taliban Mädchenschulen niederbrennen und Frauen ohne Begleitung männlicher Verwandter als Ehebrecherinnen einsperren lässt. Kriegsherren wie Ismail Khan halten sich immer noch an der Macht, weil die US-Regierung sie weiterhin mit Waffen und Geld unterstützten. In einer Studie der »Friedrich-Ebert-Stiftung« ist von »angeblich 70 Millionen Dollar« die Rede, die in die Taschen dieses Kriegsverbrechers wanderten – Verzeihung, dieses »Mannes des Friedens«, wie ihn US-Verteidigungsminister Donald Rumsfeld anlässlich eines Besuches in Herat im September 2002 nannte.

In Kabul sieht es kaum besser aus. Eine kleine Gruppe fundamentalistisch geprägter tadschikischer Milizenführer aus dem Pandschirtal hält immer noch die wichtigsten Ressorts besetzt: das Außen-, Innen- und Verteidigungsministerium. Was die Deutschen wohl sagen würden, wenn eine Handvoll korrupter Mädchenhändler und Waffendealer aus dem Neckartal die Schlüsselministerien in Berlin besetzen würden?

Dennoch gelang den Frauen zur Jahreswende 2003/2004 ein großer Erfolg. »Alle Bürger Afghanistans haben die gleichen Rechte«, so hieß es im Entwurf der neuen Verfassung, die einer neuerlichen Großen Ratsversammlung in Kabul zur Verabschiedung vorgelegt wurde. Den 100 Frauen, die etwa ein Sechstel aller Delegierten stellten, war das zu wenig, sie protestierten einmütig. »Alle Bürger Afghanistans, Frauen und Männer, haben die gleichen Rechte«, müsse es heißen, forderten sie in den Ausschüssen, in denen die Paragraphen beraten wurden. Für die Veränderung eines Textabschnittes war ein bestimmtes Mindestmaß von Stimmen vorgesehen, und dieses Quorum konnten die Frauen und einige sie unterstützende Männer erreichen – die veränderte Passage ging durch. Ob sie durch eine andere Verfassungsbestimmung eingeschränkt wird, nach der in Afghanistan kein Gesetz angewendet werden darf, das »im Widerspruch zum Islam« steht, muss sich in der Praxis erweisen.

Andere gesetzliche Verbesserungen, die Noorias Frauenministerium vorgeschlagen hat, harren der Umsetzung im noch zu schreibenden neuen Familienrecht: der volle Bürgerstatus für die Frauen oder die Heraufsetzung des Heiratsalters. Viele Mädchen werden mit zehn oder zwölf Jahren verheiratet, und wenn sie später von ihren Zwangsgatten weglaufen – zum Beispiel wenn diese gewalttätig sind –, werden sie als Ehebrecherinnen in die Gefängnisse eingeliefert. Die Frauenrechtsorganisation Medica Mondiale berichtet immer wieder von »unmenschlichen Zuständen« in den afghanischen Gefängnissen. In der »baufälligen Baracke« von Kabul seien die meisten Insassinnen selbst Opfer von Gewalt und säßen dort, »weil sie gegen Regeln verstoßen haben, die nach internationalen Menschenrechtskonventionen gar keine sind«.

Wie lebt es sich in so einem Land? Wie sieht der Alltag dort aus? Nooria lacht. »Der ist ziemlich kompliziert, das könnt ihr mir glauben. Um 4 Uhr morgens stehe ich auf. Da wir kein elektrisches Licht und kein fließendes Wasser haben, muss ich auf die Gasse gehen und dort Wasser zapfen. Im Winter zünde ich dann mit Holz den Kanonenofen an. Auf dem Herd daneben setze ich den Wasserkessel für den Tee auf.« Danach räume sie die Wohnung auf und fege den Hof. Um 5, halb 6 stünden langsam ihre fünf Kinder auf, der Kleinste ist sechseinhalb und die Größte 16. Sie schicke sie zum Waschen und stelle ihnen das Frühstück hin. Inzwischen sei auch ihr Mann aufgestanden, und sie schickten die Kinder in die Schule.

»Um 7 kommt ein Auto des Frauenministeriums und holt mich wie alle anderen Mitarbeiterinnen ab, um 8 Uhr bin ich dort. Meistens aber verzichte ich auf diesen Fahrdienst, weil ich noch einiges für unsere Organisation erledigen muss, weil ich mich mit jemandem von unserem Komitee treffe und Arbeit verteile. Dann fahre ich mit dem Taxi oder Bus ins Ministerium. Um 8 Uhr bin ich dort und erledige meine normale Arbeit. Mittags sollte ich eigentlich etwas essen, stattdessen besuche ich von 12 bis 14 Uhr den Englisch- und Computerkurs für die Angestellten. Im Winter haben wir um 15.30 Uhr Feierabend, im Sommer um 16 Uhr. Danach bin ich wieder für die Organisation unterwegs, treffe mich mit anderen Frauen, diskutiere mit meinen politischen Freunden.«

»Ich versuche, bis 20 Uhr zu Hause zu sein, auch weil dann keine Busse mehr fahren. Dort koche ich für die Familie und für die Besucher – von denen gibt es viele, denn unser Haus ist so etwas wie die Zentrale der Demokraten. Danach gehe ich die Schulfächer Mathematik, Physik und Chemie mit meinen Kindern durch – sie haben gesagt, der Vater sei nicht geeignet für diese Fächer. Wenn die Kinder im Bett sind, plane ich die Arbeit der Organisation für den nächsten Tag: Welche Treffen sind morgen, wer will welches Buch haben. Ich räume die Wohnung auf und versuche, um ein Uhr ins Bett zu gehen.«

»Irgendwie habe ich mich an drei Stunden Schlaf gewöhnt, mein Körper braucht nicht mehr. Aber im Gefängnis habe ich viel geschlafen. Als ich in die Zelle kam, zog ich die Decke über mich und rief: ›Endlich komme ich zur Ruhe!‹ Die anderen Frauen, die dort schon länger waren, dachten, ich sei verrückt.« Nooria lacht ihr ansteckendes Lachen.

Warum schläft sie denn nie? Warum rackert sie sich so ab für ihre Organisation? »Ich möchte, dass wir uns als Demokraten bei den anstehenden Parlamentswahlen beteiligen«, verrät sie. »Bis dahin ist noch sehr viel zu tun.« Aber immerhin haben sich, unter tätiger Mithilfe Noorias, bereits 42 demokratische Gruppen zur Nationalen Front für Demokratie in Afghanistan zusammengeschlossen – 27 politische Parteien, je sechs Studenten-, Jugend- und Frauenorganisationen, ein Stammesrat, eine Nomadengruppe und eine Gruppe islamischer Geistlicher. Gemeinsam bekennen sie sich zur Demokratie und den Menschen- und Frauenrechten und lehnen jedwede Form der Diskriminierung ab.

Will sie sich vielleicht ins Parlament wählen lassen? »Ich habe noch viel vor«, lächelt Nooria vielsagend. Diese kleine, immer aktive Frau, diese scheue Untergrundlehrerin, mutige Bücherliebhaberin, zähe Kämpferin, grandiose Rednerin – man kann ihr eine große politische Karriere zutrauen.

Literatur und Websites:

Ahmed Rashid, Taliban, Afghanistans Gotteskrieger und der Dschihad, München 2002

Bob Woodward, Bush At War, Amerika im Krieg, Stuttgart 2002

Sima Samar, »Frauen und Sicherheitspolitik«, in: Brauchen wir einen Weltfrauensicherheitsrat? Dokumentation der Heinrich-Böll-Stiftung 2002

Regelmäßige Hintergrundberichte über die Menschenrechtssituation der Frauen in Afghanistan unter *www.medicamondiale.de* und *www.amnesty.de*

Die Organisation von Nooria Haqnegar hat leider noch keine Website

»Es gab Alternativen zum Krieg«

Die irakische Biologin *Susan Ahmed* kämpfte ebenso leidenschaftlich gegen die Diktatur Saddam Husseins wie gegen die US-Invasion. Ihre Familie wurde verfolgt, ihre Schwester, wie sie selbst Mitglied der Irakischen Frauenliga, wurde ermordet

Shatha schaut mit großen schwarzen Augen. Ihre Haare sind kurz und modern geschnitten, ihr Gesicht ist weich, ihr Blick direkt, so wie jemand blickt, der sich nicht einschüchtern lässt. Eine schöne junge Frau in der Blüte ihres Lebens, deren Name »Duft der Blume« bedeutet. »Meine ältere Schwester«, sagt Susan Ahmed und zeigt auf das Foto. Ihre Schwester Shatha war 29 Jahre alt, als sie 1980 in Bagdad verhaftet wurde. Als Mitglied der Irakischen Frauenliga hatte sie gegen die Diktatur Saddam Husseins gekämpft. Sie war Apothekerin, sie war fröhlich, sie war mutig. Und von einem auf den anderen Tag verschwunden.

Es gab keine Spur von ihr, nichts. Die Mutter wurde fast verrückt, der Vater wartete viele Jahre lang, ob jemand im Morgengrauen die Leiche seines Kindes brächte. »Das Schicksal meiner Schwester ist eine tiefe Wunde in unserer Familie«, sagt Susan.

Hätten sie Shatha beerdigen können, dann hätten sie wenigstens einen Ort für ihre Trauer gehabt. Dann wären sie womöglich mit der Zeit über den Verlust hinweggekommen. Dann hätten sie vielleicht auch aufklären können, wie sie starb, durch wen sie starb. Und was man ihr überhaupt vorgeworfen hatte. Aber so ist ihr Schicksal eine Leerstelle geblieben. Ein schwarzes Nichts, das die Energien und Gefühle ihrer Angehörigen verschluckt. Die Mutter weigerte sich, um ihre Tochter zu trauern, denn vielleicht würde sie ja eines Tages zurückkehren. Sie konnte aber auch nicht auf diesen Tag hoffen, denn nichts sprach dafür, dass er kommen würde. Und irgendwann wurde es tabu, überhaupt über Shatha zu reden. Ihr Name wurde zu einem bitteren Familiengeheimnis, das sie miteinander einsam machte.

Wenn man mit Susan Ahmed zusammen ist, dann spürt man den untergründigen Schmerz, der sie nie wieder in ihrem Leben verlassen hat.

Aber auch ihre Kraft, ihr Nicht-Aufgeben-Wollen. »Wir Iraker sind ein stolzes Volk«, sagt die jetzt 51-Jährige, und ihre schwarzen Augen funkeln hinter der Brille. »Wir sind ein reiches Land mit einer 7.000 Jahre alten Kultur, wir fühlen uns als die Erben Babylons. Viele Iraker denken, wir seien überhaupt die Besten auf der Welt. Ich gehöre nicht dazu. Aber auch ich bin stolz, Irakerin zu sein.« Schmerz, Sturheit und Stolz, das wurde zum Grundakkord ihres Lebens.

Trauer und Trotz, aber kein blindwütiger Hass. Susans ganze Familie wurde verfolgt, sie wünschte sich nichts mehr als Saddam Husseins Ende, und dennoch lehnte sie seinen Sturz durch eine US-Invasion radikal ab. »Es gab Alternativen zum Krieg«, sagt sie. Vor allem hätten der Westen wie der Osten die Diktatur niemals so aufrüsten dürfen. Nicht nur ihre Schwester, das ganze irakische Volk wurde auf dem Altar der Machtinteressen geopfert.

Das Bild von Shatha steht in einem neu gebauten Einfamilienhäuschen in einem Berliner Außenbezirk. Dort, wo die Ostberliner Plattenbauten enden und die kleinen Wohngrundstücke mit ihren sauber geharkten Vorgärten beginnen, dort wohnt Susan seit vier Jahren. Seit sieben Jahren trägt sie einen Doppelnamen, Ahmed-Böhme, denn 1997 hat sie einen deutschen Ingenieur geehelicht. »Früher hätte ich mir nicht träumen lassen, dass ich mal einen Deutschen heirate«, sagt sie und lacht. Susan kann sehr herzlich lachen.

Der Raum sähe aus wie jedes beliebige deutsche Wohnzimmer, mit Sofagruppe, Gardinen und Nippes, wäre da nicht dieses altarähnliche Tischchen, über dem die Familienbilder aus dem Irak hängen. Fünf Kinder waren sie zu Hause, drei Mädchen und zwei Jungen. Susans Eltern arbeiteten beide als Lehrer. Ihre ältere Schwester ist tot, ihre jüngere, die Ökonomie studiert hat, wohnt als Hausfrau mit vier Kindern in Bagdad. Mit 18 Jahren, als die Geheimpolizei Shatha verhaftete, saß auch sie drei Wochen im Gefängnis. Einer der beiden Brüder lebt mit seiner Familie ebenfalls in Bagdad und leitet eine Fabrik mit tausend Angestellten. Der andere ist Arzt, kämpfte zehn Jahre lang bewaffnet im nordirakischen Untergrund und floh 1988 ins Ausland, als Saddam Hussein im Nordirak Giftgas einsetzen ließ.

Über den Fotos thront ein Ölbild. Es zeigt einen Mann mit gutmütigem Gesicht und schwarzem Schnauzer: ihren Vater. »Mein Vater hat mir immer viel Kraft gegeben«, erzählt Susan. »Schon als ich ein Kind war, forderte er mich auf: ›Sei nicht abhängig von den anderen, denke selber!‹« Mädchen hätten als schwach und schutzbedürftig gegolten, »mein Vater aber sagte: ›Geh mal, handle allein, ich helfe dir nur, wenn du es brauchst.‹

Einmal fragte ich ihn: ›Gibt es Gott?‹ Er fragte mich zurück: ›Sag, was denkst du?‹ Ich wusste nicht recht zu antworten. ›Du musst selber drauf kommen!‹, sagte er. Ich antwortete: ›Ich glaube, es gibt ihn nicht.‹ Und er sagte: ›Ja, richtig, es gibt ihn nicht.‹«

Als sie später studierte, habe er sie aufgefordert, ihre Freunde von der Universität mit nach Hause zu bringen. »Das ist vollkommen unüblich. Im Irak sitzen Mädchen zu Hause und machen Handarbeiten. Er verbot uns das! Er sagte: ›Lest lieber ein Buch!‹ Und er freute sich immer, wenn ich berichten konnte, dass ich im Kino war oder ein Buch ausgelesen hatte.«

Ihr Vater sei immer politisch aktiv gewesen und habe als Kommunist in den fünfziger Jahren mehrfach im Gefängnis gesessen. »Er hatte keine Position in einer Partei, es war ihm wichtiger, mit Menschen und vor allem mit Jugendlichen zusammenzuarbeiten. Er sagte immer: ›Hilf den Armen, denk an das Volk, nicht an die Parteien.‹ Er gehörte einer idealistischen Generation an, die glaubte, dass der Mensch alles erreichen kann, wenn er nur will.«

Susan, die Kaffee und Kekse gedeckt hat, sitzt am Esstisch und blickt durch die Fensterfront ins Gärtchen. Ihr deutsches Zuhause ist von anderen deutschen Zuhauses eingekreist, Häuschen links und Datsche rechts, die Grundstücke abgegrenzt durch Zäune, überhangen vom grauen Himmel der Langeweile. Wie kann eine Irakerin hier glücklich sein? Muss sie nicht das Licht des Morgenlands vermissen, diesen typisch milchigen Dunst, der den weißgelb schimmernden Sandboden mit der Bläue des Himmels verbindet? Der stets so wirkt, als verberge er in der Ferne ein Geheimnis, irgendeinen Sehnsuchtsort, eine Oase unter Palmen? Susan hat Palmen eingetopft und vor die Fenster gestellt, Wehmuts-Palmen. Sie hat ihr Land nicht freiwillig verlassen, die Umstände zwangen sie dazu. Sie wollte, aber sie konnte nicht zurück.

Ihre Mutter sei ähnlich gewesen wie ihr Vater, berichtet sie. Sie habe freiwillig Förderunterricht für Kinder abgehalten, die zu Hause keine Hilfe erfuhren, und bedürftige Kinder materiell unterstützt. »Sie sagte: ›Das sind die Armen, und wenn sie einen Beruf ergreifen, dann können sie viel ändern.‹ Tatsächlich studierten einige von ihnen später in sozialistischen Ländern und kamen als Ärzte oder Ingenieure zurück. Ich war als Schülerin in derselben Schule wie sie. Sie war mein Vorbild als Lehrerin und Mutter, ich habe viel Praktisches von meiner Familie gelernt. Wir lachten viel zusammen, wir waren radikal, wir sagten, man muss die Gesellschaft umstürzen.« Sie lacht quer über den Wachstuch-Esstisch, der als Möbelstück das Gegenteil von Umsturz verkörpert: den Biedersinn.

Susan Ahmed ist nicht in einer Wohnung mit deutschem Wachstuch-Tisch aufgewachsen, sondern in einem Häuschen in der Nähe des Tigris. Im fruchtbaren Zweistromland des Euphrat und Tigris, das lernen die Schulkinder weltweit, steht die Wiege der menschlichen Zivilisation.

Vor ungefähr 12.000 Jahren fingen die aus Afrika eingewanderten Jäger und Sammler dort das erste Wildschaf ein. Das dumme Schaf blieb, wurde zahm, ließ sich schlachten und spendete Fleisch und Wolle. Die Gerste war noch williger, ließ sich ernten und wieder aussäen. Es entstanden dort in den nächsten 10.000 Jahren nacheinander die ersten Siedlungen, die ersten Töpferscheiben, die ersten Großstädte und Stadtstaaten, die ersten Wasserleitungen, die erste Bürokratie, die erste Schrift, der erste Rechtskodex, die ersten Bankhäuser. Und das erste Patriarchat. Die Muttergöttin Inanna wurde gestürzt, die Männer brachten die Sexualität der Frauen unter Kontrolle.

Vielleicht ist es das Verhängnis des Nahen Ostens, dass seine Staaten von Beginn an autoritär-bürokratische Gebilde mit einer starken Zentralgewalt waren. Der Regen fiel unregelmäßig und eher spärlich, also entstanden komplizierte Bewässerungssysteme, verteidigt von Soldaten, überwacht von Beamten. Sie notierten auf Tontafeln in Abkürzungen, in einer Art Keilschrift-Stenographie, wer ihren Herrschaften welche Erntemengen geliefert hatte. Literatur wurde daraus erst später.

Die zentralistische Staatsform hat sich bis in die Gegenwart halten können, obwohl der heutige Irak von wechselnden Heerscharen erobert wurde, von den Hethitern, den Persern, den Makedoniern, von den Arabern, die den Islam mitbrachten, und den Mongolen. Im 16. Jahrhundert entstand das Osmanische Reich, das nach dem Ende des Ersten Weltkriegs zusammenbrach. Aus den Wasserleitungen von einst wurden die Pipelines von heute, aus den Achsen der Töpferscheiben wurden die Achsen der Automobile, aus dem Turmbau von Babel wurden multiethnische Metropolen, aus den Bankhäusern Bankkonzerne, nur die Kriegerkaste blieb Kriegerkaste.

1920 erhielt Großbritannien vom Völkerbund das Mandat über das Zweistromland und setzte einen König ein. 1932 endete das Mandat, der Irak wurde formal unabhängig, stand aber immer noch unter britischem Einfluss. Als im Jahre 1958 der König ermordet und die Republik ausgerufen wurde, war Susan gerade mal fünf Jahre alt. Dennoch erinnert sie sich daran, »dass damals alle Menschen auf der Straße waren, es war wie ein großes Fest. Es war eine richtige Revolution.«

Für die irakischen Frauen brachte das Revolutionsjahr 1958 die Befreiung, obwohl es paradoxerweise eine Militärjunta war, die sie ermöglichte.

Die neue Regierung unter Abdul Karim Kassem ernannte die erste Ministerin im gesamten Nahen Osten: Die Frauenärztin Naziha al-Dulaymi wurde Gemeindeministerin. Sie wühlte von oben, die Irakische Frauenliga wühlte von unten, und so geschah es, dass 1959 frauendiskriminierende Vorschriften abgeschafft und das damals progressivste Familienrecht des Nahen Ostens eingeführt wurde. Danach war Polygamie weitgehend verboten, Frauen konnten sich scheiden lassen, das Sorgerecht für ihre Kinder beantragen und genauso viel erben wie Männer. Diese Rechte gelten heute nur noch formal, und Ende 2003 waren sie vom Provisorischen Irakischen Regierungsrat beinahe beseitigt worden.

Susan Ahmed, 1953 in Bagdad geboren, ist fast gleich alt wie die 1952 gegründete Irakische Frauenliga, der sie zusammen mit ihrer Schwester in den siebziger Jahren beitrat. Das Besondere dieser Organisation: Hier waren Frauen aller Ethnien und Religionen vereinigt – Schiitinnen, Sunnitinnen, Christinnen, Araberinnen, Kurdinnen, Turkmeninnen. Frauen aus der Mittelschicht hatten sie gegründet, Ärztinnen, Lehrerinnen und Rechtsanwältinnen; einige hatten schon in ihren Vorläuferorganisationen mitgemacht, der 1947 verbotenen KP-nahen Frauenliga gegen den Faschismus oder der Liga für die Verteidigung der Frauenrechte. Auf der Tagesordnung der Irakischen Frauenliga, die in Revolutionszeiten stolze 42.000 Mitglieder hatte, standen Selbsthilfeprogramme, Alphabetisierungskurse, gesundheitliche und soziale Aufklärung und vor allem: die Frauenrechte.

Doch nach 1959 folgten keine guten Zeiten, weder für Frauen noch für Männer. Der Irak wurde durch heftige Machtkämpfe um die Errungenschaften der Revolution erschüttert: die Nationalisierung des Erdöls, die Bodenreform und die Frauenrechte. Militärs, Anhänger der arabisch-nationalistischen Baath-Partei, Kommunisten, Nationalisten und Demokraten trugen blutig ihre Konflikte aus. »Alle Organisationen versuchten ihre Kraft auf der Straße zu zeigen«, berichtet Susan. »Mein Vater wurde vielfach bedroht und geschlagen, die Baathisten versuchten ihn einmal mit dem Auto zu überfahren. 1960 musste mein Vater das Haus verlassen und sich verstecken, als meine jüngere Schwester gerade 40 Tage alt war. Auch wir Kinder wurden auf der Straße bedroht, sie beleidigten und schlugen uns und warfen Steine nach uns. Für sie waren wir Kommunisten und Ungläubige. Und einmal zündeten sie unser Haus an.« Sie stockt, es fällt ihr offenbar nicht leicht, diese Geschichte zu erzählen. »Sie gossen Öl darüber, und wir waren drin. Wir konnten uns in letzter Minute retten.«

Sie seien aber keineswegs die Einzigen gewesen, denen es so ergangen sei. »Im Irak gab es immer harte Auseinandersetzungen. Wir sind sehr stolz und glauben an unsere Sache, für die wir hart kämpfen und, wenn nötig, unser Leben geben. Was wir im Kopf haben, müssen wir durchsetzen. Auch wenn sie uns foltern. Ich persönlich habe diesen Charakterzug erst im Ausland verloren. Wir glauben immer, wir schaffen es. Wir können es. Wir machen es. Auch die englischen Kolonisatoren konnten uns nicht brechen, die Iraker kann man nicht unterjochen.« Schmerz, Sturheit und Stolz.

Sie überlegt einen Moment, dann korrigiert sie sich: »Saddam Hussein war der Einzige, der das geschafft hat. Die Menschen, die jetzt 30 Jahre oder jünger sind, und das ist mehr als die Hälfte der Gesellschaft, haben ausschließlich unter seiner Herrschaft gelebt. Sie sind in Unsicherheit aufgewachsen, und sie haben zwei, drei Persönlichkeiten. Sie verschließen ihre Gedanken und Gefühle, nach außen hin geben sie sich anders. Das ist neu im Irak. Wir sind eigentlich sehr ehrlich, sehr klar, wir stehen zu unserer Überzeugung und sind bereit, uns dafür zu opfern. Aber die Leute mussten ja überleben.«

Im Oktober 1959 hatte Hussein seinen ersten spektakulären Auftritt: Der erst 22-Jährige wollte Abdul Karim Kassem ermorden, den damaligen Militärherrscher und Vorsitzenden des »Revolutionsrates«. Das Attentat schlug fehl, er erschoss »nur« Kassems Fahrer, floh nach Syrien und wurde später regelmäßig in der US-Botschaft in Kairo gesichtet. 2003 berichtete die US-Nachrichtenagentur UPI, der Anschlag sei nach Aussage von US-Beamten und Geheimdienstexperten »im vollen Wissen der CIA« geplant worden. Husseins CIA-Kontaktmann sei ein irakischer Zahnarzt gewesen.

Der politische Hintergrund: Mitte der fünfziger Jahre war der Irak dem »Bagdad-Pakt« beigetreten, der Großbritannien, die Türkei, Iran und Pakistan umschloss und gegen die Sowjetunion gerichtet war. Als Militärchef Kassem 1959 den Pakt aufkündigte, sowjetische Waffen zu kaufen begann und dem Westen unerschlossene Ölfelder nicht zur Ausbeutung freigeben wollte, reagierte die US-Regierung beunruhigt. Saddam Hussein wurde in einer Wohnung in der Bagdader Al-Rashid-Straße einquartiert, direkt gegenüber von Kassems Büro im Verteidigungsministerium. Der Beginn einer langen Beziehung: Zwar mit Unterbrechungen, aber über den Zeitraum von 30 Jahren wurde Saddam Hussein vom US-Geheimdienst gefördert, protegiert und bewaffnet. Erst als er 1990 die kuweitischen Ölquellen besetzen ließ, setzte die Saddämonisierung ein, erst dann galt er plötzlich als »Hitlers Wiedergänger«.

Der Segen und der Fluch des Irak sind seine Ölvorräte, die zweitgrößten der Welt. Sie haben fast alle seine innen- und außenpolitischen

Konflikte befeuert. Auch den im Jahre 1963, als Militärchef Kassem dann tatsächlich mit Unterstützung der CIA gestürzt wurde. Sein Amtssitz im Verteidigungsministerium wurde von Hawker-Hunter-Kampfjets bombardiert, seine Leiche wurde auf einem Stuhl sitzend im Fernsehen gezeigt, ein Soldat zog ihm den Kopf an den Haaren hoch und spuckte ihm ins Gesicht. Kassems Nachfolger General Abd al-Salam Aref ließ das kommunistische Problem gleich miterledigen: Viele von der CIA identifizierte Kommunisten, die unter den besitzlosen Landarbeitern und dem Proletariat in der Ölindustrie zunehmend Unterstützung gefunden hatten, wurden umgebracht.

Unter General Aref kehrte Saddam Hussein nach Bagdad zurück und wartete auf die endgültige Machtübernahme durch seine Baath-Partei, die im Jahre 1968 durch einen weiteren Putsch erfolgte. Neuer Präsident wurde diesmal General Ahmed Hassan Al-Bakr; er machte seinen entfernten Verwandten Saddam zum Vizepräsidenten, bis dieser 1979 selbst Präsident wurde. »Ich weiß, Saddam Hussein ist ein Hurensohn, aber er ist unser Hurensohn«, kabelte damals der CIA-Stationschef von Bagdad in die CIA-Zentrale nach Langley.

Saddam Hussein ist der Prototyp des Opfers, das selbst zum Täter wird. Im Jahre 1937 wurde er in Tikrit, etwa 100 Kilometer nordöstlich von Bagdad, wahrscheinlich als uneheliches Kind geboren. Sein Vater, ein armer Landarbeiter, soll zuvor gestorben sein, andere Quellen besagen, er habe sich davongemacht. Die Mutter soll mehrfach versucht haben, das Kind abzutreiben und sich selbst umzubringen, doch eine jüdische Nachbarin soll sie davon abgehalten haben. Nach der Geburt von Saddam versank sie noch tiefer in Depressionen und übergab den Neugeborenen ihrem Bruder Khairalla Tulfah. Die ersten drei Jahre wuchs Saddam bei diesem Onkel auf, dann holte ihn die inzwischen verheiratete Mutter zurück. Sein Stiefvater misshandelte den Jungen mit sadistischer Brutalität, und seine Mutter schützte ihn nicht. Überleben in einer vollständig feindlichen Umgebung, das wurde für den kleinen Saddam zur ersten Priorität, überleben, indem alle potenziellen Feinde vernichtet werden, wurde die Lebensdevise des erwachsenen Hussein.

Mit acht Jahren lief Saddam von zu Hause weg, zu seinem Onkel Khairalla Tulfah, einem Nazisympathisanten und erbitterten Gegner der britischen Kolonisatoren. Er redete seinem Pflegling ein, er werde dereinst ein großer Herrscher werden, Israel vernichten und in die Fußstapfen von Nebukadnezar und Saladin treten. Nebukadnezar, König von Babylon, hatte 587 v. Chr. Jerusalem zerstört und die Juden in die babylonische Gefangenschaft geführt; Saladin, Sultan von Ägypten und Syrien, hatte

1187 n. Chr. in Jerusalem keinen Stein auf dem anderen gelassen. »Mich interessiert nicht, was heute über mich gesagt wird«, vertraute der fanatische Israel-Hasser Hussein später seinem Geheimdienstchef an, »sondern was man in 500 Jahren über Saddam Hussein sagt.«

Mit 14 Jahren soll sich Saddam mit einer Pistole in der Hand als Straßenbandit betätigt haben, mit 19 erschoss er einen Räuberrivalen, mit 22 den Fahrer des Militärherrschers Kassem. Bei seinem aufhaltsamen Aufstieg in der Baath-Partei wechselte er Freund und Feind wie andere Leute ihre Hemden. Mal lehnte er sich an den Osten, mal an den Westen an; in den siebziger Jahren bekämpfte er zusammen mit dem Schah von Persien die abtrünnigen Kurden, in den achtziger Jahren mit US-Unterstützung den Iran unter dem Schah-Entthroner Khomeini. Um Ideologie ging es ihm nie, nur ums Überleben per Machtausbau.

»Der Machthaber als Überlebender«, überschrieb Elias Canetti ein Kapitel in seinem Großessay »Masse und Macht«. Er könnte damit nicht nur Hitler und Stalin, sondern auch Dritte-Welt-Tyrannen wie Saddam Hussein gemeint haben, die sich durch Verfolgungswahn, eine ausgeprägte Feigheit und persönliche Wehleidigkeit auszeichnen. Dieser »paranoische Typus des Machthabers« brauche viele Hinrichtungen, schrieb Canetti. »Seine sichersten, man möchte sagen seine vollkommensten Untertanen sind die, die für ihn in den Tod gegangen sind. Denn jede Hinrichtung, für die er verantwortlich ist, verleiht ihm etwas an Kraft. Es ist die Kraft des Überlebens, die er sich so verschafft. Seine Opfer müssen nicht wirklich gegen ihn angetreten sein, aber sie hätten gegen ihn antreten können. Seine Angst verwandelt sie – vielleicht erst nachträglich – in Feinde, die gegen ihn gekämpft haben.«

1972 ließ das Baath-Regime die Ölquellen nationalisieren. »Wir gingen alle auf die Straße und freuten uns. Wir hofften alle auf eine bessere Gesellschaft, auf Freiheit, Demokratie, soziale Entwicklung und Respektierung der Frauenrechte«, erzählt Susan. Die Männer tanzten, die Frauen stießen Freudentriller aus. Bald darauf, als die OPEC-Staaten als Reaktion auf den israelischen Jom-Kippur-Krieg die Ölförderquoten drosselten, schoss der Ölpreis in die Höhe, und der Irak wurde binnen kurzem zu einem reichen Land. Die säkulare »Entwicklungsdiktatur« der Baath-Partei ließ Raffinerien, Industrieanlagen, Schulen, Straßen, Universitäten und ein vergleichsweise vorbildliches Gesundheitssystem entstehen.

In den siebziger Jahren übernahm Saddam Hussein langsam aber sicher die Kontrolle des Staates und entwickelte sich zum absoluten Herrscher über den Irak. Rein ökonomisch ging es den Menschen so gut wie nie. »Aber Saddam Hussein hat sich aufgeführt wie ein Scheich«, sagt

Susan. »Er glaubte, alles gehört ihm. Wer ihn unterstützte, wurde an der Macht beteiligt, wer ihn nicht unterstützte, erhielt nichts und wurde bestraft – bis zum Tod.« Verwandte aus seiner Heimatstadt Tikrit und sunnitische Clanführer profitierten besonders, während die schiitische Bevölkerungsmehrheit im Süden weit weniger erhielt. Auch dass er den Frauen zu akademischen Positionen verhalf, sei nur deshalb geschehen, »um die Männer in seinen Kriegen verbrauchen zu können«. Stolze 60 Prozent der Öleinnahmen flossen ins Militär und die Militarisierung der gesamten Gesellschaft.

In dieser Zeit engagierte sich Susan in der Liga, obwohl sie zuerst nicht in einer Frauenorganisation habe arbeiten wollen. »Schwangere Frauen, Frauen mit Kindern, das hat mich als Studentin nicht so interessiert. Erst, als ich mein Studium beendet hatte, merkte ich, wie schlecht die Gesellschaft mit uns Frauen umgeht. Gleichberechtigt fühlte ich mich nur in dieser Organisation. Aber«, sagt sie nachdenklich, »vielleicht haben wir Akademikerinnen aus der Hauptstadt auch ein bisschen wie auf einer Insel gelebt. Dort gab es nur gebildete Frauen. Auf dem Land war es ganz anders. Die Bauersfrauen mussten viel härter arbeiten als die Männer.«

Saddam Husseins persönliche Paranoia gerann nach und nach zu einer ganzen Staatsstruktur. Seine Augen und Ohren waren überall: Neun miteinander konkurrierende Geheimdienste überwachten sämtliche gesellschaftlichen Aktivitäten, Ansammlungen von mehr als zwei Menschen waren verboten. Wie viele Menschen unter seiner Herrschaft verfolgt, verhaftet, gefoltert, getötet wurden, ist bis heute nicht bekannt, die Zahl geht wohl in die Hunderttausende. Ständig wechselte er seinen Aufenthaltsort; in welchem seiner über 50 Paläste er sich gerade aufhielt, wussten nicht einmal seine engsten Mitarbeiter. Essen nahm er niemals ohne Vorkoster zu sich, mehrmals am Tage ließ er das Wasser seiner zahlreichen Swimmingpools auf Chlorgehalt und Giftstoffe untersuchen. Der Personenkult, den er anordnete, wurde zunehmend bizarr: Der schwabbelbäuchige Diktator ließ sich als »Schwert der arabischen Welt«, als Nachfahre des Propheten Mohammed und des babylonischen Königs Nebukadnezar feiern; er ordnete den Wiederaufbau des alten Babylon südlich von Bagdad an und ließ in die 7.000 Jahre alten Steine sein Autogramm meißeln; das Land wurde mit Hussein-Statuen so zugepflastert, dass man nirgendwo seine göttliche Allgegenwart vergessen konnte.

»Die Araber waren auf seiner Seite, weil er gegen den Imperialismus war und die schlagkräftigste Armee des Nahen Ostens aufgebaut hatte«, analysiert Susan Ahmed das Machtsystem Hussein. »Und weil sie von ihm profitierten. Das arme Jordanien zum Beispiel, dem er Autobahnen bauen ließ. Oder die Palästinenser, die viele Jobs im Irak hatten, auch in seinem Geheimdienst. Familien, deren Mitglieder Terroranschläge in Israel verübten, wurden von ihm finanziell unterstützt – wie sehr das auch der palästinensischen Sache geschadet hat. Aber auch die westlichen Politiker haben ihn unterstützt und bewaffnet, sie hatten keinerlei Interesse an einem demokratischen Irak.« Damals hätten sich die oppositionellen Iraker »sehr allein« gefühlt. »Was freuten wir uns, wenn mal ein kleines Wort der Solidarität aus dem Ausland zu uns drang, das war aber höchst selten. Wir mussten an unsere Sache glauben, um durchhalten zu können.« Trauer und Trotz.

1976 beendete sie ihr Studium und arbeitete zuerst in einem mikrobiologischen Labor, dann im Zentrallabor von Bagdad, das für die Herstellung und Kontrolle von Impfstoffen zuständig war. »Jeden Moment musste ich damit rechnen, festgenommen zu werden. Ständig fragte die Verwaltung nach mir, es gab viele Akten über mich, einer meiner Mitarbeiter war im Geheimdienst. Ich wurde vor ihm gewarnt. Viele Menschen wurden gezwungen, für den Geheimdienst zu arbeiten, sie wurden in der Nacht festgenommen und gefoltert, oder man drohte ihnen, ihre Frauen zu vergewaltigen.«

An ihrem Arbeitsplatz habe sie sich ruhig verhalten, aber am Abend habe sie zusammen mit ihrer Schwester Shatha im Untergrund für die Frauenliga gearbeitet, die seit 1975 verboten war. »Wir haben nicht aufgegeben. Wir haben zum Beispiel Familien besucht, deren Angehörige im Gefängnis saßen. Es war eine extrem schwierige Zeit. Sie nahmen ständig Menschen fest, folterten sie und ließen sie wieder raus. Zeitungen wurden geschlossen, Journalisten inhaftiert. Zehn Fußballspieler wurden hingerichtet, weil sie angeblich Kommunisten waren. Anderen Oppositionellen wurde die Möglichkeit gegeben, das Land zu verlassen. Damals waren die Leute wohlhabend und konnten in der Urlaubszeit fremde Länder besuchen. Im Sommer 1978 reisten viele ins Ausland und blieben dort.«

Im Frühling 1980 wurde Susan vor ihrer bevorstehenden Verhaftung gewarnt. »Man sagte mir, es sei besser, dass ich das Land für einen Monat verließe. Ich nahm also einen Monat Urlaub. Und während meiner Abwesenheit nahmen sie meine Schwester fest. Mitten in der Nacht. Auch meinen Vater. Und auch meine jüngste Schwester. Sie war erst 18 und hatte mit Politik nichts zu tun.« Susan gerät ins Stocken, es fällt ihr schwer, über die Geschehnisse zu sprechen.

Warum wurde Shatha verhaftet? »Weil sie Oppositionelle war, weil sie gegen Saddams Politik war und nicht bereit war, mit den Baathisten zusammenzuarbeiten. Vielleicht gab es noch einen besonderen Grund, aber da alles geheim war, kannten wir ihn nicht. Die UNO hatte die Dekade der Frau ausgerufen, die Frauenliga war damals sehr aktiv deswegen.«

Ihre jüngere Schwester sah Susan erst im Oktober 2003 wieder. Ein halbes Jahr nach dem Sturz Saddam Husseins reiste sie das erste Mal nach 23 Jahren Exil nach Bagdad. »Früher wollte meine Schwester nie über die Verhaftung von Shatha sprechen. Nun aber redete sie immer wieder davon, und jedes Mal weinte sie. Sie erzählte, damals habe es viel Neid gegen uns gegeben, weil wir als Familie so gut zusammengehalten haben. Eine andere Familie hat wohl gegen uns ausgesagt. Und dann, am 10. Juni 1980, gab es diese Militäraktion. Meine Eltern und meine beiden Schwestern waren im Haus, niemand sonst. Sie kamen voll bewaffnet, in Panzerfahrzeugen, und veranstalteten eine Razzia. Meine Mutter bekam eine Pistole an den Kopf, sie wurde gezwungen, für diese Männer zu kochen. Die Männer blieben, um weitere Leute festzunehmen – alle, die uns besuchen wollten. Deshalb bekam unsere Familie später keinen Besuch mehr von Nachbarn oder Bekannten. Die Menschen hatten Angst, zu uns zu kommen.«

Ihre Mutter sei danach »nicht mehr normal« gewesen. »Ich konnte das Thema nicht mit ihr besprechen, überhaupt nicht.« Im Dezember 2002 starb sie in Bagdad. Als Susan im Oktober 2003 das Haus der Familie aufsuchte, »fand ich die Handtasche meiner Schwester. Sie stand dort 23 Jahre lang herum, wie sie sie abgestellt hatte, mit Kaugummi, mit ihren Notizen und Apothekerrezepten. Meine Mutter hatte gesagt: ›Wenn sie frei ist, wird sie nach ihren persönlichen Dingen fragen.‹«

Ihr Vater habe damals drei Monate im Kerker Saddam Husseins gesessen und sei dabei gefoltert worden. »Das weiß ich von meiner Schwester, er selbst redete nicht darüber.« Als er freigelassen wurde, habe er einen Brief an seinen in Großbritannien studierenden Sohn geschrieben: Er sei stolz auf ihn, er habe immer das Beste für uns und für das Volk gewollt, er hoffe nur, dass wir nicht so viel leiden mussten. Seine eigenen Verwandten hätten ihn in seiner Zeit im Gefängnis kritisiert, dass er seine Töchter auf den Weg der Politik geschickt und damit gefährdet habe.

Später habe sie ihn noch dreimal getroffen, 1981 in England, 1994 und 1997 in Jordanien. Im Jahre 1999 sei er gestorben. »Mein Vater hat so viel gelitten, er fühlte sich am Ende sehr einsam. Er suchte jahrelang nach seiner Tochter. Er war beim Geheimdienst, bei Rechtsanwälten, aber weil das ein politischer Fall war, wollte ihn niemand übernehmen. Im Krieg gegen den Iran und auch später war es üblich, dass die Getöteten bei Sonnenaufgang nach Hause gebracht wurden. Zu dieser Stunde warteten die Hunde auf der Straße. Und er auch. Er wartete auf den Leichnam seiner Tochter.«

Susan erzählt stockend, als ob sie jedes Wort kontrollieren müsste, dass es ihr auf dem Weg nach draußen den abgekapselten Schmerz nicht wieder aufreißt. 1982 floh sie in die DDR. Über die Irakische Frauenliga kam sie zur Internationalen Demokratischen Frauenföderation (IDFF) und fand Arbeit in deren Sekretariat in Ostberlin. »Es war für mich eine große Umstellung. Meine Familie war durch die Diktatur zerstört. Die irakischen Frauen haben unter der Diktatur und dem Krieg zwischen Iran und Irak gelitten und ihre Rechte verloren. In Ostberlin dagegen hielt man den Irak für ein reiches sozialistisches Land. Meine Familie wusste nichts von meiner geplanten Flucht. Ich kam abends nach Hause und sagte: ›Ich verreise für ein paar Tage.‹ Ich dachte damals, ich komme bald zurück. Ich wollte sie nicht gefährden und ihnen nicht noch mehr Sorgen bereiten.«

Dennoch hätten die Schuldgefühle sie nie verlassen. »Jahrelang habe ich deshalb abends geweint. Ich habe meine Eltern allein gelassen. Ich war die geliebte Tochter meines Vaters, er sagte immer wieder: ›Schade, dass du nicht da bist.‹ Wir waren so eng verbunden. Ich tröstete mich damit, dass ich der Familie finanziell helfen konnte, vor allem in den schwierigen Zeiten des Wirtschaftsembargos.«

Andere Frauen verblieben im Irak und kämpften im Untergrund oder in den bewaffneten Gruppen Kurdistans gegen Saddam Hussein. Aber nicht nur Susan, auch weitere Mitglieder der Irakischen Frauenliga wurden ins Exil gezwungen, nach Syrien oder auch nach Großbritannien und Schweden. Für viele wurde es zunehmend gefährlich, weiter im Untergrund zu arbeiten. »Es gab über 50 Gründe dafür, hingerichtet zu werden. Die meisten Menschen wurden allerdings umgebracht, ohne dass Gründe dafür genannt wurden. Ständig musste Saddam den Menschen zeigen, dass er sie unter totaler Kontrolle hatte.«

Die Internationale Demokratische Frauenföderation, für deren arabische Mitglieder Susan nunmehr in Ostberlin arbeitete, galt im Westen als »kommunistische Tarnorganisation«. Überlebende des Naziterrors aus verschiedenen Ländern hatten sie Ende 1945 in Frankreich als weltweiten Dachverband von Frauenorganisationen gegründet; auch einige Irakerinnen und Araberinnen hatten daran teilgenommen, und tatsächlich war die Föderation mehr ein Verbund für Realsozialistinnen. Sie hatte Konsultativstatus bei der UNO, unterstützte die Verabschiedung von Frauenrechtskonventionen und war Mitinitiatorin der UN-Frauendekade von 1975 bis 1985. Ihr Büro befand sich am Ostberliner Boulevard Unter den Linden mit seiner seltsamen Mischung aus Protz und Trostlosigkeit, seinen marmorgeschmückten Botschaftsfassaden und leeren Läden der Langeweile. Susan Ahmed konnte dort vergleichsweise frei arbeiten, Artikel über Frauen in der Dritten Welt und in arabischen Ländern schreiben, Bulletins übersetzen oder Veranstaltungen und Diskussionen organisieren, denn »die DDR hat sich für die Frauenföderation nicht interessiert. Ihre Medien haben darüber nicht berichtet.« Vielleicht, weil die SED die Frauenfrage als nebensächlich einschätzte – mit der Abschaffung des Privateigentums, so hatte es Friedrich Engels geschrieben, war ja auch die Frauenunterdrückung erledigt.

Einmal allerdings, da bekam sie massiven Ärger. Aber nicht von den DDR-Behörden, sondern von der Irakischen Frauenföderation, der Massenorganisation der Baathistinnen. Unter der Überschrift »Acht Jahre Tod und Zerstörung« hatte Susan in der in London produzierten Zeitschrift der IDFF, die vierteljährlich in fünf Sprachen erschien, den achtjährigen Krieg zwischen Irak und Iran kritisiert. In einem Beschwerdebrief an die Redaktion denunzierte die Präsidentin der Irakischen Frauenföderation Susan als reaktionäre Khomeini-Sympathisantin, die ihr Land in kritischen Zeiten feige im Stich gelassen habe und ins Ausland geflüchtet sei. Den Krieg habe das Regime Khomeinis vom Zaun gebrochen, die friedliebende irakische Regierung habe immer wieder Verhandlungen angeboten.

Wer den von 1980 bis 1988 tobenden Krieg tatsächlich angezettelt hatte, das ist bis heute nicht endgültig geklärt. Das gegenseitige Abschlachten forderte unvorstellbare 1,2 Millionen Tote und ruinierte beide Regimes nachhaltig. Zynische Strippenzieher im Weißen Haus hatten das auch genauso geplant und gewollt.

In den siebziger und achtziger Jahren hatte Saddam Hussein Waffen aus aller Welt zusammengekauft. Die am Irak, aber nicht an seiner Bevölkerung interessierte Sowjetunion rüstete sein Regime genauso auf wie skrupellose Rüstungshändler in Westdeutschland, Großbritannien, Frankreich und den USA. Über Schein- und Zwischenfirmen erhielt der Diktator nicht nur Hubschrauber, Raketenteile, Bombenzünder und Splitterbomben, sondern auch Grundstoffe für chemische Waffen wie Sarin und Tabun, Pockenkeime und mindestens vier verschiedene Erreger für Anthrax. In der Tat hat der Irak also Massenvernichtungswaffen besessen, sie stammten jedoch vorwiegend aus US-Labors. 1995 wurden sie auf Befehl von Saddams Schwiegersohn Hussein Kamel, Chef der irakischen Rüstungsindustrie, offenbar vernichtet, 2003 wurde mit ihrer angeblichen Existenz die US-Invasion gerechtfertigt.

Donald Rumsfeld – damals Saddam-Freund, inzwischen Hussein-Hasser, damals Sonderbeauftragter der Regierung Reagan, inzwischen

Kriegsminister der Regierung Bush – flog im Dezember 1983 persönlich nach Bagdad und versprach dem Diktator in einem anderthalbstündigen Gespräch aktive Beihilfe gegen Khomeini. Es gebe »Bereiche großer Gemeinsamkeiten«, versicherte Rumsfeld. In der Folge erhielten die irakischen Militärs Zieldaten von AWACS-Aufklärungsflugzeugen und US-Satellitenfotos, die ihnen halfen, den »Feind« an der richtigen Stelle mit chemischen Waffen zu attackieren. Der »Feind«, das waren in vielen Fällen iranische Kindersoldaten, die dem irakischen Bombardement und den Senfgas-Attacken zum Opfer fielen.

Kaum eine westliche Regierung protestierte. Im Gegenteil behauptete eine ominöse US-Geheimdienststudie, nicht der Irak, sondern der Iran habe Giftgas eingesetzt. Es blieb selbst dann still, als der Diktator die mit Hilfe deutscher Firmen entwickelten Chemiewaffen gegen die eigene Bevölkerung einsetzte und 1988 im kurdischen Halabscha 6.800 Menschen ermordete. Susans Bruder war unter denen, die mit knapper Not entrannen.

Das Massaker in Halabscha war der Höhepunkt von Husseins »Anfal«-Kampagne, der Zwangs-Arabisierung Kurdistans, bei der die irakische Armee über 1.000 kurdische Dörfer dem Erdboden gleichmachte, Frauen vergewaltigte und die Einwohner zur Flucht zwang. Auch hier ging es letztlich um Erdöl, um die Kontrolle der ölreichen Region Kirkuk, die der Diktator den aufsässigen Kurden entziehen wollte.

Susan erfuhr in Ostberlin von alledem aus den ihr zugänglichen westlichen Medien, aus den Bulletins der Irakischen Frauenliga, die in englischer und arabischer Sprache über Menschenrechtsverletzungen berichteten, und aus Artikeln der arabischen Presse. Anfangs, sagt Susan, habe ihr die Arbeit in der Internationalen Demokratischen Frauenföderation »sehr gefallen«, vor allem die Debatten wie die auf den UN-Frauenkonferenzen in Nairobi oder in Peking habe sie sehr genossen, wo sich tausende von Frauen aus allen Kontinenten trafen. »Aber später dachte ich: Mädchen, du warst im falschen Film. Das war nicht, was du einmal wolltest.«

»Ich war so enttäuscht, dass Ideale nichts gelten, dass für den Osten wie für den Westen der Irak nur aus Dollarzeichen bestand. Die westlichen Länder sahen bloß das Öl. Die sozialistischen Länder behaupteten, der Irak sei doch auch ein sozialistisches Land, die Frauen seien gleichberechtigt. Sie misstrauten uns und fragten immer zuerst in der Sowjetunion nach, was sie tun sollten. Saddam Hussein hat mit den Öleinnahmen viele Leute im Ausland bestochen, auch in den sozialistischen Parteien, in Europa, in Lateinamerika, überall. Uns oppositionellen Irakern wollte niemand zuhören.« Auch wenn die Irakische Frauenliga in London immer wieder auf die Menschenrechtslage unter Saddam Hussein aufmerksam machte, auf ihre Führungsmitglieder wie Aida Yassin, die 1980 vom Regime gekidnappt wurde, oder auf die 300 kurdischen Kinder, die 1985 im Gefängnis von Suleymania gefoltert wurden.

Wie fühlt sich so jemand in Deutschland? »Ich bin zu diesem Land nicht glücklich gekommen«, sagt Susan in ihrem immer noch ein wenig holperigen Deutsch. Sie habe sich jahrelang bloß als Gast gefühlt. »Nur mein Körper war hier, mein Geist war im Irak.« Deshalb habe sie auch nichts getan, um das Leben in der DDR zu ändern, obwohl ihr »manche Parallelen« zum Irak auffielen. Vor allem bei der flächendeckenden geheimdienstlichen Überwachung, denn Saddam Hussein hatte wohl nicht zufällig vieles von der Stasi übernommen. Mit Nachbarn und Bekannten habe sie sich auf Englisch verständigt. Erst in den neunziger Jahren, als sie die Hoffnung auf Rückkehr aufgab, habe sie Deutsch gelernt.

»Jetzt fühle ich mich nicht mehr als Gast. Ich bin nun von beiden Kulturen. Doch die Gefühle von Enttäuschung und Verlorenheit, die stecken tief in mir. Ich habe vielen Menschen von meiner Schwester erzählt, aber nur wenige interessierten sich dafür. Ich wollte kein Mitleid mit mir, sondern solidarische Gefühle der Deutschen mit den Irakern wecken, vor allem mit den irakischen Frauen.« Sie macht eine Handbewegung, als ob sie ihre Worte wieder einfangen wollte. »Ach, ist schon vorbei.«

Nein, ihr Leben war nicht einfach. Anfang der achtziger Jahre lebte sie mit ihrem ersten Mann zusammen, einem Iraker, der in der Sowjetunion seine Doktorarbeit geschrieben hatte, 1984 gebar sie einen Sohn. Der Vater wollte nach Kurdistan, um sich dem bewaffneten Widerstand anzuschließen, kehrte dann aber wieder um, weil die Grenze geschlossen war. Kaum wieder in Berlin, erlitt er einen Herzinfarkt und starb. Sie blieb mit dem einjährigen Kind allein.

Eine »schwere Zeit« sei das gewesen. »Ich hatte zwar Freunde, aber mein Problem war mein Problem. Ich wollte sie damit nicht belasten. Meine kleine Wohnung in Berlin-Mitte war nur ein Platz zum Schlafen. Ich habe weitergearbeitet, jeden Tag von 8 bis 17 Uhr, dann holte ich meinen Sohn aus dem Kindergarten ab, und wir kamen beide müde nach Hause.«

Als ihr Sohn acht Jahre alt war, hatte er einen schweren Autounfall. »Er lag mit Hirnverletzungen ein ganzes Jahr lang im Krankenhaus.« Wahrscheinlich rettete sie ihm das Leben, indem sie sich unablässig um ihn kümmerte: »Die Gehirnzellen eines Kindes wachsen ja noch und können andere Funktionen übernehmen.« Inzwischen ist er 19 Jahre alt und macht in einer anderen Stadt eine Ausbildung. Sie besucht ihn oft.

Mittlerweile sind zwei neue Kriege über den Irak hinweggegangen: der von 1991, nach der Besetzung Kuweits durch irakische Truppen, und der von 2003. Im Januar 1991 marschierten die Truppen von US-Präsident George Bush und einer Koalition von Willigen ein, um die kuweitischen Ölquellen von Folter und Geiselhaft zu befreien. Im März 2003 marschierten die Truppen von George W. Bush und einer Koalition von Willigen ein, um die irakischen Ölquellen von Folter und Geiselhaft zu befreien. Und die selbst gelieferten Massenvernichtungswaffen.

1991 starben unterschiedlichen Schätzungen zufolge zwischen 53.000 und 145.000 Iraker, Soldaten und Zivilisten. 2003 blieben 21.000 bis 55.000 Iraker tot zurück. 1991 wurde fast die gesamte Infrastruktur des Landes zerstört: Industrieanlagen, Wasser- und Elektrizitätswerke. 2003 waren die Zerstörungen nicht ganz so flächendeckend, aber es war ja auch nicht mehr viel übrig. 1991 wurden rund um die südliche Hafenstadt Basra panzerbrechende Geschosse mit insgesamt schätzungsweise 300 Tonnen abgereichertem Uran eingesetzt; seitdem verzehnfachten sich dort die Krebsfälle, rund drei Prozent der Babys wurden mit Missbildungen geboren: ohne Kopf, ohne Augen, Arme oder Beine, oder mit Därmen außerhalb des Körpers. Im Jahre 2003 wurden bei Kämpfen in Bagdad, Babylon, Kerbala, Nadschaf und Basra 1.000 bis 2.000 Tonnen radioaktives Uran verschossen; ein US-Korrespondent maß danach in Teilen Bagdads eine 1.000- bis 1.900fach erhöhte Strahlung. Die Krebs- und Missbildungsrate wird auch dieses Mal in die Höhe schießen, und sie wird auch die Besatzungssoldaten nicht verschonen. 12.000 Jahre benötigte die Geschichte der menschlichen Zivilisation von der Zähmung des babylonischen Schafes bis heute. Neun Milliarden Jahre wird es brauchen, bis dieser Uranstaub nicht mehr strahlt und sich in noch gefährlichere Zerfallsprodukte zersetzt. Neun Milliarden Jahre, das sind 750.000-mal Zivilisationsgeschichte.

Im Januar 1991 kämpfte Susan Ahmed mit der Aktivität der Verzweiflung gegen den Krieg. Sie demonstrierte, hielt Reden, trat zusammen mit anderen irakischen Oppositionellen im Büro der Berliner Grünen einige Tage lang in den Hungerstreik. Im Februar 1991 nach Amsterdam eingeladen, übte sie Kritik an der niederländischen Beteiligung am US-Feldzug und forderte eine internationale Friedenskonferenz für den Nahen Osten. »Ein Krieg kann niemals eine Lösung sein«, ist ein Zeitungsartikel über ihren Auftritt überschrieben.

1991 wie 2003 habe es Alternativen zum Krieg gegeben, um die Diktatur zu stürzen, davon ist sie noch heute überzeugt. »Die irakische Opposition hat immer wieder verschiedene Szenarien entwickelt. Die internationale Gemeinschaft hätte Saddam Hussein in politischer und diplomatischer Hinsicht total isolieren müssen. Damit er spürt, dass die ganze Welt gegen ihn ist. Dann hätte die UNO eine Konferenz aller irakischen Oppositionsgruppen einberufen müssen, um die Zukunft des Landes zu diskutieren. Die Mitgliedsländer der UNO hätten massiven politischen Druck auf ihn ausüben müssen, die irakischen Bankkonten hätten gesperrt werden müssen. Die diplomatischen Möglichkeiten waren in keiner Weise ausgeschöpft! Die Arabische Liga und andere Organisationen im Nahen Osten hätten viel mehr Druck kriegen müssen und hätten dann sicherlich eine positivere Rolle gespielt. Mit der Zeit hätte man es dann womöglich geschafft, dass Saddam Hussein das Land öffnet und Parteien zulässt. Der nächste Schritt wäre dann gewesen, eine neue Verfassung zu schreiben und demokratische Wahlen zu organisieren. Sicher hätte das länger gedauert als ein Krieg, aber dafür wäre die Lage dauerhaft stabilisiert worden. Doch alle diese Maßnahmen wollten die USA nicht!«

Stattdessen begann, als Kuweit im Frühjahr 1991 wieder frei gekämpft war, ein neuer, ein indirekter, lautloser, aber nicht weniger verhängnisvoller Krieg gegen die irakische Zivilbevölkerung: das Sanktionsregime des UN-Sicherheitsrats. Dieses oberste Organ der UNO setzt sich aus zehn wechselnden und fünf ständigen Mitgliedern zusammen, letztere sind die fünf größten Rüstungsexporteure der Welt: USA, Russland, Großbritannien, Frankreich und China. Dieselben Mächte, die den irakischen Diktator hochgerüstet hatten, wollten ihn nun per Wirtschaftsembargo in die Knie zwingen.

Vor allem die Vertreter der USA und Großbritanniens sorgten im zuständigen UN-Sanktionsausschuss dafür, dass die Maßnahmen Strafcharakter gegen das irakische Volk annahmen. Nicht einmal Röntgenapparate, Müllwagen oder Bleistifte durften vom Irak importiert werden; das alles hätte ja angeblich für militärische Zwecke genutzt werden können. Die Bevölkerung verarmte rapide, die Unterernährung nahm dramatisch zu, das einstmals herausragende Gesundheitssystem brach zusammen. Insgesamt sind dem zwölfjährigen Wirtschaftskrieg rund anderthalb Millionen Menschen zum Opfer gefallen, davon eine halbe Million Kleinkinder – das ist etwa ein Siebtel der Bevölkerung von 23 Millionen. »Eine Bevölkerung wurde dafür zur Rechenschaft gezogen, dass sie einen Diktator erdulden musste«, empörte sich Hans von Sponeck, der im

Jahr 2000 seinen Posten als UN-Koordinator humanitärer Programme im Irak aus Protest hinwarf.

»Das Embargo hat nur Saddam Hussein in die Hände gespielt«, sagt Susan. »Er konnte die Bevölkerung noch besser kontrollieren, denn Regimegegner bekamen keine Lebensmittelrationen. Saddam Husseins einzige Kraft war das Geld! Er hat so viele schwarze Geschäfte gemacht und Leute bestochen. Das UN-Programm ›Öl für Lebensmittel‹ war für die Iraker ein einziger Betrug, importiert wurde nur das Mieseste, das niemand sonst haben wollte. Das Bratöl zum Beispiel roch nach reiner Chemie, von der Seife kriegten viele Allergie, und manchmal wurde statt Lebensmittel Sand geliefert.« Inzwischen wurde ruchbar, dass korrupte UN-Mitarbeiter, Iraker und internationale Firmen im Rahmen des Programms an die 2,3 Milliarden Dollar unterschlagen haben sollen. Der US-Abgeordnete Henry Waxman von den Demokraten will herausbekommen haben, dass ein Teil der Fondsgelder an eine Tochter der US-Firma »Halliburton« geflossen sei, der US-Vizepräsident Cheney früher als Chef vorgestanden hatte. UN-Generalsekretär Kofi Annan ordnete im März 2004 eine Untersuchung an.

In den neunziger Jahren erlebte auch Susan in Berlin turbulente Zeiten. Die Mauer fiel, die DDR löste sich auf, die Internationale Demokratische Frauenföderation musste sich völlig neu orientieren. »Als Gorbatschow an die Macht kam, freuten wir uns über die Entwicklung Richtung Demokratie«, erzählt sie. Aber nach der Wende sei es chaotisch zugegangen: »Viele Kontakte und Beziehungen gingen verloren.« Die Föderation öffnete sich ideologisch, verlor aber Gelder und Einfluss. Das Zentralbüro wanderte nach Paris und von dort nach Brasilien, die neue Generalsekretärin ist Brasilianerin. Susan verlor ihren Job. Sie versuchte wieder als Biologin zu arbeiten, nahm an einer Weiterbildung zur Umweltschutzbeauftragten teil und war in verschiedenen Umweltprojekten tätig. Zeitweise arbeitete sie im Irakischen Kulturverein und kümmerte sich um Asylsuchende, Frauen, Familien und Kultur. Als die neuerliche US-Invasion drohte, redete sie im Namen der Irakischen Frauenliga erneut öffentlich dagegen an, das Regime mit einem Krieg zu stürzen: »Es ist genug Blut geflossen.« Trotz und Trauer.

Am 15. Februar 2003 demonstrierten weltweit über zehn Millionen Menschen gegen den drohenden Krieg, unter ihnen Susan. Am 20. März begann das US-Bombardement auf Bagdad, das »Shock and Awe«, Schock und ehrfürchtigen Schrecken auslösen sollte. Am 9. April brach das Regime zusammen. Am 2. Mai erklärte US-Präsident George W. Bush auf dem Flugzeugträger »Abraham Lincoln« die Kampfhandlungen für beendet.

Voreilig, wie sich später zeigte. Denn bei den folgenden Terroranschlägen von Baathisten und Islamisten kamen mehr US-Soldaten ums Leben als im Krieg. Was als Kriegsgrund gegolten hatte, fand nun erst wirklich statt: Al-Kaida nutzte den Irak als Operationsbasis und Schlachtfeld für ihren »Heiligen Krieg« gegen den Westen.

Der Irakkrieg war ein Feldzug, der in den USA seit 1997 geplant worden war. Damals wurde in Washington die »Projektgruppe für ein neues Amerika« gegründet, der lauter ideologische Scharfmacher angehörten: Dick Cheney, Donald Rumsfeld, Richard Perle, Paul Wolfowitz, Richard Armitage, John Bolton und Zalmay Khalilzad. Ihr Plan war die Sicherung der globalen US-Vorherrschaft. Das unzuverlässige Saudi-Arabien sollte rechtzeitig durch einen neuen Öllieferanten ersetzt werden. Mit dem Sturz Saddam Husseins wollten sie einen »Dominoeffekt« auslösen, dem das Zusammenbrechen des syrischen Baath-Regimes und die Kontrolle des Libanon durch Israel folgen sollten. »Das ist Schund aus rechten Denkfabriken, in denen Falken mit Spatzenhirnen hocken. Leute, die nie den Schrecken des Krieges erlebt haben, aber verliebt sind in die Idee des Krieges«, schimpfte der Labour-Abgeordnete Tam Dalyell, als die Pläne ruchbar wurden.

Die Terroranschläge vom 11. September 2001 waren den »Falken mit Spatzenhirnen« ein willkommener Anlass, die Pläne Wirklichkeit werden zu lassen. Ex-US-Finanzminister Paul O'Neill bestätigte später, schon Anfang 2001 sei im Kabinett Bush über einen Irakkrieg gesprochen worden. Der Antiterror-Experte Richard Clarke sagte im März 2004 aus, noch am Tag des 11. September habe Rumsfeld in seiner Anwesenheit vorgeschlagen, den Irak anzugreifen. »Wir alle sagten, ›aber nein, nein, Al-Kaida ist in Afghanistan.‹ Und Rumsfeld sagte: ›Es gibt keine guten Ziele in Afghanistan, und es gibt viele gute Ziele im Irak.‹« Das Verhalten des US-Verteidigungsministers erinnert an den alten Witz von dem Betrunkenen, der seinen Hausschlüssel im Schein einer Straßenlaterne sucht. »Hast du ihn wirklich hier verloren?«, fragt ein mitleidiger Passant. »Nein, dort drüben im Dunkeln, aber dort finde ich ja nichts.«

Mag sein, dass George W. Bush nicht einmal durchschaute, was ihm da präsentiert wurde. Der Sohn des Ex-Präsidenten George Bush sen. hatte noch nie durch schnelle Auffassungsgabe geglänzt, er war ein typischer Loser, der an der Universität Yale das Hauptfach Trinken studiert hatte. Gott habe ihn trocken gelegt, bekannte er später. Für ihn war Saddam Hussein das verkörperte Böse, weil dieser bei einem Anschlag im Irak »meinen Daddy umbringen wollte«. »Alkoholiker kompensieren schwere Minderwertigkeitskomplexe – Bush galt über Jahre als der Versager der

Familie – durch die Droge und durch Loyalität und Jovialität«, kommentierte der Psychoanalytiker Eugen Drewermann diesen schweren Fall von Überidentifizierung mit dem Vater. »Für George W. verschmelzen Gott und sein Vater zu dem Auftrag, einen noch größeren und noch besseren Krieg zu führen als der eigene Vater – mit dem Beistand des Vaters im Himmel.«

»Ich habe jeden Tag geweint, nachdem die Amerikaner am 20. März 2003 in den Irak eingerückt waren«, gesteht Susan. »Für mich war die Besetzung wie eine Vergewaltigung.« Doch als das Regime am 9. April zusammenbrach, freute sie sich »unbeschreiblich«. Und als der frühere Diktator am 14. Dezember 2003 in einem Erdloch gefunden und festgenommen wurde, »saß ich stundenlang vor dem Fernseher, lachte und weinte, weinte und lachte und zitterte am ganzen Körper«. Als sei sie von einer langjährigen Krankheit genesen.

Irgendwann hielt sie es nicht mehr aus und reiste für vier Wochen in den Irak. Bagdad im Oktober 2003 befremdete sie sehr: Mauern. Stacheldraht. Betonpolder. Mauern. Dazwischen zerschossene Gebäude mit zersplitterten Fenstern. Überall Müll, den niemand mehr wegbrachte. Alle Gebäude von einem öligen Rußfilm überzogen, Brandpartikel, die sich nach dem Krieg abgesetzt hatten. Die Mauer in der Strasse ihres Elternhauses war früher etwa 1,80 Meter hoch, nun maß sie drei Meter. In der befreiten Stadt igelten sich die Menschen ein, kapselten sich ab. Die Angst war immer noch allgegenwärtig, nur ihren Namen hatte sie geändert.

Am stärksten hatten sich die Besatzer selbst eingemauert, in der »Grünen Zone«, wo die US-Zivilverwaltung untergebracht ist und die weltweit größte US-Botschaft mit rund 3.000 Angestellten entsteht. Ihr Chef soll John Negroponte werden, der bisherige US-Vertreter im UN-Sicherheitsrat und in den 80er Jahren als US-Botschafter in Honduras tief verwickelt in die Iran-Contra-Affäre. Viele der Mitarbeiter hatten die »Grüne Zone« noch niemals verlassen, seit sie im Irak waren. Sie lebten in ihrer eigenen Welt, einer Plastikwelt, in der am Thanksgiving Day ein US-Präsident einflog und ihnen auf einem Silbertablett einen Plastiktruthahn präsentierte, wie im November 2003 geschehen. Sie wussten nicht, wie die Welt jenseits ihrer Coca-Cola-Insel aussah. Sie regierten blind. »Sie verstehen die Sprache nicht, die Kultur nicht, die Traditionen nicht, und schon gar nicht die Gefühle der Menschen«, sagt Susan.

Ihre eigenen Gefühle sind zwiegespalten: »Es ist eine Besatzung. Und eine Befreiung. Es ist beides.« So wie sie scheint die breite Masse im Irak zu empfinden. Nach einer Umfrage des britischen Meinungsforschungsinstituts Oxford Research International im Februar 2004 betrachteten 41

Prozent der Befragten den Einmarsch der Alliierten als Demütigung und 42 Prozent als Befreiung. 40 Prozent meinten, die fremden Streitkräfte sollten noch bleiben, genauso viele wollten ihren Abzug sehen. Vertrauen in die Besatzer empfanden nur acht Prozent, aber der von den US-Behörden ernannte Irakische Regierungsrat genoss mit elf Prozent kaum mehr Zustimmung. 56 Prozent gaben an, es gehe ihnen nun »viel besser« oder »etwas besser« als unter Saddam Hussein, 42 Prozent meinten, es gehe ihnen »gleich«, »etwas schlechter« oder »viel schlechter«. Auf die Frage nach den wichtigsten Aufgaben nannten 84 Prozent die Wiederherstellung der öffentlichen Sicherheit.

Letzterem kann Susan nur beipflichten. Wegen der alltäglichen Überfälle und Entführungen vermochte auch sie sich nur mit dem Auto durch Bagdad zu bewegen. In bestimmte Viertel wie Sadr City, früher Saddam City, traute sie sich gar nicht hinein. Dieses Armenviertel wird inzwischen von der schiitischen Al-Sadr-Miliz beherrscht. Sie jagt »falsch« gekleidete Frauen, Baathisten oder Händler, die Alkohol verkaufen. Im schiitisch beherrschten Süden sieht es vielerorts ähnlich aus, in Nadschaf gibt es selbst ernannte Scharia-Richter mit eigener Polizei und eigenem Gefängnis.

Dass die schiitische Bevölkerungsmehrheit im zukünftigen Irak nicht übergangen werden darf, davon ist allenthalben die Rede, auch bei den Besatzern. Dass die weibliche Bevölkerungsmehrheit – viele Männer sind in den Kriegen gestorben – täglich übergangen wird, das thematisiert kaum jemand. Im herrschenden Klima der Straflosigkeit sind Vergewaltigungen und Entführungen von Frauen zu einer Art Massensport geworden. Selbst ernannte Widerstandskämpfer glauben offenbar, sie hätten ein Anrecht auf sexuelle Belohnung. Überall auf der Welt wenden Männer in Kriegssituationen die Macht ihrer Waffen an, um Frauen und Mädchen als Gebrauchsgegenstände zu benutzen, und Irak ist hier keine Ausnahme.

Im Juli 2003 veröffentlichte die Menschenrechtsorganisation »Human Rights Watch« einen Bericht über die rapide angestiegenen Fälle von sexualisierter Gewalt. Neunjährige Mädchen wurden entführt und sexuell missbraucht, 15-Jährige als Sexsklavinnen verkauft, erwachsene frühere Baathistinnen aus »Rache« vergewaltigt. Vor diesem Hintergrund verboten Eltern ihren Töchtern, weiter die Schule zu besuchen. Viele Frauen trauten sich nicht mehr zur Arbeit oder auf die Straße und schon gar nicht zu politischen Versammlungen, wo über die Zukunft des Irak entschieden wurde. Nach Zählung eines Journalisten kam im Straßenbild Bagdads auf 20 Männer eine Frau, in Fernsehbildern aus dem Irak ist die weibliche Mehrheit wie ausradiert. Vielen Männern geht es heute besser als früher, vielen Frauen schlechter.

Die Gewaltopfer fanden weder bei den irakischen Behörden noch bei den Besatzern Hilfe, manche wurden gar von männlichen Familienmitgliedern ermordet, weil sie ihre »Ehre« beschmutzt hätten. Im islamisch-patriarchalischen Irak gilt nur die unberührte Frau als »ehrenhaft«, sie symbolisiert die Ehre einer Familie. Kein Verhalten der US-Besatzer war deshalb folgenschwerer als ihre nächtliche Terroristenjagd, bei der sie auch in weibliche Schlafgemächer eindrangen – ein symbolisch hochaufgeladenes Bild für die Iraker. Schon kurze Zeit nach dem Regimesturz hätten sie im »sunnitischen Dreieck« zwischen Bagdad, Falludscha und Tikrit auch jene Sunniten gegen sich aufgebracht, die zur Zusammenarbeit bereit gewesen waren, berichtete die Fernsehjournalistin Antonia Rados in einer »arte«-Reportage.

Das größte Problem im Irak sei das Sicherheitsproblem, befand auch Ministerin Nasreen Mustafa Sideek, als sie im Juli 2003 zusammen mit anderen Irakerinnen zu einer Konferenz der Heinrich-Böll-Stiftung nach Berlin eingeladen wurde. Damals war die westlich gekleidete Kurdin Ministerin für Wiederaufbau und eine von drei weiblichen Regierungsmitgliedern in der autonomen kurdischen Provinz im Nordirak; inzwischen ist sie Ministerin für öffentliche Arbeiten im Gesamtirak und eine von sechs Ministerinnen in der 33-köpfigen irakischen Übergangsregierung. 1991, als Saddam Hussein die Souveränität über den kurdischen Norden verlor, hätten sie dort dasselbe Problem gehabt, berichtete sie in Berlin. Schritt für Schritt, mit »Nachbarschaftswachen« und ähnlichen Maßnahmen, hätte die kurdische Regierung die Sicherheit wiederherstellen können.

Nasreen Mustafa Sideek ist als Frau auf einsamem Posten, dennoch hat sie die Solidarität mit ihren Geschlechtsgenossinnen nicht vergessen. Auf allen Ebenen müssten die Frauen in den Aufbau des Landes einbezogen werden, forderte sie in Berlin, und als ihre Kollegen Ende 2003 in ihrer Abwesenheit mit dem Dekret 137 die Wiedereinführung der Scharia im Regierungsrat durchputschten, führte sie die folgende Protestdemonstration von 80 Frauenorganisationen an. Ein mutiger Akt der Ministerin, die ihr zahlreiche Todesdrohungen und zwei versuchte Mordanschläge einbrachte – und ein erster großer Erfolg der Irakerinnen.

»Auch unsere Irakische Frauenliga ist wieder aktiv und in allen Provinzen präsent«, berichtet Susan und schaut in den grauen Berliner Himmel. »Aber wir brauchen neue Strukturen und aktive junge Frauen, die meisten Mitglieder sind schon ziemlich alt. Wir müssen über die Frauenrechte sprechen. Das bedeutet nicht dasselbe wie die Gleichberechtigung in Europa, so schnell kommt das nicht. Das bedeutet, dass jedes Mädchen das Recht hat, zur Schule zu gehen, das Recht auf medizinische Versorgung, auf ein Studium. Immer noch sind 50 bis 60 Prozent der Eingeschriebenen an den Universitäten Frauen.« Am liebsten würde sie jetzt Projekte für die irakischen Frauen organisieren, Seminare über Frauenrechte und Demokratie zum Beispiel.

»Hauptsache, die Frauen werden nicht noch weiter gedemütigt und ihre Rechte nicht noch weiter eingeschränkt«, sagt Susan. »Diejenigen, die nicht verschleiert sind, werden immer öfter als Prostituierte angesehen. Wir dürfen das nicht zulassen. Die Trennung zwischen Religion und Staat muss bleiben. Seit 1926 ist unser Staat säkular. Wenn die Islamisten sich durchsetzen, droht ein Bürgerkrieg.«

Ab und zu gibt es Zeichen der Hoffnung. Am 8. März 2004, passenderweise am Internationalen Frauentag, verabschiedete der Irakische Regierungsrat eine Übergangsverfassung, die bis zu den Wahlen im Jahr 2005 gelten soll. Das vorläufige Gesetzeswerk ist das progressivste im ganzen Nahen Osten: Der Islam gilt darin als nur eine von mehreren Rechtsquellen, den Kurden wird eine weitgehende Autonomie und den Frauen ein Anteil von 25 Prozent der Parlamentssitze garantiert. Der schiitische Großayatollah Ali Al-Sistani hat jedoch bereits angekündigt, er werde jede Zusammenarbeit mit der UNO verweigern, wenn diese die Übergangsverfassung anerkenne.

Und es gibt die Zeichen von Terror und Verzweiflung. Pessimisten sehen für die kommenden Monate einen von Al-Kaida geschürten Bürgerkrieg zwischen Schiiten, Sunniten und Kurden voraus.

Die im Nation Building völlig ungeübten US-Amerikaner hatten sich die Demokratisierung des Irak jedenfalls wesentlich einfacher vorgestellt. Sie hatten geglaubt, sie würden bei ihrem Einzug in Bagdad mit Blumen überschüttet, und sie hatten geplant, mit den Einnahmen aus dem Verkauf des irakischen Öls den Wiederaufbau zu finanzieren. Freiheit bedeute, so glaubten sie, dass das Benzin, das früher direkt in die Tanks irakischer Autos floss, nunmehr durch Texaco-Zapfsäulen hindurchliefe. Doch die irakische Ölindustrie ist in einem so desolaten Zustand, dass erst Milliarden von Dollar investiert werden müssen, bevor daraus wieder Milliarden zu gewinnen sind – das große Bonanza, von dem die Ölmultis träumen.

Und was ist mit Susans toter Schwester? »Als ich im Irak war, habe ich einen Antrag gestellt, dass man sie suchen möge. Die Baathisten haben viele Akten verbrannt oder vernichtet, auch die Amerikaner haben viele mitgenommen. Sie sagten, wenn eine irakische Regierung gewählt würde, bekäme sie sie zurück – vielleicht selektiert. Die Akten, die noch da sind, liegen bei Menschenrechtsorganisationen meterlang auf dem Fußboden, es gibt kaum Computer, kaum Möglichkeiten der Aufarbeitung. Im Dezember 2003 las ich dann in einer Zeitung, dass eine Akte Nummer sowieso gefunden wurde, wonach an einem bestimmten Tag 55 inhaftierte Frauen und Männer hingerichtet wurden. Der Name Shatha Ahmed stand dabei. Nun wissen wir es.«

Wo ihre Schwester begraben sei, das wisse sie aber immer noch nicht. »Es wurden viele Massengräber gefunden, aber man müsste DNA-Tests machen, um die Opfer zu identifizieren. Wir brauchen unbedingt etwas, um an unsere Toten zu erinnern. Tafeln, Denkmäler, etwas, worauf verwiesen wird, dass diese Leute ihr Leben für ihr Land opferten. Und man muss mit den traumatisierten Überlebenden arbeiten. Es gibt ein paar Projekte, aber die sind ein Tropfen auf dem heißen Stein angesichts von Millionen Traumatisierten. In 23 Jahren Kriegszustand haben sich die Traumata übereinander gelagert, und auch jetzt hat sich das Trauma wieder verdoppelt – erst Saddam, nun die Besatzung, die viele als Erniedrigung empfinden. Die Iraker brauchen dringend etwas, um sich frei zu fühlen.«

Literatur und Websites:

Hans von Sponeck, Andreas Zumach, Irak – Geschichte eines gewollten Krieges, Köln 2003

Wilhelm Dietl, Schwarzbuch Weißes Haus, Erftstadt 2004

Hans J. Nissen, Peter Heine, Von Mesopotamien zum Irak, Berlin 2003

Martina Kamp, Organizing Ideologies of Gender, Class and Ethnicity: The Pre-Revolutionary Women's Movements in Iraq, Paper presented at the Conference on Women and Gender in the Middle East, Bellagio/Italien 27.-31.08.2001

Informationen von und über die Irakische Frauenliga in London unter anderem unter: *www.iraqcp.org/framse1/0021009wg.htm* und *http://womenstrike8m.server101.com/English/iraqiwomenleagueopenletter.htm*

Iraqi Women's Voice, Informationsbrief der Irakischen Frauenliga in den achtziger und neunziger Jahren, im Besitz von Susan Ahmed

Die Internationale Demokratische Frauenföderation mit jetzigem Hauptsitz in Brasilien besitzt derzeit leider keine Website, Informationen über ihre Geschichte sind verstreut im Internet zu finden, unter anderem unter *http://prop1.org/japan/speeches/e-horie.htm*

Umfassende Website zum Irak mit vielen englischsprachigen Presseartikeln unter anderem zur Situation der Frauen: *www.occupation-watch.org*, darunter u. a. »New York Times« vom 16.7.2003, »Rape and Silence about it Haunts Bagdad«, oder »The Christian Science Monitor« vom 31.6.2003, »In freer Iraq, new curbs on women's wear«

Website der Menschenrechtsorganisation Human Rights Watch mit einem umfangreichen Bericht über die Lage der Frauen im Irak vom Juli 2003: *www.hrw.org*

Die beste deutschsprachige Berichterstattung über den Irak liefert die Online-Zeitung des »Spiegel«: *www.spiegel.de*. Besonders erwähnenswert: Eine Serie über den »Großen Bluff« beim Irakfeldzug vom 18.9.2003 und die Serie von Jochen Bölsche, »Wenn Kriegsgründe erfunden werden«, vom 4. bis 15.März 2003. Am 16.3.2004 wurde dort auch über die Umfrage des Oxford Research Institute berichtet.

Das UN-gestützte Webportal von WILPF hat eine Vielzahl von Informationen über irakische Frauen gesammelt: *www.peacewomen.org*

Über den Lebenslauf Saddam Husseins: »ap« vom 20.1.2003, »Der Tagesspiegel« vom 24.11.2002 und der »Spiegel« vom 9.9.2002 (»Das Dossier Saddam«)

Über Saddam Husseins frühe Verbindungen zur CIA berichtete »UPI«-Intelligence Correspondent Richard Sale am 4.10.2003

Über die engen Verbindungen zwischen Saddam Hussein und der US-Regierung berichtete u. a. Manfred Berg in der »Zeit« vom 7.11.2002, »... aber er war unser Schurke«, die »Südwestpresse« vom 2.1.2003, »Anthrax aus den USA für Saddam Hussein«, und »Spiegel-Online« vom 17.11.2003, »Der Emissär des Präsidenten«

Über die Waffenlieferungen Deutschlands, Frankreichs, Großbritanniens, Chinas, Russlands und der USA an das Regime von Saddam Hussein berichtete Andreas Zumach in der »taz« vom 17., 18. und 19.12.2003

Über die Unterschlagung von Hilfsgeldern des UN-Programms »Oil for Food« berichteten unter anderem »Der Tagesspiegel« vom 22.3.2003 und »Le Monde Diplomatique« vom 14.5.2004

Über die Konferenz irakischer Frauen bei der Heinrich-Böll-Stiftung berichtete Ute Scheub in der »taz« vom 7.7.2003

Über Susan Ahmeds Auftritt in den Niederlanden berichtete »Vrouwen, Maandblad van de Nederlandse Vrouwenbeweging« im März 1991

Über die Zahl der Kriegsopfer: *www.ippnw.de*

Über abgereichertes Uran: Paul Rockwell, Depleted uranium: The war crime that has no end, 25.2.2004, *www.unobserver.com*, Katherine Stapp, Iraq: Experts Warn of Radioactive Battlefields, 12.9.2003, *http://ipsnews.net/interna.asp?idnews=20109*, Powerpoint-Präsentation von Dr. Jawad Al-Ali, Direktor des Krebszentrums von Basra, auf der Japan Peace Conference am 29.1.2004, *www.casi.org.uk/analysis/2004/msg00128.html*

Nachtrag:

Im Mai 2004 lösten Fotos von gefolterten und sexuell gedemütigten irakischen Gefangenen im Gefängnis Abu Ghraib einen internationalen Skandal aus. Welche Konsequenzen »Torturegate« haben wird, war bei Beendigung dieses Buches noch nicht absehbar. Die US-Besatzer versprachen, die unmenschlichen Verhörmethoden in den Gefängnissen Iraks abzustellen, jedoch nur dort. In Guantanamó, in Afghanistan, in Thailand und anderswo, wo in einem Netz geheimer Verhörstationen insgesamt wohl an die 9.000 Gefangene schmoren, sollen nach einem Erlass des Pentagon das Völkerrecht und die Genfer Konvention weiterhin nicht gelten.

Die Farben der Gewaltfreiheit

Die Österreicherin *Hildegard Goss-Mayr* schulte weltweit Menschen in gewaltfreiem Handeln, trug maßgeblich zum Erfolg der »Rosenkranzrevolution« auf den Philippinen bei und wurde zwei Mal für den Friedensnobelpreis vorgeschlagen

In den Februartagen des Jahres 1986 lag eine ungeheure Spannung über den Philippinen, und sie war gelb. Nein, es war nicht die Farbe eines Tropengewitters, auch nicht eines drohenden Wirbelsturmes – höchstens in politischem Sinne. Es war die Farbe der Volksbewegung People Power.

Und das Gelb des Widerstands. Der seit mehr als 20 Jahren herrschende Diktator Ferdinand Marcos hatte für den 7. Februar Wahlen angesetzt. Der Präsident, der das Land als sein Privateigentum betrachtete und ausplünderte, wollte seinen Schutzpatronen in den USA beweisen, dass die Bevölkerung hinter ihm stand. Die Opposition hingegen fürchtete massiven Wahlbetrug, schon allein deshalb, weil sie sich auf eine populäre Gegenkandidatin geeinigt hatte: Corazon »Cory« Aquino, die Witwe des Volkshelden Benigno »Ninoy« Aquino, der drei Jahre zuvor bei seiner Rückkehr aus dem Exil von Unbekannten erschossen worden war. Gelb ist auf den Philippinen die Farbe für Heimkehrende aus der Fremde, gelb die Kleidung, in der rund vier Millionen Menschen dem Sarg Ninoy Aquinos folgten, gelb die Kostüme der Präsidentschaftskandidatin Cory Aquino; gelb war im Jahre 1986 die Farbe der Hoffnung.

Wegen des drohenden Wahlbetruges schickte die Nationale Bewegung für freie Wahlen (NAMFREL) rund 30.000 Freiwillige los, die die Wahlurnen bewachten und eine eigene Stimmenauszählung durchführten. Nach dem offiziellen Endergebnis führte Marcos, doch nach der Zählung von NAMFREL gewann eindeutig Cory Aquino. Verteidigungsminister Ponce Enrile und Generalstabschef Fidel Ramos erklärten am 22. Februar Aquino zur legitimen Präsidentin und verschanzten sich in einem Militärcamp gegen die Truppen von Marcos. Das Gelb drohte rot eingefärbt zu werden, ein Blutbad stand bevor.

In dieser Situation erinnerte sich Agapito »Putz« Aquino, der Schwager der Präsidentschaftskandidatin, an das, was er von Hildegard Goss-Mayr und ihrem Ehemann Jean Goss über gewaltfreien Widerstand gelernt hatte. Putz Aquino und Kardinal Jaime Sin riefen über den katholischen Privatsender »Radio Veritas« die Bevölkerung dazu auf, einen Schutzwall um die Deserteure zu bilden: »Blockiert die Zugänge zum Camp, verhindert einen Angriff der Regierungstruppen. Es darf nicht geschehen, dass Filipinos einander töten!« In den folgenden zwei Tagen stellten sich an die zwei Millionen unbewaffnete Menschen den Panzern der Marcos-treuen Truppen entgegen. »In vorderster Linie befinden sich zahlreiche Personen, die in unseren Seminaren geschult wurden, und vor allem Ordensfrauen«, beschrieb Hildegard Goss-Mayr später die Szene. »Am Boden kniend, beten sie den Rosenkranz und weichen auch dann nicht einen Schritt zurück, als der erste Panzer direkt auf sie zufährt. Ihr mutiges Beispiel stärkt die Umstehenden. Putz Aquino erzählte uns: ›Als ich den riesigen Panzer wie einen Berg auf mich zukommen sah, hatte ich Angst und wollte mich zurückziehen. Als ich jedoch neben mir die Ordensfrauen entschlossen und ruhig beten sah, konnte doch ich als Mann nicht davonlaufen, und ich fand die Kraft zu widerstehen. Ich begann, mit dem leitenden Offizier zu verhandeln.‹«

»Die Menge umringt die Panzer, ruft den Soldaten zu, sich mit ihnen zu solidarisieren, wirft ihnen Blumen und Zigaretten zu (...) Die Soldaten sind verlegen. Sie haben gelernt, auf Bewaffnete zu schießen. Es ist schwer für sie, sich gegen diese Initiative der Liebe zu wehren. Mit ihren Herzen sind sie schon auf Seiten derer, die um Gerechtigkeit kämpfen. Erst einer, dann immer mehr nehmen den Helm ab und weigern sich zu schießen (...) Wenig später dreht die Panzerspitze unter dem Jubel der Menge ab. An allen Zufahrtsstraßen leistet die Bevölkerung ähnlichen Widerstand. Es ist ein Meer von betenden, singenden Menschen mit Transparenten, Kreuzen, Rosenkränzen und Muttergottesstatuen, geeint in Angst und Freude, solidarisiert im Nein zur Diktatur (...) Schließlich gehen die gesamten Streitkräfte zu Cory Aquino über (...) Nun erkennen auch die USA, dass sie Marcos nicht länger halten können. Mit einem Hubschrauber wird er auf eine ihrer Militärbasen gebracht.« Das Gelb von People Power hat über das Schwarz der Diktatur gesiegt.

Hildegard Goss-Mayr hat diese Szene nicht persönlich erlebt, weil sie zu dieser Zeit nicht auf den Philippinen sein konnte. Aber mit ihrer Vorarbeit, ihren gewaltfreien Schulungen, ihren eindringlichen Gesprächen mit der Familie Aquino und dem höchsten katholischen Kirchenmann Kardinal Jaime Sin hat sie wesentlich zum Erfolg dieser gewaltfreien »Rosenkranzrevolution« beigetragen.

Im Februar 2004 stehe ich vor ihrer Wohnung in einem Wiener Vorort. Hier ist nichts gelb, der österreichische Wintertag ist grau, es nebelt, graupelt und schauert. Ich bin neugierig, aber auch ein wenig skeptisch, denn Hildegard Goss-Mayr ist eine überzeugte Christin, und meine Distanz zur Institution Kirche übertrifft jede Domlänge.

Es öffnet eine Frau mit einem freundlichen weichen Gesicht, zurückhaltend bis an die Grenze der Schüchternheit. Ihr Gesicht mit den blauen Augen hinter der Gleitsichtbrille hat etwas Mädchenhaftes, und auch ihre Bewegungen sind ein wenig ungeschickt, so wie die eines jungen Mädchens. 74 Jahre alt, wirkt sie doch wesentlich jünger. Soziales Engagement hat offenbar eine größere Tiefenwirkung auf den Teint als jede teure Antifaltencreme.

Hildegard Goss-Mayr, so wird mir klar, lebt eine uneitle Bescheidenheit; sie will sich nicht an ihren Worten, sondern an ihren Taten messen lassen. Dass sie schon zwei Mal für den Friedensnobelpreis vorgeschlagen wurde, 1979 und 1987 nach dem Sieg von People Power, dass ihr außerdem drei Menschenrechtspreise verliehen wurden – der Bruno-Kreisky-Preis, der japanische Niwano-Friedenspreis und der nach ihr benannte Hildegard-Goss-Mayr-Preis für aktive Gewaltfreiheit –, das würde sie ungefragt wohl kaum je erwähnen.

Sie gehört zu jenen Menschen, die auf den ersten Blick eher unterschätzt werden. Das macht vielleicht auch ihre Stärke aus. Hinter der Zurückhaltung, das spüre ich in der folgenden Zeit, steckt keine Nachgiebigkeit. Diese Frau weiß auf sanfte, aber letztlich doch sehr bestimmte Art zu führen, ob durch ein Gespräch oder durch einen gesellschaftlichen Konflikt.

Welche Farbe hat ihre Wohnung? Türen und Fenster sind braun, die Sofaecke beige, die Einrichtung ist von schlichter Zweckmäßigkeit. Nur wenig deutet auf die weltweiten Reisen ihrer Besitzerin hin, die die Erde in ihrem abenteuerlichen Leben wohl schon öfter umrundet haben dürfte als mancher Astronaut. Hier ein bunter Wandbehang mit biblischen Szenen aus Äthiopien, da eine Porzellandose aus Japan oder eine holzgeschnitzte Figur aus Burundi. Dabei gibt es kaum ein Land, in dem sie keine Schulungen zur Gewaltfreiheit abgehalten hat, meist zusammen mit ihrem Mann, bis dieser 1991 verstarb. In den fünfziger Jahren waren es vor allem die Länder des Ostblocks, die das Paar besuchte; in den Sechzigern und Siebzigern Lateinamerika; in den Achtzigern die Philippinen und der Nahe Osten; in den Neunzigern Afrika. Nicht einmal jetzt hat sich die Witwe zur Ruhe gesetzt, wenngleich ihre Seminare und Vorträge sich nunmehr auf Europa beschränken.

Überall hängen Fotos von Jean Goss, mal lächelnd, mal temperamentvoll gestikulierend – die beiden müssen sich sehr geliebt haben. Versteckt in den Regalen stehen die vier Bücher und diversen Broschüren, die sie zusammen mit ihrem Mann oder allein verfasste, übersetzt ins Spanische, Englische, Schwedische oder sogar Chinesische. »Das Geschenk der Armen an die Reichen« war ihr »bestes«, wie sie sagt, »Der Mensch vor dem Unrecht« ihr erfolgreichstes; die Autobiografie »Wie Feinde Freunde werden – mein Leben mit Jean Goss für Gewaltlosigkeit, Gerechtigkeit und Versöhnung« ihr persönlichstes.

Am Couchtisch beginnt sie ihre Familiengeschichte zu erzählen. 1930 wurde sie als viertes von fünf Kindern in eine katholische Familie in Wien hineingeboren. Ihr Vater Kaspar Mayr hatte als Soldat den mörderischen Stellungskrieg um Verdun miterlebt und war dadurch zum Kriegsgegner geworden. Noch in der französischen Kriegsgefangenschaft hörte er von der Christkönigsgesellschaft vom Weißen Kreuz, die der später unter Hitler hingerichtete Priester Max Josef Metzger gegründet hatte, und schloss sich dieser an. 1926 übernahm er eine Stelle im Leitungsteam des Internationalen Versöhnungsbundes und widmete sich fortan der deutsch-polnischen Aussöhnung und der Schriftstellerei, bis Österreich an Nazi-Deutschland »angeschlossen« wurde. Kaspar Mayr wurde aus der »Schrifttumskammer« ausgeschlossen und jahrelang von der Gestapo überwacht; nur noch mit Mühe konnte er seine Familie ernähren.

Der Versöhnungsbund, dem der Vater und später auch die Tochter seine Energie widmete, gehört zusammen mit der Internationalen Frauenliga für Frieden und Freiheit und den War Resisters International zu den ältesten Friedensorganisationen überhaupt. Eine internationale Konferenz von 150 Christen hatte 1914 am Bodensee vergeblich versucht, den Ersten Weltkrieg in letzter Minute abzuwenden. Als sich der britische Quäker Henry Hodgkins und der deutsche Pastor Friedrich Siegmund-Schultze auf dem Kölner Bahnhof voneinander verabschiedeten, schworen sie sich gegenseitig, alles gegen den Krieg zu tun. Ein Bahnsteig in Köln – ein etwas unbequemer Geburtsort.

Und der Versöhnungsbund blieb unbequem. Quäker Hodgkins gründete nationale Zweigstellen des Bundes in Großbritannien und den USA, die die Kriegsdienstverweigerer unterstützten. »In England gab es während des Ersten Weltkrieges rund 3.000 Kriegsdienstverweigerer, die ins Gefängnis gehen mussten«, berichtet seine jetzige Ehrenpräsidentin. Als internationale Organisation wurde er im Jahre 1919 bei einem Treffen im niederländischen Bilthoven gegründet. Heute umfasst er ein Netzwerk von Friedensgruppen in mehr als 40 Ländern, die Zentrale sitzt im niederländischen Alkmaar.

Der österreichische Zweig zeigt ein grünes Zweiglein mit einem kleinen »VB« als Logo; auch die Schrift auf seiner Homepage ist in dezentem Grün gehalten, der Farbe der Hoffnung. In Grün werden dort »Bildungsangebote zur aktiven Gewaltfreiheit« aufgelistet, von »Kreativer Konfliktlösung in Familie, Arbeitsplatz oder Gesellschaft« über Workshops in der Schule bis zum Training von Zivilcourage. Den Dienst mit der Waffe lehnt die Organisation ab, stattdessen fördert sie zivile Friedensdienste. »Wir widmen uns der aktiven Gewaltfreiheit als ein Mittel der persönlichen, gesellschaftlichen, wirtschaftlichen und politischen Wandlung«, heißt es ergänzend auf der deutschen Homepage. »Wir tun dies als Gemeinschaft von Menschen, die auf der Suche sind. Wir wissen, wir haben die Wahrheit nicht mit Löffeln gefressen.«

Von Anfang an sei der Bund eine ökumenische Bewegung gewesen – »damals noch eine Seltenheit«, erzählt meine Gesprächspartnerin. Genauso selten wie seinerzeit die pazifistische Haltung: »In der katholischen Kirche, der ich angehöre, war Gewaltfreiheit damals etwas Häretisches. Man ist sehr diskriminiert worden, wenn man das vertrat.« Auf der Website findet man dazu einen Kommentar von Mahatma Gandhi, eine Warnung vor alttestamentarisch begründeter Rache: »Auge um Auge – und die ganze Welt wird blind sein.«

Der Versöhnungsbund hat Gandhi sehr unterstützt, und umgekehrt zählten etliche Friedensnobelpreisträger zu seinen Mitgliedern: Jane Addams, die Begründerin der Internationalen Frauenliga für Frieden und Freiheit, Martin Luther King, ANC-Mitbegründer Albert Luthuli, Mairead Corrigan Maguire aus Nordirland oder der Argentinier Adolfo Pérez Esquivel.

»Wir hatten von Anfang an einen doppelten Schwerpunkt: Versöhnungsarbeit und Überwindung von Unrecht durch die Kraft der Gewaltfreiheit. Wir versuchten sowohl in die Gesellschaft als auch in die Kirchen hineinzuwirken, die diese Haltung weitgehend aufgegeben hatten«, berichtet Hildegard Goss-Mayr. In den USA hätten gläubige Juden die Jewish Peace Fellowship gegründet und sich dem Bund angeschlossen, später sei dort die Moslem Peace Fellowship entstanden. Und im Kampf gegen den Vietnamkrieg hätten sie Kontakte zu buddhistischen Mönchen geknüpft, die sich für die Beendigung des Krieges einsetzten – daraus sei die Buddhist Peace Fellowship geworden.

Sie selbst habe ihre erste Erfahrung mit interreligiöser Zusammenarbeit Mitte der achtziger Jahre bei einer Tagung in Bangladesh gemacht, als Muslime, Christen, Buddhisten und Hindus ihre Positionen zur Gewaltfreiheit vorstellten. »Alle Christen sagten: Bei uns gibt es eine gewaltfreie

Grundhaltung, aber sie wird in unserer Kirche nicht eingehalten. Auch die Muslime sagten, der Islam ist zwar keine pazifistische Religion, aber wir können im Koran vieles entdecken, was uns zur Gewaltfreiheit motiviert. Der große Dschihad etwa ist der Kampf um die innere Läuterung. Der bewaffneten Verteidigung werden ganz enge Grenzen gesetzt. Zum Beispiel müssen Frauen, Kinder und alte Leute geschont werden, man darf die Ernte nicht zerstören, man muss vorher alle anderen Möglichkeiten als die der Gewalt ausgeschöpft haben. Ein thailändischer Professor für Theologie arbeitete damals heraus, dass für die Muslime angesichts der Zerstörungskraft der modernen Waffen ein bewaffneter Verteidigungskrieg nicht in Frage kommen darf, wenn die Forderungen des Korans ernst genommen werden. Als ich später in den Tschad eingeladen wurde, zu einer Schulung von 50 Beratern für Gewaltfreiheit und Menschenrechte, konnte ich diesen jungen Leuten Quellen im Koran nennen, die sie nicht kannten.«

Ihr selbst, sagt sie und nippt an ihrem Tee, sei »die Vereinsmeierei« nie wichtig gewesen. »In gewissen Ländern kann sich der Versöhnungsbund auch gar nicht konstituieren, weil seine Mitglieder verfolgt werden, so wie jetzt in Zimbabwe oder früher im Nationalsozialismus. Natürlich braucht man eine Organisation, die öffentlich Stellung nimmt, aber ich finde es nicht so wichtig, ob die Leute Mitglied sind oder eigene Gruppen gründen, Gewerkschaften oder Gemeinden oder anderes.«

Gewerkschaften? Ihr aus Frankreich stammender Mann Jean Goss musste schon mit 13 Jahren arbeiten und trat bereits als 15-Jähriger der Gewerkschaft bei. Zeit seines Lebens verstand er sich als aktiver Gewerkschafter. Auf dem Foto, das neben dem Couchtisch steht, sieht er mit seiner flotten Baskenmütze und seinem verwegenen Lächeln ein bisschen aus wie Che Guevara.

Als die Nazis Frankreich besetzten, kämpfte Jean Goss als Unteroffizier gegen sie. »Ich tötete so gut, dass ich sehr bald hohe Auszeichnungen erhielt«, berichtete er später in einem Interview. »Doch sehr bald wurde mir klar, dass ich nicht Hitler tötete, nicht einmal Generäle. Die Deutschen, die ich tötete, waren junge Menschen, Arbeiter wie ich, Bauern, Familienväter, einfaches Volk!« In der Osternacht 1940, nachdem er »fünf Tage und Nächte ununterbrochen gekämpft und getötet hatte und erschöpft einschlief«, hätten ihn beim Aufwachen plötzlich »Ströme der Freude, der Sicherheit, der Geborgenheit, des Friedens und einer unbeschreiblichen Liebe zu den Menschen« erfüllt.

Es waren keine Farben, es war reines Licht, das Jean Goss wahrnahm und als Offenbarung von Jesus interpretierte. Dieses Erlebnis machte aus dem verzweifelten Soldaten einen gläubigen Pazifisten. Er geriet in Kriegsgefangenschaft und versuchte dort »die absolute Liebe« zu leben, kehrte 1945 ins zerstörte Frankreich zurück, beherbergte zum Entsetzen seiner Familie Obdachlose in der Wohnung, teilte alles mit ihnen, nahm Kontakt zu Arbeiterpriestern und zum Versöhnungsbund auf. In dessen Rahmen begegneten sich Jean und Hildegard 1953 das erste Mal – 1958 heirateten sie, 1960 bekamen sie Zwillinge.

Das war nur die letzte einer Reihe von Doppelungen, die dafür gesorgt haben mögen, dass gerade dieses Paar sich fand. Jean hatte eine enge Bindung zu seiner tiefgläubigen unorthodoxen Mutter, Hildegard eine ebenso enge zu ihrem tiefgläubigen unorthodoxen Vater. In der ökonomischen Ungesichertheit der verarmten Familie habe ihm die Liebe seiner Mutter »Freude, Frieden und Sicherheit« geschenkt, »die später in der Erfahrung der Liebe Gottes ins Unermessliche gesteigert wurde«, berichtete Jean seiner Frau. Hildegard ihrerseits erlebte die Schrecken des Nationalsozialismus, aber durch die Unbeirrbarkeit ihres Vaters fühlte sie sich halbwegs geschützt und gleichzeitig verpflichtet, dessen Vermächtnis weiterzuführen. Jean Goss, dieser ungestüme Mensch, der so anders zu sein schien als Kaspar Mayr, mag sie dennoch an ihren Vater erinnert haben: Mayr wurde in französischer Kriegsgefangenschaft Pazifist und schloss sich einer Friedensgemeinschaft an, Goss wurde in deutscher Kriegsgefangenschaft Pazifist und versuchte selbst, eine Friedensgemeinschaft zu leben.

Als Jean und Hildegard sich fanden und Zwillinge bekamen, sorgten sie beide abwechselnd für die Kinder. Wenn die oder der eine auf Reisen war, kümmerte sich der oder die andere um den Nachwuchs. Tochter Myriam ist heute Lehrerin in Wien und hat ihrerseits sechs Kinder, Sohn Etienne arbeitet in Straßburg als Journalist und hat drei Sprösslinge. »Für die Kinder war unser Leben sicherlich nicht immer leicht«, sagt ihre Mutter. Ständig waren die Eltern auf Reisen, zwischendurch lebte die ganze Familie auch mal je ein Jahr in Brasilien und in Mexiko, wo die deutsch-französisch aufgewachsenen Kinder Spanisch sprechende Schulfreunde hatten. HolaGutenMorgenBonjourChica.

Für Hildegard Goss-Mayr ist das Sprachendurcheinander kein Problem: Ob Englisch, Französisch, Spanisch oder Portugiesisch, jahrelang hat sie für ihren »leider nicht so sprachbegabten« Mann gedolmetscht. »Ich habe Sprachen studiert«, berichtet sie, »in Wien und im amerikanischen New Haven. Außerdem Geschichte, etwas Recht und Theologie. Englisch war mein Hauptfach. 1953 habe ich meine Doktorarbeit über Sozialprobleme in der Literatur der amerikanischen Kleinstadt geschrieben.« Was sie nicht erwähnt: Sie war damals die erste Frau, die an der Wiener Universität »sub auspiciis« promovierte.

Im selben Jahr noch stellte der Versöhnungsbund die erst 23-jährige Doktorin der Literatur ein. »Als ›Field Secretary‹ hatte ich den Auftrag, zu entscheiden, welchen bescheidenen Beitrag unsere Organisation in Konfliktgebieten leisten kann. Wir hatten alle drei oder vier Jahre eine internationale Ratssitzung, wo die Delegierten aus ihren Ländern berichteten und die Weltsituation analysierten. Seit 1958 war auch mein Mann beim Bund angestellt. André Trocme war Europasekretär des Bundes; er und seine Frau Magda hatten in der Nazi-Zeit jüdische Kinder versteckt und gerettet, in Jerusalem wurde für sie ein ›Baum der Gerechten‹ gepflanzt. Wir alle zusammen waren verantwortlich, dass die für die nächsten vier Jahre beschlossenen Projekte auch umgesetzt werden. Etwa die Beziehungen zu Nordafrika, die das Ehepaar Trocme herstellte. Oder die Beziehungen zum Vatikanischen Konzil. Mein Mann und ich haben in den sechziger Jahren versucht, dort eine ›Peace Lobby‹ aufzubauen. Oder die Ost-West-Arbeit, unser erster Schwerpunkt. Ab 1955 war Österreich neutral, und von Wien aus hatten wir die Möglichkeit, einen Dialog über den Eisernen Vorhang hinweg aufzubauen.«

Und damals, welche Farbe hatte die im Kalten Krieg eingefrorene Welt? Eisblau? Oder Rostrot wie der Eiserne Vorhang? Diesen durchquerte sie 1955 das erste Mal, Richtung Polen, um einen Kontakt mit der Pax-Bewegung herzustellen. »Das waren die Ersten, die Leute aus dem Westen einladen durften. Auf ihrem Kongress haben wir offen unsere Meinung vertreten. Danach wurden wir zu den Weltjugendfestspielen nach Moskau eingeladen; wir fuhren mit einer Delegation der kommunistischen Jugend, aber unter der Voraussetzung, dass wir unsere Überzeugung vertreten durften. Wir nahmen 3.000 Flugblätter in russischer Sprache mit, die mein Mann im August 1957 auf dem Roten Platz in Moskau verteilte.« Damals ein unerhörtes Ereignis. »Entfeindung« wurde darin gefordert, »Koexistenz aller Menschen und Nationen«, »Abrüstung«, »Beachtung der Menschenrechte« – nur knapp entging Jean Goss der Verhaftung.

Das Ehepaar nutzte die Gelegenheit, Kontakt zu den Tolstoianern aufzunehmen. Sie fanden den Sohn des Privatsekretärs von Leo Tolstoi – damals schon ein alter Mann – in einem Holzhäuschen am Rande Moskaus. Er überreichte ihnen eine Kopie: ein 1919 von Lenin höchstselbst verfasstes »Dekret zum Schutz der Wehrdienstverweigerer aus Gewissensgründen«. Ein Jahr später wurden die beiden erneut nach Moskau eingeladen, zu einer Begegnung mit dem Sowjetischen Friedensrat. »Mein Mann und ich fragten, ob Kriegsdienstverweigerung bei ihnen möglich sei. Sie verneinten. Mein Mann antwortete: ›Es gab aber einen Kameraden, der achtete das Leben so hoch, dass er die Kriegsdienstverweigerer schützte, und sein Name ist Lenin.‹ Wir reichten das Dekret herum, es war ganz still.«

Im Sommer 1961 war Hildegard Goss-Mayr erneut in Moskau auf einem Weltjugendforum, und im Club der Journalisten fand eine Diskussion über »Jugend und Religion« statt. »Der Saal war dicht gefüllt. Ein orthodoxer, ein katholischer und ein armenischer Priester sowie ein Baptist waren vertreten, aber sie konnten nicht Klartext reden. Sie ernteten heftige Angriffe und spöttische Bemerkungen. Also habe ich mich gemeldet, obwohl mir die Knie zitterten. Ich sagte ungefähr Folgendes: ›Ich bin Christin, und mein Christsein ist echte Überzeugung. Genauso glaube ich, dass auch Sie vom Kommunismus überzeugt sind, und das achte ich. Wir versuchen unseren Glauben zu leben, wir setzen uns für die Beendigung des Algerienkrieges und des Kolonialismus ein, unsere Mitglieder kämpfen in Südafrika gegen die Apartheid und riskieren Gefängnis. Die Fähigkeit zur Wahrheit und zum Frieden liegt in jedem von uns, im Osten wie im Westen. Wir sollten diese menschlichen Kräfte zusammenführen.‹ Ich setzte mich hin, und es folgte lauter Applaus. Das Eis war gebrochen. Das hat mir gezeigt, dass wir in dieser Zeit einfach zu wenig voneinander wussten. Es war wichtig zu berichten, wie wir uns in Konflikten engagierten, die ihnen bekannt waren.«

Während der Weltjugendfestspiele in Moskau fiel der Dialog manchmal auch recht lebensnah aus. »Wir beabsichtigten, in Wien eine Ost-West-Theologentagung zu veranstalten. Dafür brauchten wir die Erlaubnis des sowjetischen Ministers für Kultur und Religion. Da wir telefonisch keinen Termin erhielten, kam mein Mann auf die Idee, vor dem Ministerium auf ihn zu warten. Er kam, und wir sagten ihm, wir wollten eine Tagung nichtoffizieller Art. Das wollte er nicht zugestehen. Mein Mann fragte: ›Sind Sie verheiratet?‹ Er bejahte. ›Denken Sie mal an die erste Nacht mit Ihrer Frau. Da wollten Sie doch auch nicht das Fernsehen dabei haben! Und bei diesen Theologen ist das genauso, sie wollen nach einer Generation der Trennung über heikle Dinge sprechen, die nicht an die Öffentlichkeit gehören.‹ Er lachte und willigte ein.«

Im Februar 1962 begann ein neuer Zeitabschnitt für das Paar: Es betrat zum ersten Mal lateinamerikanischen Boden. Während die Kinder zu Hause von Großmutter, Onkel und Tanten betreut wurden, wollten die Eltern von der kolumbianischen Hauptstadt Bogotá aus vier Monate lang den Kontinent erkunden und die kleinen Gruppen des Versöhnungsbundes in Argentinien und Uruguay aufsuchen. »Wenn ihr die Situation kennen lernen wollt«, sagte ihnen jemand, »so müsst ihr auf jeden Fall einen jungen Priester namens Camilo Torres Restrepo aufsuchen.« Jean Goss hatte ein eindringliches Gespräch mit dem damaligen Studentenseelsorger an der Universität von Bogotá. Später aber schloss sich Camilo Torres Restrepo einer Guerillagruppe an und propagierte das Recht der Unterdrückten auf bewaffneten Widerstand. 1966 wurde er vom Militär getötet.

Das war ihre erste Begegnung mit der Befreiungstheologie. Dom Hélder Cámara, Dom Paulo Evaristo Arns, Dom António B. Fragoso, Oscar Romero – im Laufe der Jahre lernte das Ehepaar Goss alle jene kennen, die trotz Repression und Lebensgefahr ihre Kirche für die Armen und Unterdrückten öffneten.

Die Theologie der Befreiung, welche Farbe hatte sie? Rot war sie, hitzig, glühend. Ganz Lateinamerika befand sich im Aufruhr, nachdem die Guerilleros unter Che Guevara und Fidel Castro 1959 in Kuba die Macht erobert hatten. Sie inspirierten zahlreiche bewaffnete Guerillagruppen, die gegen die korrupten diktatorischen Regimes der reichen Minderheiten kämpften. Für das Ehepaar Goss keine einfache Situation: Beide hielten eine soziale Revolution für nötig, lehnten aber Gewaltanwendung strikt ab. Stattdessen unterstützten sie Bauernbewegungen, Landbesetzer, gewerkschaftliche Streiks oder die Aktivitäten von christlichen Basisgemeinden.

Der chilenische Bischof Larrain B. von Talca hatte die ersten christlichen Basisgemeinden ins Leben gerufen, von Chile aus breiteten sie sich über den ganzen Kontinent aus. Unter dem Einfluss des brasilianischen Bischofs Dom Hélder Camara bekannte sich die lateinamerikanische Bischofskonferenz 1968 in der kolumbianischen Metropole Medellín, auf Seiten der Armen und Entrechteten zu stehen. Besonders tiefe Wurzeln schlug die Befreiungstheologie in Brasilien, obwohl oder auch weil sie dort besonders scharf verfolgt wurde: Zuerst von der 1964 bis 1985 herrschenden Militärdiktatur, dann belegte der Vatikan 1985 den Theologen Leonardo Boff mit einem Jahr Redeverbot; 1986 wurde ein konservativer Bischof als Nachfolger von Dom Hélder Cámara in Recife ernannt und 1988 die Diözese von Kardinal Arns in São Paulo aufgeteilt und so sein Einfluss stark eingeschränkt. Doch der »rote Kardinal« ließ sich dadurch nicht davon abbringen, eine besondere Version des Vaterunser mit seiner Gemeinde zu beten: »Vater unser der Armen, der Märtyrer und Gefolterten, dein Name ist jenen heilig, die bei der Verteidigung des Lebens starben (...) gib uns unser Brot des Lebens, Brot der Sicherheit (...) vergib uns, wenn wir aus Angst vor dem Tod geschwiegen haben, vergib und zerstöre die Reiche, in denen Korruption das stärkste Gesetz ist, beschütze uns vor den Todesschwadronen, Vater unser, Revolutionär, Partner der Armen, Gott der Unterdrückten.«

In den sechziger und siebziger Jahren wurde das Ehepaar Goss immer wieder nach Brasilien eingeladen, aber auch nach Uruguay, Argentinien, Chile, Kolumbien, Ecuador, Peru, Mexiko, Panama, Costa Rica, Venezuela, Puerto Rico und in die Dominikanische Republik. Zusammen mit Pastor Glenn Smiley, einem Mitarbeiter von Martin Luther King, und Lanza del Vasto, dem Gandhi-Schüler und Begründer der christlichen Gemeinschaft Arche, hielten sie unzählige Schulungskurse zu Gewaltfreiheit ab.

Wie sahen solche Seminare idealtypisch aus? »Zu Anfang haben wir die Teilnehmer aufgefordert, ihre Probleme darzustellen, also zum Beispiel die ungerechte Landverteilung oder die Repression. Dann fragten wir sie, welche Verhaltensmöglichkeiten es gibt. Erstens: die Passivität. Angesichts der Akkumulation von Reichtum, Macht und Gewalt gab es immer einige, die verständlicherweise sagten: Wir können nichts tun. Wir redeten darüber und wiesen darauf hin, dass mit Passivität das Unrecht und die Diktatur unterstützt wird. Es ist so leicht zu sagen: Der Diktator ist schuld. Aber man muss seine eigene Mitverantwortung erkennen, sonst kann sich nichts ändern. Die zweite Möglichkeit ist der bewaffnete Widerstand. In den siebziger Jahren, wo die Guerillabewegungen große Anziehungskraft besaßen, sagten viele: Wir sehen keinen anderen Weg als Gegengewalt. Wir schauten uns dann an, wohin die Spirale der Gewalt führt. Wer sich bewaffnet, braucht Geld, braucht Partner und kommt dadurch schnell in eine ideologische Abhängigkeit, damals vor allem von der Sowjetunion. Außerdem verraten wir damit auch unsere Prinzipien. Wir wollen doch eine Situation schaffen, in der Menschen geachtet werden. Mit Gewalt aber pflanzen wir die Missachtung schon wieder in die neue Gesellschaft ein.«

»Erst dann sprachen wir über die dritte Alternative: die Gewaltfreiheit. Wir fragten, woher die geistigen Wurzeln der Teilnehmer stammen. In Lateinamerika waren das meist christliche Wurzeln, und die Theologie der Befreiung sagt: Gott will nicht die Unterwerfung, sondern Leben in Fülle für alle. Wir fragten also nach ihren Erfahrungen und hörten dann von gewaltfreien Landbesetzungen und vielen kleinen Beispielen. Danach teilten wir uns in Gruppen auf. Jede Gruppe musste einen Konflikt analysieren und verschiedene Widerstandsformen dafür entwickeln: Dialog, Öffentlichkeitsarbeit, Streik. Das wurde in Rollenspielen vorgestellt. Am Schluss des etwa einwöchigen Seminars legten wir fest, was die nächsten

Schritte sind und wann wir wiederkommen. Und dann feierten wir zusammen.«

1968, im selben Jahr, in dem die lateinamerikanische Bischofskonferenz im kolumbianischen Medellín ihre Solidarität mit den Armen ausdrückte, hielt das Ehepaar Goss am selben Ort ein Seminar ab. Im Elendsviertel »Barrio Santo Domingo«, ohne Wasser, Strom oder Kanalisation, an einem Steilhang über der Stadt, in dem Padre Gabriel christliche Basisgemeinden aufgebaut hatte. In den Wochen und Monaten, die dem Seminar folgten, begannen die Frauen des Barrio zu handeln. »Sie sagten sich: ›Wir leiden viel, wir müssen klein anfangen und haben wenig Kraft. Also: Was ist unser schlimmstes Problem? Der Tod unserer Kinder durch Mangel an sauberem Wasser. Und dass wir das Trinkwasser an einer Zapfstelle in Eimern holen und ein paar Kilometer den Berg hoch schleppen müssen.‹ Sie gingen zur Stadtverwaltung, und diese vertröstete sie: ›Im Moment haben wir kein Geld, aber in drei Monaten wird es schon werden.‹ Natürlich war nach drei Monaten nichts. Sie beschlossen also, in Gruppen von acht bis zehn Frauen mit ihren kleinsten Kindern hinunter in die Altstadt zu gehen, zu der schönen Plaza mit ihrem Brunnen und ihrem klaren Wasser, wo der Wind drüberweht und kleine Pfützen bildet. Die erste Gruppe begann, ihre Kinder in einer Pfütze zu waschen. Die Frauen der Reichen, die dort zu flanieren pflegten, blieben stehen und schimpften: ›Eure Kinder werden sterben, wenn ihr sie in den Pfützen wascht.‹ Genau darauf aber hatten sie es angelegt. Sie begannen zu sprechen und ihre Situation zu erklären. So lange, bis die Polizei sie verjagte.«

»Doch zehn Minuten später kam die zweite Gruppe. Immer mehr Frauen blieben stehen und redeten mit ihnen. Die Polizei wollte sie einsperren, ein Polizist schlug auf eine Frau mit ihrem Kind ein. Und eine Wohlhabende stellte sich dazwischen und sagte: ›Mein Herr, wenn Ihre Frau in der Situation wäre, hätte sie das auch getan.‹ An diesem Tag bildete sich eine gemischte Gruppe von armen und wohlhabenden Frauen, die zusammen zur Stadtverwaltung gingen und sich dort durchsetzen konnten. Als wir sechs Monate später wiederkamen, sprudelte das Wasser schon oben auf dem Berg, und ein Stein ›zu Ehren der Frauen vom Viertel Santo Domingo‹ war errichtet worden. Diese Frauen hatten die Kraft der Gewaltfreiheit verstanden; sie sprachen das Gewissen der Wohlhabenden an, sie waren auch bereit, die Konsequenzen zu tragen, Prügel oder Gefängnis. Danach ging der Prozess weiter, eine Schule wurde gebaut, Elektrizität wurde verlegt. Nur der Priester wurde als subversiv denunziert und versetzt.«

Die Farbe des Wassers ist die Klarheit. Für Hildegard Goss-Mayr ist diese Geschichte ein Beispiel dafür, »dass alle Menschen ein Gewissen haben, das man ansprechen kann«. Im Grunde arbeiten die gewaltfreien Gruppen mit positiver Verstärkung: Indem sie ihren Gegnern signalisieren, dass sie an deren gute Charaktere glauben, entlocken sie diesen das gewünschte Verhalten. Jean und Hildegard Goss seien so etwas wie »Kunsthandwerker«, formulierte der von ihnen beeinflusste Friedensnobelpreisträger Adolfo Pérez Esquivel einmal: Es gelinge ihnen, »geduldig und mit viel Vertrauen und Hoffnung neue Gesinnungen zu formen«.

Leider funktioniert diese Methode nicht immer. »Ich zweifle auch immer wieder«, gibt meine Gesprächspartnerin zu, »und denke bei bestimmten Leuten: Ach, das sind Fundamentalisten, es hat doch gar keinen Sinn, mit ihnen zu reden. Ich kenne auch die Verzweiflung.« Aber der dürfe man sich nicht überlassen. Stattdessen solle man in solchen Situationen lieber mal ein paar Ruhetage einlegen. »In den Philippinen nannten sie das ›Love Days‹. Sie gingen mit ihren Familien spazieren, sangen und spielten und freuen sich, dass sie leben dürfen.«

Die Schwärze der Verzweiflung kann auch die überfallen, die Repression erleben. Als sie im Oktober 1973 in Uruguay einen Vortrag halten sollte, wurde Hildegard Goss-Mayr von der Geheimpolizei festgenommen und stundenlang verhört. Statt der erwarteten »subversiven« Dokumente entdeckte ein Polizist die Briefe und Fotos ihrer Kinder in ihrem Gepäck, und die Lage entspannte sich langsam. Als sie freikam, brach eine Polizistin in Tränen aus: »Was ist aus unserem Land geworden, wenn man Menschen wie Sie verhaftet!«

Anderthalb Jahre später, im Frühjahr 1975, als sie in Brasilien den »roten Kardinal« Arns besuchen wollte, wurde sie erneut festgenommen. Sie, der argentinische Architekturprofessor Adolfo Pérez Esquivel und Mario Carvalho de Jesus, ein brasilianischer Rechtsanwalt, der einen drei Jahre andauernden Streik von 900 Arbeitern in der Zementfabrik »Perus« angeführt und gewonnen hatte. Die Geheimpolizei umstellte die drei, stülpte ihnen schwarze Kapuzen über den Kopf, brachte sie in ein Folterzentrum und beschuldigte sie der internationalen Verschwörung. »Nie werde ich die ruhige, starke Stimme von Mario vergessen, die den Raum füllte«, schrieb die Verhaftete später, »sein Zeugnis vom gewaltfreien Kampf für die Armen, ein Kampf, der Polizei und Militär in die Befreiung einschließt. Musik mit Schreien der Gefolterten, grelles Licht in die Augen, Vorführung von Gefolterten. Das gemeinsame Gebet stärkte uns. Wir beschlossen, einige Tage zu fasten, und erklärten den Wärtern, dass wir das auch für ihre Umkehr tun. Durch die Intervention von Kardinal Arns wurde schließlich unsere Freilassung erwirkt. Als wir das Gefängnis verließen, umarmten mich die Arbeiterfreunde von ›Perus‹ und sagten: ›Jetzt gehörst du erst wirklich zu uns, weil es dir so wie uns ergeht!‹«

Ihr Begleiter Adolfo Pérez Esquivel war damals Koordinator des christlich-gewaltfreien Dienstes für Frieden und Gerechtigkeit (Servicio Paz y Justicia, SERPAJ). Die unter schwierigsten Bedingungen arbeitende Menschenrechtsorganisation war 1974 im kolumbianischen Medellín gegründet worden, auf einem von Hildegard und Jean Goss organisierten Treffen. Im Jahre 1976, als Pérez Esquivel Dokumente für eine internationale Kampagne gegen Menschenrechtsverletzungen in Lateinamerika sammelte, putschte sich nach Brasilien und Chile nun auch in seinem Heimatland Argentinien eine Militärjunta an die Macht. Ohne Angabe von Gründen wurde er 1977 verhaftet und gefoltert. »Wenn du im Gefängnis bist um der Gerechtigkeit willen, um der Befreiung deiner Brüder willen, wenn sie dich foltern und zu einer Nummer, zu einem Nichts machen wollen, dann gibt es nur zwei Möglichkeiten, um zu überleben«, schrieb er aus seiner Einzelzelle. »Entweder du gibst dem Hass und der Gewalt, die man dir antut, in deinem Herzen Raum, und der Hass wird zu deiner Stärke. Du überlebst aus der Hoffnung auf die Vernichtung deines Gegners; aus der Erwartung seines Todes. Oder du öffnest dein Herz so weit der Liebe, dass diese auch den Folterknecht miteinschließt; und dann schenkst du zweimal Leben, deinem Feind und dir selbst!« Dank einer vom Ehepaar Goss mitinitiierten internationalen Kampagne wurde er 1978 unter Auflagen freigelassen, 1980 erhielt er den Friedensnobelpreis.

Ein halbes Jahr nach ihrer gemeinsamen Verhaftung in São Paulo flogen Adolfo Pérez Esquivel und Hildegard Goss-Mayr erneut nach Brasilien, zu einer SERPAJ-Tagung. »Ich ersuche euch, eine gewaltfreie Strategie zur Überwindung der Folter zu erarbeiten«, hatte ihnen Kardinal Arns angesichts der um sich greifenden Misshandlungen in dringlichem Ton gesagt. Die Polizei umstellte das Tagungshaus, griff aber nicht ein. Gemeinsam erarbeiteten sie das »Konzept der Zentren zur Verteidigung der Menschenrechte«: Kirchenleute, Rechtsanwälte und Lehrer sollten in solchen Zentren als Rechtsberater arbeiten und Solidarität organisieren. Nicht wenige dieser Berater wurden später ermordet.

Die Vertreter der Befreiungstheologie versuchten sich schützend vor die Verfolgten zu stellen, aber sie waren selbst gefährdet. Zum Beispiel Oscar Arnulfo Romero, der 1977 zum Erzbischof von El Salvador geweiht wurde, jenes kleinen, durch gewaltige Einkommensunterschiede geprägten mittelamerikanischen Landes. Damals wehrte sich die von katholischen Seminaristen angeführte Christliche Föderation der salvadorianischen Bauern mit Streiks und Landbesetzungen gegen die reiche Kaffee-Oligarchie. Um den bis dahin unauffälligen Erzbischof vollends ruhig zu stellen, ermordete ein Todesschwadron den aufmüpfigen Landpfarrer Rutilio Grande, einen Freund Romeros. Doch der Mord hatte nicht die gewünschte Wirkung: Er brachte den Erzbischof dazu, sich mit aller Entschiedenheit auf die Seite der Armen zu stellen. Er nannte öffentlich die Täter beim Namen und betrauerte die zahlreichen Opfer der Repression. Für die Armen wurde er zum »Heiligen Romero von Amerika«, für die Reichen zum gefährlichen Kommunisten.

»Wir haben Monsignore Romero zu unterstützen versucht«, berichtet meine Gesprächspartnerin. »Er war der Sprecher der Armen und riskierte sein Leben. Wir versuchten damals, eine internationale Unterstützung aufzubauen. Ich habe mehr als 20 Bischöfe und Kirchenobere aufgesucht, damit sie an einem bestimmten Tag gleichzeitig mit Monsignore Romero eine Messe zelebrieren, um vor aller Öffentlichkeit zu zeigen, dass er nicht allein steht. Ich war mehrmals bei ihm, und als ich das zweite Mal in San Salvador war, fiel mein Blick auf die Häuser der Reichen mit ihren hohen Ziegelmauern und ihren Schießscharten. Jeden Tag lagen Tote auf den Straßen. Letztlich haben die Berater von Romero das Projekt der gemeinsamen Messe nicht angenommen. Später schrieben sie mir, es wäre wahrscheinlich besser gewesen, sie hätten es getan. Damals spürte ich: Der Krieg kommt, und ich kann ihn nicht aufhalten. Meine Schulter zog sich zusammen, ich konnte meinen Arm nicht mehr bewegen. Ich spürte meine ganze Machtlosigkeit und geriet in eine tiefe Krise.«

Am 23. März 1980 hielt der Erzbischof eine letzte, mutige, verzweifelte, später berühmt gewordene Predigt: »Kein Soldat ist gezwungen, einem Befehl zu folgen, der gegen das Gesetz Gottes verstößt. Es sind Brüder aus unserem eigenen Volk, die ihre eigenen Brüder auf dem Land töten. Niemand muss einem unmoralischen Befehl gehorchen. Im Namen Gottes und im Namen dieses leidgeprüften Volkes, dessen Klagen jeden Tag lauter zum Himmel steigen, ersuche ich euch, bitte ich euch, befehle ich euch: Hört auf mit der Repression!«

Am nächsten Tag war er tot.

Oscar Romero wurde bei einer Totenmesse erschossen, von einem Profikiller, der nur eine Kugel benötigte, um das Herz des Bischofs zu treffen. Ein »Schuss ins Herz des Volkes«, beschrieb ein Journalist in El Salvador die Szene. Sogar der Trauerzug hinter seiner Leiche wurde noch beschossen. Viele seiner Anhänger verloren damit die letzte Hoffnung, dass ziviler gewaltfreier Protest noch möglich wäre; sie griffen zu den Waffen. Der Mord wurde zum Auftakt eines zwölfjährigen Krieges zwischen Guerillagruppen und der Armee. In einem Land mit nur 6,4 Millionen Einwohnern hinterließ er mehr als 75.000 Tote, unzählige

Versehrte und Zerstörungen in Milliardenhöhe. Fast alle Familien hatten Opfer zu beklagen.

Erst viele Jahre danach kam ans Licht, wer den Mord in Auftrag gegeben hatte: der ehemalige Major Roberto d'Aubuisson, dessen rechtsextreme Partei ARENA später die Wahlen gewann und die Regierung stellte. 1992 starb der Bischofsmörder d'Aubuisson friedlich und unbehelligt in seinem Bett. In jenem Jahr war die Mauer schon gefallen und der Realsozialismus zusammengebrochen, und die US-Regierung wollte den Krieg der Kaffee-Oligarchie gegen »Kommunisten und Terroristen« nicht mehr weiterfinanzieren. Es kam zu Friedensverhandlungen.

Die Nachricht von der Ermordung des Erzbischofs vertiefte die Krise von Hildegard Goss-Mayr. Sie machte sich Vorwürfe, obwohl sie wusste, dass sie alles getan hatte, was sie tun konnte. »Vielleicht«, sagt sie heute, »habe ich mir nicht eindringlich genug gesagt: ›Glaube nicht, dass du ein Supermensch bist. Du bist ein Mensch wie alle anderen, du hast dich bemüht.‹ Ich konnte zum Glück mit meinem Mann darüber sprechen. Und wir organisierten in Europa zahlreiche Fasten-Wochenenden mit einem politischen Friedensgebet für El Salvador.«

Viele Jahre später geriet ein anderes Land in einen ähnlichen schwarzen Strudel – Ruanda. Einige Monate vor dem Völkermord hielten Hildegard Goss-Mayr und ihre Mitarbeiter im Zentrum für Versöhnung in Butare ein Seminar ab, Hutu und Tutsi und Europäer gemeinsam. »Es war ein gutes Seminar, aber dennoch haben wir gespürt: Es war zu spät. Zwar gelang es den ruandischen Teilnehmern noch, im Januar 1994 einen Friedenstag im Stadion von Kigali durchzuführen. In Anlehnung an Martin Luther King formulierten Hutu und Tutsi gemeinsam ihren Traum, sie sangen und tanzten miteinander. Aber das gegenseitige Misstrauen war schon zu groß, die Spannungen enorm. Und dann begann im April der Genozid, über 800.000 Menschen starben ... Wenn die Gewalt auf beiden Seiten sich so lange aufgeschaukelt hat, kann man manchmal nicht mehr viel tun. Deshalb müssen wir immer versuchen, unter den Ersten zu sein, die vor Ort sind.«

Danach habe sie die Arbeit in Afrika fortgesetzt. In Burundi schulte der Versöhnungsbund Hutu und Tutsi in Gewaltfreiheit, und diese entwickelten die Methode »Ecoute Empathique« (einfühlendes Zuhören). »Das letzte Mal war ich vor anderthalb Jahren dort, also im Herbst 2002. Kleine Gruppen von etwa sechs Hutu und Tutsi erzählten sich gegenseitig ihre Geschichte. Dass ein Mensch, der selbst Opfer ist, fähig wird, jemanden von der Gegenseite zu erzählen, was er erlebt hat, das ist die Voraussetzung dafür, dass er in den Befreiungsprozess eintreten kann.

Dann kann Vertrauen wachsen. Beide finden sich in der gemeinsamen Leiderfahrung und fragen: ›Was ist die Wurzel dieses Unrechts? Wie können wir es beseitigen?‹«

Nazi-Deutschland, die lateinamerikanischen Militärdiktaturen, El Salvador, Ruanda – eine Kette des Horrors. Nirgendwo konnte der gewaltfreie Widerstand sich durchsetzen. Ist es nicht manchmal blauäugig, allein auf Gewaltfreiheit zu setzen?

»Ja«, sagt sie, und ihre Augen schauen ernst, »es gab Niederlagen. Und es gab Zeiten, wo wir keine Erfolge sahen. Aber wenn die Gewaltfreiheit der Weg des Lebens ist, dann werde ich ihn gehen, gleichgültig, ob ich Erfolge habe oder nicht. Das Leben jedes Menschen hat einen absoluten Wert. Zwar wendet jeder von uns in irgendeiner Weise Gewalt an oder will über andere herrschen, in persönlichen Beziehungen oder im Beruf. Aber ich glaube fest daran: In jedem Menschen liegt auch die Fähigkeit, die Kraft der Wahrheit, der Gerechtigkeit, der Liebe umzusetzen.«

Das 20. Jahrhundert sei vielleicht das blutigste in der Menschheitsgeschichte gewesen, ergänzt sie, »aber vor allem in seiner zweiten Hälfte hat es die Gewaltfreiheit als Kraft der sozialen Veränderung entdeckt. Gandhi in Indien, Martin Luther King in den USA, der Prager Frühling, People Power in den Philippinen, die Wende in der DDR, Madagaskar: Das sind Fundamente, auf die wir bauen können.« Madagaskar? Ja, auch dort habe ein Diktator durch eine gewaltfreie Bewegung entmachtet werden können.

Madagaskar, viertgrößte Insel der Welt. Ehemals bedeckt von grün wucherndem Regenwald, heute in weiten Teilen rot erodiert, wie ein glühender Backstein der Sonne preisgegeben. Madagaskar, einst französische Kolonie, seit 1960 unabhängig. 1975 proklamierte Präsident Didier Ratsiraka eine »sozialistische Revolution« in Anlehnung an Nordkorea, die in Wirklichkeit aus der Selbstbedienung seiner Verwandten bestand. Unter der »Strukturanpassungspolitik« von Internationalem Währungsfonds und der Weltbank in den achtziger Jahren wurde die »sozialistische« zu einer kapitalistischen Diktatur, die Menschen blieben so arm wie zuvor. Eine Widerstandsbewegung entstand unter den zwölf Millionen Einwohnern, die Forces Vives. Diese »lebendigen Kräfte« wollten sich vom Beispiel der Philippinen inspirieren lassen und luden für den April 1991 das Ehepaar Goss ein. Doch in der Nacht vor dem Abflug starb Jean Goss.

Die Madagassen führten das Seminar alleine durch, und ab dem 1. Mai organisierten sie im ganzen Land zweimal in der Woche disziplinierte gewaltfreie Demonstrationen, die immer größer wurden. Im Juni rief die Opposition zum Generalstreik in allen öffentlichen Einrichtungen auf und bildete eine »Gegenregierung der Nationalen Einigung« unter Albert Zafy. Im August marschierte eine halbe Million Menschen singend und tanzend auf den Palast des Diktators zu; seine Garde eröffnete das Feuer, eine unbekannte Anzahl von Menschen starb. Die Bewegung geriet in die Krise, viele Mitglieder der Forces Vives fragten sich, ob Gewaltfreiheit noch einen Sinn habe. Der madagassische Kirchenrat übernahm die Rolle des Vermittlers.

Im November 1991 landete Hildegard Goss-Mayr auf der Insel. »Ich habe damals ein langes Gespräch mit dem Minister für Verteidigung geführt, er war evangelischer Christ. Ich sagte ihm: ›Wenn es Ihnen gelingt zu verhindern, dass die Armee gegen das Volk eingesetzt wird, dann werden Sie als Held in die Geschichte eingehen. Wenn Sie das jedoch nicht verhindern, wird die Geschichte Sie verurteilen.‹ Tatsächlich hat er in der Folge dafür gesorgt, die zur Gewalt neigenden Teile des Heeres ruhig zu halten. Durch Verhandlungen gelang es dann, eine Übergangsregierung einzusetzen und die Machtbefugnisse des Diktators einzuschränken. Ein Jahr später wurde der Führer der Forces Vives, Albert Zafy, zum Präsidenten gewählt.«

Doch die neue »dritte Republik« war nicht stabil. Zafy entließ nacheinander drei Premierminister und zerstritt sich mit dem Parlament, bis das Verfassungsgericht wiederum ihn entließ. Der frühere Diktator Ratsiraka kehrte an die Spitze des Staates zurück, verlor aber die Präsidentschaftswahlen Ende 2001 und wollte das Wahlergebnis nicht anerkennen. Seine Anhänger errichteten Straßensperren und sprengten Brücken, um den Wahlsieger in der Hauptstadt Antananarivo zu isolieren, den Bürgermeister Marc Ravalomanana. Erst durch Vermittlung der UNO, der Afrikanischen Union und des Kirchenrates gelang es im April 2002, den legitimen Wahlsieger zu inthronisieren; Ratsiraka floh ins französische Exil.

»Dieses Land hat jetzt eine Chance«, glaubt meine Gesprächspartnerin. »Unsere Freunde, die dort Kurse zu Demokratie, Menschenrechten und Gewaltfreiheit machen, können sich vor Nachfragen nicht mehr retten. Natürlich kann alles immer noch kippen. Aber es herrscht wieder Hoffnung, und die Menschenrechte werden auch mehr beachtet.«

Das lange Gespräch hat uns beide erschöpft, wir wandern ein wenig in der Wohnung umher. Im Flur lacht ein buntes Bild, gemalt von einem ihrer neun Enkelkinder: »Hildegard – von Bingen nach Wien«. War die mittelalterliche Mystikerin Hildegard von Bingen ihr Vorbild? »Oh ja, schon«, sagt sie. Von Kind auf habe sie eine gute Beziehung zu ihr gehabt. Von ihr habe sie die Schöpfungstheologie gelernt. Die Mystikerin habe immer gesagt: »Wir brauchen die grünende Kraft in uns.« Der Saft, der in der Natur aufsteigt, sei der Saft des Lebens, der Saft Gottes. Die Menschen ihrer Zeit hätten sie geachtet und geliebt und als eine Heilige angesehen. Aber die Kirche habe sie nie heilig gesprochen. Sie lacht. »Und ich weiß auch, warum.«

Hildegard von Bingen war für ihre Zeit, was man heute eine Feministin nennen würde. Sie setzte sich trotz enormen Widerstandes gegenüber den Männerorden durch. »Früher wurden die Frauenklöster nur als Anhängsel an Männerklöster gebaut. Aber sie hat ihr eigenes Kloster errichtet und viele Auseinandersetzungen mit dem Erzbischof von Mainz geführt. Damals gab es die Sekte der so genannten Flagellati, die sich gegeißelt haben. Einer von ihnen wurde krank, gestand sein Vergehen und starb, und sie begrub ihn auf ihrem Friedhof. Die Mainzer Diözese forderte, sie müsste ihn wieder ausgraben, weil er unter Bann stand. Aber sie sagte: ›Er hat bereut, ich grabe ihn nicht mehr aus.‹ Ein Jahr lang durften sie deshalb keinen Gottesdienst in ihrer Kirche feiern. Sie ging bis zum Papst, um durchzusetzen, dass sie ihn nicht wieder ausgraben musste.«

Und heute? Woraus besteht heute die besondere Rolle der Frauen? »Die Frauenbewegung ist ja eine der größten Revolutionen unserer Zeit«, antwortet die moderne Hildegard. »Bei meiner Arbeit ist mir klar geworden, dass nach außen hin meistens die Männer in Erscheinung treten, aber die Basisarbeit oft von Frauen gemacht wird. In Lateinamerika habe ich oft erlebt, zum Beispiel bei Landbesetzungen oder beim Protest gegen Preissteigerungen, dass die Frauen sich zusammentaten und gewaltfrei protestierten. Sie waren in der Friedensarbeit mutiger als die Männer. Die Männer sind durch ihre Berufstätigkeit stärker an das System gebunden und haben mehr Angst, ihre Arbeit zu verlieren.«

Auch auf den Philippinen sei das der Fall gewesen. Ursprünglich sei das Land ein Matriarchat gewesen, was aber nach außen nicht unbedingt sichtbar sei. Die älteste Frau in der Großfamilie habe das letzte Wort bei Entscheidungen, aber gleichzeitig werde der älteste Sohn privilegiert. Als Cory Aquino gewählt worden sei, habe sie den Eid in die Hand ihrer Schwiegermutter abgelegt, die Mutter ihres ermordeten Gatten. 1986, als die Schläger des Diktators Marcos die Wahlurnen stehlen wollten, »umstellten die Frauen die Urnen und schützten sie. Sie nahmen die Schläge lieber auf sich, als die Urnen freizugeben. Und als die Panzer auf die Bevölkerung zufuhren, die die Straße zur Militärbasis der Dissidenten blockierte, stellten sich Ordensfrauen vor die Panzer und beteten ihren Rosenkranz.«

Sie wolle damit aber keineswegs sagen, dass Frauen weniger fähig zur Gewalt seien. »Ich habe auch immer wieder erlebt, dass Frauen schlimmer waren als Männer. Nicht bei brutaler physischer, wohl aber bei subtiler herabwürdigender Gewalt.« Und Frauen, die politische Macht hätten, regierten oft auch nicht besser als Männer.

Eine Anspielung auf Cory Aquino? Nein, Präsidentin Aquino habe sich ehrlich bemüht, sagt sie, aber gegenüber den traditionellen Mächten der Großgrundbesitzer, der Armee und der Paramilitärs habe sie sich nicht durchsetzen können.

Heute ergeht es den 80 Millionen Filipinos und Filipinas nicht besser als damals: Ein Drittel der Bevölkerung ist völlig verarmt, ein Drittel ist erwerbslos oder unterbeschäftigt. Inzwischen ist Aquino längst abgewählt, die Philippinen haben drei weitere Präsidenten erlebt: Fidel Ramos, Joseph Estrada und seit 2001 Gloria Arroyo.

Bald schon nach dem Sieg von People Power sei ihr bewusst geworden, merkt meine Gesprächspartnerin selbstkritisch an, »dass unser Erfolg zu schnell kam. Die Leute waren bereit gewesen, selbst ihr Leben zu geben, dass die politische Situation sich ändert. Aber die Opposition war zu stark und verhinderte eine Landreform, die Neugestaltung der Wirtschaft und die Autonomie für Muslime in Mindanao. Man entzog Cory Aquino, die ja nicht als Politikerin ausgebildet worden war, ihre im Umgestaltungsprozess engagierten Mitarbeiter. So konnten sich die traditionellen Mächte behaupten. Das war uns eine große Lehre. Im Aufzeigen von Alternativen sind wir immer noch schwach. Wenn ein Unrechtsregime fällt und wir keine Alternativen vorbereitet haben, kehren die Missstände von früher zurück.«

Die Zusammenarbeit mit der bunten Bewegung der Globalisierungskritiker ist ihr deshalb enorm wichtig. »Ich glaube, es gibt keine Weltsituation, in der nicht auch Aufbrüche deutlich werden. Wir müssen sie erkennen und unterstützen. Die Bewegung zur alternativen Globalisierung führt hunderte von Gruppen zusammen, die den Menschen und nicht den Profit in den Mittelpunkt stellen und die Verantwortung gegenüber der Natur und der gesamten Schöpfung im Blick haben. Mir ist wichtig, dass die gewaltfreien Gruppen hier aktiv vertreten sind, zum Beispiel im Weltsozialforum. In Europa haben immer diejenigen Revolutionen gemacht, deren Menschenrechte nicht beachtet wurden – ob das nun die Bauern waren oder der Mittelstand oder die Arbeiterklasse –, und es ist ganz selten gelungen, dass sie mit friedlichen Mitteln durchgeführt wurde. Aber wir haben gesehen, welche Konsequenzen aus gewaltsamen Revolutionen folgen.«

Die alternative Globalisierung sei auch ein Zeichen des Zusammenwachsens der Menschen und ihrer Religionen. »Von meiner christlichen

Perspektive aus gesehen ist die Einheit der Menschheit in Liebe etwas sehr Bedeutendes.« Sie persönlich glaube daran, »dass der Geist Gottes durch die Geschichte der Menschheit hindurch wirkt. Etwa 1.000 bis 700 v. Chr. entstanden zum ersten Mal gewaltfreie Haltungen, die sich in der Bibel im Buch Jesaja niederschlugen, im Satyagraha in Indien oder in der chinesischen Philosophie. Alle diese Bewegungen sind gescheitert, aber es waren Aufbrüche des Geistes. Für mich persönlich ist die Gewaltfreiheit in Jesus in einer Vollkommenheit verwirklicht worden wie nirgendwo anders. Aber«, sie macht eine kleine Pause, »wir Christen wissen nicht alles. Wir sollten das Evangelium niemandem aufdrängen, sondern es beispielhaft leben.« Europa habe heute viele religiöse Minderheiten. »Ich finde es wichtig, dass die Kinder in unseren Schulen auch die islamischen und jüdischen Feste kennen lernen. Hier besteht eine große Herausforderung auch für meine Kirche, diese Begegnung zu leben. Da sind wir noch sehr am Anfang.«

Vor dem Irakkrieg habe es »Gott sei Dank« große Demonstrationen mit Millionen von Menschen gegeben. »Christliche, säkulare und moslemische Gruppen haben zusammen demonstriert. Wir konnten den Muslimen zeigen, dass die Türen zu einem Dialog offen sind. Auch wenn man nicht einen sofortigen Erfolg der Demonstrationen sah, hatten sie positive Wirkungen. Und letztlich brachte dieser Krieg eine Wende in die amerikanische Politik. Sie hat ihren Höhepunkt überschritten. Die oppositionellen Stimmen in den USA werden immer lauter.«

Literatur und Websites:

Hildegard Goss-Mayr, Wie Feinde Freunde werden, Freiburg 1996

Hildegard Goss-Mayr, Das Geschenk der Armen an die Reichen, 1976

Websites des Internationalen Versöhnungsbundes: *www.ifor.org*, *www.versoehnungsbund.de*, *www.versoehnungsbund.at*. Darauf finden sich auch Links zu Artikeln und Aktivitäten von Hildegard Goss-Mayr

Presseberichte zu den Philippinen: u. a. »taz« vom 27.7.1987 (»Das Ende der philippinischen Revolution«), vom 18.9.1987 (»Aquino entlässt Berater«), vom 24.2.1996 (»Diktatorendämmerung in Manila«), »dpa«-Hintergrund vom 5.5.1998 (»Ungewisse Zukunft für die Philippinen«), »ap«-Hintergrund vom 21.1.2001 (»Die zweite Revolution der ›People Power‹«)

Presseberichte zu Madagaskar: u. a. »taz« vom 27.3.1990 (»Das Streichholz und die Weltbank«), vom 27.6.1991 (»Madegassen tanzen für Demokratie«), vom 9.1.1993 (»Die Sterne Madagaskars«), vom 14.12.2002 (»Madagaskar soll sauber scheinen«)

Länderberichte über Madagaskar, die Philippinen, El Salvador, Brasilien, Argentinien: *www.auswaertiges-amt.de*

Hintergrundberichte über El Salvador: »taz« vom 3.10.1987 (»El Salvadors Kirche an den Fronten des Dialogs«), vom 31.1.1992 (»El Salvador wagt die Entmachtungs des Militärs«), vom 22.3.1994 (»Wahlsieg der Rechten über die Ex-Guerilla«), vom 24.3.2000 (»Der Schuss ins Herz des Volkes«). Über die Befreiungstheologie in Brasilien: »taz« vom 31.10.1989 (»Vater unser, Revolutionär, Gott der Unterdrückten«)

Über Friedensnobelpreisträger Adolfo Pérez Esquivel: *www.nobel.se*

Nachwort

Liebe Leserin, lieber Leser, ich weiß nicht, wie es Ihnen erging, ich jedenfalls habe sehr viel gelernt von meinen »Friedenstreiberinnen«. Von ihrer moralischen Haltung, ihrer Lebensphilosophie, auch von ihren Methoden. Ich habe zu bewundern gelernt, dass sie unter den widrigsten Bedingungen weiterarbeiteten, auch wenn sie manchmal heftige Krisen erlebten. Bonny Dikongue wollte ihre Arbeit mit den ruandischen Überlebenden hinwerfen, Hildegard Goss-Mayr macht sich heute noch Vorwürfe, dass sie den Mord an dem salvadorianischen Erzbischof Romero nicht verhindern konnte, Bosiljka Schedlich zog sich zeitweise zu Hause die Decke über den Kopf. Dennoch haben alle diese Frauen mit Mut und Dickköpfigkeit ihre Arbeit fortgesetzt.

Sie gehören zu einem weltumspannenden Netzwerk von Heldinnen und Helden, die sich für die Bedrängten und Erniedrigten einsetzen – manche in herausragender Weise, manche eher leise-unauffällig. Womöglich zählen Sie selbst dazu, sonst hätten Sie dieses Buch nicht gekauft. Dieses zivile Heldentum steht im denkbar größten Gegensatz zum herkömmlichen Heldenbegriff, der dem antiken Schlachtengetümmel entstammt. Von Achilles über Siegfried bis zu Hollywoods Terminator ging es diesen Kriegsheroen letztlich immer nur um sich selbst: sich einen unsterblichen Namen zu machen, indem sie möglichst viele andere Menschen in den Tod rissen.

Fasziniert war ich auch von den vielen Gemeinsamkeiten, die ich bei den »Friedenstreiberinnen« entdeckte. Ob im europäischen Ex-Jugoslawien, im afrikanischen Ruanda oder im lateinamerikanischen Kolumbien – sie alle arbeiten mit ähnlichen Methoden daran, das über Kriegsverbrechen gebreitete gesellschaftliche Schweigen zu durchbrechen, um den Opfern ihre Erinnerung und ihre Würde zurückgeben zu können. Viele Kriegsopfer wünschen sich nicht die größtmögliche Strafe für die Täter, sondern deren Geständnis und Eingeständnis, dass sie an Verbrechen beteiligt waren. Versöhnung bedeutet nicht, den Feind abzuküssen, sondern einen gesellschaftlichen Prozess zu organisieren, in dem über Leid, Schuld, Sühne und angemessene Strafen debattiert wird.

Wenn das nicht passiert, sind Wiederholungen vorprogrammiert. Traumata sind eine Krankheit wie Aids, sagt Bosiljka Schedlich zu Recht. Sie beruhen auf materiellen Veränderungen im Gehirn, die die Menschen gefühlskalt und empathieunfähig machen. Es ist bloß ein scheinbares Paradox, dass Traumatisierte sich vor nichts mehr als vor einer Wiederholung ihrer schlimmsten Erlebnisse fürchten und diese doch unbewusst herbeiführen; die einschlägige Fachliteratur erklärt dieses Phänomen besser, als ich es in wenigen Zeilen tun kann. Überlebende geben ihren Kindern und Enkeln vielfach unbewusst den Auftrag mit, sie später zu rächen. Kriegsverbrecher versuchen oft, ihre Nachkommen zu Komplizen zu machen.

Gerade wir Nazi-Nachgeborenen in Deutschland müssten das am besten wissen – wenn unsere Eltern und Großeltern ehrlich über dieses Thema geredet hätten. Stattdessen aber demonstrieren deutsche Politiker immer wieder ihre Gefühllosigkeit gegenüber Kriegsflüchtlingen. Härte zeigen, weil man selbst Härte erfahren hat – das scheint die Devise jener Generation zu sein, die als Kinder noch die Kriegsschrecken erlebte und jetzt an den politischen und wirtschaftlichen Schaltstellen der Republik sitzt. Die Härte ist dabei offenbar die Kehrseite der Angst – einer in der deutschen Bevölkerung offenbar sehr tief sitzenden Angst vor Bestrafung, die als »German Angst« Karriere als internationaler Begriff machte und im nationalen Rahmen als zwanghaftes, nicht aufhören wollendes Krisengerede daherkommt. Mich hat das Geständnis eines Nürnberger Geschäftsmannes beeindruckt, der bei einer Tagung der Heinrich-Böll-Stiftung über »Männer und Krieg« zugab, er habe 60 Jahre seines Lebens damit zugebracht, Gefühle von totaler Ohnmacht und Hilflosigkeit abzukapseln, weil er diese als »unmännlich« empfunden habe. Als Sechsjähriger hatte er in Todesangst die täglichen Bombenangriffe der Alliierten miterlebt, später litt er an allen möglichen psychosomatischen Krankheiten.

Wer sich einmal für dieses Thema sensibilisiert hat, merkt schnell, dass es zwar unterschiedliche Schweregrade von Traumata gibt, aber kein Land und keine Generation jemals vollständig verschont blieben. Nirgendwo! Bosiljka Schedlich hat anschaulich berichtet, wie sich in den Köpfen ihrer Landsleute der Zweite Weltkrieg und die Kriege der neunziger Jahre vermengten. Es gibt riesige Schweigegebiete auf dem Globus, in denen sich die Traumata der Generationen überlagern und gegenseitig überwuchern. Dort werden sich die Konflikte ins Unendliche verlängern, wenn nicht irgendwann alle Beteiligten gegenseitig ihr Leiden und ihre Schuld anerkennen, ihr Opfersein und Tätersein nebeneinander stehen lassen.

Der Nahe Osten ist ein gutes Beispiel dafür. Die traumatisierten Überlebenden des Holocaust haben ein Recht darauf, nie wieder wehrlos einem Aggressor gegenüberzustehen, sie haben ein Recht auf einen sicheren Staat Israel. Diesen Staat auf der Asche zerstörter arabischer Dörfer aufgebaut und die Gebiete der Palästinenser besetzt zu haben, setzte jedoch, in abgeschwächter Form, die Kette von Unrecht, Gewalt und Traumatisierung fort. Nicht nur für Sumaya Farhat-Naser und Gila Svirsky ist es eine bittere Ironie der Geschichte, dass dort nun eine Mauer der ethnischen Trennung aufgebaut wird, höher als jene Mauer, die Deutschland infolge des Holocaust und des verlorenen Weltkriegs teilte.

Wie würden die Menschen sein, die unbeschädigt von Gewaltfolgen aufwüchsen? Wie frei wären sie, wie kreativ? Wie stark wäre ihr soziales Verantwortungsgefühl, ihr moralisches Rückgrat? Wir wissen es nicht, es gibt sie nicht. Und wir selbst haben verdrängt, wie sehr unsere geistige und emotionale Freiheit durch Gewalterfahrungen eingeschränkt worden ist. Ein Stück freier können wir erst dann sein, wenn wir uns unserer eigenen Verwicklung in die furchtbaren Geheimnisse bewusst sind, die es in allen Familien und allen Staaten gibt.

Meist passiert aber das Gegenteil: Opfer werden von der Gesellschaft nicht als Opfer anerkannt, sondern isoliert und diskriminiert. Wir wollen uns ihre Leidensgeschichten nicht anhören, weil sie uns ein schlechtes Gewissen machen und an unsere eigene Verletzlichkeit erinnern.

Um das erfahrene Trauma an ihre Kinder weiterzugeben, brauchen Gewaltopfer allerdings keine Worte. In Ländern wie Afghanistan oder Irak, wo 23 Jahre lang Kriegszustand herrschte, sind viele Eltern psychisch nicht mehr in der Lage, ihren Kindern ein Minimum an sozialem Vertrauen zu vermitteln. Frauen wie Nooria Haqnegar und Susan Ahmed haben am eigenen Leib erfahren, was Traumatisierung bedeutet.

Am schlimmsten ergeht es den Opfern sexualisierter Gewalt. In Afghanistan oder im Kosovo verstoßen Familien Mädchen und Frauen, die von der Soldateska vergewaltigt wurden; außerhalb ihres Familienverbandes aber haben diese keine Überlebenschance. In Ruanda wurden Frauen, die von Milizionären auf Dachböden als Sexsklavinnen gefangen gehalten wurden, der »Kollaboration« bezichtigt. In Kurdistan und im Irak bringen Väter ihre eigenen Töchter um, wenn sie vergewaltigt wurden und so »Schande« über die Familienehre gebracht haben. Ich weiß nicht, wie es Ihnen ergeht, aber mich packt angesichts solcher Fälle die nackte Wut. Der Gipfel von Gewalt und Ungerechtigkeit ist erreicht, wenn Unschuldige Opfer eines Verbrechens werden und hinterher dafür auch noch mit dem Tode bestraft werden.

Im Grunde bräuchten wir eine ebenso massive wie lang anhaltende internationale Kampagne zur Trauma-Bearbeitung. Traumata sind eine ebenso furchtbare Volkskrankheit wie Tuberkulose oder Aids. Sie sind genauso ansteckend und genauso gefährlich, zersetzen Seele und Körper, zerstören Individuen, Familien, Gruppen, Gemeinwesen, ganze Staaten. Die UNO müsste verpflichtet werden, Landkarten von Schweigegebieten zu erstellen und dort Programme aufzulegen: Therapien. Begegnungen.

Dialoge. Gedenkstätten. Öffentliche Rituale, bei denen die Opfer angehört werden. Tribunale, in denen sie ihre furchtbaren Erlebnisse aussprechen dürfen. Elizabeth Odio Benito und ihre Kollegen sitzen demnächst im Internationalen Strafgerichtshof über die Täter zu Gericht, aber vielleicht bräuchten wir nach dem Muster der in Südafrika und weiteren 20 Ländern eingerichteten Wahrheitskommissionen ein Pendant für die Opfer – ein internationales Tribunal, das nicht um die Strafprozessordnung kreist, sondern Aufmerksamkeit organisiert für die Wahrheiten der Opfer. »Erinnerung ist Widerstand« haben die von Christiane Schwarz und den Peace Brigades betreuten kolumbianischen Friedensgemeinden formuliert. Erinnerung, die endlich ohne Angst öffentlich ausgesprochen werden darf, ist noch mehr: ist Heilung.

Das alles wäre nötig, um die Folgen vergangener Kriege zu lindern, aber es reicht noch nicht aus, um zukünftige Kriege zu verhindern. Wir brauchen genauso dringlich den aktiven Widerstand gegen den Militarismus, so wie ihn Helen John oder Hildegard Goss-Mayr oder auch Krishna Ahooja-Patel organisieren. Die weltweite Rüstung gegeneinander ist der schlimmste Feind der Menschheit. Sie frisst dringend benötigte Ressourcen und verwandelt sie in Herrschaft, Gewalt, Ungerechtigkeit, Angst und Schrecken. Alleine das »Star Wars«-Programm der US-Regierung, so hat Helen Johns Organisation Campaign for Nuclear Disarmament ausgerechnet, würde bei seiner vollen Verwirklichung mehr Geld kosten, als jeder Erdbewohner für ein menschenwürdiges Leben benötigen würde. Attac sollte sich nicht nur für die Tobinsteuer gegen die internationale Finanzspekulation einsetzen, sondern auch für eine Gewaltsteuer für alle Rüstungsproduzenten, mit der die Kampagne zur Trauma-Bearbeitung finanziert werden könnte – als minimale Entschädigung für die Opfer.

Warum gilt hier eigentlich nicht das Verursacherprinzip? Weshalb dürfen die Produzenten von Uranmunition bestimmte Weltregionen für Millionen von Jahren verseuchen, ohne dass sie dafür zur Verantwortung gezogen werden? Weshalb sorgt die UNO mit Sanktionen nicht dafür, dass *alle* Staaten auf Erden nicht mehr als ein Minimum an Waffen besitzen, gerade mal so viel, um ihre Polizei auszurüsten und das staatliche Gewaltmonopol aufrecht zu erhalten? Wieso soll es nicht möglich sein, sämtliche Munitions- und Sprengstoffproduzenten der Welt zu kontrollieren, und zwar so scharf, dass weder Ländern noch terroristischen Gruppen etwas in die Hände fällt? Weswegen sollte das nicht auch für sämtliche Pistolenfabriken gelten? Für alle Minenhersteller? Warum gibt es immer noch kein weltumspannendes Verbot für alle Arten und Sorten von Massenvernichtungswaffen?

Natürlich kenne ich die Antwort auf diese Frage, jeder kennt sie. Es fehlt der politische Wille. Diejenigen, die die Herrschaft innehaben, wollen sie nicht aufgeben. Militärapparate schützen Imperien, Interessen, Reichtümer, ersticken Veränderungspotenziale und Revolten. Sie frieren Gesellschaften in ihre Vergangenheit ein, sodass diese den letzten Stand der menschlichen Entwicklungsmöglichkeiten niemals erreichen. Rüstung ist organisierter Raub von Zukunft, organisierte Kriminalität auf höchster und leider dennoch legaler Ebene.

Gleichzeitig sind Armeen die wohl ältesten Massenmedien zur Propaganda von Angst. Die durch die Waffen symbolisierte Gewalt ist immer auch Inszenierung von Herrschaft, gleichzeitig Zweck und Mittel zum Zweck. Sie streckt die Opfer nieder und strahlt dabei auf das Publikum aus, das sich eingeschüchtert abwendet. Gewalt wirkt so nachhaltig, weil sie das Folgeprodukt Angst gleich mit herstellt. Folteropfer sind gefürchtet, nicht nur wegen ihrer stummen Vorwürfe, sondern auch, weil sie an die Allgewalt der Herrschenden erinnern. Die wahre Absicht der Mörder und Folterer ist die Propaganda der Allgewalt: »Jeder Widerstand ist sinnlos!« Der US-Feldzug gegen den Irak war gleichzeitig eine Werbekampagne der US-Army und eine Warnung an die Adresse von Länder wie Syrien oder den Iran: »Tut, was wir sagen, sonst seid ihr die Nächsten!«

Der Gebrauchswert von Gewalt ist ein doppelter: die Ausschaltung des Feindes und die Einschüchterung weiterer Feinde. Aber sie hat auch einen Tauschwert. Nicht erst seit der Globalisierung gibt es Unternehmer, die die Dienstleistung »Anwendung von Gewalt« oder die Dienstleistung »Schutz vor Gewalt« und sogar beides anbieten – so zusagen im praktisch-preiswerten Doppelpaket für 499.999,95 Dollar. Sie sind an kriegerischen Verhältnissen interessiert, weil sie daran so gut verdienen, und fürchten nichts mehr als einen lang andauernden Frieden.

Die wahrscheinlich gefährlichste Auswirkung der Globalisierung, deren Konsequenzen die breite Öffentlichkeit nicht einmal in Ansätzen begriffen hat, ist der weltweite Zerfall des staatlichen Gewaltmonopols. Auf der nördlichen Halbkugel und vor allem in den USA wird der gesamte »Sicherheits«-Sektor immer weiter privatisiert, ob nun in Form von Sicherheitsdiensten, Söldnertrupps oder Privatgefängnissen. Auf der südlichen sind es die *failing states,* die für sein Verschwinden sorgen und den Weg freimachen für die Terrorherrschaft bewaffneter Banden. Beide Tendenzen treffen nun in fataler Weise im globalen »War on Terror« zusammen.

Mit mindestens 725 US-Basen in 38 Ländern sind die USA die uneinholbar größte militärische Supermacht, und doch ist das nur der sichtbarste

Teil ihres Imperiums. Die unter Vertrag genommenen privaten Gewaltunternehmer haben aus Sicht des Pentagon den strategischen Vorteil, dass sie meist außerhalb klarer rechtlicher Regelungen in den Ländern des Südens die Drecksarbeit übernehmen. Die US-Firma »DynCorp« bildet im Irak die Polizei aus, vernichtet in Kolumbien Koka-Plantagen mit Monsanto-Gentechnik und war nach Aussage einer ehemaligen UN-Polizistin tief in den Frauenhandel Bosniens verstrickt. »Kellogg, Brown & Root«, eine Tochter des Unternehmens »Halliburton«, dem früher US-Vizepräsident Dick Cheney vorsaß, errichtete das Skandalgefängnis von Guantanamó sowie zahlreiche Militärbasen in Afghanistan, Pakistan, Kirgisien, Usbekistan, Kuweit und Katar, für deren Versorgung mit Benzin oder Proviant sie zum Teil exorbitant überhöhte Preise verlangte. Mitarbeiter von Privatfirmen wie »CACI« taten im Bagdader Foltergefängnis Abu Ghraib Dienst und machten irakische Gefangene durch »Spezialbehandlungen« gefügig. Praktisch nirgendwo konnten solche privaten Gewaltspezialisten bisher vor Gericht gebracht worden. Nach dem 11. September hatte die CIA ein weitverzweigtes Geheimsystem für die Vernehmung mutmaßlicher Terroristen aufgebaut – mit abgeschirmten Lagern in den afghanischen Orten Bagram, Kandahar, Khost und Gardez, auf der Insel Diego Garcia und in Thailand, Ägypten, Syrien und Jordanien, in denen angeblich mehr als 9.000 Gefangene ohne jeden Rechtsstatus gehalten und wahrscheinlich ebenso oder noch schlimmer gefoltert werden wie in Abu Ghraib.

In den *failing states* wird private Gewalt hingegen zum Währungsersatz oder auch zur Antiwährung: Wer eine Waffe zückt, bekommt Ware auch ohne Bezahlung, wer sich den Raubzügen bewaffneter Banden anschließt, kann sich am Rohstoffraub, an Drogen- und Waffendeals und am Frauen- und Kinderhandel bereichern ohne Ende. Solche Art von Beutekriegen gibt es historisch gesehen zwar schon sehr lange, aber erst die moderne Waffenproduktion hat die heutigen Kriegsökonomien möglich gemacht. Weltweit sterben neun von zehn Kriegsopfern durch so genannte Klein- und Leichtwaffen, vor allem Pistolen, Gewehre und Maschinengewehre. Sie sind die eigentlichen Massenvernichtungswaffen.

Gut eine halbe Milliarde von ihnen kreist derzeit um die Welt, eine für jeden zwölften Menschen. Sie sind unglaublich billig, vor allem im Verhältnis zu der Macht, die sie ihren Besitzern verleihen. In Uganda kostet eine Kalaschnikow so viel wie ein Huhn, in Mosambik so viel wie ein Sack Mais – wie viele Hühner, wie viel Sack Mais kann man damit rauben? Nach Artikel 51 der UN-Charta darf Waffenexport nur für Verteidigungszwecke stattfinden und keine existierenden Konflikte verschlimmern oder Menschenrechtsverletzungen verursachen. Warum verstoßen fast alle Rüstungsexporteure dagegen? Weil die fünf ständigen Mitglieder des UN-Sicherheitsrates – die USA, Russland, China, Großbritannien und Frankreich – gleichzeitig die fünf größten Waffenverkäufer sind. Zusammen mit der Rüstung exportierten sie auch die Kriege aus dem Norden in den Süden: 85 Prozent aller bewaffneten Konflikte fanden seit 1945 in armen Ländern statt.

Die vermeintlich ethnischen Kriege des 20. und 21. Jahrhunderts haben fast immer auch einen Hintergrund der organisierten Kriminalität, des Rohstoffraubes und der sexuellen Versklavung. Der Handel mit Mädchen und Frauen entsteht oft innerhalb oder am Rande von Kriegen, dort, wo die normale Ökonomie zusammengebrochen ist, wo Frauen keine andere Überlebensmöglichkeit mehr haben oder mit Waffengewalt zum Sex gezwungen werden. Nach UN-Schätzung werden jährlich drei bis vier Millionen Frauen und Kinder auf Sklavenmärkten verkauft, was den Menschenhändlern ungefähr sieben bis zehn Milliarden Dollar Profit einbringt. Laut Anti Slavery International existieren heutzutage mehr als doppelt so viele Sklaven als während des Sklavenhandels im 18. und 19. Jahrhundert, der Großteil dürften Frauen und Minderjährige sein. Sexsklaverei gab und gibt es unter anderem in Ex-Jugoslawien, Angola, Sierra Leone, Liberia, Tschetschenien, Birma und Kolumbien. 1991 verkauften afghanische Mudschaheddin laut Amnesty International auf einem Marktplatz an der Grenze zu Pakistan afghanische Frauen nach Kilopreis – für 600 Rupien pro Kilogramm.

Männliche Friedenstruppen sind hier keine Lösung, sondern Teil des Problems. Die UN-Blauhelme in Kambodscha sorgten seinerzeit für einen rapiden Anstieg von Frauenhandel, Prostitution und HIV-Infektionsraten. Auch in Sierra Leone, Eritrea, Bosnien oder Kosovo ließ die Anwesenheit von Friedenstruppen riesige Sexmärkte entstehen. Im Kosovo kamen nach einer Amnesty-Studie 1999 rund 80 Prozent der Freier aus den Reihen der KFOR-Soldaten und UN-Mitarbeiter; inzwischen ist durch das »Angebot« an neu errichteten Bordellen auch die heimische »Nachfrage« extrem gestiegen. Viele der teilweise noch minderjährigen Mädchen stammen aus Moldawien und Bulgarien, sie wurden vergewaltigt, verschleppt und in den Kosovo verkauft, zum »Stückpreis« zwischen 50 und 3.500 Euro.

Wer vom Krieg spricht, darf über Sex nicht schweigen. Egal, ob in Nord oder Süd, Ost oder West, im Abendland oder Morgenland – sexualisierte Gewalt ist ein Merkmal praktisch aller Kriege, Frauenkörper – und manchmal auch Männerkörper – sind ein weiteres Schlachtfeld. Ich spreche hier ausdrücklich von »sexualisierter Gewalt« und nicht von »sexueller Gewalt«. Mit erotischer Lust haben die zumeist öffentlich zur Schau gestellten Massenvergewaltigungen nicht das Geringste zu tun, sie sind Akte von Aggression in sexueller Gestalt. Der Körper von Frauen, begehrt, gehasst und symbolisch hochaufgeladen, gilt auch heute noch als Kriegsbeute und gleichzeitig als Symbol für die Nation. 1937 vergewaltigten die japanischen Invasoren in Nanking rund 40.000 Chinesinnen. 1945 zwangen russische Soldaten schätzungsweise rund zwei Millionen deutsche Frauen zu sexuellen Diensten. Zwischen 1992 und 1995 vergewaltigten Männer in Ex-Jugoslawien mindestens 20.000 Frauen anderer Ethnien, um den »Feind« zu demütigen und sein »Territorium« zu »schänden«. In Algerien, Afghanistan, Guatemala, Kolumbien, Indien, Pakistan, Ruanda, Sierra Leone, der Demokratischen Republik Kongo oder im Sudan – in all diesen und noch viel mehr Ländern haben Kriegsstrategen Massenvergewaltigungen als Kriegswaffe eingesetzt, weil sie die billigste und effektivste Seelenvernichtungswaffe ist, die es auf der Welt gibt.

Klaus Theweleit hat in seinem Buch »Männerphantasien« beschrieben, wie normale Männer im Militär durch Drill und den Aufbau extremer Frustration zu Sexualsadisten »umgebaut« werden – wie sie nicht länger ihre Frauen mit sexuellen Wünschen besetzen, sondern ihre Waffen, um mit Mordlust Lustmord zu betreiben. »Morgen muss ich zur Front«, freute sich der Freicorps-Soldat Schauwecker im Ersten Weltkrieg, »hinein in die flammende Umarmung der Granaten, entgegen den knallenden Küssen der Gewehrschüsse unter den glühenden Liebesblicken der Flugzeuge.« »I have a rifle, I have a gun, one for the killing, one for the fun«, war ein stehender Spruch der US-Soldaten in Vietnam. »Für Saddam, in Liebe« stand auf den Bombensprengköpfen, die im Golfkrieg 1991 Richtung Irak abgeschossen wurden. »Wargasm« war der Pentagon-interne Spitzname für eine Liste von russischen Städten, die im Falle eines Atomkrieges durch US-Nuklearbomben zerstört werden sollten. Es gibt unzählige andere Beispiele.

Viele Männer, die aus Kriegen heimkehren, sind deshalb zu normalen Liebesbeziehungen nicht mehr fähig – sie werden zu Opfern und Tätern in einer Person. Laut einer Unifem-Studie haben im Kambodscha der Nachkriegszeit 75 Prozent aller Frauen häusliche Gewalt erlebt, oft durch Männer, die ihre Kriegswaffen behalten hatten. Auch in Ex-Jugoslawien eskalierten innerfamiliäre Grausamkeiten in und nach den Kriegen. »Ihr müsst verstehen«, sagte ein mazedonischer Mann den Autorinnen der Studie, »ich bin so gestresst durch den Krieg. Es ist unvermeidbar, dass ich meine Frau schlage.« Viele Ex-Soldaten, die Gräueltaten erlebten oder selbst begingen, verlieren jede innere moralische Orientierung. So wie jene vier Kämpfer einer US-Spezialeinheit, die nach ihrer Rückkehr aus Afghanistan ihre Frauen töteten.

»Krieg verwandelt Menschen in brutale Folterer«, kommentierte der US-Psychologe Philip Zimbardo in »Spiegel-Online« die Fotos von sexuell gedemütigten irakischen Gefangenen in Abu Ghraib. Die Erklärung der Regierung Bush, es handele sich hier um ein paar faule Äpfel in einem ansonsten guten Fass, sei »nicht akzeptabel«. In Wahrheit sei »das Fass des Krieges mit Essig gefüllt, der gute Gurken in saure Gurken verwandelt, und das immer tun wird. Er verwandelt die Mehrzahl guter Menschen, Männer wie Frauen, in Übeltäter.« Die wichtigsten Faktoren dabei seien Verlust der Individualität, Entmenschlichung, Geheimhaltung, Nichtverantwortlichkeit, Frustration, Rachegefühle und Autoritätshörigkeit. Zimbardo hatte 1971 sein eigenes, berühmt gewordenes »Stanford Prison Experiment« abbrechen müssen, weil es außer Kontrolle geriet. Er hatte einen Teil einer Gruppe von Freiwilligen zu »Gefängniswärtern« und den anderen zu »Insassen« erklärt. Innerhalb von nur sechs Tagen entwickelten die »Wärter« unerträgliche Unterdrückungsmethoden – wie im Irak zwangen sie die »Gefangenen« zum Ausziehen und zu sexuellen Akten.

Das Tragische für die Menschheit ist, dass Gewalt so ungleich stärker wirkt als, sagen wir es kitschig, Liebe und Fürsorge. Und das, obwohl die positiven sozialen Bindungen zwischen Menschen in der Summe betrachtet bei weitem überwiegen. Kinder vergessen elterliche Zuwendung, aber ein Trauma werden sie nicht mehr los. Es kostet nur Minuten, eine Frau zu vergewaltigen, doch der Akt ist ihr Leben lang in ihren Körper eingeschrieben – laut einer deutschen Studie entwickelten fast 60 Prozent der Vergewaltigungsopfer des Zweiten Weltkrieges ein Langzeittrauma. 1945 brauchte es nur wenige Minuten, um Hiroshima vollständig zu zerstören, doch bis heute sterben die Nachkommen der Opfer an Krebs. Menschliche Bindungen machen uns die Gegenwart angenehm, Gewalt und Krieg aber wirken ähnlich zerstörerisch wie freigesetzte Radioaktivität: erstens sofort und direkt, zweitens langfristig. Liebe beherrscht uns nur für den Augenblick, Gewalt beherrscht unsere Vergangenheit, Gegenwart und Zukunft. Es ist durchaus möglich, dass in der Geschichte der Menschheit viele friedliche Kulturen existierten, von denen wir heute nichts mehr wissen, weil sie von kriegerischen Gesellschaften platt gewalzt wurden. Wir wissen nicht, wie viele fragile Paradiese es gab.

Die Durchschlagskraft von Gewalt ist so auffällig, dass ich versucht bin, eine Art thermodynamisches Gesetz zu formulieren: Die negative Energie ausgeübter Gewalt bleibt immer erhalten. Jede Zwangsmaßnahme, jede

Erniedrigung, jede Misshandlung, jedes Trauma bleibt im Körper eines Menschen eingraviert. Sie wirkt dort wie ein Stachel, ein Fremdkörper, der so weh tut, dass die Empfänger ihn so schnell wie möglich weiterzugeben trachten – fast immer nach unten. Die Letzten in der gesellschaftlichen Hierarchie sind meistens, in dieser Reihenfolge: Minderheiten. Frauen. Kinder. Tiere. Als ich 1988 Nicaragua besuchte, das eben erst einen grausamen Bürgerkrieg hinter sich gelassen hatte, berichtete mir die Mitarbeiterin einer Frauenberatungsstelle, die Rate des sexuellen Missbrauchs von Mädchen liege bei »100 Prozent«. Gleichzeitig sah ich, wie brutal Erwachsene und Kinder, Mädchen und Jungen, auf Tiere einprügelten, auf Pferde, Esel, Hunde.

Im Unterschied zu den Naturgesetzen der Thermodynamik aber gibt es in der menschlichen Gesellschaft keine Zwangsläufigkeit. Die Unterbrechung der Gewaltspirale ist möglich – genau das ist ja die Botschaft der »Friedenstreiberinnen«. In Gruppentherapien, wie sie Bosiljka Schedlich oder Bonny Dikongue praktizieren. Durch Schulungen, wie Hildegard Goss-Mayr oder Sumaya Farhat-Naser sie anbieten. Durch Rituale der Trauer und des Protestes, an denen Gila Svirsky und die Frauen in Schwarz seit Jahren festhalten. Durch konsequenten gewaltfreien Widerstand, wie ihn Helen John vorführt. Durch juristische Verfolgung, wie es Richterin Elizabeth Odio Benito versucht. Durch Organisierung internationaler Aufmerksamkeit gegenüber potenziellen Gewaltopfern, wie es Christiane Schwarz und die Peace Brigades tun. Oder durch politische Lobbyarbeit, wie sie Nooria Haqnegar, Susan Ahmed oder Krishna Ahooja-Patel praktizieren.

Es ist möglich, ja sogar sehr wahrscheinlich, dass wir niemals eine menschliche Gesellschaft erleben werden, die völlig frei ist von physischer, psychischer und struktureller Gewalt. Die Differenzen zwischen Kindern und Eltern, Frauen und Männern, eigenen und fremden Ethnien laden geradezu dazu ein, Hierarchien aufzubauen, direkte oder indirekte strukturelle Gewalt auszuüben. Dieser lang andauernde Zustand menschlichen Unglücks darf jedoch keine Erlaubnis sein, Gewalt als Conditio humana hinzustellen, so wie es die Zyniker in den herrschenden Eliten behaupten. Die »Friedenstreiberinnen« zeigen auf, dass es fast immer und überall zivile Alternativen gibt, dass es sich lohnt, Gewalt in jeder Form zu bekämpfen – wozu nicht zuletzt auch die ökonomische Gewalt der Reichen gegenüber den Armen gehört. Die vollständige Zivilisierung des homo sapiens ist das größte und wunderbarste Menschheitsprojekt überhaupt; an ihm teilzunehmen sollte der Ehrgeiz aller sein, die einen Funken Verantwortung in sich spüren.

Warum habe ich nur Frauen porträtiert? Um der Gerechtigkeit willen, schrieb ich im Vorwort. Das war jedoch nur ein Teil der Antwort; mich interessierte auch, ob das weibliche Geschlecht in bewaffneten Konflikten anders agiert als das männliche. Das nämlich müsste eigentlich große Konsequenzen für die internationale Außen- und Sicherheitspolitik haben. Eigentlich.

Ich hänge nicht der These an, dass Frauen bessere oder friedlichere Menschen sind als Männer. Das ist Kaffeekränzchenkitsch. Frauen der Nazis stachelten ihre Ehegatten zu Raub und Mord an. Eine ruandische Ministerin rief öffentlich zur Vergewaltigung von Tutsifrauen auf. In den Handel mit Sexsklavinnen sind jede Menge Frauen involviert. US-Soldatinnen haben in Abu Ghraib und anderswo mitgefoltert. Die Fotos von den Misshandlungen beweisen, dass sie das Militär keineswegs humaner machen, sondern dass umgekehrt die Institution sie inhumaner macht.

Einen qualitativen Unterschied in der Gewaltfähigkeit zwischen Männern und Frauen gibt es also mit Sicherheit nicht, vielleicht einen quantitativen. Vor kurzem hat eine US-Forschungsgruppe um die Psychologin Shelley Taylor und die Hormonforscherin Laura Cousin Klein Messungen des Hormonspiegels von Säugetieren und Menschen vorgelegt. Männliche Wesen, so wollen sie herausgefunden haben, reagierten völlig anders auf Stress und Gefahrensituationen als weibliche. Erstere, stärker von dem Sexualhormon Testosteron gesteuert, würden vor einem »Feind« entweder flüchten oder ihn angreifen (»flight-or-fight«), auf jeden Fall aber als Einzelne agieren. Letztere, eher vom »Bindungshormon« Oxytocin beeinflusst, rotteten sich systematisch zusammen und kümmerten sich umeinander und um ihre Kinder (»tend-and-befriend«).

Die Forscherinnen sagen jedoch selbst – und ich kann das nur unterstreichen –, dass Biologie lediglich einen Trend erklärt, aber kein Schicksal ist. Menschen haben ein beachtlich leistungsfähiges Gehirn, mit dem sie sich ihr Verhalten bewusst machen und es kontrollieren können.

Zudem hat die Geschichte der menschlichen Kulturen gezeigt, zu welch ungeheurer Verhaltensvarianz beide Geschlechter unserer Spezies fähig sind. Die Welt hat buchstäblich alles schon erlebt: sadistische Kriegsgöttinnen, Amazonen, friedliche Männerbünde, und bitteschön nicht zuletzt: die ritualisierte Zivilisierung männlicher Gewaltfähigkeit durch die Erfindung der Bundesliga.

Frauen sind also nicht die Weltretterinnen und sollten sich auch nicht als solche aufspielen. Friedfertige Frauen sind befriedete Frauen sind Friedhofsruhefrauen. Es ist geradezu gefährlich, die Trümmerfrau spielen zu wollen, die zuverlässig die Reparaturarbeiten in einer kaputten Welt leistet und damit die Zerstörer entlastet. Frauen sollten ihre Fähigkeit zur Aggression anerkennen und sie produktiv wenden, zum Beispiel in Widerstand gegen Militarismus und Krieg.

Hier können ihnen bestimmte soziale Rollen zu Hilfe kommen, die für die Entschärfung von Konflikten nützlich sind. Zum Beispiel erlaubt es ihnen ihr gesellschaftlicher Minderstatus, ethnische Grenzen zu übertreten und mit dem »Feind« Kontakt aufzunehmen, ohne dafür so hart bestraft zu werden wie Männer. Gila Svirsky und Sumaya Farhat-Naser haben berichtet, wie sie durch ihren Dialog politische Verhandlungsräume eröffnen konnten. Von den offiziellen Friedensverhandlungen in Oslo und Camp David waren Israelinnen und Palästinenserinnen dennoch ausgeschlossen. »Wenn wir Frauen auf Camp David gehabt hätten, hätten wir ein Abkommen erreicht«, seufzte ein frustrierter US-Präsident Bill Clinton nach dem Scheitern der Verhandlungen im Sommer 2000.

Weltweit finden sich unzählige andere Beispiele für solche ethnischen Grenzüberschreitungen. In *Nordirland* wäre das Friedensabkommen womöglich nie zustande gekommen, wenn die Frauen beider Seiten sich nicht massiv eingemischt hätten. In *Ex-Jugoslawien* standen sich rund 40 gemischt-ethnische Frauenorganisationen, unter anderem die Frauen in Schwarz, durch alle Kriege hindurch gegenseitig bei, sie demonstrierten gemeinsam gegen den nationalistischen Wahnsinn. In *Papua-Neuguinea,* in dem Sezessionisten einen eigenen Staat abspalten wollten, schufen Frauen 1991 eine Friedenszone, aus der bewaffnete Männer ausgeschlossen wurden, bis schließlich 1998 ein Friedensabkommen zwischen Regierung und Rebellen unterzeichnet wurde. Und als in *Somalia* im Jahr 2000 fünf verfeindete Clans miteinander verhandelten, gründeten die davon ausgeschlossenen Frauen den ethnienübergreifenden »sechsten Clan«.

Nicht selten nützen Frauen auch ihren sozialen Status als Mütter. In *Argentinien* waren es die »Mütter von der Plaza de Mayo«, die in den 70er Jahren mit einem wöchentlichen Schweigemarsch an die von der Militärdiktatur verschleppten Menschen erinnerten. In Russland ist das Komitee der Soldatenmütter eine der wenigen Oppositionskräfte, die gegen den Vernichtungskrieg in *Tschetschenien* protestieren.

In fast allen aktuellen Umfragen zeigt sich, dass Frauen Kriege signifikant weniger unterstützen als Männer. Nicht, weil sie über eine höherstehende Moral verfügen, sondern weil sie tatsächlich mehr zu verlieren haben als Männer. Frauen spielen – im wörtlichen und übertragenen Sinne – keinerlei Rolle in militärischen Inszenierungen, ob diese nun in Kriegsgebieten stattfinden oder auch nur in der hiesigen medialen Öffentlichkeit. Zu Beginn der letzten US-Invasion gegen den Irak waren die Bildschirme wie leer gefegt von weiblichen Wesen. Politiker, Militärexperten, Korrespondenten, Generäle, Soldaten – Männer interviewten sich gegenseitig, Frauen hatten buchstäblich nichts mehr zu sagen.

Und: Waren es früher vor allem Männer, die im Krieg starben, so sind es inzwischen immer mehr Frauen. Es ist ein wenig anrüchig, das zu betonen, ist es doch letztlich gleichgültig, welches Geschlecht die Toten tragen. Nicht gleichgültig sind indes die strukturellen Veränderungen der Kriege, die es mit sich brachten, dass sich in den letzten 100 Jahren das Verhältnis zwischen getöteten Soldaten und getöteten Zivilistinnen und Zivilisten völlig umgedreht hat: Trugen 1890 nur fünf Prozent der Kriegstoten Zivil, so waren es in den neunziger Jahren 90 Prozent – fast ausschließlich Frauen, Kinder und Alte. Die übergroße weibliche Mehrheit auf der Welt lebt unbewaffnet an Haus und Familie gebunden, sodass sie weder ohne weiteres flüchten noch Widerstand leisten kann. Das führt dazu – und so hat es sogar der Männerbund UN-Sicherheitsrat konstatiert –, dass Frauen die Hauptleidtragenden moderner Kriege sind.

Das gilt besonders für Afrika, jenen Kontinent, auf dem seit Jahren die fürchterlichsten Kriege wüten, ohne dass die Weltöffentlichkeit diese zur Kenntnis nimmt. Die medialen Scheinwerfer sind auf den Irak gerichtet, doch in den Bürgerkriegen Afrikas werden derzeit weit mehr Menschen abgeschlachtet als im ganzen Nahen Osten. Die Weltmedien sind strukturell rassistisch, für sie zählt das Menschenleben von Weißen um ein Vielfaches mehr als das von Nichtweißen.

Die Medien tragen außerdem dazu bei, die Bewaffnung von Männern als Teil des dominanten maskulinen Codes zu legitimieren. »In meinem Dorf muss ein Mann eine Waffe tragen, auch wenn er nur zum Einkaufen geht, sodass alle sehen, dass es ein Mann ist, der hier geht«, sagt ein südafrikanischer Zulu – aber dasselbe könnte auch ein afghanischer Mudschaheddin oder ein Texaner behaupten. Der moderne Kommerzmilitarismus hat diese Codes längst weltweit verbreitet: in Form von PC-Kriegsspielen, Kriegsfilmen, Brutalo-Comics und Ballermann-Spielzeug. Seine Boten sind die Amokläufer, die in regelmäßigen Abständen von Columbine bis Erfurt beliebige Opfer abknallen.

Aus allen diesen Gründen habe ich zu Beginn des Golfkrieges 1991, damals noch »taz«-Redakteurin, die Frauenaktion Scheherazade mitgegründet und einen »Aufruf zur weltweiten Abstimmung gegen den Krieg« in die Zeitung gesetzt. Der Aufruf ging damals per Fax binnen vier Wochen buchstäblich einmal um die Welt und setzte eine Vielzahl von Aktivitäten und Diskussionen in Gang. Um der UNO als friedensstiftender

Organisation Beine zu machen, bräuchten wir einen »Weltfrauensicherheitsrat«, forderten wir damals und forderten wir erneut nach dem 11. September 2001.

Der »Weltfrauensicherheitsrat«, der die hier skizzierten Zusammenhänge skandalisieren könnte, der den stumm Gemachten eine internationale Stimme verleihen könnte, der die Herren des Sicherheitsrates kontrolliert und überwacht, ist bisher nur eine schöne Utopie. Im Kleinen allerdings existiert er schon, als deutscher Frauensicherheitsrat. Im März 2003 haben wir diesen als Netzwerk von Friedensaktivistinnen, Friedensforscherinnen und Frauen aus entwicklungspolitischen Organisationen gegründet.

Eine seiner Hauptaufgaben sieht der Frauensicherheitsrat darin, für die Umsetzung von Resolution 1325 des UN-Sicherheitsrates zu werben (siehe Kapitel »Die Fraueninternationale«). Wenn gemäß dieser Resolution Frauen auf allen Ebenen an nationalen und internationalen Friedensprozessen gleichberechtigt teilnehmen würden – in Afghanistan und im Irak, im Nahen und Fernen Osten, in Ost- und Westafrika, in Mittel- und Südamerika –, dann sähe unsere Welt völlig anders aus.

Berlin, im Mai 2004
Ute Scheub

Literatur und Websites:

Frauensicherheitsrat: www.un1325.de, www.glow-boell.de und www.konfliktbearbeitung.net

Ute Scheub und Ute Kätzel, Brauchen wir einen Weltfrauensicherheitsrat? Dokumentation einer internationalen Tagung der Heinrich-Böll-Stiftung in Kooperation mit der Frauenaktion Scheherazade, Berlin 2003, in Deutsch und Englisch erhältlich bei: feministisches-institut@boell.de

Frauenaktion Scheherazade: diverse Artikel im »taz«-Archiv, www.taz.de

Feministisches Institut der Heinrich-Böll-Stiftung (Hrsg.), Feministische Theorieansätze in der Friedens- und Sicherheitspolitik, Berlin 2003, erhältlich bei: feministisches-institut@boell.de

Feministisches Institut der Heinrich-Böll-Stiftung (Hrsg.), Human Security = Women's Security, Zur Klärung von »Sicherheit« in der internationalen Politik, Dokumentation einer Tagung des Frauensicherheitsrates, der Heinrich-Böll-Stiftung und der Friedrich-Ebert Stiftung, Berlin 2004, erhältlich bei: feministisches-institut@boell.de

Weltweite Verbreitung von Kleinwaffen: www.bicc.org

Kosten von »Star Wars«: www.cnd.yorks.gn.apc.org

Massenvergewaltigungen und Traumatisierung: medica mondiale e.V. (Hrsg.), Sexualisierte Kriegsgewalt und ihre Folgen, Ein Handbuch, Frankfurt a. M. 2004

Gender und Krieg: Hilde Schmölzer, Der Krieg ist männlich, ist der Friede weiblich?, Wien 1996

Das US-Militärimperium: Chalmers Johnson, Der Selbstmord der amerikanischen Demokratie, München 2003

Kriege weltweit: Stiftung Entwicklung und Frieden (Hrsg.), Globale Trends 2004/2005, Frankfurt a. M. 2003

Privatisierung von Kriegen: Dario Azzellini und Boris Kanzleiter (Hrg.), Das Unternehmen Krieg, Berlin 2003; Herfried Münkler, Die neuen Kriege, Reinbek 2003; Ibrahmin Warde, Die Wirtschaft der amerikanischen Vettern, »Le Monde Diplomatique« vom 14.5.2004

2003 · 553 Seiten · Broschur
EUR (D) 36,00 · SFr 62,00
ISBN 3-89806-229-5

Mit 203 Kurzbiographien und Werkübersichten ist dieses Lexikon ein umfangreiches und unentbehrliches Nachschlagewerk für diejenigen, die sich mit der Geschichte zwischen 1933 und 1945 unter den Gesichtspunkten weiblichen Schreibens und der Emigration vertraut machen wollen. Wall stellt neben berühmten Autorinnen wie Nelly Sachs und Anna Seghers auch unbekannte, unerforschte Schriftstellerinnen vor und bewahrt sie so vor dem Vergessen. Das Lexikon dient dabei dem wichtigen und richtigen Ziel, ein Stück verborgener (weiblicher) Geschichte zu erforschen.

2004 · 251 Seiten · Broschur
EUR (D) 19,90 · SFr 34,90
ISBN 3-89806-933-8
Übersetzt von Karl-Udo Bigott
Mit einem Nachwort von Hans-Jürgen Wirth
und 14 Fotografien von Raymomd Depardon

Jean Hatzfeld hat 14 Überlebende der Massaker im April/Mai 1994 in Ruanda interviewt. Die Berichte geben tiefe Einblicke in die Traumatisierungen und die Bewältigungsstrategien der Überlebenden.
Zusammen mit den informativen Berichten Jean Hatzfelds über die politischen und gesellschaftlichen Hintergründe zeichnet dieses Buch ein eindringliches Bild des Völkermordes, der bis heute nicht aufgearbeitet ist.

Im Oktober 2004 erscheint das neue Buch von *Jean Hatzfeld* bei Haland & Wirth im Psychosozial-Verlag.
Nach *Nur das nackte Leben* nun die Berichte der Täter des Völkermordes in Ruanda, die in Frankreich bereits ein breites Medienecho hervorriefen: als einmaliges Dokument – denn es gibt kaum Berichte von Tätern eines Genozids, die so kurz nach den Verbrechen entstanden sind. Wer verstehen will, was vor 10 Jahren in Ruanda geschah, sollte dieses Buch lesen.

Jean Hatzfeld: Zeit der Macheten.
Gespräche mit den Tätern des Völkermordes in Ruanda
Oktober 2004 · 250 Seiten · Broschur
EUR (D) 19,90 · SFr 34,90
ISBN 3-89806-932-X
Übersetzt von Karl-Udo Bigott
Mit einem Nachwort von Hans-Jürgen Wirth

www.ingramcontent.com/pod-product-compliance
Ingram Content Group UK Ltd.
Pitfield, Milton Keynes, MK11 3LW, UK
UKHW040023200726
13854UKWH00001B/337